CAMELOT
Management Consultants

Camelot Management Consultants AG
Theodor-Heuss-Anlage 12 · 68165 Mannheim
Deutschland
Tel. +49 621 86298-0 · Fax +49 621 86298-250

D1753868

Supply Chain Solutions

SCHÄFFER POESCHEL

Wolfgang Buchholz / Hartmut Werner (Hrsg.)

Supply Chain Solutions

Best Practices in e-Business

2001
Schäffer-Poeschel Verlag Stuttgart

Handelsblatt Netzwert – E-Business für Entscheider

Netzwert, das Montags-Extra im Handelsblatt, informiert über Themen rund um E-Business, E-Finance und E-People.
Für Ihre Entscheidungen benötigen Sie nicht nur die aktuellen Nachrichten der Branche. Netzwert bietet Ihnen deshalb mehr: Hintergründe und Zusammenhänge über Unternehmen und neue Geschäftsmodelle sowie Tipps zu Finanzierung, Risikokapital und Börsengängen. Die Redaktion analysiert innovative Technologien sowie Gesetzgebung und politische Entscheidungen. Logistik, Netzstruktur, Sicherheitsfragen sowie aktuelle Umfragen, Markforschungsergebnisse und E-Statistiken sind weitere zentrale Themen. Die Vision der E-People, aber auch die Schnittstellen zwischen »New« und »Old« Economy, die für Ihren Unternehmenserfolg entscheidend sind, finden Sie wöchentlich montags im Handelsblatt in Netzwert – E-Business für Entscheider.

Die Deutsche Bibliothek – CIP-Einheitsaufnahme

Buchholz, Wolfgang :
Supply Chain Solutions : Best Practices in e-Business / Wolfgang Buchholz/Hartmut Werner. - Stuttgart : Schäffer- Poeschel, 2001
   (Netzwert-Edition)
   ISBN 3-7910-1854-X
Gedruckt auf säure- und chlorfreiem, alterungsbeständigem Papier.

ISBN 3-7910-1854-X

Dieses Werk einschließlich aller seiner Teile ist urheberrechtlich geschützt. Jede Verwertung außerhalb der engen Grenzen des Urheberrechtsgesetzes ist ohne Zustimmung des Verlages unzulässig und strafbar. Das gilt insbesondere für Vervielfältigungen, Übersetzungen, Mikroverfilmungen und die Einspeicherung und Verarbeitung in elektronischen Systemen.

© 2001 Schäffer-Poeschel Verlag für Wirtschaft · Steuern · Recht GmbH & Co. KG
www.schaeffer-poeschel.de
info@schaeffer-poeschel.de
Einbandgestaltung: Willy Löffelhardt
Druck und Bindung: Franz Spiegel Buch GmbH, Ulm
Printed in Germany
Oktober / 2001

Schäffer-Poeschel Verlag Stuttgart
Ein Tochterunternehmen der Verlagsgruppe Handelsblatt

Vorwort

Was hat dieses Buch mit der rauch- und alkoholgeschwängerten, von lauter Musik durchdrungenen Atmosphäre der Kellerbar eines Studentenwohnheimes zu tun? Schwer vorstellbar für Sie, lieber Leser, dass ein solches Buch dort entstanden sein soll. Doch irgendwie liegen die Wurzeln von „Supply Chain Solutions" schon im legendären „Go-Inn", der Kneipe des Studentenwohnheims Eichendorff-Ring in Gießen. Dort kreuzten sich nämlich zum ersten Mal – soweit es erinnerungsfähige Chronisten überliefern – unserer beiden Wege. Zu dieser Zeit waren wir Studenten im Grundstudium der Betriebswirtschaftslehre an der Justus-Liebig-Universität. Doch, ehrlich gesagt, waren wir zu jener Zeit eigentlich den oben angesprochenen Anreizen des Studentenlebens noch etwas stärker zugeneigt...

Wie dem auch sei. Zurückblickend entwickelte sich daraus eine Beziehung, die als „sehr gute Freundschaft" umschrieben werden kann. Wir beendeten Anfang der 90er-Jahre unser Studium. Der eine, Hartmut, ging in die Praxis. Der andere, Wolfgang, wurde Assistent an einem Lehrstuhl in Gießen. Mitte der 90er-Jahre wechselten wir dann jeweils die Seiten: Hartmut zurück aus der Praxis an die Hochschule und Wolfgang aus der Theorie in die Praxis. Doch über all die Jahre pflegten wir neben der persönlichen Freundschaft auch den fachlichen Dialog, der sich bereits in dem einen oder anderen Projekt niedergeschlagen hat.

Im Herbst des Jahres 2000 entstand dann die Idee für dieses gemeinsame, durchaus ambitionierte Projekt einer Herausgeberschrift zum Supply Chain Management. Über ein tragfähiges Konzept für dieses Buch waren wir uns recht bald einig. Den Schwerpunkt der Schrift legten wir auf vorwiegend internetbasierte Supply Chain Lösungen im Autobau und der chemischen Industrie (vgl. dazu unseren einführenden Beitrag in diesem Buch). Neben der hohen Relevanz für das Thema, kommt uns zugute, dass wir über Jahre in diesen beiden Branchen gearbeitet haben und dort umfangreiche Erfahrungen sammeln konnten.

Unser Konzept wurde recht bald mit Inhalt gefüllt, und wir gingen auf die Suche nach geeigneten Autoren, um die Themenfelder gehaltvoll zu besetzen. Für uns war es dabei besonders schön, dass wir die von uns ins Auge gefassten Schreiberlinge schnell für dieses Projekt begeistern konnten. Daneben nahmen wir erste Kontakte zum Schäffer-Poeschel-Verlag auf, der diese Schrift gern in sein Programm aufnehmen wollte. In diesem Zusammenhang besten Dank an Herrn Frank Katzenmayer von Schäffer-Poeschel für die jederzeit gute Zusammenarbeit. Von der Ansprache der Autoren bis zur Ablieferung des druckfertigen Manuskriptes an den Verlag vergingen lediglich neun Monate.

Unser Dank gilt natürlich allen beteiligten Autoren, die uns ihre jeweiligen Beiträge für eine Veröffentlichung in dieser Herausgeberschrift zur Verfügung gestellt haben. Es soll nicht unerwähnt bleiben, dass die Verfasser diese Arbeit zusätzlich zu ihrem Tagesgeschäft auf sich genommen haben. Auch sind wir schon ein wenig stolz darauf, keinen Teilnehmer auf der Strecke verloren zu haben. Alle im Januar gestarteten Autoren finden sich in diesem Buch wieder.

Ohne das unermüdlich Engagement der studentischen Hilfskräfte an der Fachhochschule Wiesbaden wäre diese Herausgeberschrift jedoch wohl nicht entstanden. Mit Nachdruck möchten wir uns bei Birgit Braun, Fabian Gumpert, Eric Hofmann und Alexander Süßel bedanken, die mit sehr viel Geschick und Geduld zum guten Gelingen dieses Buches beigetragen haben.

Schließlich gilt unser spezieller Dank Hans („Hennes") Meyer...

Hartmut und *Wolfgang*   Wiesbaden, im August 2001

Inhaltsverzeichnis

Vorwort V

Inhaltsverzeichnis VII

A Grundlagen

Wolfgang Buchholz (eic-partner) und *Hartmut Werner* (Fachhochschule Wiesbaden)
Supply Chain Solutions – Best Practices in e-Business 1

Hartmut Werner (Fachhochschule Wiesbaden)
e-Supply Chains: Konzepte und Trends 11

Wilfried Krüger und *Norbert Bach* (Universität Gießen)
Geschäftsmodelle und Wettbewerb im e-Business 29

B Branchenübergreifende Supply Chain Solutions

Victoria Ossadnik und *Andreas Froschmayer* (eChain Logistics)
eChain Logistics – Bündelung von Informationstechnologie und Logistikdienstleistungen 55

Wolfgang Buchholz (eic-partner)
Netsourcing Implementation Program – Alles neu bei der Einführung internetbasierter
Beschaffungslösungen? 69

Andreas Füßler (Centrale für Coorganisation)
Radiofrequenztechnik zu Identifikationszwecken (RFID) für die Automatisierung
von Warenströmen 87

René Kartberg (CSC Ploenzke)
Customer Relationship Management – Mehr als nur ein Werkzeug 105

Thilo Pfleghar und *Wilfried Decker* (ICGCommerce)
Erfolgsfaktor Data Warehouse in der Beschaffung 115

Rainer Härtner (CSC Ploenzke)
Das i-Executive Development Center (i-XSDC) bei CSC Ploenzke 129

C   Supply Chain Solutions in der Automobilindustrie

Hansjörg Fromm und *Dietmar Saedtler* (IBM)
Entwicklungstrends virtueller Marktplätze in der Automobilindustrie 141

Ralf Scherer (Continental Teves) und *Hartmut Werner* (Fachhochschule Wiesbaden)
Virtuelle Marktplätze in der Automobilzulieferindustrie 155

Michael Kopetzki (Openshop)
Neue Informationstechnologie als Basis für integrierten Datenfluss in der
automobilen Wertschöpfungskette 171

Fabian C. von Saldern (Agiplan)
Transparente Prozesse im Supply Chain Management – der Schlüssel zum Erfolg 185

Jürgen Gottschalck (KPMG), *Ulrich Pfendt* (Continental Teves) und
Wolfgang Sprunk (Dalog)
e-Logistics in Excellence: Wege aus dem Dilemma der Transportkostenexplosion 199

Axel Dreher und *Stefani Scherer* (BorgWarner)
Supply Chain Controlling im e-Business 211

D   Supply Chain Solutions in der chemischen Industrie

Michael Freienstein, *René Petri* und *René Müller* (ICGCommerce)
ICGCommerce – Die Entwicklung zum Procurement Service Provider 231

Dietmar Roos und *Jens Nettler* (Ticona)
e-Procurement: Ein Praxisbericht 247

Volker Stockrahm, Matthias Lautenschläger (aconis) und *Kai-Oliver Schocke* (Degussa)
Werksübergreifende Planung und Optimierung mit SAP APO 261

Angela Stieglitz, Jürgen Prisczor (BASF), *Andreas Steckel* und
Jürgen Kraft (CSC Ploenzke)
Herausforderungen einer integrierten Supply Chain Planung in der chemischen Industrie ... 275

Thomas Wildrich (ICGCommerce)
ICGC Exchange – Technologische Plattform für eine B2B-Marketmaker 291

Erland Feigenbutz (Merz)
Entwicklung eines Softwaretools für das Supply Chain Management 307

E Ausblick

Wolfgang Buchholz (eic-partner) und *Hartmut Werner* (Fachhochschule Wiesbaden)
Supply Chain Solutions - Which way to go? 323

Autorenverzeichnis 337

Stichwortverzeichnis 351

Wolfgang Buchholz und Hartmut Werner

Supply Chain Solutions - Best Practices in e-Business

1 Bezugsrahmen zu Supply Chain Solutions

2 Branchenübergreifende Lösungen

3 Lösungen aus der Automobilindustrie

4 Lösungen aus der chemischen Industrie

1 Bezugsrahmen zu Supply Chain Solutions

Supply Chain Management ist per se ein stark IT-basierter Ansatz. Es geht dabei um die bereichsübergreifende Optimierung von Material-, Informations- und Geldflüssen in Unternehmen. Durch die Möglichkeiten des Internets lassen sich die Optimierungsüberlegungen auch ohne die früher notwendigen Großinvestitionen einfacher über die Unternehmensgrenzen hinweg ausdehnen. Damit ist – noch recht rudimentär – eine Verbindung zwischen e-Business und Supply Chain Management hergestellt. Zwar sind beide Themenfelder mittlerweile kein völliges Neuland mehr für den interessierten Praktiker, trotzdem ist die Vielfalt der Konzepte und Lösungsansätze auch für den Experten nach wie vor nur schwer zu überblicken. Folgende Fragen stehen beispielsweise im Raum:

- Wie nutzen die Unternehmen das Internet zur Optimierung ihrer Supply Chains?
- Welche funktionierenden Lösungen gibt es in der mannigfaltigen Welt von neuen Begriffen und Themen?
- Was können Unternehmen von Anderen lernen, die bereits umfangreiche Erfahrungen im Supply Chain Management gesammelt haben?
- Wo liegen die Stolpersteine in den e-Supply Chains?

Der Leser des vorliegenden Buchs wird Antworten auf diese und weitere Fragen erhalten. An „Supply Chain Solutions – Best Practices in e-Business" haben erfahrene Experten aus der Praxis mitgewirkt. Sie schildern, wie ein realisierbares Supply Chain Management in ihrem Unternehmen eingeführt wurde. Das Buch folgt dabei einem stringenten Konzept, das von zwei Grundüberlegungen gekennzeichnet ist:

- Das Setzen von gezielten Branchenschwerpunkten und
- die Strukturierung anhand der Kettenglieder einer Supply Chain.

Die Schwerpunkte der folgenden Ausführungen liegen aus gutem Grund in der Automobil- und der Chemieindustrie. „Das Internet erfindet die Autobranche neu" (Dudenhöffer 2001). So lautet die Headline eines Artikels in einer FAZ-Serie zur Internet-Ökonomie. Ohne Zweifel ist die **Automobilbranche** einer der Vorreiter im e-Business. Nach einer Studie der Investmentbank Morgan Stanley Dean Witter ist dort eine Bestandsverringerung von 18 Mrd. USD durch optimiertes Supply Chain Management - auf der Basis des Internets - zu erwarten (vgl. Steib 2000). Mit Hilfe der neuen Medien ergeben sich immense Optimierungspotenziale. Built-to-Order ist ein Beispiel hierfür: Der Kundenauftrag wird über das B2C-Portal des Herstellers unmittelbar in Stücklisten zerlegt. Die Lieferabrufe gehen aber nicht nur an den Autobauer selbst. Sie werden vielmehr in der gesamten Wertschöpfungskette weitergereicht. Neben dem Ansatz Built-to-Order bekommt der Leser in der vorliegenden Herausgeberschrift auch Hintergrundwissen zu weiteren modernen Konzepte der Automobilindustrie wie Milk Run, Tracking and Tracing oder Available-to-Promise.

Der zweite Untersuchungsbereich dieses Buchs liegt in der Chemie. „Die Chemieindustrie bietet ideale Voraussetzungen für e-Markets und wird in den nächsten Jahren weltweit die größte e-Commerce-Branche sein" (Schneider/Schnettkamp 2000, S.130). Für die **chemische Industrie** prognostiziert ebenfalls Morgan Stanley Dean Witter, dass im Jahre 2003 ein Produktvolumen von 700 Mrd. USD über das Internet abgewickelt wird, was circa 50% des gesamten Marktes entspricht. Dabei ist zu vermuten, dass insbesondere die Verbindung zwischen Herstellern und Kunden gestärkt und der Zwischenhandel tendenziell ausgeschlossen wird (vgl. Steib 2000).

Diese beiden Statements unterstreichen die Relevanz von e-Business und Supply Chain Management für die Automobil- und die chemische Industrie. Beide Branchen stehen im Mittelpunkt der Kapitel C und D in diesem Buch. Jedoch beschränken sich die weiteren Ausführungen nicht nur auf Lösungen aus diesen beiden Bereichen. Auch branchenübergreifende Supply Chain-Ansätze werden in der Herausgeberschrift ausführlich charakterisiert. Der Leser findet diese Beiträge im Kapitel B.

Zur Strukturierung von Unternehmen im Sinne von Prozessen sind in Theorie und Praxis eine Vielzahl von Modellen im Einsatz. Darunter fällt beispielsweise das klassische Modell der **Wertschöpfungskette** von Porter, mit seiner Unterteilung in primäre sowie sekundäre Aktivitäten (vgl. Porter 1985). Außerdem zählen dazu die mannigfaltigen Ansätze zur **Geschäftsprozessmodellierung** (vgl. Rohm 1998, S.160ff.). Ein weiteres klassisches Modell ist das auf Jürgen Wild zurückgehende **SOS-Konzept**, welches der Strukturierung von Aufgaben dient (vgl. Wild 1973, S.30). Dieser Ansatz gliedert die Tätigkeiten eines Unternehmens in

- **S**teuerungsaufgaben,
- **o**perative Aufgaben und
- **S**erviceaufgaben.

Der Aufbau des vorliegenden Buchs folgt im Grundsatz dem SOS-Konzept von Wild, wobei sich die Systematik von „Supply Chain Solutions – Best Practices in e-Business" speziell auf das Management von Lieferketten bezieht (vgl. Abbildung 1).

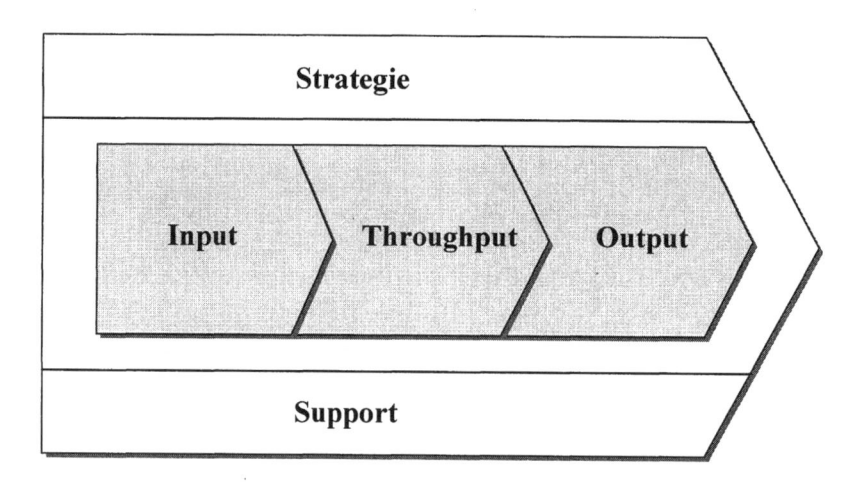

Abbildung 1: Supply Chain Solutions – Bezugsrahmen

Jedes der drei Hauptkapitel B, C und D beinhaltet **fünf Blöcke**. Im jeweils ersten Block wird das Thema der generellen strategischen Ausrichtung der Supply Chain diskutiert. Danach folgt die Untergliederung einer klassischen Dreiteilung operativer Prozesse (Input, Throughput und Output). Schließlich endet jedes Hauptkapitel mit Beiträgen, die konkrete unterstützende Aktivitäten für eine Supply Chain beschreiben. Sämtliche Beiträge der Kapitel B bis D stammen von Praktikern und sind somit streng anwendungsorientiert formuliert. Das vorliegende Buch wäre jedoch unvollständig, wenn bei aller Praxisorientierung eine entsprechende theoretische Fundierung fehlen würde. Daher sind den drei Praxiskapiteln zwei **Grundlagenbeiträge** vorgeschaltet.

- Zunächst stellt Prof. Dr. Hartmut Werner (Fachhochschule Wiesbaden) allgemeine Trends und neue Entwicklungen von e-Supply Chains vor. Der Autor zeigt im Schwerpunkt neue Erfolgsstrategien für das Management der Lieferketten auf und widmet sich aktuellen Themen wie Excess and Obsolete Logistics oder Web-EDI.

- Der zweite Beitrag aus der Theorie stammt von Prof. Dr. Wilfried Krüger und Dr. Norbert Bach (Universität Gießen). Die Autoren behandeln die Zusammenhänge zwischen Wettbewerbssituation, Wettbewerbsstrategie und Geschäftsmodellen im e-Business. Das Internet ist nach ihrer Ansicht als „strategische Waffe" zu begreifen, deren erfolgreiche Nutzung durch auf die Wettbewerbssituation zugeschnittene Geschäftsmodelle zu gewährleisten ist.

2 Branchenübergreifende Lösungen

Das Themenfeld **Strategie** bei den branchenübergreifenden Lösungen wird von Dr. Victoria Ossadnik und Dr. Andreas Froschmayer (eCHAIN Logistics) behandelt. Ihr Beitrag diskutiert das Thema integrierte Logistikkonzepte durch die intelligente Kombination von Logistik, Technologie und Consulting. Im Mittelpunkt steht das strategische Konzept der Ende 2000 als Joint Venture von Dachser und CSC Ploenzke gegründeten eCHAIN Logistics.

Netsourcing Implementation Program - Alles neu bei der Einführung internetbasierter Beschaffungslösungen? So der Titel des Beitrages von Dr. Wolfgang Buchholz (eic-partner), der das Themenfeld **Input** abdeckt. Der Autor zeigt, dass auch für die internetbasierte Optimierung von Beschaffungsprozessen das klassische Handwerkszeug des Einkaufsstrategen mehr denn je von Bedeutung ist. Zur erfolgreichen Implementierung solcher Lösungen spielen Organisations- und Human Resources-Überlegungen eine ausgesprochen wichtige Rolle.

Dr. Andreas Füßler (Centrale für Coorganisation) diskutiert in seinem **Throughput**-Beitrag die moderne Identifikationstechnik Radio Frequency. Diese Transponder dienen der Regulierung von Warenströmen innerhalb einer Lieferkette. Der Autor zeigt alternative Radiofrequenztechniken auf, beschreibt ihre allgemeinen Eigenschaften und kennzeichnet schließlich die speziellen Anforderungen, die Transponder im Supply Chain Management erbringen müssen. Besonders interessant ist dabei, dass Dr. Füßler ausführlich auf das Wechselspiel von Radiofrequenzsystemen mit EDI eingeht.

Customer Relationship Management - Sicher mehr als ein Werkzeug! Diese These wird in dem Beitrag von René Kartberg (CSC Ploenzke) aufgestellt (Themenfeld **Output**). Der Autor unterscheidet verschiedene Facetten von CRM und beschreibt ein konkretes Projekt zur Einführung einer CRM-Lösung. Das vorgestellte Beispiel kennzeichnet den Einführungsprozess von der Entwicklung eines gemeinsamen Grundverständnisses über die Prozessanalyse und Softwareauswahl bis hin zur Realisierung von CRM.

Das Themenfeld **Support** der branchenübergreifenden Lösungen wird von zwei Beiträgen belegt. Wie Unternehmen aus der unüberschaubaren Menge an Daten sinnvoll verwertbare Informationen generieren können, wird im Beitrag von Thilo Pfleghar und Winfried Decker (ICGCommerce) aufgezeigt. Das entscheidungsgestützte Informationssystem „Procurement Data Warehouse" dient zur Integration, Bereinigung und Veredlung von operativen Daten aus dem Beschaffungsprozess. Die gewonnenen Informationen lassen sich für Analysen und deren Interpretation, d. h. zur Sicherung von Wettbewerbsvorteilen in der Beschaffung, verwenden.

Im zweiten Beitrag zu diesem Thema stellt Rainer Härtner (CSC Ploenzke) das Supply Chain Labor von CSC Ploenzke vor. Das Executive-Solutions-Development-Center (xsds) verknüpft unterschiedliche Supply Chain Software-Lösungen. Es ermöglicht den Kunden anhand von

Demo-Szenarien, ersten Modellen und differenzierten Analysen die Möglichkeiten und Grenzen gängiger Softwaremodule, wie SAP, i2, Requisite oder Siebel, zu simulieren und zu testen.

Abbildung 2 zeigt die Beiträge des branchenübergreifenden Teils des Buches nochmals in der Übersicht.

```
                    eChain Logistics

        Netsourcing     Radio Fre-      Customer
        Implementation  quency in der   Relationship
        Program         Supply Chain    Management

        Data Warehousing          Supply Chain Labor
```

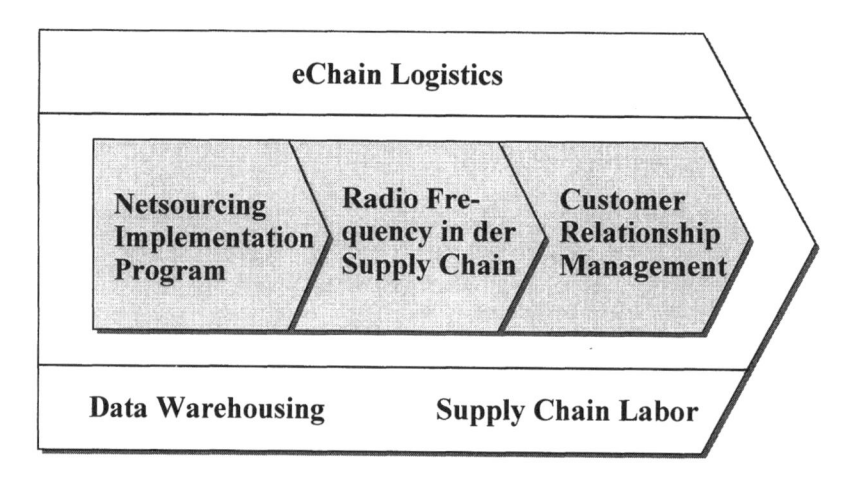

Abbildung 2: Branchenübergreifende Supply Chain Solutions

3 Lösungen aus der Automobilindustrie

Das Themenfeld **Strategie** in der Automobilbranche ist mit den beiden Schwerpunkten OEM und Zulieferer ebenfalls doppelt besetzt. Prof. Dr. Hansjörg Fromm und Dietmar Saedtler (IBM) behandeln Entwicklungstrends virtueller Marktplätze in der Automobilindustrie. Sie diskutieren neue Herausforderungen für die Branche, erläutern die Funktionalitäten und Erfolgsfaktoren virtueller Marktplätze und zeigen, wie die Brache durch B2B und B2C transformiert wird. Ihre Kernthese besagt, dass virtuelle Marktplätze die Informationszentralen der Zukunft sein werden, über die alle an der Wertschöpfungskette beteiligten Unternehmen ihr Geschäft abwickeln.

Im Beitrag „Virtuelle Marktplätze in der Automobilzulieferindustrie" beschreiben Ralf Scherer (Continental Teves) und Prof. Dr. Hartmut Werner (Fachhochschule Wiesbaden) den grundlegenden Aufbau der zur Zeit innig diskutierten Zulieferplattform „SupplyOn". Im Schwerpunkt charakterisieren die Verfasser die Module des Supply Chain Managements auf diesem elektronischen Markt. Sie wagen aber auch einen Blick über den Tellerrand. Deshalb erfahren die Komponenten von Einkauf und Engineering auf „SupplyOn" eine nähere Kennzeichnung.

Im Themengebiet **Input** findet sich der Beitrag „Neue Informationstechnologie als Basis für integrierten Datenfluss in der automobilen Wertschöpfungskette" von Michael Kopetzki (Openshop). Nach einer dezidierten Analyse der automobilen Wertschöpfungskette liegt der Schwerpunkt der Ausführungen auf der Integration von Informationsketten. Michael Kopetzki beschreibt, wie sich durch neue Informationssysteme Möglichkeiten bieten, die Prozesstransparenz und somit die Planungssicherheit zu erhöhen. Im Ergebnis resultieren daraus sinkende Kosten und steigender Service.

Fabian von Saldern (Agiplan) zeigt in seinem Beitrag für den Bereich **Throughput** einen konkreten Lösungsweg zur Projektabwicklung im Supply Chain Management. Er widmet sich dabei ausführlich der Zulieferintegration im Autobau. Außerdem kennzeichnet Fabian von Saldern den Übergang von der „klassischen Fabrik" zum „virtuellen Unternehmen". Der Autor verdeutlicht, wie die Transparenz in der kompletten Supply Chain zu steigern ist: von der Source of Supply bis zum Point of Consumption.

In „e-Logistics in Excellence - Wege aus dem Dilemma der Transportkostenexplosion" widmen sich Dr. Jürgen Gottschalck (KPMG), Ulrich Pfendt (Continental Teves) und Wolfgang Sprunk (Dalog) einem brandheißen Thema. Sie beschreiben für das Themenfeld **Output** Lösungsansätze zum drohenden Logistikinfarkt im Güterverkehr. In diesem Zusammenhang gehen sie beispielsweise ausführlich auf automatisierte Gutschriftsysteme im Frachtverkehr sowie intelligente Verladestrategien ein. Sie zeigen sehr gut nachvollziehbar auf, welche Gefahren hinter virtuellen Frachtbörsen oder Techniken zur Sendungsverfolgung lauern.

Schließlich behandeln Axel Dreher und Stefani Scherer (BorgWarner) das Thema „Supply Chain Controlling im e-Business" (**Support**). In diesem Beitrag zeigen die Autoren, wie sie durch den Einsatz von Target Costing, Economic Value Added oder Balanced Scorecard die Transparenz in der Versorgungskette deutlich erhöhen. Für den Leser sind die Ausführungen von Axel Dreher und Stefani Scherer sehr gut nachvollziehbar, weil die Verfasser in ihren Text eine Vielzahl von Beispielen einfließen lassen.

Alle Beiträge aus Kapitel C zur Automobilbranche werden in Abbildung 3 nochmals in einer Übersicht visualisiert.

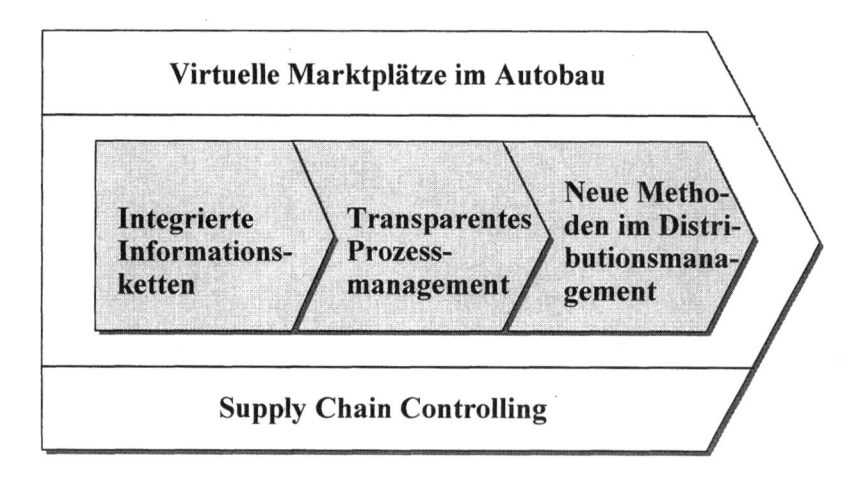

```
┌─────────────────────────────────────────────────┐
│     Virtuelle Marktplätze im Autobau          ╲ │
├─────────────────────────────────────────────┐   │
│  ┌──────────┐ ┌──────────┐ ┌──────────┐    │   │
│  │Integrierte│ │Transparentes│ │Neue Metho-│  │   │
│  │Informations│ │Prozess-  │ │den im Distri-│ │   │
│  │ketten    │ │management│ │butionsmana-│ │   │
│  │          │ │          │ │gement     │ │   │
│  └──────────┘ └──────────┘ └──────────┘    │   │
├─────────────────────────────────────────────┘   │
│       Supply Chain Controlling                ╱ │
└─────────────────────────────────────────────────┘
```

Abbildung 3: Supply Chain Solutions in der Automobilindustrie

4 Lösungen aus der chemischen Industrie

Der Beitrag „ICGCommerce: Die Entwicklung zum Procurement Servive Provider" von Michael Freienstein, René Petri und René Müller (ICGCommerce) besetzt das Themenfeld **Strategie** in der chemischen Industrie. Die Autoren beschreiben hier den Entwicklungspfad des ehemaligen Zentraleinkaufs von Hoechst, über dessen Verselbständigung zu Hoechst Procurement International bis hin zum Merger mit dem US-amerikanischen Online-Procurement-Anbieter ICGCommerce. Der Schwerpunkt der Ausführungen liegt dabei auf der Strategie und dem Geschäftsmodell der jeweiligen Entwicklungsstufe.

Alle reden von den immensen Potenzialen durch e-Procurement, doch konkrete Erfahrungsberichte von realisierten Projekten gibt es bisher wenige. Dietmar Roos und Jens Nettler (Ticona) stellen das gemeinsame e-Procurement-Projekt von Celanese Chemicals Europe und Ticona vor (**Input**). Von der Ist- und Potenzialanalyse, über Strategiedefinition, Neugestaltung der Beschaffungsprozesse, Lieferantenauswahl bis hin zu Integration und Schulung geben die Autoren einen tiefen Einblick in das Projektgeschehen. Der Leser bekommt in dem Beitrag eine Vielzahl hilfreicher Tipps zu Erfolgsfaktoren und Stolpersteinen einer e-Procurement-Einführung.

Im Themenfeld **Throughput** diskutieren Volker Stockrahm, Dr. Matthias Lautenschläger (aconis) und Dr. Kai-Oliver Schocke (Degussa) die werksübergreifende Planung und Optimierung mit SAP APO bei Röhm (mittlerweile Degussa, Geschäftsbereich Plexiglas). Auch hier wird der Leser mit konkreten Projekterfahrungen vertraut gemacht. Gezeigt wird, wie eine schrittweise Einführung zunächst in einem Produktionsbetrieb, dann über verschiedene Werke und schließlich auch über Unternehmensgrenzen hinweg (Collaborative Planning) funktioniert. Dabei nimmt das bei Röhm durchgeführte Projekt durchaus eine Vorreiterrolle in der chemischen Industrie ein.

Dr. Angela Stieglitz und Jürgen Pisczor (BASF) sowie Andreas Steckel und Jürgen Kraft (CSC Ploenzke) behandeln das Thema „Herausforderungen einer integrierten Supply Chain Planung in der Chemischen Industrie". Nachdem sie die markt-, produkt- und produktionsbezogenen spezifischen Rahmenbedingungen in der chemischen Industrie aufgezeigt haben, beschreiben sie, wie die BASF ihre Supply Chain ausgehend vom Kunden über die verschiedenen Stufen der Distribution und Produktion bis hin zur Beschaffung optimal miteinander integriert. Da bei der BASF die vertriebsgestützte Absatzplanung den eigentlichen Ausgangspunkt der bedarfsorientierten Planung innerhalb des Unternehmens darstellt, ist dieser Beitrag dem Segment **Output** zugeordnet.

Auch das Themenfeld **Support** ist für die chemische Industrie zweifach besetzt. Zunächst stellt Thomas Wildrich (ICGCommerce) die technologische Plattform ICGC-Exchange zur Abwicklung internetbasierter Beschaffungsprozesse vor. Es werden die verschiedenen Möglichkeiten aufgezeigt, wie interessierte Kunden ihre Beschaffungsprozesse über das System abwickeln können. Die Varianten reichen vom einfachen Katalogzugriff via Internet bis hin zur Integration der kundenspezifischen ERP-Systeme. Weiterhin beschreibt Thomas Wildrich das Modul „Real Auctions", mit dessen Hilfe sich online Reverse Auktionen durchführen lassen.

Ein sehr anwendungsorientierter Beitrag ist schließlich Erland Feigenbutz (Merz) mit der „Entwicklung eines Softwaretools für das Supply Chain Management" gelungen. Der Autor kennzeichnet mit seinem „TabBrowser" eine spezielle IT-Lösung, die auf SAP R/3 basiert. Erland Feigenbutz geht dabei dezidiert auf die einzelnen Arbeitsschritte seines Softwaretools ein und zeigt, wie er das Konzept bei Merz eingeführt hat. Indem der Verfasser seine Ausführungen auf das Beispiel „Reichweitenanalyse" stützt, ist der Beitrag für den Leser einfach nachvollziehbar.

Abschließend findet der Leser wie gehabt auch die Beiträge des Kapitels D zur chemischen Industrie in Abbildung 4 zusammengefasst.

Abgerundet wird das Buch schließlich von einem Ausblick der beiden Herausgeber, indem sie die Frage aufgreifen: „Supply Chain Solutions – Which way to go?".

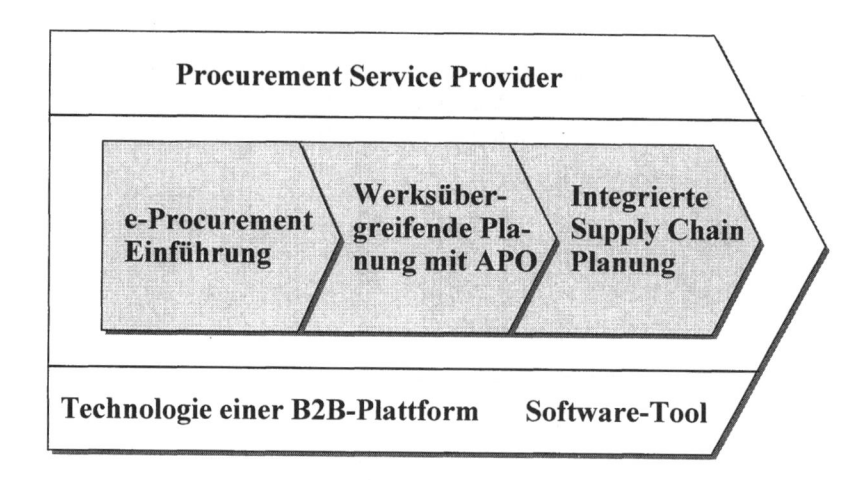

Abbildung 4: Supply Chain Solutions in der chemischen Industrie

Literatur:

Dudenhöffer, F. (2001): Das Internet erfindet die Autobranche neu, in: FAZ v. 01.02.2001.
O.V. (2001): Nach erfolgreichen Tests nun die heiße Phase der elektronischen Beschaffung im Internet, in: FAZ v. 21.06.01.
Porter, M. (1985): Competitive Advantage: Creating and Sustaining Superior Performance, New York 1985.
Rohm, C. (1998): Prozessmanagement als Fokus im Unternehmungswandel, Gießen 1998.
Schneider, D.; Schnetkamp, G. (2000): E-Markets: B2B-Strategien im Electronic Commerce, Wiesbaden 2000.
Steib, M. (2000): Business-to-Business steckt in Europa noch in de Kinderschuhen, in: FAZ v. 17.7.01.
Wild, J. (1973): Product Management, 2. Auflage, München 1973.

Hartmut Werner

e-Supply Chains: Konzepte und Trends

1   Problemstellung und Begriffsklärung

2   Erfolgsstrategien von e-Supply Chains
    2.1   Vertikale Erfolgsstrategien
        2.1.1   Lieferantenintegration
        2.1.2   Kundenintegration
    2.2   Horizontale Erfolgsstrategien
    2.3   Customer Relationship Management
        und Enterprise Relationship Management
    2.4   Elektronische Marktplätze
        2.4.1   Virtuelle Frachtbörsen
        2.4.2   Tracking und Tracing Systeme
        2.4.3   Excess and Obsolete Logistics

3   IT Support als Kernelement von e-Supply Chains
    3.1   Enterprise Resource Planning
        und Advanced Planning and Scheduling
    3.2   Web-EDI

4   Zukünftige Einsatzfelder und Gefahren von e-Supply Chains

1 Problemstellung und Begriffsklärung

„Wer nicht schnell genug liefert, der ist geliefert". Eine Marktforschungsstudie zum e-Business aus dem Jahr 2001 unterstreicht diese These (vgl. Wassel 2001, S.170). Bei Buchbestellungen via Internet erwarten die User, dass ihre Waren spätestens zwei Tage nach dem Ordering bei ihnen eintreffen. Jugendliche fordern bei der Aufgabe einer CD-Bestellung über das Internet gar eine Zustellung innerhalb von 36 Stunden, ansonsten erlischen ihre Konsumwünsche nach aktuellen Musikträgern. Die Basis für erfolgreiches e-Business ist ein modernes Supply Chain Management. Doch nicht immer wird diese heroische Zielsetzung erfüllt. In den USA tätigten im Weihnachtsgeschäft 1999 ein Viertel der potenziellen Online-Kunden ihre Bestellungen tatsächlich über das Internet. Leider erhielten rund 26% der User ihre Waren erst im Anschluss an das Weihnachtsfest. Besonders problembehaftet verlief die Artikelzustellung durch die **Internet Retailer** (Unternehmungen, die ihre Aktivitäten speziell auf das Internet ausrichten): Während die Termintreue bei ihnen lediglich 64% betrug, konnten die traditionellen Versand- und Einzelhändler immerhin eine Erfolgsquote von 79% erzielen (vgl. Straube 2001, S.177).

Zwischen der Plattform Internet und einem funktionierenden Supply Chain Management herrscht folglich noch ein immenser Abstimmungsbedarf. Die Lösung dieser Problemstellung liegt in den **e-Supply Chains**. Sie beinhalten die Versorgung, die Entsorgung und das Recycling elektronisch initiierter Geschäftsabläufe. In diesem Prozess sichern e-Supply Chains sowohl die physische Geschäftsabwicklung als auch den Geld- und den Informationsfluss, wobei ihr Ablauf einem **Order-to-Payment-S** folgt (vgl. Abbildung 1, Werner 2000a, S.7ff. und Werner 2000b, S.813f.).

- Bereich 1: Moderne Supply Chains richten sich nach dem Pullprinzip aus. Erst nachdem der Kunde seine Bestellung (**Order**) elektronisch aufgegeben hat, starten die Unternehmungen ihre Aktivitäten. Der erste Bereich im Order-to-Payment-S verläuft von rechts nach links (flussaufwärts).

- Bereich 2: Dieser Bereich beschreibt den eigentlichen Materialfluss (stromabwärts, von links nach rechts). Eine vorgelagerte Stufe versorgt ihre jeweils nachgelagerte. Entscheidend ist hier zum einen die gelungene Lieferantenintegration (verstanden als Source of Supply). Zum anderen werden immer öfter externe Dienstleister, wie Speditionen und KEPs (Kurier-, Express- und Paketdienste), in die physische Distribution der Waren eingebunden.

- Bereich 3: Schließlich verläuft Bereich 3 wiederum von rechts nach links (stromaufwärts). Nachdem die Waren den Kunden zugestellt wurden (am Point of Consumption), sind sie von ihnen zu bezahlen (**Payment**). Zusammengefasst folgt der gesamte Prozess von Order bis Payment dem Buchstaben S. Flussaufwärts verlaufen in diesem dritten Bereich auch die Entsorgung und das Recycling.

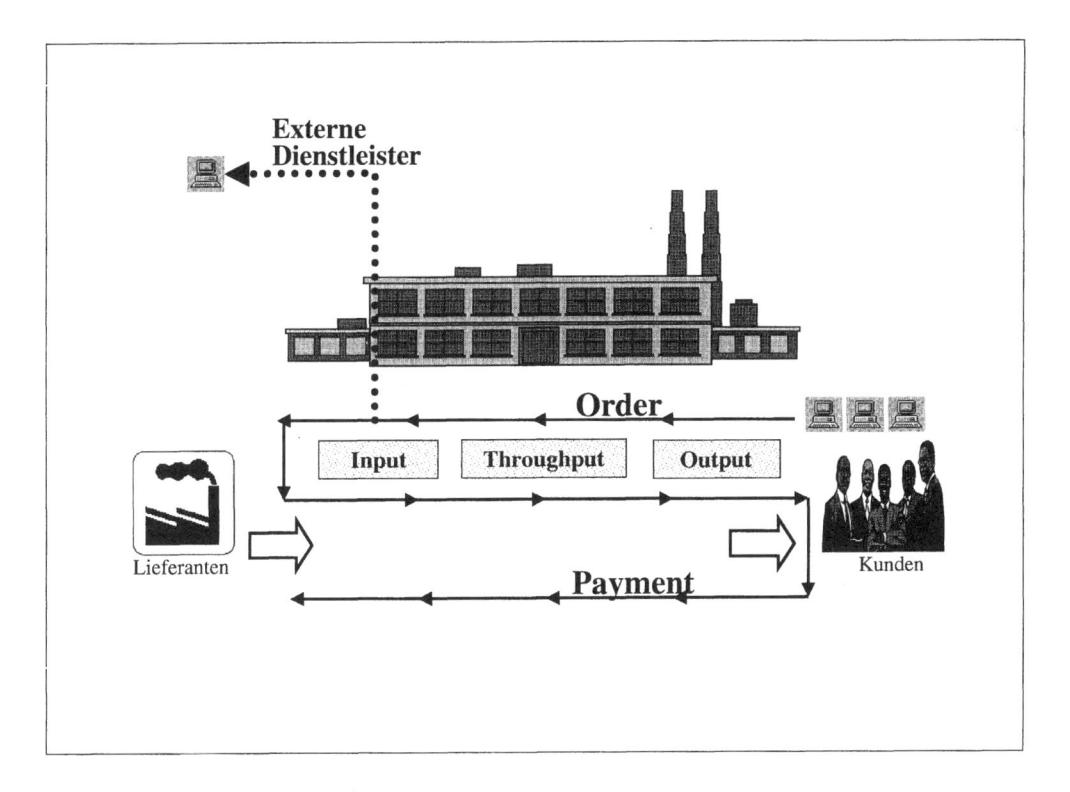

Abbildung 1: Order-to-Payment-S in den e-Supply Chains

Elektronische Supply Chains stellen eine **Front-End-Back-End-Beziehung** dar. Als Front-End-Systeme dienen die elektronischen Medien Internet (als offenes und dezentrales Netz), Extranet (für die Zusammenarbeit von institutionellen Partnern) sowie Intranet (zur Abwicklung von Geschäftsprozessen innerhalb der Unternehmungen). Das Back-End-Modul ist das Supply Chain Management, welches die reibungslosen Abläufe von physischen Prozessen (die Zustellungen der elektronisch georderten Waren) sowie von Geld- und Informationsströmen gewährleistet. Hier sind zwei **Business-to-Alternativen (B2)** denkbar. Einerseits Business-to-Customer (B2C), das Geschäft mit dem Endverbraucher. Andererseits Business-to-Business (B2B), eine Verbindung institutioneller Partner untereinander. Die größeren Erfolgspotenziale im Wettbewerb liegen wohl im B2B-Geschäft. Heute werden bereits 80% des Umsatzes im e-Business durch B2B-Anbindungen erzielt. Nach Schätzungen soll dieser Anteil in den nächsten Jahren sogar auf 90% steigen (vgl. Baumgarten 2001, S.22).

2 Erfolgsstrategien von e-Supply Chains

Aus der gelungenen Verzahnung von e-Business und Supply Chain Management erhoffen sich die Best Practices insbesondere Geschwindigkeits- und Kostenvorteile im Wettbewerb. Dies geht aus der 1999 durchgeführten (internationalen und branchenübergreifenden) „Triade"-Studie hervor, an der sich knapp 300 Unternehmungen beteiligten. Im Durchschnitt sehen die befragten Partner im Supply Chain Management ein Einsparungspotenzial von 20% bis 25% (vgl. Straube 2001, S.181). Zur Ausschöpfung dieser enormen Verbesserungsmöglichkeiten stehen moderne Erfolgsstrategien des Supply Chain Managements zur Verfügung, die im Folgenden gekennzeichnet werden (vgl. Abbildung 2).

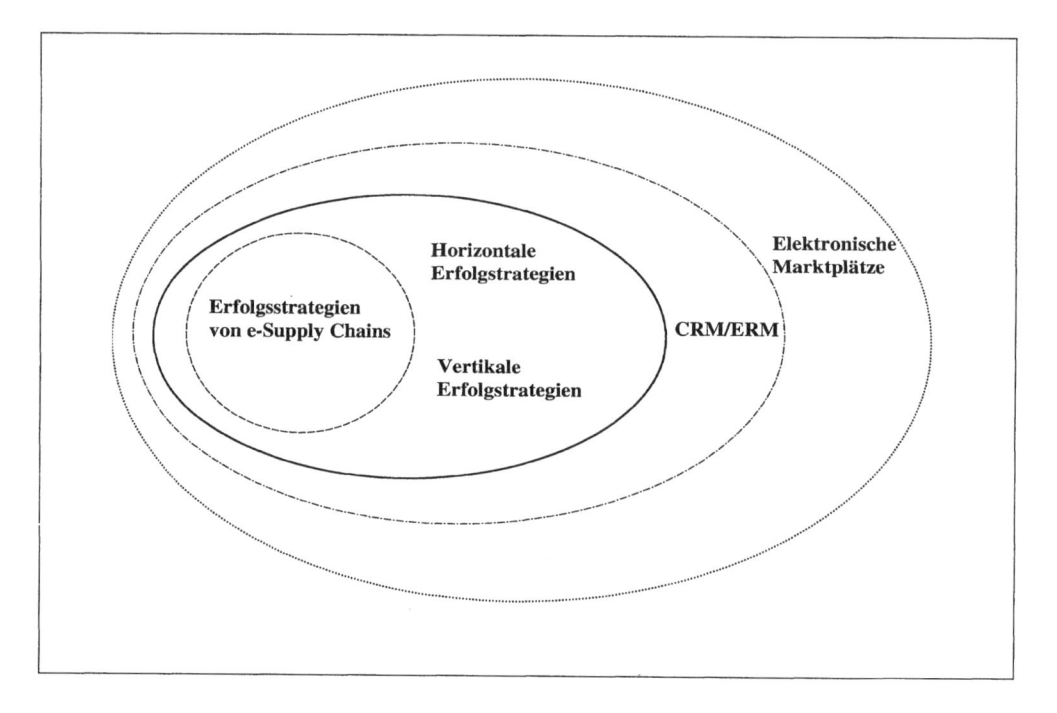

Abbildung 2: Erfolgsstrategien in den e-Supply Chains

2.1 Vertikale Erfolgsstrategien

Ein Merkmal des Supply Chain Managements ist die simultane und integrative Betrachtung verschiedener Wertschöpfungsebenen. Bei den vertikalen Erfolgsstrategien werden einerseits die Lieferanten als vorgelagerte Kooperationspartner in die Unternehmungsprozesse einbezogen. Andererseits erstrecken sich die Aktivitäten auf die nachgelagerte Ebene der Kunden. Hier sind drei **Arten zur Ausgestaltung der Informations- und Kommunikationswege** denkbar, die sich hinsichtlich ihrer Bindungsintensität zwischen den beteiligten Partnern unterscheiden.

- Bereitstellung von Unternehmungs- und Produktinformationen: Bei dieser ersten Variante rufen Kunden sowie Lieferanten über das Internet lediglich Informationen (beispielsweise Produktkataloge, Lieferzeiten oder Produktpreise) ab. Die Bindungsintensität zwischen den Teilnehmern ist gering ausgeprägt.

- Passive Interaktion zwischen den Kooperationspartnern: Eine passive Interaktion besitzt eine mittlere Bindung zwischen den Partnern. Sie bedeutet, dass die Systeme der Teilnehmer für Abfragen miteinander vernetzt werden. Zum Beispiel können Händler Informationen von Herstellern erhalten, indem sie für spezielle Links auf deren Homepages freigeschaltet werden.

- Aktive Interaktion zwischen den Kooperationspartnern: Bei der dritten Variante können die Daten zwischen den Unternehmungen aktiv bestätigt oder geändert werden. Dies ist insbesondere in den frühen Phasen der Produktentwicklung wichtig, indem die Lieferanten an der Erstellung von Zeichnungen und Kalkulationen aktiv beteiligt werden. Hier liegt ein hoher Bindungsgrad zwischen den Teilnehmern vor.

2.1.1 Lieferantenintegration

Das Verhältnis zwischen Lieferant und Kunde intensiviert sich schon seit einigen Jahren. Zunehmend wird der Lieferant als echter Wertschöpfungspartner akzeptiert (**Upstream Supply Chains**). Ein Anbieter bekommt mehr Verantwortung eingeräumt und rückt näher an seine Kunden. Der Anteil an First-Tier-Anbietern (Systemlieferanten) steigt in einigen Branchen deutlich. Häufig werden sie in Industrieparks angesiedelt und liefern komplette Komponenten oder Module. Ein Beispiel dafür ist die Fertigung des „Smart" im lothringischen Hambach (Frankreich). MCC integriert in einem Industriepark in der Nähe des Werks sieben First-Tiers (wie Magna, Siemens VDO oder Bosch) und wird „Just in Sequence" beliefert: die Bandgeschwindigkeit wechselt häufig und passt sich dynamisch der jeweiligen Nachfrage an. Die Zulieferer bringen ihre Komponenten oder Module direkt bis an den Verbaupunkt im Werk (vgl. Rumpelt 1998, S.28).

Immer mehr Wettbewerber nutzen im Supply Chain Management das World Wide Web. Beispielsweise schreibt General Electric seine Aufträge schon seit 1995 im Internet aus. Viele Lieferanten reagieren auf diese Offerte, und es entsteht ein intensiver Preiskampf zwischen den Anbietern. Ein weiteres Beispiel ist die deutsche Babcock Services. Sie bestellt jedes Jahr Produkte im Wert von 200 Millionen DM online und spart dadurch Beschaffungskosten von rund 25%. Außerdem wird die Auftragsbearbeitungszeit von Wochen auf wenige Stunden gesenkt (vgl. o. V. 1999a, S.22). Schließlich schöpft der amerikanische Baumaschinenhersteller Caterpillar erhebliche Kostensenkungspotenziale aus, indem er seinen Lieferanten spezielle Informationen für die Wartung und die Reparatur der Maschinen ins Netz stellt.

2.1.2 Kundenintegration

Die elektronischen Medien bieten völlig neue Wege, um die Anforderungen der Kunden nach individueller Produktgestaltung, schneller, akkurater und zuverlässiger Warenauslieferung sowie umfangreicher Produktinformation zu befriedigen (**Downstream Supply Chains**). Immer mehr Unternehmungen reduzieren ihre Auftragsgrößen und setzen in der Warenverteilung flexible Kurier-, Express- und Paketdienste ein. Best Practices verfügen über unkomplizierte Websites, gut genutzte Datenbestände und bequeme Zahlungsweisen. Im Internetzeitalter wird Anfassbarkeit durch Informationen ersetzt. Beispielsweise erleichtern oder ermöglichen Mc Donald's und Wal Mart mit ihren Hinweisen im Internet eine Selbstbedienung. Die Informationen im Internet gehen durch den Gebrauch nicht unter. Vielmehr sind sie über eine beliebig große Anzahl von Websites jederzeit reproduzierbar (vgl. o. V. 2001, S.29).

In vielen Branchen ist eine Verkürzung der Distributionsstufen festzustellen. Durch die Nutzung des Internets besteht die Möglichkeit, dass der Kunde seine Wünsche direkt an den Hersteller weitergibt. Daraus speisen sich Preisvorteile für den Nachfrager, weil die Gewinnmargen für zwischengeschaltete Handelsstufen entfallen. Stellvertretend für diese Vorgehensweise steht der Computerhersteller Dell. Es gelingt Dell schon seit einiger Zeit, durch die Verwendung von Standardelementen, ihre PCs kundenindividuell zu fertigen (**Built to Order**). Dell verfügt über ein zentrales Netzwerk in der Supply Chain, in das Informationen von Kunden, Händlern, externen Dienstleistern, Lieferanten und den eigenen Produktionsstätten in Echtzeit fließen.

Ein weiteres Beispiel für eine moderne Form der Kundenintegration bietet Nike. Die Unternehmung ermöglicht eine individuelle Gestaltung ihrer Schuhe. Der Käufer wählt online zwischen zwei zur Verfügung stehenden Sohlen. Auch die Farbgebung des Schuhs bestimmt der Kunde. Er kann sogar bis zu acht Buchstaben auf das Modell nähen lassen. Bevor der Kunde über einen Kauf entscheidet, bekommt er den selbst zusammengestellten Schuh grafisch am Bildschirm präsentiert. Und im Buchhandel lautet die Zauberformel **Books on Demand**. Die elektronischen Druckvorlagen stehen im Computer zur Verfügung. Erst wenn der Kunde eine Bestellung aufgibt, beginnt die Drucklegung des Buchs. Dadurch werden Langsamdreher in den Regalen des Handels vermieden (vgl. zu den Beispielen Werner 2000a, S.144).

2.2 Horizontale Erfolgsstrategien

Die Verflechtung von Partnern der gleichen Wertschöpfungsebene beschreibt eine horizontale Kooperationsstrategie in der Supply Chain. Zumeist bündeln Konkurrenten ihre Kompetenzen in **strategischen Allianzen**. Dabei nutzen führende Unternehmungen den Einsatz neuer Medien in den e-Supply Chains. Zum Beispiel errichteten Gruner & Jahr sowie Bertelsmann im

Internet ein Aktionshaus. Andere Wettbewerber kooperieren über Handelsgemeinschaften im World Wide Web: wie „Brand-X" (die Aggregation von Datenübertragungskapazitäten) und „oilandgas" (ein gemeinsames Informationsnetz in der Öl- und Gasbranche).

Unter dem Kürzel „Covisint" errichteten die Automobilkonzerne Daimler-Chrysler, Ford und General Motors Ende 2000 eine **Internetplattform** für die gemeinsame Beschaffung sowie ein verzahntes Lieferkettenmanagement. Die Investmentbanker von Goldman & Sachs errechnen aus dieser Verbindung ein Kostensenkungspotenzial von 3.500 US$ bis 4.000 US$ pro hergestelltem Fahrzeug. Bereits über 25 große Zulieferer haben ihre Mitarbeit an „Covisint" zugesagt (vgl. o. V. 2000a, S.21). Ähnlich streben die Lieferanten der Automobilkonzerne ihrerseits Kooperationen in der Supply Chain an. Die sieben bedeutendsten Unternehmungen der Reifen- und Kautschukindustrie, darunter aus Deutschland Continental, schlossen sich zu „RubberNetwork" zusammen. Sie gründeten Mitte 2000 diesen globalen Handelsplatz gemeinsam im Internet.

Eine besondere Form der horizontalen Kooperation ist **Coopetition**. Der Begriff speist sich aus „Zusammenarbeit" (Corporation) und „Wettbewerb" (Competition). Beispielsweise kooperieren Bosch und Siemens im Bereich der Hausgerätetechnik. Auf dem Gebiet der Autoelektronik stehen sie in Konkurrenz miteinander (vgl. Werner 2000a, S.53).

2.3 Customer Relationship Management und Enterprise Relationship Management

Ein **Customer Relationship Management** (CRM, vgl. Hettich et al. 2000) richtet sich nach dem Pullprinzip aus: eine Produktion wird erst nach der Feststellung von Kundenbedarfen ausgelöst. Sämtliche über die Nachfrager einholbaren Informationen werden in CRM verwaltet. Die Synchronisation aller Kommunikationskanäle ermöglicht den einheitlichen Auftritt der Unternehmung gegenüber den Kunden ("One Face to the Customer"). Außerdem zielt CRM auf eine individuelle und differenzierte Kundenansprache ("One Face of the Customer"). Während die Kundendaten in historisch gewachsenen Systemen (Helpdesk, Call Center, Computer Aided Selling oder Web-Anwendungen) isoliert verwaltet wurden, vereinen sich diese Insellösungen in CRM, wobei sich der Ansatz als "Closing the Loop" (geschlossener Regelkreis) präsentiert: Wenn sich beispielsweise ein Kunde im Servicecenter der Unternehmung über ein Produkt beschwert, ist diese Information zunächst in das CRM System einzugeben, dort zu pflegen und so lange zu verfolgen, bis das Problem gelöst und der Kunde zufriedengestellt ist.

Die Informationen werden bei CRM im **Data Warehouse** (vgl. Hannig 1996 und Muksch/ Behme 1998) verwaltet. Seine Elemente sind die eigentliche Datenbasis, Transformationsprogramme (zur Übernahme interner / externer Daten) und Archivierungsprogramme (für die Datensicherung / Datenspeicherung). Den Input im Data Warehouse liefern interne Datenquellen (operative Vorsysteme in den Funktionsbereichen) und externe Datenquellen (Informationen über Kunden sowie Lieferanten). Zunehmend werden auch Nachrichten aus dem Internet im

Data Warehouse genutzt. Der Output richtet sich benutzerorientiert nach Absatzkanälen, Produkt- oder Kundeninhalten.

Die Unternehmung NCR bietet Data-Warehouse-Applikation an. Sie baut gerade ein Data Warehouse für die National Australia Bank auf. Zunächst sind über 800 Ereignisse der Bank zu definieren (wie der Umzug eines Kunden). Anschließend werden Verknüpfungen zwischen den Ereignissen hergestellt. Zieht ein Kunde der Bank wirklich um, wird er automatisch daran erinnert, dass er der Bank seine neue Adresse melden möge. Außerdem bekommt er eine Information über die nächstgelegene Filiale an seinem neuen Wohnort. Ihm wird für den Umzug eine Spedition empfohlen, die mit der Bank eng zusammenarbeitet und Rabatte gewährt. Die National Australia Bank bereitet automatisch Formulare vor, welche der Kunde nur noch unterschreiben muss (vgl. o. V. 1999c, S.25).

In modernen e-Supply Chains weitet sich CRM zu ERM (**Enterprise Relationship Management**). Charakteristisch für ERM ist die vollständige Prozessintegration des Kunden in die Supply Chain des Herstellers. Ein Kundenauftrag wird durchgängig verfolgt: von der Bestellung, über die Produktion bis zur Auslieferung. Sämtliche Steuerungsparameter des Produzenten richten sich nach dem Prinzip **Available to Promise** aus (vgl. Seidl 2001, S.171). Der Abnehmer darf erwarten, dass seine Bestellung fristgerecht bearbeitet wird. Bei Available to Promise bestätigt der Hersteller verbindlich die rechtzeitige Auslieferung des Kundenauftrags. Zur Wahrung dieses Versprechens setzen die Produzenten vermehrt Kurier-, Express- und Paketdienste ein. KEPs sind auf geringe Sendungsmengen spezialisiert. Dadurch werden sie der Kundenforderung nach Spezialisierung sowie Individualisierung gerecht. Die Kundeninformationen sind bei Enterprise Relationship Management elektronisch zu sammeln und zu verwalten. Das elektronische Front-End-System des Kunden wird nicht länger losgelöst vom Back-End-System des Produzenten gesehen (dem logistischen Realisierungsprozess). Front-End und Back-End verschmelzen in ERM zur integrierten e-Supply Chain mit maximaler Kundenbefriedigung und Wertsteigerung.

Wesentliche Treiber für CRM und ERM sind Call Center sowie e-Business. Beide Foren bieten die Möglichkeit zur zügigen Beantwortung von Kundenanfragen und Kundenreklamationen. Das Wissen um die Zufriedenheit der Nachfrager ist die Voraussetzung für **Mass Customization** (vgl. Dörflinger/Marxt 2001). Mass Customization vereint die hybriden Vorteile der Massenfertigung mit denen der kundenspezifischen Einzelfertigung. Unternehmungen wie Dell oder Nike praktizieren Mass Customization, indem sich ihre Produkte aus modularen und standardisierten Bausteinen aggregieren. Die Basismodule werden erst im Verkaufsprozess kundenindividuell gefertigt. Die Produkte unterscheiden sich nicht im grundsätzlichen Aufbau, sondern lediglich in ihrer speziellen Konfiguration. Wesentliche Voraussetzungen für Mass Customization sind der direkte Interaktionsprozess mit dem Kunden (One to One) und ein hinreichend großes Absatzpotenzial auf dem Zielmarkt.

2.4 Elektronische Marktplätze

Immer mehr Unternehmungen nutzen für ihren Austauschprozess mit Nachfragern, Lieferanten und Wettbewerbern elektronische Marktplätze. Darunter sind Plattformen des gewerblichen Austauschs von Gütern und Dienstleistungen zu verstehen. Es sind **Marktknotenpunkte**, die auch als e-Hubs bezeichnet werden. Neben multinational agierenden Konzernen steuern immer mehr kleinere und mittelgroße Unternehmungen ihre Informationsbeschaffung oder ihren Datenaustausch über elektronische Märkte. Vielfach reduzieren sie dadurch ihre Transaktionskosten. In diesem Zusammenhang erweisen sich virtuelle Frachtbörsen, Tracking and Tracing sowie Excess and Obsolete Logistics als besonders scharfe Waffen zur Ausgestaltung von elektronischen Supply Chains (vgl. Abbildung 3).

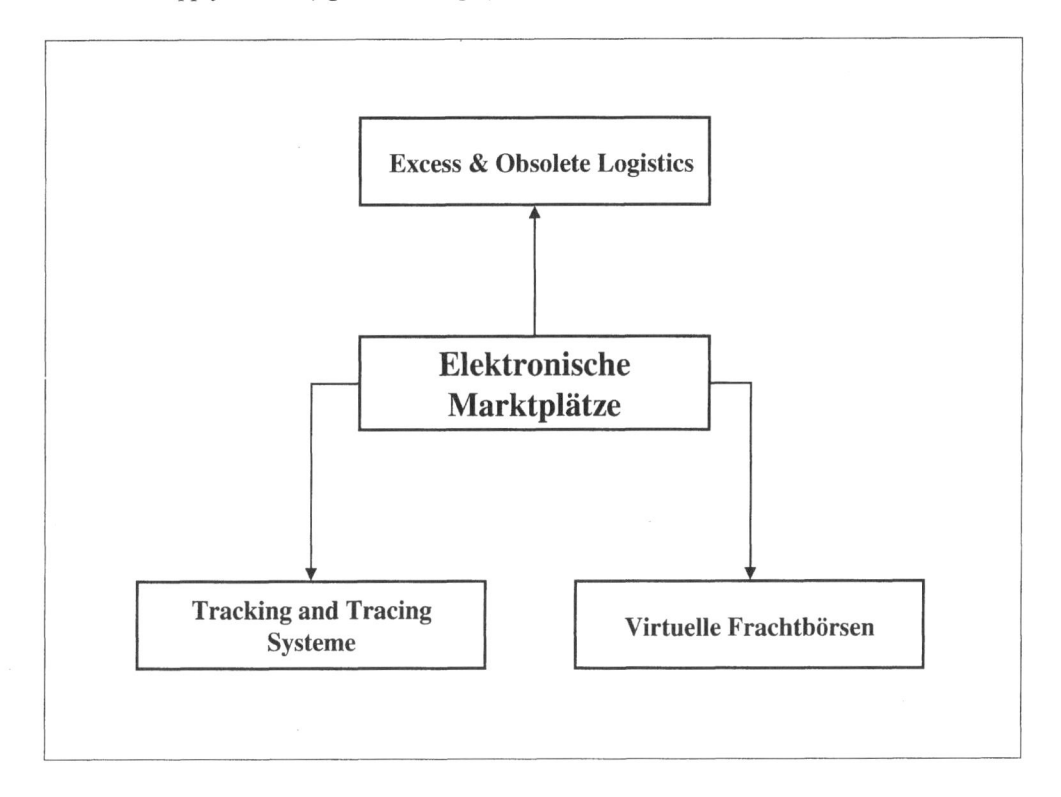

Abbildung 3: Elektronische Marktplätze und e-Supply Chains

2.4.1 Virtuelle Frachtbörsen

Auf **virtuellen Frachtbörsen** werden weltweit Frachtkapazitäten angeboten und Frachtgesuche der Verlader gesichtet (vgl. Abbildung 4). Mit Hilfe von Frachtbörsen können die beteiligten

Unternehmungen Added Values erzielen, indem sie ihre Verkehrsmittel besser auslasten (Bündelung von Frachtaufträgen und Optimierung der Transportzeitfenster) sowie die Transaktionskosten der Auftragsakquisition senken. Über Datenbanken werden die notwendigen Informationen verwaltet und aufbereitet. Die wohl bekannteste Frachtbörse in Europa ist „Teleroute": Täglich greifen über 30.000 Teilnehmer insgesamt bis zu 180.000fach auf das System zu (vgl. Reisch/Stoll 2000, S.64). Kritiker bemerken jedoch, dass über Frachtbörsen sensible Informationen abfließen und die Anzahl der aktiv beteiligten Unternehmungen noch zu gering sei.

Eine Frachtbörse fördert die kundenorientierte Tourenplanung. Damit wird die Möglichkeit für einen **Milk Run** begünstigt. Dies ist eine spezielle Form des Direkttransports. Das Verfahren trägt seinen Namen in Anlehnung an die Distribution von Milchflaschen in den USA. Ein „Milchjunge" verteilt volle Flaschen und sammelt gleichzeitig leere ein. Dieses Prinzip haben Industrie und Handel übernommen (vgl. Werner 2000a, S.122f.). In einer Untersuchung aus dem Jahr 2000 wird angegeben, dass mit der Nutzbarmachung von Milk Run über Frachtbörsen der Anteil an Leerfahrten von Transportmitteln um bis zu 10% sinkt (vgl. Reisch/Stoll 2000, S.64).

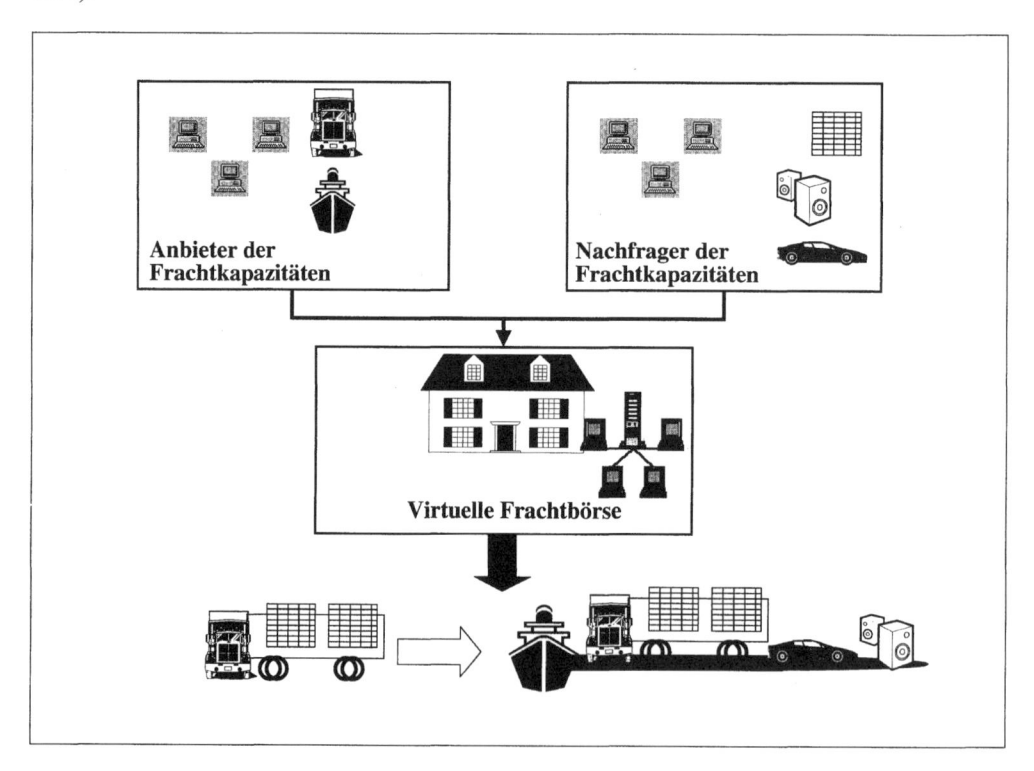

Abbildung 4: Virtuelle Frachtbörsen

2.4.2 Tracking and Tracing Systeme

Tracking and Tracing Systeme dienen zur Sendungsverfolgung. Ein Tracking System eröffnet die Möglichkeit, sich jederzeit hinsichtlich des aktuellen Standorts einer Frachtsendung in Echtzeit zu erkundigen. Das Tracing System dient der Archivierung dieser Daten, um den Sendungsverlauf der Ware in der Supply Chain festzustellen. Im e-Business können durch Tracking and Tracing Hersteller und Kunden jederzeit Informationen über den Fortschritt ihres Transportvorgangs einholen. Daimler-Chrysler verschafft sich via Sendungsverfolgung einen Überblick hinsichtlich seiner auf den Weltmeeren befindlichen Warenwerte. Airbus Industrie sorgt mit der Sendungsverfolgung dafür, dass die Flugzeuge lange in der Luft bleiben und nicht unnötig am Boden verweilen.

Im Rahmen der Sendungsverfolgung finden die satellitengesteuerten Hilfsmittel GPS (**Global Positioning System**) und AEI (**Automatic Equipment Identification**) Einsatz. Mit dem Barcode werden die Frachtstücke beim Beladen der Transportfahrzeuge mit dem Status „on board" eingescannt. Diese Informationen sind direkt an die zentrale Datenbank weiterzugeben. Während des kompletten Transportvorgangs können über GPS und AEI genaue Positionsabfragen eingeholt werden. Daraus resultieren gleich mehrere Vorteile: Der administrative Aufwand sinkt, neben der Lagerhaltung verbessert sich das Fuhrparkmanagement, und das System gestattet jederzeit ein Lokalisieren der Fahrzeuge, wodurch eine sofortige Reaktion auf Verspätungen (beispielsweise durch das Umleiten der Fahrzeuge) möglich ist. Schenker Eurocargo begann 1999 damit, seine 1.800 in Deutschland verkehrenden Lastkraftwagen mit der Telematik zu bestücken. So wurde das Flottensteuerungs- und Kommunikationssystem „Passo Fleet" in die Fahrzeuge eingebaut. Das Modul „Real Time Arrival" überprüft alle 15 Minuten die wahrscheinliche Ankunftszeit der Lastkraftwagen. Die Consultinggesellschaft Roland Berger gibt an, dass mit dem Einsatz eines telemetrischen Fuhrpark- und Flottenmanagements die Kosten in der Distributionslogistik um bis zu fünf Prozent sinken (o. V. 1999b, S.29).

Neben dem Barcode wird für eine Sendungsverfolgung zunehmend die Identifikationstechnik **Transponder** eingesetzt (vgl. Jansen 1999). Ein Transponder ist ein mikroelektronischer Datenträger, der als Radiofrequenzsystem ausgestattet ist. Er verfügt über eine elektronische Schaltung mit eingebauter Miniantenne, der Leseeinheit, die über Funksignale mit ihrer Außenwelt kommuniziert. Die Antenne dient zur Datenübertragung sowie zur Energieversorgung. Viele Transponder sind nur wenige Millimeter groß und können wesentlich mehr Informationen verwalten als ein Barcode. Während sich die Barcodemarkierungen weder ergänzen noch ändern lassen, besteht bei Transpondern die Möglichkeit, Daten bis zu 100.000fach zu überschreiben. Neben Lagerort, Zieladresse und Lieferant kann der Transponder auch die Temperatur oder die Luftfeuchtigkeit beim Transport speichern. Nach einer Studie der Beratungsgesellschaft Frost & Sullivan werden die Umsätze für Radiofrequenzsysteme allein in Europa von 665 Millionen US$ (im Jahr 1999) auf 2.000 Millionen US$ (Schätzwert für 2006) steigen (vgl. o. V. 2000b, S.28). Unternehmungen wie Philips, Motorola, Infineon, Texas Instruments und Sokymat bemühen sich um die Weiterentwicklung der Transpondertechnik.

2.4.3 Excess and Obsolete Logistics

In der **Excess and Obsolete Logistics** wird die Gängigkeit von Beständen analysiert. Die Ungängigkeit der Vorräte resultiert beispielsweise aus einem Modellwechsel des Herstellers. Als Identifikationsmerkmal dient die Lagerreichweite, welche unternehmungsindividuell fixiert wird. Während Excess Vorräte zum Teil ungängig sind (mit einer Reichweite von größer als drei Monaten und kleiner als zwölf Monaten), stellen Obsolete Bestände völlig ungängige Komponenten dar, die sich in einem Intervall überhaupt nicht mehr umschlagen (mit einer Reichweite von größer oder gleich einem Jahr).

Zunächst wird der Rückverkauf von Excess and Obsolete Vorräten an die Lieferanten (zu reduzierten Preisen) versucht. Wenn dies nicht gelingt, kommt es zur kostenintensiven Verschrottung der betroffenen Materialien. Einen raffinierten Ansatz zur Lösung dieser Problemstellung bietet die deutsche Interteam aus Itzehohe an (vgl. Werner 2000a, S.101). Sie stellen im Internet ihre Plattform „GS'X" (Global Semiconductor Exchange) für Unternehmungen der Halbleiterbranche zur Verfügung, die über „GS'X" ihre ungängigen Bestände weltweit anbieten können. Das Modul kann zur Zeit 260 verschiedene Hersteller und 170 unterschiedliche Gehäusetypen verwalten. Interessierte Unternehmungen wenden sich über das Internet direkt an den Hersteller, verhandeln mit ihm über den Preis und melden schließlich ihre Bedarfe an. Für die Nutzung von „GS'X" zahlt der Anbieter eine Gebühr an Interteam.

3 IT Support als Kernelement von e-Supply Chains

Ohne eine geeignete Informationstechnologie werden die e-Supply Chains kaum zu realisieren sein. Eine Untersuchung neuester Softwarealternativen im Supply Chain Management findet sich bei Hieber, Alard und Boxler (vgl. Hieber et al. 2001). Durch IT Unterstützung kann der Anspruch nach **Connectivity** innerhalb der Supply Chain am ehesten erfüllt werden. Connectivity (vgl. Hughes et al. 2000, S.177ff.) meint eine Überprüfung aller möglichen Verbindungen im Netzwerk der Supply-Chain-Teilnehmer. Die internen und die externen Prozessketten werden bezüglich ihres jeweiligen Beitrags zur Wertschöpfung im Partnergeflecht untersucht. Diejenige Alternative, welche den potenziell größten Erfolg verspricht, ist zu wählen.

3.1 Enterprise Resource Planning und Advanced Planning and Scheduling

ERP (**Enterprise Resource Planning**, vgl. Prockl 2001) gewährleistet die operative und automatisierte Steuerung von unternehmungseigenen Prozessen in der Supply Chain. Als Basis für ERP dient die Software von SAP, Oracle, Baan oder J. D. Edwards. Der Produktionsplan wird bei ERP sukzessive abgearbeitet. Dabei richtet sich die Optimierung an den logistischen Teilsystemen einer Unternehmung aus. Als Gesamtsystem bleibt die Supply Chain hingegen unberücksichtigt. Bei ERP setzt sich die Planung aus vielen, und zumeist wenig abgestimmten, Einzelschritten zusammen. Es können Fehler (Redundanzen) auftreten, weil einige Arbeitsschritte wiederholt einzugeben sind, wie die Materialbedarfsplanung. ERP ist ein reines Transaktionssystem, das kaum flexibel und wenig transparent ausgelegt ist. Die Quelle von ERP ist MRP II (Manufacturing Resource Planning).

Diese Probleme von ERP versuchen **Advanced Planning and Scheduling** (APS, vgl. Abbildung 5) Systeme zu vermeiden. Sie ergänzen ERP und werden von SAP, i2 Technologies, Numetrix oder Manugistics angeboten. Seine Daten bezieht APS aus den operativen Transaktionseinheiten innerhalb der Supply Chain. An diese dezentralen Bereiche gibt APS seine Informationen nach der Bearbeitung wieder zurück. APS zielt auf die simultane Abstimmung sämtlicher Aktivitäten der kompletten Supply Chain. Im Gegensatz zu ERP werden in APS auch Lieferanten- und Kundenströme berücksichtigt. Die Systeme von APS zeichnen sich durch eine hohe Reagibilität aus. Alle Aktivitäten die zur Wertsteigerung beitragen können, sind synchron aufeinander abzustimmen. Mit Hilfe von Simulationen werden unterschiedliche Alternativen recht schnell durchgespielt. APS wählt diejenige Möglichkeit, welche den potenziell größten Nutzen verspricht.

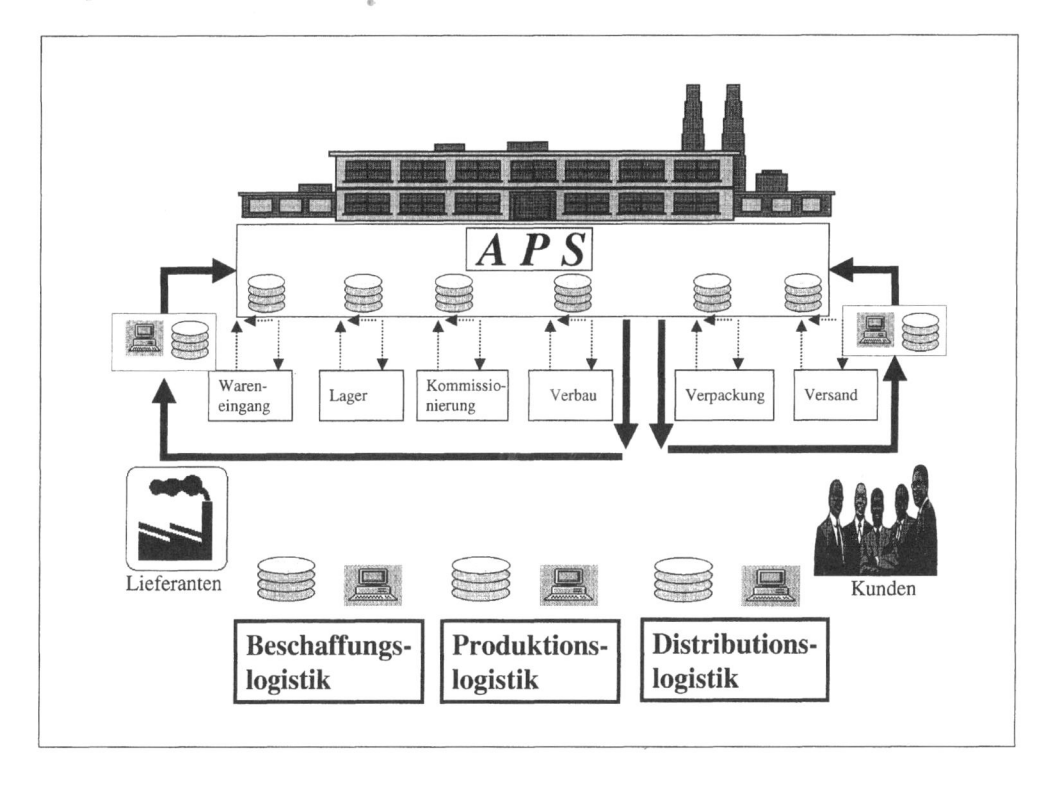

Abbildung 5: Ablauf von Advanced Planning and Scheduling

3.2 Web-EDI

Der elektronische Datenaustausch, EDI (**Electronic Data Interchange**), ist der Informationstransfer zwischen mindestens zwei Partnern. Grundlagen für die Anwendung von EDI innerhalb der Supply Chain sind Aufträge, Rechnungen oder Bestände. EDI ermöglicht den logistischen Ansatz **Continuous Replenishment** (den kontinuierlichen Warennachschub): Ein Kunde überwälzt dabei die Beständehoheit auf einen Lieferanten. Wenn die zuvor definierte Vorratshöhe im Lager des Kunden erreicht ist, erhält der Zulieferer automatisch ein Signal zur Warenzustellung, ohne dass der Kunde extra einen Lieferabruf tätigen muss. EDI aggregiert sich aus zwei Bausteinen, dem Kommunikationssystem sowie dem Konvertersystem. Das Kommunikationssystem arbeitet mit Protokollen. Eine Mailbox ist die technische Einheit für eine Point-to-Point-Anbindung zwischen den Partnern. Internen und externen Usern kann eine Zugangsberechtigung zur Mailbox vergeben werden. Mittels des Konvertierungssystems von EDI wird eine Standardisierung der Nachrichtenformate sichergestellt. Die bekanntesten Typen sind EDIFACT (Electronic Data Interchange for Administration, Commerce and Trade) sowie ODETTE (Organization for Data Exchange by Teletransmission in Europe). EDIFACT ist ein weltweiter und branchenübergreifender Standard, und ODETTE bezieht sich auf die europäische Automobilindustrie.

Neuerdings wird Electronic Data Interchange über das Internet realisiert (**Web-EDI**). Der Datenaustausch zwischen Hersteller, Lieferant und Kunde gestaltet sich bei Web-EDI sehr flexibel, weil zur Nutzbarmachung keine spezielle Anbindungssoftware zu installieren ist. Jetzt haben auch kleinere und mittlere Unternehmungen die Möglichkeit zur durchgängigen Planung ihrer Prozessketten mit den Partnern. Während eine konventionelle EDI-Ausrichtung nur wenigen Systemlieferanten und größeren Kunden den Datenaustausch mit dem Hersteller gestattet, sind durch Web-EDI auch kleinere und mittelgroße Unternehmungen sowie Kunden nicht länger auf Hilfsmittel wie Fax, Postweg oder Telefon angewiesen. Entscheidend ist, dass sich in Web-EDI die Vorteile von Offenheit (Internet) und Standardisierung (EDI) verzahnen. Dadurch werden die jeweiligen Nachteile einer isolierten Betrachtung von Internet (es gibt kaum Richtlinien für die automatisierte und digitalisierte Weiterverarbeitung der Daten beim Empfänger) und EDI (der hohe Grad an Inflexibilität) aufgehoben.

4 Zukünftige Einsatzfelder und Gefahren von e-Supply Chains

Im Zuge des Downsizings konzentrieren sich immer mehr Unternehmungen auf ihr Kerngeschäft. Dadurch entsteht in den Supply Chains ein weites Aufgabenfeld für **Fourth-Party-Logistics-Provider (4PLs)**. Die externen Dienstleister, wie WM Logistics, Hellmann oder D-Logistics, bieten als Systemintegratoren ihren Kunden individuelle und ganzheitliche Supply-Chain-Lösungen an. Diese reichen von strategischen Planungen im Supply Chain Management, wie einer Optimierung der internen und externen Warenströme, bis zur operativen Umsetzung bei Kommissionierung oder Versand (als Fulfillment-Dienstleister). 4PLs bieten ein One Stop Shopping: alles aus einer Hand. John Brophy, General Manager bei BP Chemicals, beschreibt diesen anhaltenden Trend zum Outsourcing im Supply Chain Management folgendermaßen: „Es geht nicht darum alles neu zu erfinden. Neunzig Prozent ihrer Tätigkeiten kann irgendjemand da draußen besser" (Hughes et al. 2000, S.57).

In den nächsten Jahren wird die Anzahl an Multiple User Warehouses und Docking Stations voraussichtlich weiter steigen. Ein **Multiple User Warehouse** kennzeichnet die gemeinsame Nutzung eines Lagers mit Partnern. Die beteiligten Unternehmungen möchten Synergiepotenziale ausschöpfen: sie verteilen die Lagerinvestitionen auf mehrere Schultern und realisieren aus Größen- und Mengeneffekten Economies of Scale (vgl. Straube 2001, S.182). **Cross Docking** meint eine filialgerechte Kommissionierung und ist ein Instrument von Efficient Consumer Response (ECR, vgl. v. d. Heydt 1999). Die Komplettladungen der Hersteller werden an einem Transshipment Point (der Docking Station) aufgebrochen und mit kleinen Vans zu den Kunden ausgefahren. Daraus ergibt sich für den Kunden einerseits ein Rationalisierungspotenzial an Lagerplatz. Andererseits besteht die Möglichkeit zur In-Time-Anlieferung (vgl. Werner 2000b, S.943). Der schwedische Einzelhandelskonzern ICA erhofft sich von Cross Docking eine Reduzierung seiner Bestände um 50% (vgl. Hughes et al. 2000, S.125).

Bisher wurden die Chancen von e-Supply Chains in diesem Beitrag diskutiert. Er wäre unvollständig, wenn zum Abschluss nicht auch einige **Gefahren** der e-Supply Chains aufgezeigt würden:

- Ein Problem im e-Business kann im unfreiwilligen Abfluss sensitiver Daten bestehen. Gegen unberechtigtes Einloggen müssen Firewalls, Client-/Server-Authentifizierungs-Systeme oder Verschlüsselungssysteme aufgebaut werden (vgl. zur Datensicherheit im e-Business Kraaibeek 2000, S.99ff.). Aber selbst die dürften von einem IT Profi zu „knacken" sein.

- Elektronische Supply Chains orientieren sich an den Kundenbedarfen. Sämtliche Informationen über die Nachfrager werden (vor allem in CRM) gesammelt und gezielt aufbereitet. Dadurch besteht die latente Gefahr des gläsernen Kunden.

- Die enge Lieferantenanbindung führt zur Abhängigkeit der Hersteller. Schwierigkeiten beim Lieferanten schlagen sich direkt auf den Produzenten nieder. Diese schmerzvolle Erfahrung machte MCC: Magna beliefert MCC mit der Rohkarosse des „Smart". Weil die Mitarbeiter des Lieferanten für einige Tage streikten, standen recht bald in Hambach die Bänder still (vgl. Werner 2000c, S.944).

- Moderne e-Supply Chains nutzen die IT. Die Grenzen von Schnelligkeit und Speicherkapazität der IT scheinen noch nicht erreicht. Immer mehr Informationen werden produziert. Dadurch entsteht eine wahre Nachrichtenflut. Wenn in der Lieferkette keine zweckorientierte Nutzung von Informationen erfolgt, kann der User im Datenmeer versinken.

Literatur:

Baumgarten, H. [Hrsg.] (2001): Logistik im E-Zeitalter, Frankfurt 2001.
Baumgarten, H. (2001): Trends und Strategien in der Logistik. In: Baumgarten, H. [Hrsg.] (2001), S.9-32.
Dörflinger, M.; Marxt, C. (2001): Mass Customization – neue Potenziale durch kundenindividuelle Massenproduktion. Teil 1. In: IO Management, 03/(2001), S.86-93.
Hannig, U. [Hrsg.] (1996): Data Warehouse und Managementinformationssysteme, Stuttgart 1996.
Hettich, S.; Hippner, H.; Wilde, K. (2000): Customer Relationship Management. In: Das Wirtschaftsstudium, 10/(2000), S.1346-1366.
Heydt, A. v. d. [Hrsg.] (1999): Handbuch Efficient Consumer Response. Konzepte, Erfahrungen, Herausforderungen, München 1999.
Hieber, R.; Alard, R.; Boxler, O. (2001): Einsatz neuer Software-Generationen im Supply Chain Management. In: IO Management, 01-02/(2001), S.72-80.
Hosser, R. [Hrsg.] (2000): Logistik. Jahrbuch 2000, Düsseldorf 2000.
Hughes, J.; Ralf, M.; Michels, B. (2000): Supply Chain Management, Landsberg/Lech 2000.
Jansen, R. [Hrsg.] (1999): Transpondereinsatz – Identifikationstechnologie mit Zukunft, Frankfurt 1999.
Kraaibeek, P. (2000): Daten- und Informationssicherheit im Electronic-Commerce. In: Walther, J.; Bund, M. [Hrsg.] (2000), S.99-128.
Muksch, H.; Behme, W. [Hrsg.] (1998): Das Data Warehouse-Konzept, 3. Aufl., Wiesbaden 1998.
Pfohl, H.-C. [Hrsg.] (2000): Supply Chain Management: Logistik plus?, Berlin 2000.
Prockl, G. (2001): Enterprise Resource Planning und Supply Chain Management. In: Walther, J.; Bund, M. [Hrsg.] (2001), S.59-78.
o. V. (1999a): Das Internet setzt sich in der Beschaffung durch. In: FAZ vom 11.01.1999, S.22.
o. V. (1999b): Telematik bindet die Lastwagen enger an die Spedition. In: FAZ vom 07.06.1999, S.29.
o. V. (1999c): Kunden-Informationen als Basis für erfolgreiches Marketing. Data-Warehouse nutzen. In: FAZ vom 01.09.1999, S.25.
o. V. (2000a): Kartellamt hat keine Einwände gegen Internet-Plattform Covisint. In: FAZ vom 27.09.2000, S.21.
o. V. (2000b): Radiofrequenz-Erkennung für die Logistik. In: FAZ vom 08.05.2000, S.28.
o. V. (2001): Elektronischer Handel krempelt die Logistik um. In: FAZ vom 29 01.2001, S.29.
Reisch, H.-P.; Stoll, M. (2000): Kommerzielle Internet-Anwendungen in der Logistik stoßen auf Widerstände. In: Baumgarten, H. [Hrsg.] (2000), S.61-65.
Rumpelt, T. (1998): Mit „Plus" in die Zukunft. Umfassende Logistikorganisation und wegweisendes Fabrikkonzept für die Produktion des Smart. In: Materialfluß, 01-02/(1998), S.26-31.
Seidl, K. (2000): Supply Chain Management Software. Einsatzmöglichkeiten und Nutzenerwartungen. In: Pfohl, H.-C. [Hrsg.] (2000), S.161-183.

Straube, F. (2001): E-Business braucht E-Logistics. In: Baumgarten, H. [Hrsg.] (2001), S.177-196.

Walther, J.; Bund, M. [Hrsg.] (2001): Supply Chain Management. Neue Instrumente zur Gestaltung integrierter Lieferketten, Frankfurt 2001.

Wassel, M. (2001): Mass Customization stellt neue Herausforderungen an die Logistik. In: Baumgarten, H. [Hrsg.] (2001), S.164-173.

Werner, H. (2000a): Supply Chain Management. Grundlagen, Strategien, Instrumente und Controlling, Wiesbaden 2000.

Werner, H. (2000b): Supply Chain Management – Partnerschaft zwischen Lieferant und Kunde, Teil 1. In: Das Wirtschaftsstudium, 06/(2000), S.813-816.

Werner, H. (2000c): Supply Chain Management – Partnerschaft zwischen Lieferant und Kunde, Teil 2. In: Das Wirtschaftsstudium, 07/(2000), S.941-945.

Wilfried Krüger und Norbert Bach

Geschäftsmodelle und Wettbewerb im e-Business

1 Problemstellung

2 Geschäftsmodelle im Kontext der Wettbewerbsstrategie und Wettbewerbssituation
    2.1 Begriff des Geschäftsmodells
    2.2 Komponenten der Wettbewerbsstrategie und Wettbewerbssituation
    2.3 Wechselwirkungen zwischen Wettbewerbsstrategie, Wettbewerbsituation und Geschäftsmodell

3 Auswirkungen des Internet auf Wettbewerbsstrategie und Wettbewerbssituation
    3.1 Internet als Enabler und Akzelerator
    3.2 Veränderungen der Wettbewerbssituation
    3.3 Veränderungen der Wettbewerbsstrategie

4 Geschäftsmodelle im e-Business
    4.1 Internetanwendungen in der Wertkette und Teilmodelle des Geschäftsmodells
    4.2 Prozess- und Teilnehmermodell
    4.3 Erlös- und Transaktionsmodell

5 Thesen

1 Problemstellung

Nachdem in der „New Economy" die anfängliche Euphorie verflogen war und die ersten Firmenzusammenbrüche auftraten, wurde mehr und mehr deutlich, dass eine neue Technologie allein und selbst eine auf den ersten Blick originelle Geschäftsidee keineswegs Garanten für Geschäftserfolg sind. Auf der Suche nach den Ursachen für Misserfolge taucht nun immer wieder der Begriff des Geschäftsmodells auf. Ein fehlendes oder untaugliches Geschäftsmodell sei insbesondere bei Unternehmungen der Internetökonomie verantwortlich für mangelnden Erfolg. Diese Aussage mag zwar intuitiv einleuchten, führt bei näherer Betrachtung aber kaum weiter, da keineswegs Einigkeit darüber herrscht, was ein Geschäftsmodell ist und woraus es besteht bzw. bestehen sollte. So überrascht es nicht, dass Michael Porter in einem jüngst (3/2001) erschienenen Artikel in der Harvard Business Review sehr kritisch zu der Internet-Diskussion Stellung bezieht und anmerkt, dass zur Verwirrung nicht zuletzt einige neuartige Begriffe beigetragen haben, darunter auch der des Geschäftsmodells, der bestenfalls dunkel sei (vgl. Porter 2001, S.73). Die Lösung der Probleme sieht Porter in einem Rückgriff auf die Konzepte, die sich mit seinem Namen verbinden: eine wettbewerbsstrategische Analyse anhand der Triebkräfte des Wettbewerbs (5 Forces-Modell) einerseits, der Wertkette der Unternehmung andererseits.

Ohne Zweifel hat Porter insofern Recht, als auch eine Internetunternehmung strategische Fragen klären und insbesondere einen Zusammenhang zwischen der von ihr verfolgten Wettbewerbsstrategie und der Wettbewerbssituation herstellen muss. Es war von den "dot.coms" naiv und gefährlich, grundlegende strategische Überlegungen nicht zur Kenntnis zu nehmen bzw. zu missachten oder sogar für überwunden zu erklären. Insofern ist die Suche dach dem "Geschäftsmodell" auch dadurch zu erklären, dass den betreffenden Unternehmungen eine klare Wettbewerbsstrategie fehlt, zumindest eine solche, die zur Wettbewerbssituation passt. Allerdings sind Porters Kategorien allein nicht ausreichend, um alle wettbewerblichen Gesichtspunkte zu erfassen und müssen insofern ergänzt werden. Es ist auch keine Frage, dass eine Analyse der Wertkette wertvolle Hinweise auf die spezifischen Eigenarten des e-Business liefern kann. Aber das bekannte Portersche Modell der Wertkette muss erheblich verfeinert werden, um Geschäftsmodelle ausdifferenzieren zu können und den Besonderheiten des e-Business Rechnung zu tragen.

Vor diesem Hintergrund behandelt der vorliegende Beitrag folgende Fragen:

- Wie ist der Begriff des Geschäftsmodells zu definieren?

- Welche Zusammenhänge existieren zwischen Wettbewerbsstrategie, Wettbewerbssituation und Geschäftsmodell einer Unternehmung?

- Welche Auswirkungen hat das Internet als Grundlage des e-Business auf die Wettbewerbsstrategie und Wettbewerbssituation?

- Welche Auswirkungen hat das Internet auf die Wertkette von Unternehmungen und was folgt daraus für den Aufbau von Geschäftsmodellen?

2 Geschäftsmodelle im Kontext der Wettbewerbsstrategie und Wettbewerbssituation

2.1 Begriff des Geschäftsmodells

Ein Grundverständnis zum Begriff des Geschäftsmodells verschafft der Rückgriff auf die in der Betriebswirtschaftslehre etablierte Modelltheorie. Modelle sind vereinfachende Abbildungen eines realen Systems, die auf ein definiertes Betrachtungsziel ausgerichtet sind (vgl. Kosiol 1961, S.319). Bei einem **Geschäftsmodell** handelt es sich folglich um eine Darstellung des sozialen Systems Unternehmung mit einer Vereinfachung der realen Gegebenheiten hinsichtlich des Betrachtungsziels der erfolgreichen Geschäftstätigkeit. Das Geschäftsmodell beschreibt auf hohem Abstraktionsniveau die grundsätzlichen Geschäftsprozesse. Es bildet die Grundlage für den Geschäftsplan, in dem die auf Basis des Geschäftsmodells erwarteten Einzahlungsüberschüsse auf der Zeitachse abgebildet werden.

Diesem modelltheoretischen Grundverständnis eines Geschäftsmodells entspricht die häufig zitierte Definition von Timmers (1998, S.4): „Eine Architektur für die produkt-, dienst- und informationsbezogenen Geschäftsprozesse, darin enthalten eine Beschreibung der verschiedenen Teilnehmer und ihrer Rollen, des Nutzenpotenzials für sie und der Erlösquellen". Kürzer, aber zugleich sehr allgemein, formulieren Amit/Zott (2000). Geschäftsmodelle sind demnach eine „Konfiguration von Transaktionskomponenten, die dazu bestimmt sind, Geschäftsmöglichkeiten auszuschöpfen". Die spezifischen Formen der Erlösgenerierung werden eigenständig in einem Erlösmodell behandelt. Den Prozesscharakter betont auch Mahadevan in seiner Definition (2000, S.59). Ein Geschäftsmodell ist eine „spezifische Kombination dreier kritischer Geschäftsprozesse. Sie enthält den Prozess der Wertgenerierung (value stream) für die Geschäftspartner und Kunden, den Prozess der Umsatzgenerierung (revenue stream) und den logistischen Prozess (logistical stream)."

In Auswertung und Weiterentwicklung dieser Ansätze lässt sich folgendes feststellen (vgl. Krüger 2001): Voraussetzung und Grundlage eines Geschäftsmodells ist eine klare Vorstellung des zu modellierenden Geschäfts, also der Produkt-/Marktkombination und deren angestrebten wettbewerbsstrategischen Besonderheiten. In Abgrenzung zu diesen strategischen Ausgangsüberlegungen ist ein Geschäftsmodell die Vorstellung von Geschäftseinheiten bzw. Geschäftspartnern davon, wie dieses Geschäft nutzenstiftend für die Beteiligten zu betreiben ist. Nach außen geht es um die Vorstellung einer Unternehmung und ihrer Marktpartner (auf Absatz- bzw. Beschaffungsmärkten) von der Art und Weise, wie ein Geschäft angebahnt und abgewickelt wird und welcher Partner dabei welche Aufgaben bzw. Prozessteile übernimmt. Nach innen steht die geschäftsspezifische Ausgestaltung der notwendigen Teilprozesse zur Werteschaffung und Erzielung von Wettbewerbsvorteilen im Mittelpunkt.

2.2 Komponenten der Wettbewerbsstrategie und Wettbewerbssituation

Um Geschäftsmodelle entwickeln und beurteilen zu können, sind wettbewerbsstrategische Zusammenhänge herzustellen. Es geht um die Wechselwirkungen zwischen **Geschäftsmodell**, **Wettbewerbssituation** und **Wettbewerbsstrategie** (vgl. Abbildung 1). Die Analyse und Gestaltung dieser drei Variablenkomplexe ist eine allgemeine unternehmerische Aufgabe, die für jede Art von Geschäft zu bewältigen ist. Die Tatsache, dass derzeit im e-Business immer wieder nach dem Geschäftsmodell gefragt wird, lässt sich nicht zuletzt damit erklären, dass diese Zusammenhänge übersehen oder zu wenig beachtet wurden.

Wettbewerbsstrategie
- Geschäftsfelder
- Wettbewerbsposition
- Wettbewerbsvorteile
- Kernkompetenzen
- Ressourcen und Fähigkeiten

Internet

Wettbewerbssituation
- Branchenstruktur
- Interaktion der Marktteilnehmer
- Entwicklungsdynamik der Branche

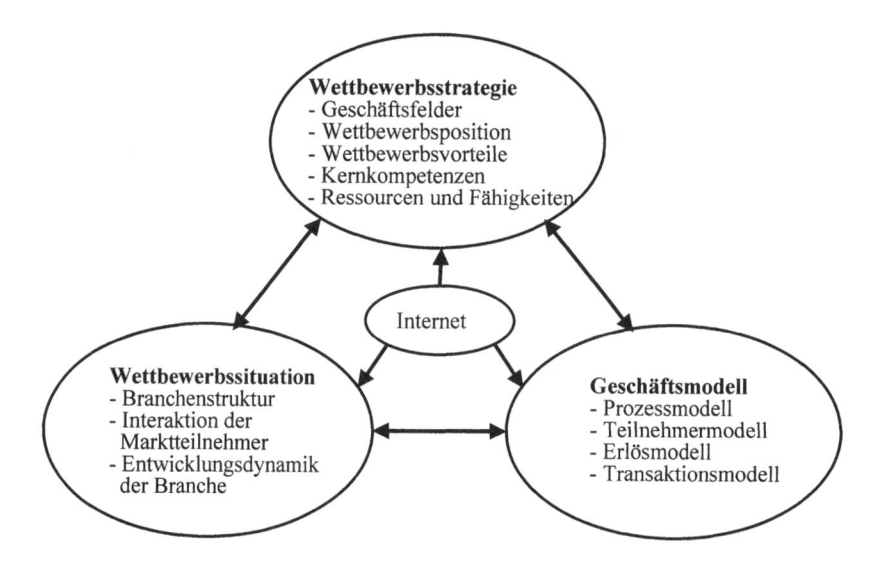

Geschäftsmodell
- Prozessmodell
- Teilnehmermodell
- Erlösmodell
- Transaktionsmodell

Abbildung 1: Geschäftsmodelle im Kontext des strategischen Management

Die **Wettbewerbssituation** wird in Porters Ansatz durch die bekannten fünf Triebkräfte des Wettbewerbs repräsentiert. Es geht darum, wie intensiv die Rivalität unter den vorhandenen Anbietern ist, ob neue Anbieter auf den Markt kommen, wie stark die Macht der Nachfrager und der Lieferanten ist und ob es neue Substitutionsprodukte geben wird. Dieses Strukturmodell ist allerdings um zwei Gesichtspunkte zu ergänzen, die für eine abgerundete strategische Analyse unverzichtbar sind (vgl. Hungenberg 2000, S.88ff.): die **Interaktion der Marktteilnehmer** und die **Entwicklungsdynamik der Branche**.

Wie sich auf vielen Märkten zeigt, ist das Verhalten der Marktteilnehmer nicht nur durch Konkurrenz bzw. Einflussnahme, sondern auch durch Kooperation geprägt, dies sowohl im Verhältnis zu Kunden und Lieferanten wie zu Wettbewerbern. Marktverhalten ist dann eine Kombination aus Wettbewerb (Competition) und Kooperation (Cooperation), ist **Co-opetition** (vgl. Brandenburger/Nalebuff 1996). Vertikale und horizontale Co-opetition verändert die Branchenstruktur und die Wettbewerbssituation. Nicht selten konkurrieren dann nicht einzelne Unternehmungen, sondern ganze Netzwerke gegeneinander.

Unterschiede zu Porters Ansatz ergeben sich außerdem im Hinblick auf das **Entwicklungsstadium** und die **Dynamik der Branche**. Junge innovative Branchen stellen andere Bedingungen als reife Basismärkte. Davon betroffen sind die Branchenstruktur ebenso wie die Wettbewerbsstrategie. Wer zum Beispiel in einen bereits etablierten Markt eindringt, findet andere Bedingungen vor als ein Pionier.

Die **Wettbewerbsstrategie** beginnt mit der Definition der Geschäftsfelder, also den Produkt-/ Marktkombinationen der Unternehmung. Sodann ist die angestrebte Wettbewerbsposition ins Auge zu fassen. Dabei steht i. S. von Porters Strategiematrix ein enges Feld („Nische") oder ein weites Feld („Marktführer") zur Wahl (vgl. hierzu und zum folgenden Porter 1999). Schließlich gilt es, den speziellen Wettbewerbsvorteil zu bestimmen. Porter unterscheidet zwischen Kostenorientierung oder Leistungsdifferenzierung als möglichen Wettbewerbsvorteilen, die weitestgehend unvereinbar seien. Unternehmungen, die sich nicht klar für eine Wettbewerbsstrategie entscheiden, laufen Gefahr, zwischen den Stühlen (stuck in the middle) zu sitzen.

In dem von Porter vertretenen marktorientierten Ansatz werden die Ressourcen und Fähigkeiten einer Unternehmung, auf denen Kernkompetenzen aufbauen können, nicht thematisiert. Dies ist Gegenstand des oftmals als konkurrierendes Konzept dargestellten ressourcenorientierten Ansatzes. Hier wird der Auffassung gefolgt, dass beide Ansätze zum Konzept der **marktorientierten Kernkompetenzen** verbunden werden sollten (vgl. Krüger/Homp 1997). Danach stellen, vereinfacht gesagt, die Ressourcen und Fähigkeiten sowie die zu entwickelnden Kernkompetenzen die Quellen für Wettbewerbsvorteile der Unternehmung dar und sind daher bei der Formulierung der Wettbewerbsstrategie zu berücksichtigen.

Unter bestimmten Voraussetzungen ist es dabei möglich, auch **Kombinationsstrategien** zu entwickeln, in denen sich Abdeckung von Nischen mit Marktführerschaft resp. Kostenvorteile mit Differenzierungsvorteilen verbinden lassen (sog. Outpacing, vgl. Krüger/Homp 1997, S.75ff.).

2.3 Wechselwirkungen zwischen Wettbewerbsstrategie, Wettbewerbssituation und Geschäftsmodell

Im marktorientierten Ansatz wird davon ausgegangen, dass eine Unternehmung die Wettbewerbssituation als gegeben hinzunehmen und die Wettbewerbsstrategie an die Situation anzupassen habe. **Anpassung** bestimmt also das Verhältnis von Strategie zu Situation. Geht man von Kernkompetenzen aus, so ist auch die entgegengesetzte Wirkungsrichtung möglich. Die Unternehmung kann vorhandene Märkte ändern oder sogar neue schaffen, indem sie intern kompetenzbasierte Strategieoptionen nutzt, z. B. durch Übertragung vorhandener Kompetenzen auf neue Produkte, Kundengruppen oder Regionen. Anpassung wird dann durch **Gestaltung** ergänzt oder ersetzt. Eine Beeinflussung und Veränderung der Wettbewerbssituation ist auch dadurch möglich, dass die Unternehmung ihre Strategie gemeinsam mit Partnern verwirklicht, z. B. solchen, die komplementäre Kompetenzen besitzen (sog. **Komplementoren**, vgl. Brandenburger/Nalebuff 1996, S.17). Diese Wechselwirkungen zwischen Strategie und Situation verändern sich im Marktlebenszyklus, vom Markteintritt über Wachstum, Reife und Abschwung.

Bleibt nicht zuletzt die sachlogische Beziehung zu den **Geschäftsmodellen** zu klären. Ein Geschäftsmodell im hier definierten Sinn ist nicht Teil der Wettbewerbsstrategie. Ebensowenig ist die Wettbewerbsstrategie Teil des Geschäftsmodells. Vielmehr besteht eine **Ziel-Mittel-Beziehung** zwischen Strategie und Geschäftsmodell. Das gewählte Geschäftsmodell dient der Umsetzung der angestrebten Strategie. Wettbewerbsstrategien, die sich nicht in einem Geschäftsmodell abbilden lassen, werden ebenso erfolglos bleiben, wie Geschäftsmodelle sinnlos sind, die keine Werte schaffen bzw. keinen zusätzlichen Nutzen stiften. Allerdings können innovative Geschäftsmodelle sehr wohl dazu führen, bestehende Wettbewerbsstrategien zu verstärken bzw. abzusichern oder neue zu eröffnen.

Die Brücke zwischen Wettbewerbsstrategie und Geschäftsmodell bildet die **Wertkette**. Die von der Unternehmung festgelegte Wettbewerbsposition sowie die angestrebten Wettbewerbsvorteile und Kernkompetenzen bestimmen darüber, welche Aufgaben zum Kern der unternehmerischen Tätigkeit gehören und welche auf den Markt zu übertragen sind. Damit sind zugleich der Beginn und das Ende der Wertkette sowie die Schnittstellen zu den Marktpartnern und eventuellen Komplementoren markiert. Dies sind die Koordinaten, in denen sich das Geschäftsmodell bewegen muss. Es muss mit seinen einzelnen Komponenten bestimmen, wer welche Beiträge darin leistet und definieren, in welcher Form Erlöse generiert und Transaktionen abgewickelt werden.

Die Wettbewerbssituation wirkt in erster Linie indirekt, über eine Veränderung der Wettbewerbsstrategie, auf das Geschäftsmodell. Direkte Beziehungen dürften vor allem aus der Interaktion der Marktteilnehmer resultieren. Bei nachhaltigen Änderungen in der Zusammensetzung und dem Zusammenspiel der Marktpartner einer Unternehmung können vor allem die noch zu erläuternden Teilmodelle Prozessmodell und Teilnehmermodell betroffen sein.

3 Auswirkungen des Internet auf Wettbewerbsstrategie und Wettbewerbssituation

3.1 Internet als Enabler und Akzelerator

Die Wechselwirkungen zwischen Wettbewerbsstrategie, Wettbewerbssituation und Geschäftsmodell bilden die Basis jeder strategischen Analyse. Erst in einem zweiten Schritt sind mögliche Einflussgrößen zu behandeln, die ihrerseits diese drei Variablengruppen verändern. Technologische Innovationen sind von jeher wesentliche Treiber wettbewerblicher Veränderungen. Die Besonderheit des Internet, verglichen mit anderen Technologien, ergibt sich daraus, dass durch seinen Einsatz alle drei Variablenkomplexe gleichermaßen beeinflusst werden. Darin besteht die besondere Wirkungsmächtigkeit des Internet, die der einer Riesenwelle gleichkommt.

Die Fülle der interdependenten Einflüsse macht es allerdings schwer, abschließende Aussagen über die Gesamtwirkungen des Internet zu machen. Klar ist nur, dass vorhandene Lösungen zu überprüfen und ggf. zu ändern sind, um die Chancen des Internet zu nutzen und seine Risiken zu beherrschen. Klar ist auch, dass innovative Ideen – Produkte wie Prozesse – auf dem Internet aufbauen werden. Da das Internet ein Universalwerkzeug ist, gilt dies praktisch für Unternehmungen aller Branchen und Größenklassen. Teilweise schafft das Internet technische Voraussetzungen, die bisher so nicht gegeben waren, und ermöglicht dadurch bestimmte Entwicklungen erst (**Enablerwirkungen**). Man denke an die beliebige Überbrückung von Raum- und Zeitdistanzen in der Kommunikation ohne nennenswerte Kosteneffekte.

Teilweise werden Veränderungen, die ohnehin im Gang sind, erleichtert, beschleunigt und intensiviert (**Akzeleratorwirkungen**), so z. B. bei der unternehmungsübergreifenden Integration von Prozessen. Begreift man die Internettechnologie als ein Stadium der IT-Entwicklung, so wird deutlich, dass die kommunikative Verbindung (Vernetzung/Netzeffekte) und die sich daraus ergebenden Möglichkeiten der Integration das besondere Kennzeichen des Internet sind (vgl. Abbildung 2).

Der Nutzen der Integration besteht allerdings nicht nur in den herkömmlichen Kategorien von Kosten, Zeit und Qualität, sondern vor allem auch in erhöhten Innovationschancen. „Genauso wie die Anzahl der Neuronen und der Neurotransmitter die kognitiven Fähigkeiten bestimmt, treibt die Anzahl der Individuen und der zwischen ihnen bestehenden Verbindungen das Tempo der Innovation" (Hamel 2001, S.72).

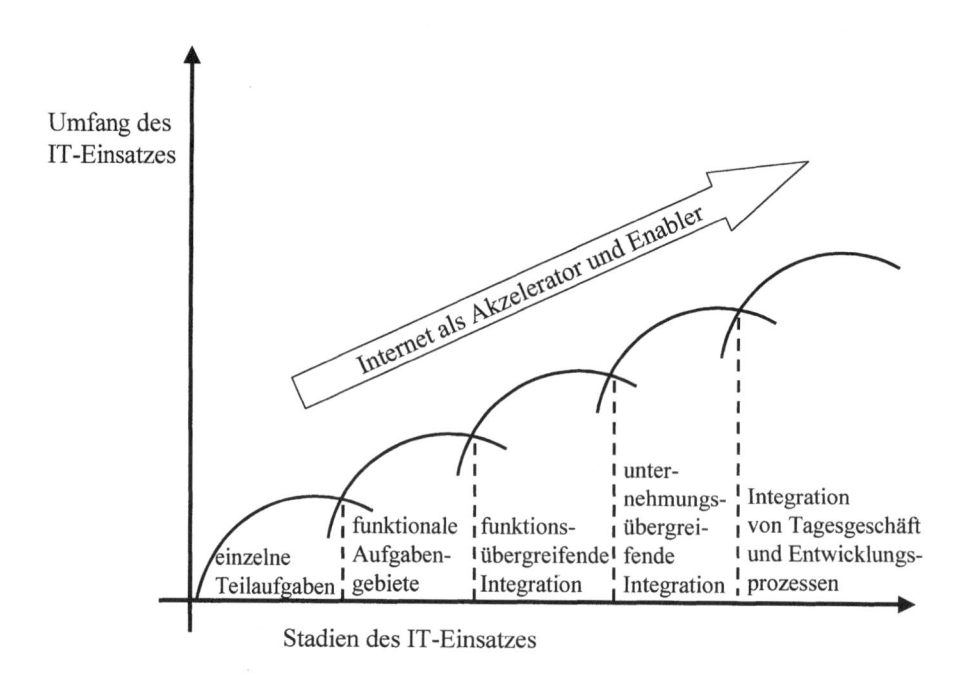

Abbildung 2: Internet als Teil des IT-Einsatzes

Natürlich handelt es sich auch beim Internet um eine Technologie, deren Auswirkungen von der Art der Nutzung bestimmt werden. Dies wird besonders am Stichwort „Innovation" deutlich. „Auswirkungen" entstehen nicht unmittelbar durch Technikeinsatz, sozusagen automatisch, sondern durch den gezielten Einsatz im Rahmen eines spezifischen Nutzungskonzepts, das seinerseits Ausdruck der Wettbewerbsstrategie der Unternehmung ist. Ungezielte Internetnutzung wird, wie bei anderen IT-Anwendungen der Vergangenheit, kaum mehr bewirken als eine (weitere) „Elektronifizierung des Ist-Zustands".

Diese relativierenden Bemerkungen vorausgeschickt, sind die folgenden Überlegungen über die Internetwirkungen als logische Möglichkeiten bei der Ausschöpfung des Nutzenpotenzials dieser Technologie zu verstehen, nicht als quasi zwangsläufig entstehende Entwicklungen.

3.2 Veränderungen der Wettbewerbssituation

Das Internet verändert die **Branchenstruktur** - bzw. hat das Potenzial dazu in einer Weise wie sie Abbildung 3 in Anlehnung an Porter darstellt (vgl. 2001, S.67). In der Summe zeigen sich ein verschärfter Wettbewerb unter den vorhandenen Anbietern, geringere Markteintrittsbarrieren sowie eine größere Gefahr von Substitutionsprodukten. Demgegenüber steht eine sinkende

Verhandlungsmacht von Lieferanten und Handelskunden, andererseits aber auch ein breiterer Zugang aller Unternehmungen zu allen Lieferanten bzw. ein wachsender Einfluss von Endkunden. Alle derartigen Effekte sind Ausdruck der Vernetzungseffekte des Internet. Ob und in welcher Form sich die einzelne Unternehmung diesen Triebkräften des Wettbewerbs entziehen kann, wird u. a. davon abhängen, ob es ihr gelingt, eine neuartige Wettbewerbsstrategie zu entwickeln und ein entsprechendes Geschäftsmodell aufzubauen.

Eine Möglichkeit hierzu sind die bereits erwähnten **Kooperationsformen,** die im e-Business auch in vielfältiger Form zu beobachten sind. Dies betrifft zunächst den Aufbau vertikaler Netzwerke zwischen Abnehmern und Zulieferern, z. B. im Rahmen von Supply-Chain-Lösungen. Durchgehende logistische Ketten können mit Hilfe des Internet geknüpft bzw. weiter gefestigt werden. Sodann ist an Portale und Marktplätze zu denken, die häufig in Form von Kooperationen betrieben werden, sei es, dass Wettbewerber Allianzen eingehen, um ihre Einkaufsaktivitäten zu bündeln, sei es, dass sich Firmen, die Content zu bieten haben, mit solchen zusammentun, die über die technische Infrastruktur verfügen. In diesen Fällen geht es darum, sich ergänzende Kompetenzen verschiedener Partner zu einer gemeinsamen Kernkompetenz zu bündeln. Die Partner, die in anderen Geschäftsbeziehungen Lieferanten, Kunden oder auch Konkurrenten sein können, verhalten sich hier, wie oben erwähnt, als **Komplementoren**.

Anschließend ist die Wettbewerbssituation im Hinblick auf die **Entwicklungsdynamik** der Branche zu untersuchen. Schon eine einfache Lebenszyklusbetrachtung macht Differenzierungen sichtbar. Die Etablierung einer neuen Geschäftsidee verlangt die Überwindung von Markteintrittsbarrieren und die Erzielung von Wachstum, um möglichst rasch den Break-Even-Punkt zu erreichen, dessen Lage vom Umfang der Investitionen und Vorlaufkosten abhängt. Der Nutzen von Netzen für den einzelnen Teilnehmer wächst mit der Reichweite des Netzes bzw. der Anzahl anderer Teilnehmer. Dieser Sachverhalt ist im e-Business von prägender Bedeutung. Pioniere müssen mit hohem Marketingaufwand für eine rasche Verbreitung und einen guten Markennamen sorgen, um genügend Kunden zu attrahieren. Sie können dann zwar auf den „First mover advantage" hoffen, müssen aber in aller Regel ihre Leistung in der Anfangsphase besonders kostengünstig oder sogar kostenlos offerieren, da es kaum eine Möglichkeit der Leistungsdifferenzierung gibt, die einen Premiumpreis rechtfertigen würde. Damit sind die Probleme der **Umsatz- und Erlösgenerierung** angesprochen, die wesentliche Bestandteile der Geschäftsmodelle ausmachen. Erst bei erfolgreicher Etablierung im Markt kann eine Unternehmung mit einer starken Position zu anderen Erlösmodellen übergehen. Schnelligkeit und früher Markteintritt allein sind also keineswegs ausreichend für den Erfolg.

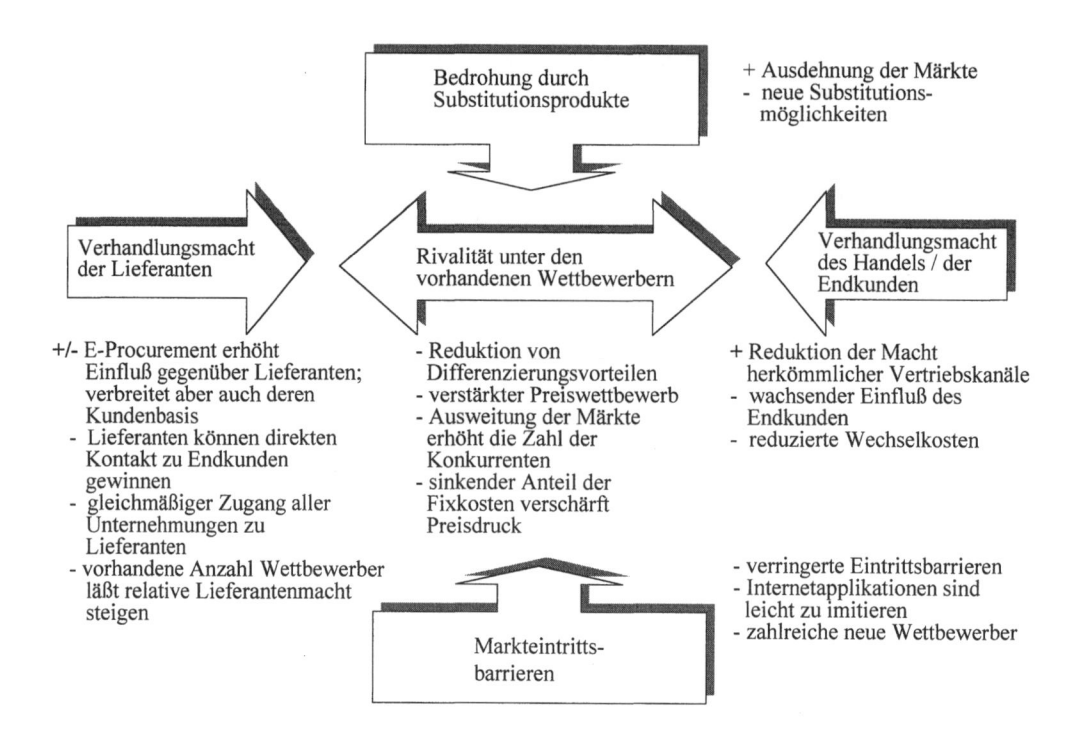

```
                    ┌─────────────────────┐     + Ausdehnung der Märkte
                    │ Bedrohung durch     │     - neue Substitutions-
                    │ Substitutionsprodukte│       möglichkeiten
                    └─────────────────────┘
```

Diagramm: Fünf-Kräfte-Modell mit Pfeilen

- **Verhandlungsmacht der Lieferanten**
- **Rivalität unter den vorhandenen Wettbewerbern**
- **Verhandlungsmacht des Handels / der Endkunden**
- **Markteintrittsbarrieren**

+/- E-Procurement erhöht Einfluß gegenüber Lieferanten; verbreitet aber auch deren Kundenbasis
- Lieferanten können direkten Kontakt zu Endkunden gewinnen
- gleichmäßiger Zugang aller Unternehmungen zu Lieferanten
- vorhandene Anzahl Wettbewerber läßt relative Lieferantenmacht steigen

- Reduktion von Differenzierungsvorteilen
- verstärkter Preiswettbewerb
- Ausweitung der Märkte erhöht die Zahl der Konkurrenten
- sinkender Anteil der Fixkosten verschärft Preisdruck

+ Reduktion der Macht herkömmlicher Vertriebskanäle
- wachsender Einfluß des Endkunden
- reduzierte Wechselkosten

- verringerte Eintrittsbarrieren
- Internetapplikationen sind leicht zu imitieren
- zahlreiche neue Wettbewerber

Abbildung 3: Auswirkungen des Internet auf die Branchenstruktur (vgl. Porter 2001, S.67)

Allerdings wächst der Nutzen eines Netzes nicht zwangsläufig proportional zur Anzahl der Teilnehmer. Die Transparenz lässt nach, der Suchaufwand steigt, die fokussierte Suche wird erschwert. Dann kann es sehr wohl interessant sein, auf der Grundlage differenzierter Angebote und Leistungen **Nischen** aufzubauen, die ihrerseits durch den Netzeffekt leichter die notwendige Mindestgröße erreichen können.

3.3 Veränderungen der Wettbewerbsstrategie

Auch die **Wettbewerbsstrategie** einer Unternehmung ist vom Internet betroffen. Da ist zunächst auf den von Porter nachhaltig vertretenen Gegensatz zwischen kosten- und differenzierungsorientierten Strategien zu verweisen, aber auch auf die Bestimmung des Wettbewerbsfelds, die durch den Gegensatz zwischen engem Feld (Nischenstrategie) und weitem Feld (Marktführerschaft) gekennzeichnet ist. Zum Teil lösen sich diese Gegensätze offenbar auf oder sie verschieben sich zumindest. Im Internet ist eine raum-zeitlich unbegrenzte Marktausdehnung (**Reichweite, reach**) ohne nennenswerte Grenzkosten zu erreichen. Insofern existiert zumindest hinsichtlich räumlicher Kategorien und bei Informationen und digitalen Produkten kein wirklicher Gegensatz zwischen „Nische" und „Gesamtmarkt". Kritischer Faktor sind bei physischen Produkten die Logistikkosten. Gleichzeitig lässt sich aber der Informationsgehalt (**Reichhaltigkeit, richness**) steigern, ohne auf Reichweite verzichten zu müssen. Diese Besonderheit des „Richness vs. Reach" wird von Evans/Wurster ausführlich diskutiert (vgl. 2000). Sie muss zu einer Modifikation des strategischen Denkens führen. Kombinationsstrategien („Outpacing") erscheinen in einem neuen Licht. Von den Möglichkeiten, den Informationsgehalt zu steigern, wird bisher wenig Gebrauch gemacht. So entsteht der irreführende Eindruck, dass Internetstrategien vorwiegend oder sogar ausschließlich kostenorientiert seien. In Zukunft sind in stärkerem Maße differenzierungsorientierte Strategien und Nischenangebote zu erwarten.

Die Frage, über welche besonderen Ressourcen und Fähigkeiten eine Unternehmung verfügt, und welche Kernkompetenzen sie aufbauen kann, wird ebenfalls neu und schärfer zu stellen sein. Die **Wertkettenoptimierung** mit kompetenzorientiertem Outsourcing und Insourcing von Aktivitäten ist ohnehin im Gang. Dabei verschieben sich Branchengrenzen und manche Wertschichten und damit Branchen bilden sich neu. Diese Veränderungen der Desintegration bzw. Entflechtung von Wertketten (vgl. Heuskel 1999) können durch das Internet erleichtert werden, ohne dabei an Durchgängigkeit der Prozesse einzubüßen. Zugleich aber müssen sich Internetfirmen fragen lassen, worin ihre besonderen Kernkompetenzen bestehen und ob sie in der Lage sind, darauf aufbauend Wettbewerbsvorteile zu generieren. Vorhandene Geschäftsmodelle der Old Economy lediglich unverändert auf das Internet zu übertragen, führt nicht automatisch zu spezifischem Kundennutzen. Der besondere Wert des e-Business für den Kunden ist daher ebenfalls im Rahmen des Geschäftsmodells zu klären.

4 Geschäftsmodelle im e-Business

4.1 Internetanwendungen in der Wertkette und Teilmodelle des Geschäftsmodells

Das Wirkungspotenzial des Internet verändert nicht nur die Wettbewerbssituation und die Wettbewerbsstrategie von Unternehmungen, sondern greift auch mehr oder weniger massiv in den Unternehmungsprozess ein. Die dort zu erwartenden bzw. möglichen Auswirkungen lassen sich allgemein anhand der Wertkette untersuchen (vgl. Abbildung 4).

Infrastruktur • Webbasierte Planungs- und Steuerungssysteme • On-line Investor Relations				
HRM • Web-basiertes Training • Personalverwaltung / Berichtswesen • Austausch / Verteilung von Firmennachrichten				
Technologieentwicklung • Verknüpfte Produktentwicklungsprozesse • Wissensdatenbanken • Informationsaustausch zwischen F & E sowie Marketing / Vertrieb				
Beschaffung • Kopplung von Bedarfsplanung, Einkauf, Lager • Beschaffung über Marktplätze, Auktionen, direkte Lieferbeziehungen • Kopplung mit Zahlungsvorgängen				
Eingangslogistik •Integration von Disposition, Anlieferung, Lagerbewirtschaftung •Jit-Belieferung	**Operationen** •Integration der Fertigungsprozesse von Lieferanten und Herstellern •Real-time Informationen für Verkauf und Handel	**Ausgangslogistik** •Real-time Auftragsabwicklung •Kopplung mit Kunden-Iuk-Systemen	**Mktg./Verkauf** •On-line Werbung und Verkauf •Kundenprofile •On-line Produktkonfiguration	**After-Sales Service** •On-line Support für Kunden •On-line updates
← Supply Chain Management →				

Abbildung 4: Ausgewählte Anwendungen des Internet in der Wertkette (vgl. Porter 2001, S.75)

Grundsätzlich ist jede Art von **Kommunikation** webbasiert möglich, die unternehmungsinterne als auch -externe, diejenige mit den Marktpartnern wie mit Anteilseignern oder dem gesellschaftlichen Umfeld. Wenn es sich nur darum handelt, seitherige Kommunikationsmedien und -kanäle durch das Internet zu ersetzen, werden sich Kostensenkungs- und Beschleunigungseffekte erzielen lassen, die herkömmlicher Rationalisierung entsprechen. Erst wenn auch eine Restrukturierung von Aktivitäten stattfindet, z. B. eine Veränderung der Beschaffung in Richtung auf Marktplätze oder Auktionen, der Aufbau eines webbasierten Vertriebs oder die Integration der logistischen Kette (Supply Chain Management), dann setzen weiterreichende Wirkungen ein.

Aus theoretischer Sicht lassen sich diese Potenziale anhand der bei gezieltem Interneteinsatz dramatisch sinkenden Transaktionskosten erklären. Zu beiden in der **Transaktionskostentheorie** (vgl. Williamson 1990) unterschiedenen Koordinationsformen Markt und Hierarchie eröffnen sich durch „richness" und „reach" des Internet neue strategische Optionen. Ein Geschäftsmodell umfasst in der Regel beide Arten der Koordination. **Marktmechanismen** finden sich vor allem am Anfang und Ende der Wertkette in den Funktionen Einkauf und Vertrieb. Primäre Aktivitäten werden innerhalb einer Unternehmung typischerweise durch **Hierarchie** und Pläne koordiniert, z. B. die Produktion durch Produktionspläne.

Die Tragweite der durch die Internettechnologie möglichen Veränderungen zeigt sich am Beispiel der **Marktbearbeitung**. Aufgrund der weltweiten Reichweite des Internet („reach") ist nun eine zielgruppengerechte Ansprache von Marktsegmenten möglich, deren gezielte Erschließung ohne das Internet aufgrund räumlich-zeitlicher Distanzen der Nachfrager bisher nicht attraktiv erschien. Der bis dato nicht in seinen Bedürfnissen bediente individuelle Kunde profitiert vom nun exakt auf sein Marktsegment zugeschnittenen Angebot und von den stetig wachsenden Kundenkenntnissen des Anbieters. Vandermerwe (vgl. 2000, S.29f.) beschreibt diesen Effekt als „**lock-on**". Ein Kunde, der sich in einer Kundenbasis gut betreut fühlt, reduziert seine Informations- und Suchkosten und wird Folgegeschäfte beim selben Anbieter tätigen: „If the right product comes along [...] we will buy it" (Ford 1998, S.5). Der Weg zur dauerhaften Erlösgenerierung führt daher über die Gewinnung von „Stammkunden" in der ganzen Welt („**retention**", vgl. Abbildung 5 nach Agrawal et al. 2000, S.32). So zeigte die Stammkundengewinnungsrate in einer empirischen Untersuchung von McKinsey & Co. im Vergleich zur Kundengewinnungsrate die fünffache Hebelwirkung auf den zu erwartenden Cash-flow (vgl. Agrawal et al. 2000, S.42).

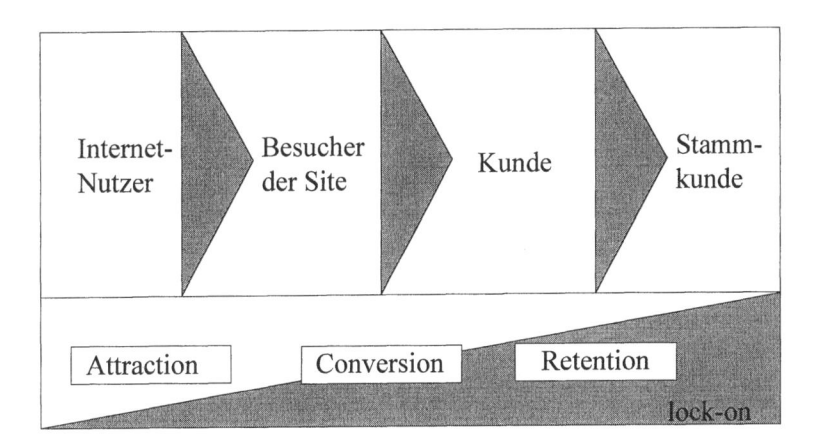

Abbildung 5: Weg zum Kunden lock-on

Zusätzlich entstehen für den Marktplatzbetreiber aus dem „lock-on" seiner Kunden Effekte, die nicht ohne weiteres den herkömmlichen Skaleneffekten (Economies of scale) entsprechen, insbesondere so genannte Economies of sweep und Economics of spread (vgl. zum Folgenden Vandermerve 2000, S.34ff.).

Economies of spread erklären sich aus dem **Trägheitsmoment** der festen Kundenbindung und dem damit verbundenen Schutz vor Konkurrenzangriffen. Der mehr oder weniger fest kalkulierbare Absatz ermöglicht eine Verteilung („spread") entstehender Kosten über einen längeren Zeitraum. Hieraus resultieren größere Spielräume bei der Preisgestaltung. Gleichzeitig verstärkt sich das Trägheitsmoment der Kundenbasis mit jedem zusätzlichen Kauf. **Economies of sweep**

sind **Flächenvorteile**. Im „lock-on" gebundene Kunden können zu sehr geringen Zusatzkosten weitere Angebote des Anbieters nutzen. Gleichzeitig kann die Unternehmung zu sehr geringen Grenzkosten zusätzliche Kunden gewinnen. Dadurch kommen Wachstumsimpulse zustande, die, wenn sie mit einem geeigneten Erlösmodell gekoppelt sind, zum Erfolg führen. Im Idealfall erweitert sich die Kundenbasis bei sinkenden Grenzkosten.

Ähnliche **Potenziale** liegen in der Internetunterstützung **hierarchischer Koordination** innerhalb der Wertkette. Diese Art des e-Business ist noch nicht ähnlich weit entwickelt wie Marktplätze oder Portale, jedoch versprechen einige Anbieter, bereits die Software für solche Vorhaben bereitstellen zu können (z. B. mySAP.com).

Es zeigt sich jedoch, dass die zu lösenden Probleme nicht nur im technologischen Bereich liegen. Vielmehr sind zum Aufbau eines funktionierenden Geschäftsmodells vor allem eine Reihe organisatorischer Fragestellungen zu klären. Die Literatur liefert hierzu bisher nur wenige systematische Ansätze. Eine Übersicht zu Teilmodellen, die als Bestandteile des Geschäftsmodells näher zu untersuchen sind, zeigt Abbildung 6.

Autoren	**Wirtz 2000**	**Alt/Zimmermann 2001**	**Buchholz/Bach 2001**
Teilmodelle	• Marktmodell • Beschaffungsmodell • Leistungserstellungsmodell • Leistungsangebotsmodell • Distributionsmodell • Kapitalmodell	• Mission • Structure • Processes • Revenues • Legal Issues • Technology	• Prozessmodell • Transaktionsmodell • Teilnehmermodell • Erlösmodell
Besonderheit	• Strategie als Teil des Geschäftsmodells (Marktmodell) • Geringe zusätzliche Erklärungskraft gegenüber der Wertschöpfungskette	• Strategie als Teil des Geschäftsmodells (mission) • Starke Gewichtung des technologischen Teilmodells	• Strategie ist nicht Bestandteil des Geschäftsmodells • Unterscheidung von Prozessmodell und Transaktionsmodell • Klare Systematik auch innerhalb der Teilmodelle

Abbildung 6: Teilmodelle eines Geschäftsmodells

Entsprechend der **Ziel-Mittel-Beziehung** zwischen Strategie und Geschäftsmodell werden die zugehörigen organisatorischen Fragestellungen anhand der folgenden Teilmodelle erläutert (vgl. Buchholz/Bach 2001):

- **Prozessmodell:** Anhand welcher Prozesse werden Werte geschaffen?
- **Teilnehmermodell:** Wer ist in welcher Rolle an der Wertschöpfung beteiligt?
- **Erlösmodell:** Wie werden Erlöse erzielt und unter den Teilnehmern aufgeteilt?
- **Transaktionsmodell:** Wie finden die Wertschöpfungspartner zusammen?

4.2 Prozess- und Teilnehmermodell

Das Prozessmodell bildet die **Prozesse der Wertschöpfung** ab. Im hier vertretenen Modellverständnis genügt eine Darstellung in einfachen Flussdiagrammen, eine Modellierung in DV-Tools (z. B. ARIS, Casewise Corporate Modeller) ist nicht zwingend erforderlich. Im ersten Schritt ist die Frage nach dem Bezugsbereich des Prozessmodells - und damit auch des Geschäftsmodells - zu klären. Während einige Autoren die Wertschöpfung aller beteiligten Partner abbilden (vgl. z. B. Timmers 1998, S.4), beziehen sich andere nur auf die Einzelunternehmung (vgl. z. B. Wirtz 2000). Der hier zugrunde gelegte Bezugsrahmen (vgl. nochmals Abbildung 1) lässt beide Varianten zu, gibt aber dennoch eine eindeutige Antwort: die **Wettbewerbssituation** und die **Wettbewerbsstrategie** entscheiden, welche Prozesse abgebildet werden.

Die technologischen Möglichkeiten des Internet eröffnen völlig neue Konstellationen der Integration und Desintegration von Wertketten und damit auch neue Wettbewerbssituationen. Die klassische Vorstellung geht von einem Wettbewerb innerhalb einer Branche zwischen Unternehmungen mit vertikal integrierten Wertketten aus. Eine der neuen Varianten besteht darin, dass komplementäre Partner sich über das Internet zu einem **vertikalen Netzwerk** zusammenschließen und gegen die in der Branche etablierten Wettbewerber antreten. Um der Wettbewerbssituation gerecht zu werden, sind in diesem Fall die Wertschöpfungsprozesse aller **Komplementoren** im Prozessmodell abzubilden.

Das Internet eröffnet aber auch genau entgegengesetzte, in hohem Maße spezialisierte Wettbewerbssituationen. Die Wettbewerbsform des **Layer-Competition** ist erst durch die Enabler-Wirkung des Internet möglich geworden. Bedingt durch richness und reach des Internet können weltweit Angebote und Nachfragen gebündelt werden, so dass Märkte für Zwischenprodukte oder Dienstleistungen entstehen, die bisher nicht als solche begriffen wurden. So ist z. B. der Markt für Beschaffungsdienstleistungen im Grunde erst durch das Internet groß geworden (vgl. Buchholz/Bach 2001, S.4).

Aus der Diskussion um den Bezugsbereich für das Prozessmodell wird die Notwendigkeit des **Teilnehmermodells** deutlich. Brandenburger/Nalebuff (vgl. 1996) umschreiben diesen Komplex auch mit dem Begriff des „value net", Buchholz/Bach (vgl. 2001) sprechen von der „co-creation of value". Das Teilnehmermodell zeigt auf, wer in welcher Rolle wie zur Wertschöpfung beiträgt. Durch die **Interaktivität des Internet** ergeben sich auch Optionen, die Kunden direkt an der Wertschöpfung zu beteiligen. Für viele Nachfrager entspringt der eigentliche Wert eines Angebots nicht so sehr aus den Leistungsbeiträgen der Anbieter, sondern aus der Interaktivität, der Möglichkeit der Einflussnahme auf die Leistungserstellung oder aus Netzwerkeffekten durch die Homogenität der Kundenbasis. Ein um Vollständigkeit bemühtes Geschäftsmodell muss daher auch die Rollen der Kunden im Teilnehmermodell festhalten.

Damit das Zusammenwirken der unterschiedlichsten Beiträger funktioniert, bedarf es der Rolle eines **Dirigenten**. Er koordiniert die Wertschöpfung durch die anderen Teilnehmer und trägt die Verantwortung für die Leistungserstellung. Auch hier sind die Enabler- und Akzeleratorwirkungen des Internet maßgeblich. Im Bild des Dirigenten gesprochen, steht mit dem Internet eine völlig neue Form des Taktstocks zur Verfügung. Obwohl die Musikanten an unterschiedlichen Orten und zu unterschiedlichen Zeiten musizieren, ist es dennoch möglich, den Klang eines Orchesters zu erzeugen. Der Dirigent darf jedoch nicht die **Beziehungen zwischen den Teilnehmern** außer acht lassen. Anhand der Wettbewerbssituation können vertikale Abhängigkeiten zwischen Komplementären und horizontale Abhängigkeiten der Teilnehmer (z. B. auch zwischen den Kunden) unterschieden werden. In der Summe ergibt sich aus den Teilnehmern, den wahrgenommenen Rollen und deren Wechselbeziehungen die Struktur des Teilnehmermodells (vgl. Abbildung 7).

Im dargestellten **Beispiel** dirigiert die **Financial Times** das Zusammenspiel der anderen Teilnehmer (Deutsche Bank, dpa, Reuters, Konsumenten etc.), insbesondere in den interaktiven Komponenten des Prozessmodells. Sinnvollerweise sollten nicht alle möglichen Wechselwirkungen beschrieben werden, sondern nur die für die erfolgreiche Geschäftstätigkeit relevanten Beziehungen. So liefert z. B. die Deutsche Bank oftmals Inhalte für eine Meldung durch dpa oder Reuters. Da jedoch diese Beziehung für das Geschäft der Financial Times nur von untergeordneter Bedeutung ist, wird sie im Sinne des hier vertretenen Modellverständnisses nicht abgebildet.

Wie sollten Prozess- und Teilnehmermodell eines **erfolgreichen Geschäftsmodells** ausgestaltet sein? Eine von der Standford University und McKinsey durchgeführte **Studie** (vgl. Chappuis et al. 2001) belegt die Notwendigkeit, die **Spezifika des Internet** im Prozessmodell und im Teilnehmermodell zu verankern. Aus dem Top-Quartile der untersuchten Marktplätze fokussieren sich 78% in ihrem Prozessmodell auf kundenspezifische, frei konfigurierbare Produkte, während von den weniger erfolgreichen Teilnehmer der Studie 52% auf den reinen Verkauf von Commodities setzen. Das gleiche Bild zeigt sich im Teilnehmermodell. Während alle Marktplätze aus dem Top-Quartile in hochfragmentierten Märkten tätig sind, zeigt die Reststichprobe auch Akteure in nur gering fragmentierten Märkten.

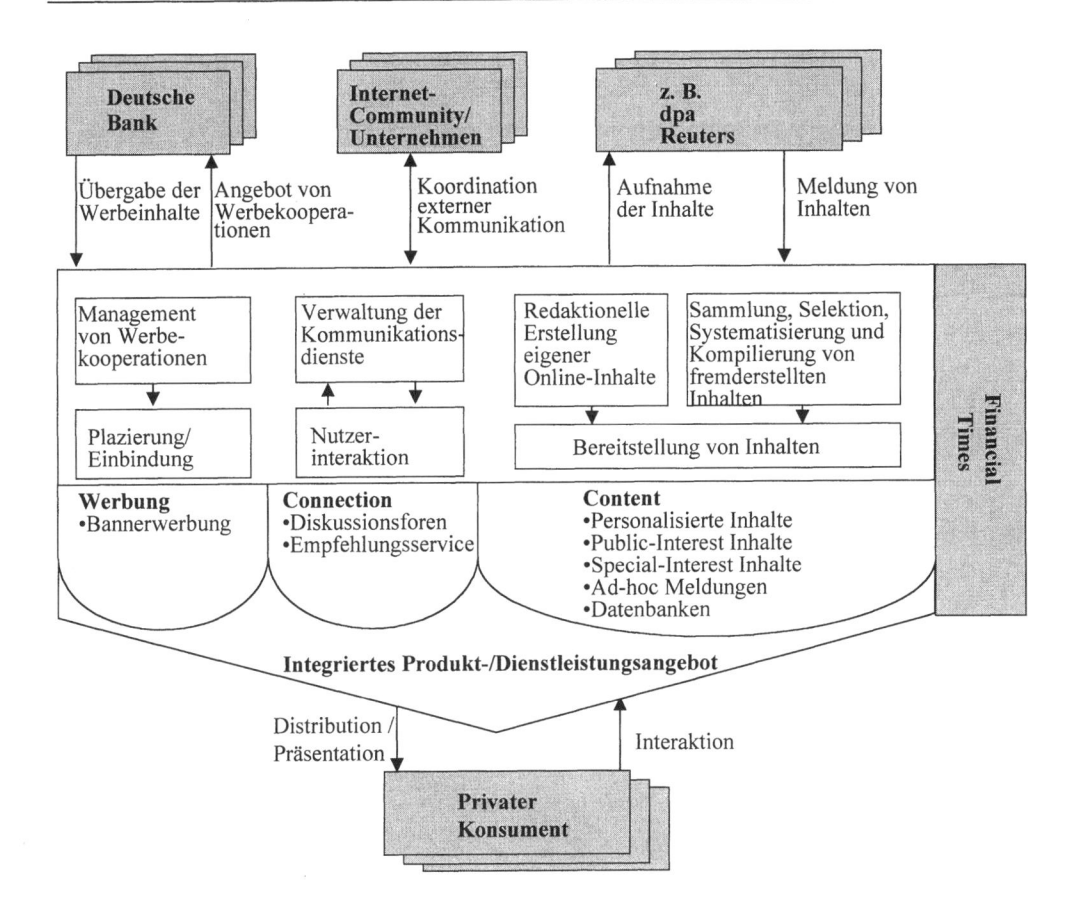

Abbildung 7: Prozess- und Teilnehmermodell der Financial Times (vgl. Wirtz 2000, S.90)

4.3 Erlös- und Transaktionsmodell

Aus der Sicht eines Kapitalgebers interessiert vor allem ein Aspekt des Geschäftsmodells: Wie werden **Erlöse** erzielt und wie werden die Überschüsse aufgeteilt? Diese Frage wird im Erlösmodell beantwortet. Konkret wird beschrieben, aus welchen Erlösformen sich die Einzahlungen in welchem Umfang zusammensetzen und welcher der Teilnehmer in welchem Umfang an den Erlösen teilhat. Hinsichtlich der möglichen Erlösformen sind zunächst Zahlungen der Teilnehmer von Zahlungen durch Dritte zu unterscheiden. Die Vergangenheit hat gezeigt, dass Erlösmodelle, die nur **Zahlungen von Dritten** umfassen, nicht dauerhaft zu einem positiven Cash-flow führen. Die Höhe der erzielbaren Werbeeinnahmen wurde häufig überschätzt und der Verkauf von Informationen an Dritte setzt voraus, dass diese Informationen nicht frei zugänglich sind. Folglich kann diese Erlösform lediglich andere, auf Zahlungen durch die Teilnehmer aufbauende Erlösformen, ergänzen (vgl. Abbildung 8).

```
                              Erlösformen
                              /          \
                             /            \
                            /              \
              Zahlungen der Teilnehmer    Zahlungen von Dritten
                  /        \
                 /          \                • Sponsoring Einnahmen
                /            \               • Werbeeinnahmen
               /              \              • Verkauf von Informationen über die Teilnehmer
              /                \             • Click-through Gebühren
             /                  \
  unabhängig von Aktionen    abhängig von Aktionen der Teilnehmer
                                 /          \
  • Mitgliedsgebühr              /            \
  • Zugangsgebühr               /              \
                               /                \
              abhängig von Geschäftsabschlüssen    abhängig von der Art des Wertbeitrags

              • Transaktionsgebühr                 • Gebühr für Dienstleistungen
              • Gebühr in % des Geschäftsvolumens  • Vermittlungsprovisionen
              • Gain Sharing
```

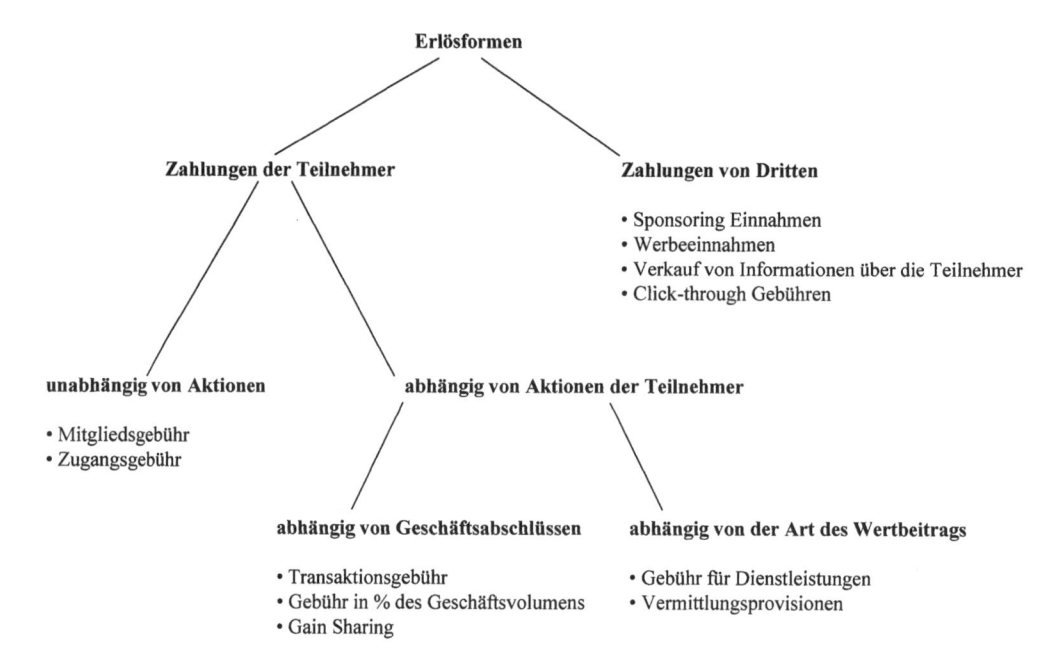

Abbildung 8: Systematisierung der Erlösformen

Welche Erlösformen durch Zahlungen der Teilnehmer möglich sind, hängt stark von der Struktur des Teilnehmermodells ab. In fragmentierten Märkten kann bereits für den Zugang zum Markt eine Gebühr in Form von **Mitgliedsbeiträgen** oder **Zugangsgebühren** verlangt werden. Mitgliedsbeiträge gewähren das Recht zur Teilnahme am Geschäft über einen definierten Zeitraum. Zugangsgebühren fallen hingegen bei jedem „Eintritt" in das Teilnehmermodell an. Ihre Höhe ist jedoch unabhängig vom Ausmaß der Nutzung des Angebots oder der Höhe der geleisteten Beiträge.

Bei geringerer Zahlungsbereitschaft empfiehlt sich eine Kopplung der Zahlungen an die einzelnen Aktionen der Teilnehmer. Hier wird der direkte Zusammenhang zwischen Erlösmodell und **Transaktionsmodell** deutlich. Im Standardfall handelt es sich bei den Transaktionen um die Abgabe verbindlicher Angebote zu einem Kaufvertrag. In Abhängigkeit von der Struktur des Teilnehmermodells und der Inhalte der Vertragsverhandlungen sind nun verschiedene Varianten möglich, wie Käufer und Verkäufer zueinander finden und wie sich der Preis bildet (vgl. Abbildung 9).

Teilnehmerstruktur (Anbieter : Nachfrager)	Statische Transaktionen	Dynamische Transaktionen
Direkthandel (1:1)	Festpreisangebote	Direktverhandlungen Strukturierte Verhandlung
Käufermarkt (n:1)	Angebotskatalog	Rückwärts-Auktion (Ausschreibung)
Verkäufermarkt (1:m)	Nachfragekatalog	Vorwärts-Auktion
Marktplatz (n:m)	Provider-Katalog	Börse

Abbildung 9: Systematik der Transaktionsmodelle (vgl. Buchholz/Bach 2001, S.11)

Während **statische Transaktionsmodelle** einen festen Preis vorgeben und die Teilnehmer lediglich entscheiden, ob sie ein Angebot annehmen oder nicht, ist bei **dynamischen Transaktionsmodellen** der Preis selbst Gegenstand der Verhandlungen. Ein Online-Marktzplatz, der sowohl statische wie auch dynamische Transaktionsmodelle anbietet, ist unter http://www.primus-online.de zu finden. Während im Shop Produkte zu festen Preisen angeboten werden, zeigen die Rubriken powershopping und Auktionsshop Beispiele für dynamische Transaktionsmodelle. Einen Sonderfall stellt die strukturierte Verhandlung mit ihren Varianten zur Angebotsaufforderung (request for quote, request for proposal, request for information) dar. Bei diesen Verhandlungen werden komplette Problemlösungen gegeneinander abgewogen. Beispiele liefert z. B. das Beratungsgeschäft, wo die einzelnen Anbieter, bedingt durch unterschiedliche Beratungsansätze, in zeitlichem Umfang und Kosten zum Teil sehr divergierende Angebote unterbreiten, die auch eine unterschiedliche Eigenleistung des Partners einfordern.

Die vorgestellten Transaktionsmodelle bieten Ansatzpunkte zur Erhebung von **Gebühren** (vgl. Abbildung 8). Diese berechnen sich entweder als feste Gebühr pro Transaktion (transaction fee), als Gebühr in Abhängigkeit vom Geschäftsvolumen (zwischen 0,25% und 5%) oder aus der Höhe der erzielten Einsparungen (gain sharing). Transaktionen und anfallende Gebühren gab es bereits vor den Zeiten des Internet.

Im Sinne der oben diskutierten **Akzeleratorwirkung** haben solche Modelle durch das Internet jedoch einen deutlichen Aufstieg erfahren. Ein prominentes Beispiel liefert die Deutsche Börse. Den Aktienhandel an der Börse gibt es nicht erst seit Erfindung des Internet. Der direkte Zugang zum Handel auch für den Kleinanleger veränderte jedoch in erheblichem Ausmaß die Teilnehmerstruktur der Börse und damit auch das abgewickelte Geschäftsvolumen und die Art und Höhe der anfallenden Gebühren.

Weitere Ansatzmöglichkeiten für Erlösformen ergeben sich aus der Interaktivität des Internet. Jeder Beitrag eines Teilnehmers kann als **Dienstleistung** oder **Produkt** verstanden werden, für die bei Inanspruchnahme durch einen anderen Teilnehmer ein Entgelt zu zahlen ist. Diese Form des Erlösmodells findet sich bereits in Kataloglösungen wieder, die dem Endkunden die Möglichkeit der freien Konfiguration seines Produkts bieten. Ein prominentes Beispiel ist der Computerhersteller DELL (vgl. http://www.dell.com). In Abhängigkeit von den gewählten Komponenten werden die entsprechenden Wertschöpfungspartner hinzugezogen, die proportional zu ihrem Wertbeitrag an den erzielten Erlösen partizipieren.

Die **Empirie** zeigt bereits eindeutige Trends hinsichtlich der **Ausgestaltung erfolgreicher Transaktions- und Erlösmodelle**. (vgl. Chappuis et al. 2001). Top-Performer setzen ausnahmslos auf Erlösmodelle mit Fokus auf Zahlungen der Teilnehmer, die an der Interaktivität des Prozessmodells ausgerichtet sind. Diese umfassen zu 50% strukturierte Verhandlungen, 33% Auktionslösungen und zu 17% konfigurierte Produkte aus einem Katalog. Damit ist abzusehen, dass die Tage rein werbefinanzierter und für den Nutzer kostenloser Angebote im Internet gezählt sind. Ihren Platz werden für den Kunden individuell konfigurierbare, die Interaktivität des Internet nutzende Angebote übernehmen, für die in Abhängigkeit von der nachgefragten Leistung ausdifferenzierte Preise zu zahlen sind.

5 Thesen

- **Internet als Strategische Waffe begreifen**

„Internet" oder „e-Business" sind keine Strategien, sondern sie setzen Wettbewerbsstrategien voraus. Das Internet ist eine Kommunikationstechnologie, die den Charakter eines Universalwerkzeugs trägt. Ohne klare Vorstellung von der Wettbewerbssituation und Wettbewerbsstrategie der Unternehmung ist ein erfolgreicher Einsatz dieses Werkzeugs nicht möglich. Ein strategisches Nutzungskonzept vorausgesetzt, können die Wirkungen des Internet allerdings beträchtlich sein. Das Internet wird dann zu einer strategischen Waffe.

- **Strategieumsetzung durch Geschäftsmodelle**

Geschäftsmodelle im hier verstandenen Sinn dienen der Umsetzung strategischer Absichten. Geschäftsmodelle sind Mittel zum Zweck, nicht mehr und nicht weniger. Die wettbewerbsstrategischen Fragen sollten anhand der bekannten und bewährten Instrumente des Strategischen Management behandelt werden. Die zur Strategieumsetzung in einem Geschäftsmodell zu lösenden organisatorischen Aspekte behandeln die Teilmodelle Prozessmodell, Teilnehmermodell, Transaktionsmodell und Erlösmodell.

- **Akzeleratorwirkung des Internet nutzen**

Das Internet erleichtert die Durchführung bereits bestehender Geschäftsprozesse. Vorhandene Wertketten sind darauf zu untersuchen, inwiefern Einzelschritte beschleunigt und vor allem, welche Schritte mit Hilfe der Internettechnologie parallelisiert und synchronisiert werden können. Die Akzeleratorwirkung des Internet verändert die Wettbewerbssituation, die Wettbewerbsstrategie muss überdacht werden. Wer nicht selbst als First Mover die Wettbewerbssituation gestaltet und die Pionierrente abschöpft, muss damit rechnen, dass andere dies tun. Allerdings ist der Erste im Markt nicht automatisch auch erfolgreich. Nur bei einem klaren wettbewerbsstrategischen Konzept und einem adäquaten Geschäftsmodell wird er sich behaupten können.

- **Enablerwirkung des Internet nicht unterschätzen**

Innovationen sind seit jeher die Treiber der Wertschöpfung. Mit dem Internet steht eine Technologie zur Verfügung, deren tiefgreifende Auswirkungen auf die Zusammensetzung und Koordination von Wertketten noch bei weitem nicht ausgeschöpft sind. Global wird die Zahl der Internet-Nutzer weiterhin steigen. Auch die Formen des Internet-Zugangs werden noch einmal zu überdenken sein. Nutzung setzt nicht Eigentum an Computern oder mobilen Endgeräten voraus. Marktpotenziale, die aufgrund der bisherigen Kostenstrukturen für Kommunikation und Markterschließung unbeachtet blieben, können nun erschlossen werden. Der Innovator wird wachsen - der Zauderer wird sein Geschäft überdenken müssen.

- **Prozesse über Teilnehmer hinweg integrieren**

Die größten Potenziale können durch die Zerlegung und Integration von Wertketten erschlossen werden. Der leicht vorstellbare aber bislang schwer zu realisierende Idealzustand liegt dann vor, wenn jede Unternehmung sich ausschließlich auf ihre Kernkompetenzen konzentriert und alle anderen Aktivitäten komplementären Partnern überlässt. Hierzu bedarf es einer genauen Vorstellung über das Teilnehmer- und Prozessmodell des Geschäfts. Erfolgreiche Partnerschaften zeichnen sich durch kollektive Kernkompetenzen aus, die auf der Integration komplementärer Ressourcen und Fähigkeiten der Teilnehmer beruhen.

- **Erlöse an Aktionen koppeln**

Was nichts kostet ist auch nichts wert. Wenn die in der Wettbewerbsstrategie verankerte Nutzenstiftung (value proposition) wirklich Kundenbedürfnisse befriedigt, dann werden die Kunden auch bereit sein, dafür zu zahlen. Kostenlose Angebote dürfen nur begrenzt und gezielt zur Markterschließung eingesetzt werden. Transaktionsunabhängige Erlöse wie Zugangs- oder Mitgliedsgebühren haben lediglich eine Berechtigung zur Absicherung von Erlösen aus dem Verkauf von Informationen über die Teilnehmer. Dauerhafte Erlöse sind jedoch nur mit Erlösmodellen sicher zu stellen, deren Fokus auf an den Transaktionen der Teilnehmer orientierten Erlösformen liegt.

- **Grenzen der Internetanwendung beachten**

Der intelligente Einsatz der strategischen Waffe Internet verlangt auch, ihre Grenzen zu erlernen. Zwar ist offenkundig, dass vielfältige Anwendungen möglich und erfolgsträchtig sind. Genauso ist aber auch klar, dass damit herkömmliche Geschäftsprozesse nicht vollständig substituiert werden. Ähnlich wie das Telefon die persönliche Kommunikation nicht obsolet macht, sondern sinnvoll ergänzt, so ist auch das Internet als komplementäres Instrument zur Optimierung der Wertschöpfung zu begreifen. Letztlich kommt es also darauf an, zur Strategieumsetzung sämtliche zur Verfügung stehenden Werkzeuge und Technologien zweckorientiert aufeinander abzustimmen, um so nachhaltige Wettbewerbsvorteile zu erzielen.

Literatur:

Agrawal, V. et al. (2000): E-Performance: The path to rational exuberance, in: The McKinsey Quarterly, Number 1 2001, S.31-43.

Amit, R.; Zott, C. (2000): Value Drivers of e-commerce Business Models, Paper presented at the 20th Annual International Conference of the Strategic Management Society, Vancouver Canada 2000.

Brandenburger, A.; Nalebuff, B. (1996): Co-opetition, New York 1996.

Buchholz, W.; Bach, N. (2001): The Evolution of Netsourcing Business Models – Learning from the Past and Exploiting Future Oppurtunities, Arbeitspapier Nr. 2/2001 des Lerhstuhls BWL II, Justus-Liebig-Universität Gießen, Gießen 2001.

Chappuzis, B. et al. (2001): A performance index for B2B marketplaces, exclusive to: mckinseyquarterly.com, download von http://www.mckinseyquarterly.com am 9. Juli 2001.

Evans, P.; Wurster, T.S. (2000): Blown to bits, Boston Mass. 2000.

Ford, J. (1998): The Future for Virgin: Will Branson's Cash Keep Flowing if the Music stops?, in: Financial Times, 13. August 1998, S.5.

Hamel, G. (2001): Take it higher, in: Fortune 3/2001, S.71-72.

Heuskel, D. (1999): Wettbewerb jenseits von Industriegrenzen. Aufbruch zu neuen Wachstumsstrategien, München 1999.

Hungenberg, H. (2000): Strategisches Management in Unternehmen, Wiesbaden 2000.

Kosiol, E. (1961): Modellanalyse als Grundlage unternehmerischer Entscheidungen, in: Zeitschrift für handelswissenschaftliche Forschung, 1961, S.314-334.

Krüger, W. (2001): Auswirkungen der Internetökonomie auf Wertketten und Geschäftsmodelle, in Vorbereitung.

Krüger, W.; Homp, C. (1997): Kernkompetenz-Management, Wiesbaden 1997.

Mahadevan, B. (2000): Business Models for Internet-Based E-Commerce: An Anatomy, in: California Management Review, Vol. 42, No. 4, Summer 2000, S.55-69.

Porter, M.E. (1999): Wettbewerbsstrategie, 10. Aufl., Frankfurt 1999.

Porter, M.E. (2001): Strategy and the Internet, in: HBR March 2001, S.63-78.

Timmers, P. (1998): Business Models for Electronic Markets, in: Electronic Markets Vol. 8, No. 2, S.3-8.

Vandermerve, S. (2000): How Increasing Value to Customers Improves Business Results, in: Sloan Management Review, Fall 2000, S.27-37.

Williamson, O.E. (1990): Die ökonomischen Institutionen des Kapitalismus: Unternehmen, Märkte, Kooperation, Tübingen 1990.

Wirtz, B. W.; Kleineicken, A. (2000): Geschäftsmodelltypologien im Internet, in: WiSt 11/2000, S.628-635.

Branchenübergreifende

Supply Chain Solutions

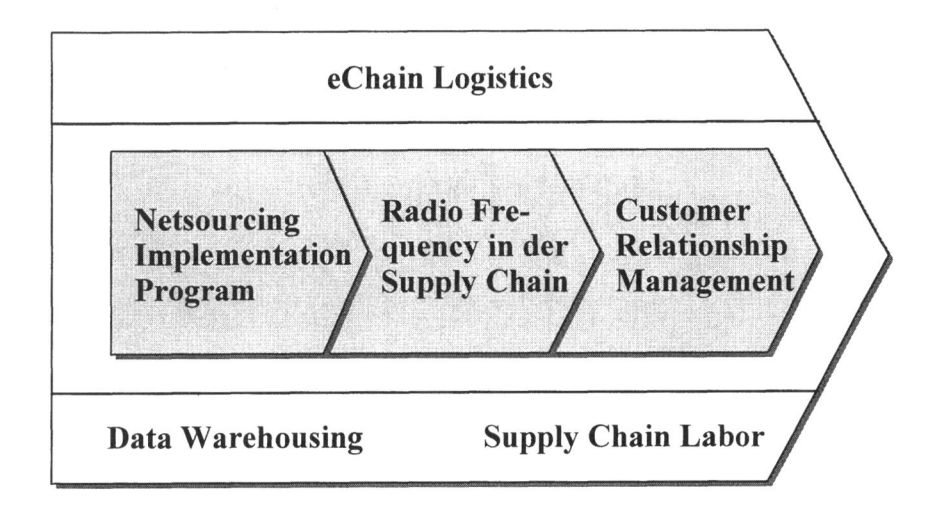

eChain Logistics

- Netsourcing Implementation Program
- Radio Frequency in der Supply Chain
- Customer Relationship Management

Data Warehousing   Supply Chain Labor

Victoria Ossadnik und Andreas Froschmayer

eCHAIN Logistics – Bündelung von Informationstechnologie und Logistikdienstleistungen

1 Einführung

2 Die Veränderung von Wirtschaftsprozessen: Vom Einzelunternehmen zum Netzwerk

3 Nachhaltige Vorteile durch Supply Chain Solutions

4 Die Integration von Logistik, Technologie und Consulting zur Realisierung von Wertschöpfungspotenzialen

5 Die eCHAIN Logistics AG – ein Praxisbeispiel für die gelungene Kombination von Logistik, IT und Beratung

6 Schlussbetrachtung

1 Einführung

Die Bedeutung neuerer organisatorischer Arrangements wie z. B. „Netzwerke", „strategische Allianzen" oder „virtuelle Unternehmen" stellt sowohl die Unternehmensführungen von Industrie und Handel als auch die Anbieter logistischer Dienstleistungen vor neue Herausforderungen. Die Entwicklung von Konzepten und Technologien für die Handhabung der komplexen Beziehungen zwischen Organisationen werden unter den Begriffen **Supply Chain Solutions** oder auch **eChains** zusammengefasst.

Während für die klassischen Bereiche der Betriebswirtschaftslehre ein relativ hoher Entwicklungsstand sowohl des disziplinären Wissens als auch der praxisorientierten Konzepte und Technologien konstatiert werden kann, ist für den Aufbau von Supply Chain Solutions noch keine professionelle Bewältigung der Aufgaben in Form einer allgemein anwendbaren Konzeption erkennbar. Dies wäre erst dann der Fall, wenn sowohl die Wissenschaft als auch die Unternehmensberater und die Führungskräfte der Unternehmen ausgereifte Lösungsmuster entwickelt hätten, um die spezifischen Probleme des Objektbereiches Supply Chain zu bewältigen (vgl. Froschmayer 1994).

Das Spektrum des Themas Supply Chains reicht von vertraglich geregelten Kooperationsbeziehungen über Netzwerke bis hin zu konzentrativen Unternehmenszusammenschlüssen in Form von internationalen Konzernen. Bleicher (vgl. Bleicher 1991, S.628) rekonstruiert dabei eine „statutarische Subautonomisierung" (also die rechtliche Verselbständigung von Gesellschaften), die das Einheitsunternehmen auflöst und eine neue Beweglichkeit der Teilsysteme in der Supply Chain mit gleichzeitiger Entlastung der Spitze des Gesamtsystems bewirkt. Die Spitze selbst ist dabei in zunehmender Weise nicht mehr für einzelne Geschäftsfeldstrategien zuständig, sondern vorwiegend für die Entwicklung der „Corporate Strategy".

Demnach zeichnet sich eine neue Schwerpunktbildung für die strategische Führung dieser Organisationsformen ab. Indem die strukturelle und soziale Komplexität einer Vielheit von Teileinheiten einer Unternehmensverbindung in den Vordergrund rückt, sind neue Anforderungen und Lösungsmuster zu thematisieren. Dabei herrscht in der Literatur weitgehende Einigkeit darüber, dass die zukünftigen Führungsprobleme von Organisationen, die kooperative oder konzentrative Zusammenschlüsse getätigt haben, vielfach unter dem Schlagwort **Komplexität** betrachtet werden. Mit einer wachsenden Autonomisierung ist eine Zunahme der Koordinations- und Integrationsnotwendigkeit in der Supply Chain verbunden.

Vergleicht man damit aber den momentanen Stand der Forschung und der zur Verfügung stehenden praxisorientierten Konzepte, so kann man eine gewisse Trägheit der Betriebswirtschaftslehre im Vergleich mit der Geschwindigkeit der Technologie und der Entwicklung neuer Organisationsformen feststellen. In den Ansätzen und Konzepten für eine strategische Führung wird zwar immer wieder auf die Komplexität und Dynamik der Unternehmensumwelt verwiesen. Für die Unternehmen selbst wird dagegen, bis auf wenige Ausnahmen, weiter eine illusorische Sichtweise von Einheitsunternehmen mit hierarchischen Strukturen unterstellt.

In diesem Beitrag werden zunächst die spezifischen Entscheidungsprobleme in der Supply Chain expliziert, um daraus die Anforderungen an die Konzepte für die Umsetzung von Supply Chain Solutions abzuleiten. Dazu wird zunächst ein Blick auf die verschiedenen organisatorischen Arrangements und deren Besonderheiten geworfen (Kapitel 2). Daraus ergeben sich dann veränderte Trends und Ausgestaltungsmöglichkeiten von Supply Chain Management Konzepten. Die Diffusion dieser Konzepte kann jedoch nur erfolgreich sein, wenn ein entsprechender Kundennutzen in Form von nachhaltigen Vorteilen erreicht wird (Kapitel 3).

Die Umsetzung von Supply Chain Solutions setzt voraus, dass eine Integration von Consulting-Know-how, Technologie und Logistikfähigkeiten in Bezug auf die zu reorganisierende Supply Chain erreicht werden kann (Kapitel 4). Schließlich wollen wir Dienstleistungsfelder im Umfeld von Supply Chain Solutions darstellen, die sowohl für die Old Economy als auch für die New Economy anwendbar sind und unter dem Begriff **New Logistics** eine neue Dimension von integrierten Wertschöpfungsprozessen erschließen. Hierzu stellen wir ein Praxisbeispiel in Form eines neuen Unternehmens für diese Dienstleistungen vor (Kapitel 5). In Kapitel 6 werden die Ergebnisse dieses Beitrages zusammengefasst.

Der Beitrag versucht somit, die Frage nach angemessenen Konzepten für Supply Chain Solutions in zweifacher Weise zu beantworten: Aus der Perspektive der Entwicklung der Wirtschaftsprozesse hin zu Supply Chains und Unternehmensverbindungen sollen ausgewählte Konzepte auf ihre Konsistenz hin dargestellt werden. Aus der Perspektive einer praxisorientierten Umsetzung von Supply Chain Solutions werden jedoch auch Fragen der Diffusion und operativen Wirksamkeit dieser Gestaltungsempfehlungen reflektiert.

2 Die Veränderung von Wirtschaftsprozessen: Vom Einzelunternehmen zum Netzwerk

Organisationen sind in der Betriebswirtschaftslehre oftmals dadurch gekennzeichnet, dass sie planvoll organisiert sind, wobei eine Kombination der Produktionsfaktoren (dispositive und auszuführende Arbeit, Betriebsmittel und Werkstoffe) mit dem Ziel erfolgt, Sachgüter und Dienstleistungen bereitzustellen. In der New Economy spielt jedoch das einzelne Unternehmen zunehmend eine geringere Rolle, während Supply Chains die Aufgaben in unterschiedlichster Weise in Form von Netzwerken erfüllen.

Der organisationstheoretische Bezugsrahmen von Kirsch geht zunächst davon aus, dass Organisationen soziale Systeme mit einer Verfassung sind. „Mitglied ist, wer eine formale Rolle übernimmt und dadurch dem Autorisierungsrecht der verfassungsmäßigen Organe unterliegt. Die Verfassung definiert so die Grenzen des sozialen Systems 'Organisation'" (Kirsch 1991, S.19).

Supply Chains können in einem ersten Zugriff auch als **Organisationen von Organisationen** mit einer kollektiven Verfassung beschrieben werden, wobei die Verfassung einer Unternehmensverbindung auch sehr diffus oder nur implizit vorhanden sein kann. Man denke hier beispielsweise an Netzwerke, deren Mitglieder teilweise nur durch Rahmenvereinbarungen oder institutionalisierte Tauschbeziehungen definiert sind. Im Falle von Konzernen spricht man dagegen von einer mehrstufigen Verfassung: Die durch eine Verfassung konstituierten Teileinheiten werden durch eine Konzernverfassung als übergreifende Verfassung „verbunden" (vgl. Ringlstetter 1995, S.25).

Jenseits des Konzerns rücken in jüngster Zeit jedoch auch multiorganisationale Verbindungen aller Art ins Bewusstsein. Eine Untersuchung von Theisen zeigt, dass in der Bundesrepublik Deutschland ca. 90% aller Aktiengesellschaften mit einer Vielzahl anderer Organisationen verbunden sind (vgl. Theisen 1991, S.1). Insbesondere im anglo-amerikanischen Sprachraum brachten die 80er Jahre ein Jahrzehnt der Übernahmen und eine Veränderung der Firmenlandschaft durch sog. „Mergers & Acquisitions" (Zusammenschlüsse/Aufkäufe). Wie später noch zu präzisieren ist, sind jedoch auch die kooperativen Zusammenschlüsse von zunehmender Bedeutung, wobei gerade bei diesen Formen der „Partner" oft auf internationaler Ebene gesucht wird.

Die Suche nach „Partnern" oder „potenziellen Übernahmen" wird von den Orientierungen der Führungskräfte und eventuellen Maximen der Organisationen abhängig sein. Die Zahl der Quellen mit Zielkatalogen, die die Grundlage für den Erwerb, den Zusammenschluss oder die Veräußerung von Organisationen manifestieren, ist kaum überschaubar. „Um [...] ihre strategische Führungsaufgabe zu erfüllen, muß die Unternehmensspitze mehr Wert schaffen, als bei Verselbstständigung der Unternehmensteile - und damit direkter Verbindung zum Kapitalmarkt - oder bei Übergang auf andere Eigentümer entstünde." (Henzler 1988, S.97).

Neben den klassischen Wachstumszielen durch Diversifikation rücken jedoch auch Fragen der Synergierealisierung in den Mittelpunkt. Weitere Motive können in der Nutzung von Flexibilitätspotenzialen und Mobilisierungsmöglichkeiten, in der Risikostreuung des eingesetzten Vermögens sowie einer Stärkung der Machtposition innerhalb der Wettbewerbskräfte begründet liegen.

Die Existenz ausdifferenzierter Einheiten (Geschäftsbereiche, Profit Center, Divisionen) und die Verbindung von Organisationen zu Allianzen oder Netzwerken hat nun über die formale Struktur hinaus entscheidende Auswirkungen auf die Prozessstrukturen. Die Organisationstheorie beschäftigt sich seit langem mit den Prozessphänomen in Organisationen, wie zum Beispiel das Garbage-Can-Modell von Cohen/March/Olsen (vgl. Cohen et al. 1976, S.24ff.), oder die Flussbeziehungen von Organisationen (vgl. Mintzberg 1979).

Konsensstrukturen in Bezug auf bestimmte Strategien oder Machtstrukturen (hinsichtlich einer adäquaten Ressourcenallokation) werden in Supply Chains durch das Bestreben nach Entscheidungsautonomie und bestehenden Interessensdivergenzen in asymmetrische Führungsstrukturen münden. Mit zunehmender Herausbildung eigener Interessen der Subsysteme der Supply Chain wachsen die Zentrifugalkräfte, die eine Identifikation mit den Oberzielen der Unternehmensverbindung zweifelhaft erscheinen lassen. Die situationsspezifische Bedürfnisberücksichtigung von Kulturen unterschiedlicher Grundorientierung gewinnt dadurch immer mehr an Bedeutung. Eine Politisierung von Entscheidungen wird dann immer in einem Spannungsfeld zwischen dem Handlungsspielraum der Unternehmensverbindung und einer Entfaltung der Individualität von Subsystemen angesiedelt sein.

Als erstes Fazit läßt sich zusammenfassen, dass Supply Chains realiter oft nicht hierarchisch koordiniert werden. Die realen Prozesse im empirischen Feld werden anders zu rekonstruieren sein, als es die Verfassung einer Unternehmensverbindung vortäuscht. Allein die Begriffe Netzwerke, virtuelle Organisationen und Allianzen schaffen bereits ein implizites Vorverständnis dafür, dass es sich bei den Führungsstrukturen von Unternehmensverbindungen um multiple, verknüpfte Strukturen handelt, die eine Theorie der betriebswirtschaftlichen Hierarchie obsolet erscheinen lassen.

In Abschnitt 4 wird eine Lösungsstrategie aufgezeigt: Indem ein Dritter in Zusammenarbeit mit den Beteiligten in Form einer Betriebsgesellschaft die Integrationsaufgabe übernimmt, können die angesprochenen Probleme überwunden werden. Betrachtet man die Fülle der Problemstellungen, mit denen sich eine strategische Führung von Supply Chains konfrontiert sieht, aus der Perspektive der Fähigkeiten, so läßt sich ein Resümee der Problemtypen ziehen:

- Zum einen ergibt sich die Notwendigkeit einer **Fähigkeit zur Gestaltung der Rollenverteilung**. Darin eingeschlossen sind Fragen der Erzielung eines Mehrwertes des Gesamtsystems, die Ausgestaltung der Bindungsintensität, Aspekte einer sinnvollen Akquisitionspolitik und einer Handhabung des Portfolios der Unternehmensverbindung (sowohl hinsichtlich des Produkt-/Markt-Bereiches als auch hinsichtlich der Kernkompetenzen).

- Zum zweiten steht die **Fähigkeit zur Integration der Unternehmensverbindung** im Mittelpunkt. Darin subsumiert sind die Handhabung der Beziehungen, die Fragen der Ausgestaltung der Austauschrelationen, der Transfer von Wissen und von Kapazitäten sowie Fragen der Kultur und Identität aus der Sicht der Teileinheiten und (sofern vorhanden) der zentralen Einheit.

Somit bewegen sich die Führungsaufgaben von Supply Chains in einem Dilemma zwischen einer wachsenden Autonomie einzelner Unternehmenseinheiten bei gleichzeitiger Zunahme der Koordinations- und Integrationsnotwendigkeit. Falls diese Integrationsleistung erfolgreich ist, werden diejenigen Unternehmen einen nachhaltigen Wettbewerbsvorteil erzielen, die in der besten Konstellation ihre Fähigkeiten in ein Netzwerk einbringen, das dann allen anderen Netzwerken oder Einzelunternehmen überlegen sein wird. Im Folgenden werden die Vorteile der integrierten Supply Chains dargestellt, bevor ein Lösungsansatz für die Integrationsleistung an sich gezeigt wird.

3 Nachhaltige Vorteile durch Supply Chain Solutions

Die Idee des Supply Chain Management stellt auf die Beachtung der Wechselwirkungen zwischen Transfer- und Transformationsaktivitäten ab und zielt auf die integrative Gestaltung und Steuerung aller prozessgekoppelten Wertschöpfungsaktivitäten. Dabei ist der Nutzen einer zwischen Zulieferern, Fabrikant, Distributor und Kunde abgestimmten Planung und Steuerung von Waren- und Informationsflüssen sehr hoch einzuschätzen. Reduzierte Durchlauf- und Fertigbestände, kurze Gesamtdurchlaufzeiten in der Wertschöpfungskette sowie Liefertreue, kurzum, konkrete Wettbewerbsvorteile sind Ergebnis eines effektiven Supply Chain Management.

Sowohl in den USA als auch in Europa wird einheitlich die Sinnhaftigkeit derartiger integrierter Logistikkonzepte nicht mehr angezweifelt, da sich sowohl die Theorie (Prozessanalyse, Reengineering) als auch die Praxis (Kooperationen und Übernahmen) mit der Verbindung der Wertschöpfungskette befassen. Dagegen ist in der Art und Weise, wie das Thema Supply Chain Management behandelt wird, ein deutlicher Unterschied zwischen Europa und den USA zu erkennen: Während in Europa noch von einem Trend gesprochen wird, sind in den USA tatsächliche Reorganisationen der gesamten Wertschöpfungskette von Unternehmensverbindungen bereits realisiert.

Im Gegensatz dazu besetzt der Begriff **Efficient Consumer Response (ECR)** einen Teilaspekt der Planungs- und Steuerungsfunktion der gesamten Wertschöpfungskette, nämlich diejenigen Komponenten, die vorwiegend aus der Perspektive des Point of Sale (POS) gesehen werden. Heute wird dieser Ansatz durch das Thema **Customer Relationship Management (CRM)** ergänzt. Auch hier ist eine gesamtheitliche Sicht der Prozesse gefordert. Die Möglichkeit hierzu ergab sich durch die elektronischen Scannerkassen, die genaue Abverkaufszahlen liefern. Diese Informationen werden dazu verwendet, um die Bestellungen rückwirkend zu organisieren und eine kundenbedarfsgerechte Lieferung der Güter an den POS zu gewährleisten.

Mit der ECR-Idee, die gesamte Logistik nach dem Abverkauf zu organisieren, wurde das Unternehmen WALMART zur weltgrößten Einzelhandelskette. Das Wachstum wird dabei auf die höhere Kundenzufriedenheit (Warenverfügbarkeit und Service) und gesteigerte Erträge aufgrund der Einführung innovativer logistischer Konzepte zurückgeführt. ECR setzt sich aus folgenden **Bausteinen** zusammen:

- **Continuous Replenishment**: Kontinuierliche, automatisierte, tägliche (oder kurzräumige) Wiederauffüllung am Point of Sale von zu den Käufern abgeflossenen Warenbeständen auf der Basis von Kassen-Scannerdaten.

- **EDI**: Konsequente Nutzung elektronischer Datenübertragungstechnologien für die Abwicklung von Geschäftstransaktionen zwischen den Partnern der Supply Chain.

- **Cross-Docking**: Ersatz von Hersteller- und Händler-Regionallägern durch nicht bestandsführende „Transshipment-Points", in denen die täglich „just-in-time" von den Herstellern abgerufenen und ankommenden Waren outletgerecht umsortiert und sofort weiterverladen werden.

- **Category Management**: Rationalisierung der Produkteinführungs-, Vermarktungs- und Verwaltungsprozesse durch Bündelung bisheriger „Brand Management"-Einheiten in neuen, den Kaufverhaltensweisen angepassten Warengruppen.

- **Process-Reengineering**: Umsetzung „bester Praktiken", radikale Vereinfachung und Beschleunigung der Produkteinführungs-, Auftragsabwicklungs-, Distributions-, Fakturierungs- und Abrechnungsprozesse.

Mögliche Erfolge von ECR-Projekten sind beispielsweise die Verringerung des Lagerbestands um bis zu 40% bei Smerfield Stores in Großbritannien durch Efficient Replenishment. Wenn die Hersteller die Lieferkette in ihrer Gesamtheit übersehen und an der Bestandshaltung mitwirken können, lassen sich Lagerbestände erheblich reduzieren und die Verfügbarkeit von Warenbeständen verbessern. Auf Branchen bezogen wird somit in der Lebensmittelbranche und der Konsumgüterindustrie eher von ECR gesprochen, während in den Branchen Automotive, High Tech und Elektronik meist nur von SCM die Rede ist.

Der Unternehmenserfolg wird zukünftig davon abhängen, wie kurzfristig Markterfordernisse umgesetzt werden können, wie flexibel und schlank die Materialbeschaffung ist, wie die Auswahl der Lieferanten gesteuert werden kann und welche Produktivitätsschübe in der Logistik der gesamten Kette vorhanden sind. Damit hat sich auch die Aufgabe der Logistik-Funktion in Unternehmen gewandelt: Während früher über Transportvergabe und Lagerkapazitäten gesprochen wurde, wandelt sich das Entscheidungsfeld von Logistikverantwortlichen in den Unternehmen bis hin zur Planung und Steuerung der gesamten Wertschöpfung. Die Logistik (in diesem Sinne) ist demnach ein spezieller Führungsansatz zur Entwicklung, Gestaltung, Lenkung und Realisation effektiver und effizienter Flüsse von Objekten (Güter, Informationen) in unternehmensweiten und -übergreifenden Wertschöpfungssystemen. Der **Vorteil** von SCM kann anhand der üblichen betriebswirtschaftlichen Argumentation geschildert werden:

- SCM bringt einen Wettbewerbsvorteil durch **Economies of scale**. Durch die Analyse der Wertschöpfungskette über alle Prozesse hinweg wird meist eine Konzentration der Produktion und der Lagerfunktion auf wenige Standorte (Zentrallager) vollzogen, was zu erheblichen Größenvorteilen in den Transportmengen und zu Kosteneinsparungen in der operativen Umsetzung führt.

- Einer der größten Vorteile wird jedoch **Economies of speed** sein. Durch die genaue Beobachtung der Warenströme über Unternehmensgrenzen hinweg und die Transparenz über den Durchfluss von Gütern steigt die Geschwindigkeit der Wertschöpfungskette. Verhinderung von Liegezeiten, Beschleunigung des Warendurchlaufes und Erhöhung der Umschlagsgeschwindigkeit sind die betriebswirtschaftlichen Resultate.

- Schließlich werden sich Unternehmen auf ihre Kernkompetenzen konzentrieren und gegebenenfalls mit Anderen zusammenarbeiten, die bestimmte Funktionen besser leisten können (**Economies of scope**). Unternehmensübergreifende Logistik-Lösungen können Warenströme bündeln, bis hin zum kompletten Outsourcing der Logistik an Logistik-Dienstleister.

Warum sollten Unternehmen diese Themen nun verstärkt angehen? Die Top-Manager der großen Unternehmen werden derzeit in den Medien mit den Erfolgen der Best Practice Vorreiter konfrontiert: So hat beispielsweise der Computeranbieter DELL mit i2 Technologies, Beratern und Logistik-Dienstleistern eine durchgängige Supply Chain über eine Internet-Bestellung bis hin zur Auslieferung konstruiert, was diesem Hersteller eine einzigartige Marktstellung gebracht hat, die ausschließlich auf der „strategischen Waffe" Logistik beruht.

Als notwendige Bedingung zur Etablierung von Konzepten wie SCM müssen auch nachhaltige Vorteile erkennbar sein: Neben den bisher beschriebenen Vorteilen können folgende **Nutzenpotenziale** angeführt werden:

- Der Return on Investment einer Investition in eine Produktionsanlage kann durch die Steigerung der Geschwindigkeit zur Outputerzeugung gesteigert werden. Dies beschleunigt die Marktbedienung und somit den Umsatz, was wiederum ein höheres Auftragsvolumen nach sich ziehen kann.

- Des weiteren werden durch die bessere Transparenz über die Wertschöpfungskette gegebenenfalls Qualitätsvorteile erzielt. Die Verfügbarkeit der Waren am Point of Sale steigt, dadurch kann der Kundenservice forciert werden.

- Schließlich werden durch Bündelungen Transportkostensenkungen erzielt, in Verbindung mit den Einsparungen und Verbesserungen in der Produktionslogistik wird eine absolute Logistikkostensenkung erreicht.

Der Grad der Anwendung von Konzepten wie SCM und CRM wird vom Produktprofil, von der Branche (Stabilität und Planbarkeit) und dem Kundenprofil (Anspruchsdenken) abhängen. Wenn die deutschen Unternehmen die Optimierung ihrer Produktivitätspotenziale weiterhin stark vorantreiben und bald nahezu ausgeschöpft haben, ist die Verbesserung der Supply Chain vielleicht die größte noch verbleibende Rationalisierungsmöglichkeit der Wirtschaftsprozesse in diesem Jahrzehnt.

4 Die Integration von Logistik, Technologie und Consulting zur Realisierung von Wertschöpfungspotenzialen

Zukunftsfähige Logistikkonzepte können wie bereits beschrieben nicht mehr alleine aus einer Optimierung der physischen Logistik einzelner Unternehmen bestehen, sondern müssen die Logistikströme in spezifischen Wertschöpfungsnetzen berücksichtigen. Der Komplexitätsgrad steigt hiermit gegenüber klassischen Logistiksystemen enorm und die Informationsdichte macht eine Optimierung ungleich schwerer. Die Wertschöpfungspotenziale in einem Logistiknetzwerk können nur durch eine zeitnahe Informationstransparenz und Verarbeitung sinnvoll erschlossen werden. **Neue Technologien** können hierbei unterstützen und neue Prozesse ermöglichen.

Das Internet macht eine schnelle Übergabe von Daten weltweit möglich, Datenbanken sind in der Lage, auch große Datenmengen sinnvoll zu verwalten und Planungs- und Optimierungsprogramme können betriebswirtschaftliche Entscheidungsregeln auf Logistiksysteme anwenden. Der Einsatz von neuen Technologien und insbesondere von Supply Chain Management-Software zur Optimierung und Steuerung von Logistiksystemen ist ein möglicher Teil von neuen Logistiksystemen. Trotz der sehr leistungsfähigen neuen Software in diesem Bereich kann die Software alleine nur wenig bewirken. Für den sinnvollen Einsatz der richtigen Technologie ist eine Optimierung der Logistik auf Prozessebene (angebunden an die Strategie des Unternehmens) ebenso notwendig wie die kritische Analyse und Verbesserung der physischen Logistikprozesse. Auf Basis der Unternehmensstrategie, alternativer Prozesse und der möglichen physischen Logistik kann dann das geeignete IT-System zur Unterstützung des neu definierten Logistikprozesses gefunden werden.

Um neue und erfolgreiche Logistiksysteme zu definieren, umzusetzen und zu betreiben, ist eine neue **Kombination von Fähigkeiten** unabdingbar: Tiefes operatives Know-how über physische logistische Abläufe, Kompetenz in der Implementierung und Anwendung von neuen Technologien, insbesondere SCM-Software und strategische Beratungskompetenz für die Anpassung und Neugestaltung der Prozesse entlang der einzelnen Wertschöpfungsstränge. Diese Kompetenzen sind einzeln in weltweiten, spezialisierten Unternehmen gut vertreten. In Projekten arbeiten üblicherweise mehrere Unternehmen jeweils in Ihrer Spezialfunktion zusammen.

5 Die eCHAIN Logistics AG – ein Praxisbeispiel für die gelungene Kombination von Logistik, IT und Beratung

Die Computer Sciences Corporation (CSC), eines der weltweit größten IT- und Beratungsunternehmen, und die DACHSER GmbH & Co. KG, ein weltweit tätiger Logistikdienstleister, haben ihre Kompetenz in Logistik, IT und Consulting für das spezielle Feld New Logistics in einem 50/50 Joint Venture gebündelt. Dieses Joint Venture, die eCHAIN Logistics AG, hat die Konzeption, Implementierung und den Betrieb neuer Logistiksysteme im B2B Umfeld zum Inhalt (vgl. Abbildung 1).

CSC PLOENZKE → Informationslogistik

DACHSER Intelligente Logistik → Physische Logistik

New Logistics

e-CHAIN Logistics

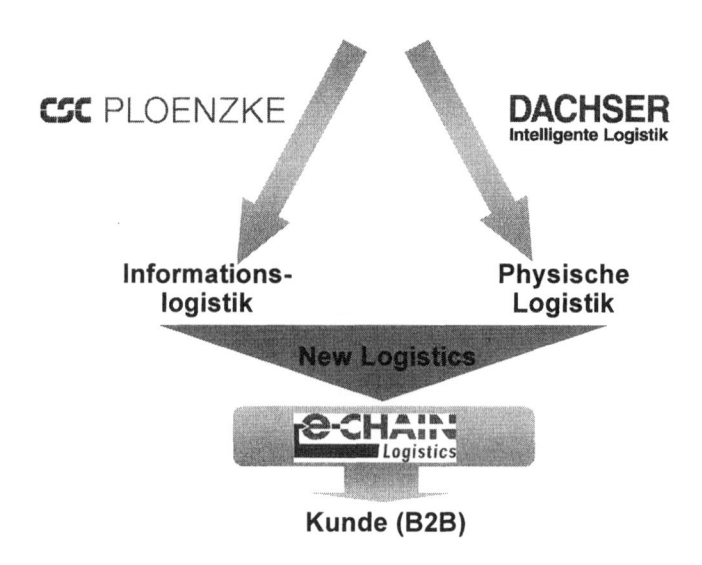

Kunde (B2B)

Abbildung 1: eCHAIN Logistics bündelt Kompetenzen zweier Unternehmen

In dem Unternehmen werden nicht nur die fachlichen Kompetenzen von global tätigen Unternehmen zusammengeführt, sondern die unterschiedlichen Unternehmenskulturen haben sich seit September 2000 zu einer neuen Unternehmenskultur ergänzt, die den Integrationsproblemen von klassischen Prozessstrukturen in neue, IT-orientierte Prozesse kompetent begegnen kann. Die Leistungserstellung von eCHAIN folgt der Philosophie, dass nur ein stabiles, in die Unternehmensstrategie der am Wertschöpfungsnetz beteiligten Unternehmen eingebettes Logistikkonzept eine wesentliche Verbesserung des Ist-Zustandes erreichen kann. Demzufolge wird zunächst in einer Beratungsphase gemeinsam mit dem oder den Kunden ein Sollkonzept für das logistische System entwickelt, dann das System gemeinsam in einem geeigneten Betreibermodell umgesetzt.

Die verschiedenen Betreibermodelle sind innovative Unernehmensstrukturen, an denen die wirklich wertschöpfenden Partner des Logistikprozesses beteiligt sind (vgl. Abbildung 2). Beide Mutterunternehmen von eCHAIN Logistics haben langjährige Erfahrung sowohl mit der Leistungserbringung auf Basis von Werksverträgen wie auch mit klassischen Outsourcinggeschäften im Logistik- und IT-Bereich. Das Team von eCHAIN Logistics kann außerdem auf Erfahrungen in der Konzeption und im operativen Betrieb von virtuellen Unternehmen und in Joint Ventures zurückgreifen. Für den langfristigen Erfolg eines spezifischen Logistiksystems ist die richtige Unternehmensform und Organisation eine der Haupterfolgsfaktoren.

eCHAIN Logistics beteiligt sich auch finanziell an ausgegründeten Betriebsgesellschaften, die auf der Basis des gemeinsam mit dem Kunden erarbeiteten Konzepts die Logistik des Kunden als neue, auf den Logistikbetrieb spezialisierte Einheit betreiben. Solche Konstrukte sind erst durch den geschickten Einsatz von IT für die Logistik möglich, denn erst mit geeigneter moderner IT kann die notwendige Transparenz in solchen Netzwerken geschaffen und erfolgreich zu neuen Maßnahmen genutzt werden. eCHAIN Logistics beteiligt sich auch finanziell an ausgegründeten Betriebsgesellschaften, die auf der Basis des gemeinsam mit dem Kunden erarbeiteten Konzepts die Logistik des Kunden als neue, auf den Logistikbetrieb spezialisierte Einheit betreiben. Solche Konstrukte sind erst durch den geschickten Einsatz von IT für die Logistik möglich, denn erst mit geeigneter moderner IT kann die notwendige Transparenz in solchen Netzwerken geschaffen und erfolgreich zu neuen Maßnahmen genutzt werden. eCHAIN Logistics ermöglicht den Kunden den Spagat zwischen dem Aufbau von moderner Logistik als Kernkompetenz und dem Outsourcing der gesamten Unternehmenslogistik an Dritte. So ermöglicht ein von mehreren Partnern in einer Supply Chain zugängliches Bestandsplanungssystem die wesentliche Reduzierung von redundant aufgebauten Lagerbeständen und die Anpassung der Bestände an das Nachfrageverhalten des tatsächlichen Endkunden.

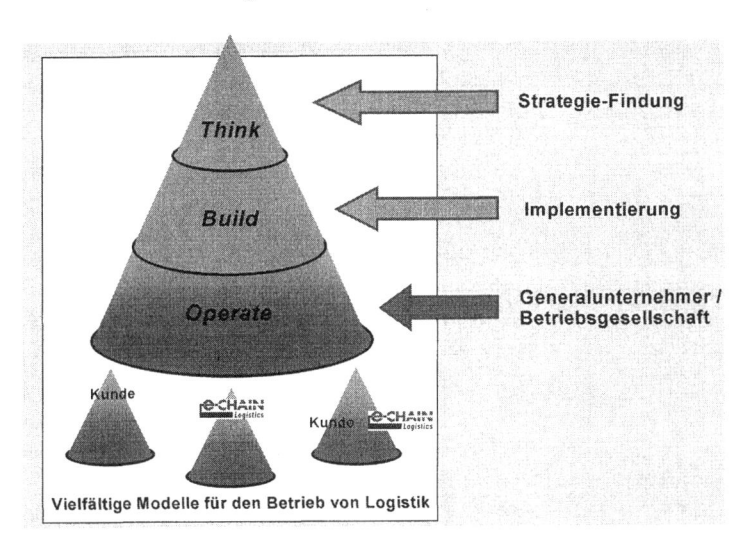

Abbildung 2: Das Operating-Model von eCHAIN Logistics: Think - Build - Operate

Logistik und eine geschickte Steuerung und Optimierung der Warenflüsse sowie Bestände in einem Wertschöpfungsnetz ist einer der wesentlichen Wettbewerbsfaktoren der Zukunft. Neue elektronische Vertriebskanäle, Einkaufsstrategien und Entwicklungs- sowie Engineeringmethoden sowie die Globalisierung und zunehmende Technisierung der gesamten Weltwirtschaft erzwingen neue logistische Prozesse. Im Moment erfolgt die Änderung hin zu Supply Networks eher langsam, die von einzelnen Wettbewerbern wahrgenommenen betriebswirtschaftlichen Vorteile sind aber enorm. Die Unternehmen, die als erste die jeweils optimale Supply Network Struktur finden, haben für einige Zeit einen wesentlichen Wettbewerbsvorsprung. Durch die rasante Technologieverbesserung müssen sich die Optimierungssysteme der Logistik und damit das Logistiksystem fortwährend ändern und anpassen. Die klassische Logistik mit langfristigen Outsourcingverträgen ist diesen Anforderungen nur in Teilbereichen gewachsen. Erfolgreiche Unternehmen müssen ihre Logistiksysteme und die **Optimierung ihrer Wertschöpfungsnetze** eng an ihren Kernkompetenzen ausrichten und sie flexibel und kompetent an neue Entwicklungen anpassen. Bei einer geschickten technologischen Integration ist die Logistik eine schlagkräftige strategische Waffe.

Insbesondere Industrie und Handel investieren heute deutlich mehr in logistische Systeme. Der Aufbau von Kompetenz in Supply Chain Management ist in fast jedem größeren Unternehmen ein zum Teil schon realisiertes Ziel. Gleichzeitig sind der häufig hohe Fixkostenblock und die hohen IT-Investitionskosten Gründe für das Outsourcing der Gesamtlogistik an einen spezialisierten Dienstleister. In vielen Fällen können **externe Dienstleister** durch Synergien im IT-Betrieb die Investition in physische Netze besser nutzen. Andererseits wird der Kunde hier mit standardisierten Systemen konfrontiert, die unter Umständen im Logistikbereich den Wettbewerbsvorsprung unmöglich machen. So ist für jedes Unternehmen die Frage zu stellen, welchen Wert die Logistik tatsächlich haben kann und wie sie am wertschöpfensten zu betreiben ist. Das Spektrum der kundenspezifisch richtigen Antwort ist diesbezüglich sehr vielfältig:

- Eigeneintritt,
- unternehmenseigene Gesellschaft,
- Partnerschaftliche Leistungserstellung in verschiedenen Unternehmensformen (virtuell),
- Teiloutsourcing und
- Outsourcing der gesamten Logistik.

eCHAIN Logistics begleitet seine Kunden auf dem Weg zum Aufbau des passenden Logistiksystems und beteiligt sich unter Umständen als Partner oder hilft bei der Auswahl geeigneter Dienstleister. eCHAIN Logistics ist als Non Asset Dienstleister ein **4PL (Fourth Party Logistics) Anbieter**, der Dienstleister- und Asset-neutral die passende Lösung konzipiert. Die Beteiligung von eCHAIN Logistics an Betriebsgesellschaften hat den Zweck des Einbringens von SCM- und Logistik-Know-how in eine Betriebsgesellschaft. Im Gegensatz zu Asset-orientierten Logistikdienstleistern baut eCHAIN Logistics kein eigenes Logistiknetz auf, sondern optimiert die Logistiknetze der Kunden nur an deren Wertschöpfungsnetz orientiert.

6 Schlussbetrachtung

Die Ausführungen haben gezeigt, dass Unternehmen aus Industrie und Handel durch die Realisierung von Supply Chain Solutions erhebliche Wertschöpfungspotenziale erzielen können. In den ersten Abschnitten haben wir hierzu allgemein auf die Möglichkeiten und Chancen der Supply Chain Solutions unter Anwendung betriebswirtschaftlicher Kriterien hingewiesen. Es gibt heute keine Zweifel mehr, dass die Betrachtung der unternehmensübergreifenden Supply Chain sowohl Kosteneinsparungspotenziale als auch Möglichkeiten zu Qualitätsverbesserungspotenzialen birgt.

In den weiteren Abschnitten haben wir durch die Vorstellung der Leistungen der eCHAIN Logistics AG ein Praxisbeispiel zur Realisierung von Lösungen dargestellt. Die Kombination von Fähigkeiten in einem Unternehmen ist richtungsweisend für die Zusammenschlüsse von Supply Chain Networks, um den gesamten Wertschöpfungsprozess an den einzelnen Kompetenzen der Beteiligten auszurichten.

Die **Geschwindigkeit** der Realisierung von Supply Chain Solutions hängt jedoch entscheidend davon ab, inwieweit die Unternehmen bereit sind, tatsächlich Prozesse zu verändern und gegebenenfalls auch organisatorische Veränderungen herbeizuführen. Diejenigen Unternehmen, die hierzu die größte Flexibilität und Veränderungsbereitschaft zeigen, werden durch die Realisierung von Supply Chain Solutions erhebliche Wettbewerbsvorteile erzielen können und die Märkte bestimmen.

Literatur:

Bleicher, K. (1991): Organisation: Strategien – Strukturen – Kulturen, 2. Aufl., Wiesbaden 1991.
Cohen, M.D.; March, J.G.; Olsen, J.P. (1976): Peoples, Problems, Solutions, and the Ambiguity of Relevance, in: March, J.G.; Olsen, J.P. (1976): Ambiguity and Choice in Organizations, Bergen-Oslo-Tromso 1976.
Froschmayer, A. (1994): Konzepte für die strategische Führung von Unternehmensverbindungen, München 1994.
Henzler, H.A. (1988): Handbuch Strategische Führung, Wiesbaden 1988.
Kirsch, W. (1991): Unternehmenspolitik und strategische Unternehmensführung, München 1991.
Mintzberg, H. (1979): The Structuring of Organizations, Englewood Cliffs 1979.
Ringlstetter, M. (1995): Konzernentwicklung. Rahmenkonzepte zu Strategien, Strukturen und Systemen, München 1995.
Teubner, G. (1989): Recht als autopoietisches System, Frankfurt/M. 1989.
Theisen, M.R. (1991): Der Konzern – Betriebswirtschaftliche und rechtliche Grundlagen der Konzernunternehmung, Stuttgart 1991.

Wolfgang Buchholz

Netsourcing Implementation Program - Alles neu bei der Einführung internetbasierter Beschaffungslösungen?

1 Problemstellung

2 Entwicklung einer eindeutigen Beschaffungsstrategie
   2.1 Strukturanalyse der Produktgruppen
   2.2 Strategisches Lieferantenmanagement

3 Organisatorische Neuausrichtung der Beschaffung

4 Human Resources – Neue Anforderungen an die Mitarbeiter

5 IT-Systeme – Enabler zur Nutzengenerierung

6 Zusammenfassung und Ausblick

1 Problemstellung

„Der Gewinn liegt im Einkauf." Diese alte Kaufmannsregel ist durch die Möglichkeiten einer **internetbasierten Beschaffung (Netsourcing)** zu neuer Blüte gelangt (vgl. zum Thema Netsourcing Buchholz 2001a und 2001b). Aber auch schon bevor das Thema e-Business en vogue war, haben Unternehmen festgestellt, dass mit der strategischen Neuausrichtung der Beschaffung immense Optimierungspotenziale zu erzielen sind. Diese Potenziale wirken sich auf die gesamte Supply Chain aus, so dass die Beschaffung die Rolle eines herausragenden Stellhebels für alle Kettenglieder der Supply Chain einnimmt. Der Einkauf erlangt eine Schlüsselstellung für den Unternehmenserfolg.

Was sind die Gründe für die Neu- bzw. Wiederentdeckung der Beschaffung als Quelle für Optimierungspotenziale und Ergebnisverbesserungen? Folgende Argumente prägen im wesentlichen die Diskussion:

- Durch die Anwendung der Internet-Technologie ist im Prinzip jede Information zu geringen Kosten ohne Zeitverzögerung überall verfügbar. Durch diese gewonnene Beschaffungsmarkttransparenz können Erfolgspotenziale leichter identifiziert und gehoben werden.
- Vernetzte Wertschöpfungsketten und unternehmensübergreifende Kooperationen bieten auch für den Einkauf vielfältige Möglichkeiten für Synergieeffekte. Beschaffungsprozesse können einfach und schnell über Unternehmensgrenzen hinweg optimiert werden.
- Ein Unternehmen ist bei der Auswahl seiner Lieferanten nicht mehr an regionale Restriktionen gebunden. Gerade auch für kleine und mittelständische Unternehmen eröffnen sich Chancen zum Global Sourcing.
- Einsparungen in der Beschaffung besitzen eine immense Hebelwirkung auf das Unternehmensergebnis. Nicht zuletzt durch die weiterhin zunehmende Reduzierung der Fertigungstiefe verstärkt sich dieser Effekt.

Die zentrale Frage für den Praktiker lautet: Wie kann ich diese, der Beschaffung innewohnende Potenziale heben und für mein Unternehmen nutzbar machen? Ein klares Konzept für ein **strategisches Beschaffungsmanagement** ist der Schlüssel zum Erfolg. Dies gilt ohne Einschränkung und immer – unabhängig davon, ob die Möglichkeiten des Internets im Vordergrund stehen oder ob das Unternehmen eine „konventionelle Beschaffungsoptimierung" anstrebt. Auch vor dem Hintergrund von e-Business besitzt die IT die Rolle eines – zugegebenermaßen äußerst wichtigen - Enablers. Ohne klare Strategie und ein stimmiges Vorgehenskonzept ist eine noch so ausgereifte IT-Lösung zum Scheitern verurteilt (vgl. Rayport/Wirtz 2001). Mit anderen Worten werden sich auch hier die Strategen mit einer maßgeschneiderten Netsourcing-Lösung von den Wettbewerbern ohne Konzept abheben. „You don´t need an e-Strategy. You need a strategy, and you need to know how to employ e-Tools for this strategy. The internet is a tool – nothing more, nothing less" (Simon 2001, S.18).

Das hier vorgestellte Konzept „**Netsourcing Implementation Program**" (**NIP**©) basiert auf dem Vierklang von Beschaffungsstrategie, Organisation, Human Resources und Systemen. Diese in vielen Projekten bewährte Vorgehensweise ermöglicht eine optimale Ausschöpfung der Potenziale. Wichtig ist das Verständnis, dass es sich nicht um ein streng nacheinander getaktetes Vorgehen handelt, sondern die Überlappung bzw. simultane Themenfeldbearbeitung ein wichtiges Vorgehensprinzip ist. Es entwickelt sich ein im Gleichklang schwingendes System. Im Folgenden werden ausgewählte Inhalte zu den vier Netsourcing-Komponenten vorgestellt.

Beschaffung als Hebel zur Erzielung von Wettbewerbsvorteilen

Konzeption einer maßgeschneiderten Beschaffungsorganisation

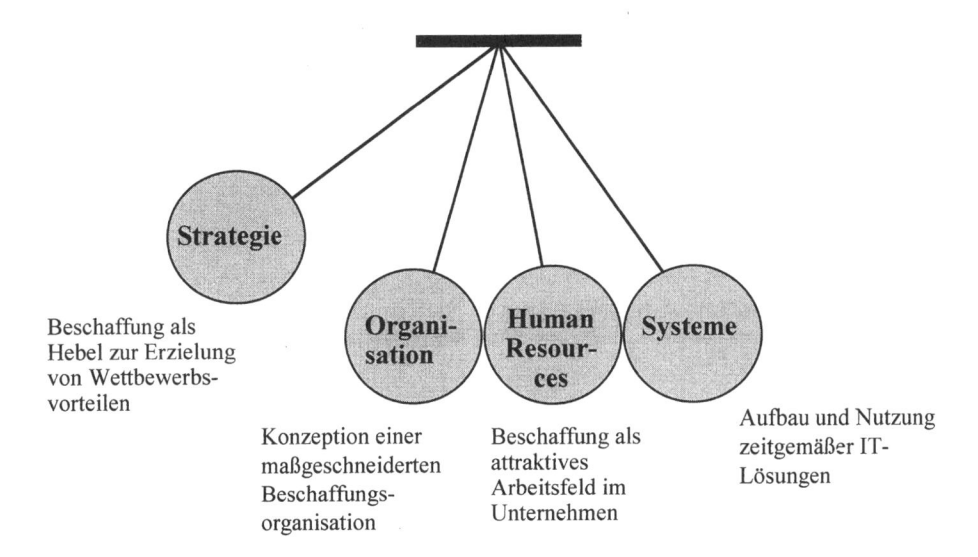

Beschaffung als attraktives Arbeitsfeld im Unternehmen

Aufbau und Nutzung zeitgemäßer IT-Lösungen

Abbildung 1: Komponenten eines Netsourcing Implementation Programs

2 Entwicklung einer eindeutigen Beschaffungsstrategie

Ausgangspunkt der Beschaffungsoptimierung auf der Basis von Netsourcing ist ein Verständnis für die Beschaffung als Hebel zur Erzielung von Wettbewerbsvorteilen. Diese können in zweifacher Weise generiert werden. Zum einen dient die Beschaffung als Basis für Wettbewerbsvorteile im Kerngeschäft eines Unternehmens. Das ist beispielsweise der Fall, wenn ein Qualitätsführer seinen Vorsprung auch auf die hohe Qualität der Vorprodukte zurückführen kann. Zum anderen können natürlich auch in der Beschaffung an sich Vorteile gegenüber dem Wettbewerb erarbeitet werden. Durch ihre Hebelwirkung beeinflussen bessere Einkaufspreise als die Konkurrenz zum Beispiel direkt das Unternehmensergebnis (vgl. Arnold 1997, S.15f.). Die Erzielung von Wettbewerbsvorteilen funktioniert nur auf der Basis einer klar definierten Strategie, die alle anderen Aktivitäten im Sinne eines Pendels (vgl. Abbildung 1) anstößt. Dieser Zusammenhang ist für die Outputseite mehr oder weniger in die Vorgehensweisen von Unternehmen eingeflossen. Auf der Inputseite gilt der gleiche Zusammenhang, ist aber in Theorie und Praxis bei weitem noch nicht hinreichend beschrieben und angewendet. Notwendig ist eine klar definierte **Beschaffungsstrategie**, d. h. eine Vorstellung über die grundsätzliche Ausrichtung der Beschaffung. Dazu gehört die intendierte Position im relevanten Beschaffungsmarkt (externe Sicht) sowie die Ausgestaltung der notwendigen Ressourcenbasis (interne Sicht). Legt man die Prozesssicht des strategischen Managements zu Grunde, sind die Teilschritte der strategischen Analyse, Strategieformulierung sowie Strategieimplementierung zu durchlaufen (vgl. Hungenberg 2000, S.6ff.).

Aus der Vielfalt der im Rahmen des strategischen Beschaffungsmanagements zu behandelnden Fragestellungen sollen in diesem Beitrag die für eine internetbasierte Beschaffungslösung insbesondere relevante Strukturanalyse der zu beschaffenden Produktgruppen (interne Sicht) sowie das strategische Lieferantenmanagement (externe Sicht) beleuchtet werden.

2.1 Strukturanalyse der Produktgruppen

Traditionell wird die Analyse der zu beschaffenden Produkte mit Hilfe der **ABC-Analyse** durchgeführt. Hiernach werden die Produkte nach ihrem Wertanteil und nach dem Anteil der abgewickelten Bestellungen gruppiert. Dabei zeigt sich, dass A-Produkte zwar ca. 80 % des Beschaffungswertes ausmachen, dem allerdings nur 5 % des Anteils an Bestellungen gegenübersteht. C-Artikel zeigen ein diametrales Profil. Ein Wertanteil von 5 % wird mit etwa 60 % des Bestellaufwandes, d. h. der Anzahl an Bestellungen eingekauft. Außerdem sind 75 % der Lieferanten und gar 85 % der beschafften Artikel in diesem Segment der C-Teile zu finden. Dass der Einkauf von A- und C-Artikeln unter völlig anderen Vorzeichen ablaufen sollte ist nach den genannten Zahlen zwar einleuchtend, in der Praxis aber häufig nicht umgesetzt (vgl. Schäfer/Schäfer 2001, S.27ff., Mattern/Marlinghaus 2001, S.38f.). Für A-Materialien muss der Fokus ganz klar auf der Verbesserung der eigenen Position am Beschaffungsmarkt (externe Sicht) liegen. Die Potenziale bei C-Materialien sind primär durch Prozessoptimierungen im Unternehmen und zwischen Unternehmen zu realisieren. Beide strategische Stossrichtungen können auch unabhängig von e-Business beschritten werden, ihre Schlagkraft lässt sich allerdings durch die Nutzung des Internets um ein Vielfaches erhöhen.

Eine zweite bedeutsame Differenzierung ist diejenige in **direkte** und **indirekte Materialien**. Diese Einteilung ist allerdings für die hier interessierende Frage bezüglich der „Internettauglichkeit der Produkte" etwas differenzierter vorzunehmen. Die folgenden fünf Kategorien lassen sich unterscheiden (vgl. ähnlich McKinsey/CAPS 2000, S.11ff., Müller/v. Thienen 2001, S.38ff.):

- **Indirekte Materialien**: Produkte und Dienstleistungen, die für Betrieb und Unterhalt eines Unternehmens nötig sind und nicht direkt in das Endprodukt einfließen. Typische Beispiele sind MRO-Güter (Maintenance, Repair, Operations), Computerzubehör und Software sowie Büroausstattung und -material.

- **Dienstleistungen (Services)**: Immaterielle Leistungen, die zur Aufrechterhaltung der Betriebsbereitschaft des Unternehmens notwendig sind.

- **Investitionsgüter (Capital equipment)**: Unregelmäßig anfallende Investitionen in Produktionsanlagen oder Maschinen, die individuell zu spezifizieren sind.

- **Direkte Commodities**: Produktionsbezogene Materialien, die unmittelbar in den Leistungserstellungsprozess im Unternehmen und somit auch in das erstellte Endprodukt einfließen. Sie weisen jedoch eine nicht so hohe Spezifität auf, so dass gewisse Standards definiert werden können (z. B. Rohmaterialien in der chemischen Industrie).

- **Spezifische direkte Materialien**: Hochspezifische, in den Produktionsprozess und das Endprodukt eingehende Vorprodukte, bei denen eine enge Abstimmung mit den Lieferanten notwendig ist. Beispielsweise kann es sich um zeichnungsgebundene Teile handeln, für die CAD-Daten zu übermitteln sind.

Die Strukturanalyse ist die Grundlage für die Beantwortung der sich anschließenden Frage: Welche internetbasierte Beschaffungslösung ist für welche dieser Produkte in welcher Art und Weise geeignet? Neben unternehmensindividuellen Lösungen ist auch die Beteiligung an einem elektronischen Marktplatz eine denkbare Option. Die Funktionalitäten der existierenden Marktplatzlösungen sind unterschiedlich ausgeprägt. Fünf Geschäftsmodelle für elektronische Marktplätze (**Netsourcing business models**) mit unterschiedlicher Eignung für die zu beschaffenden Materialien lassen sich unterscheiden (vgl. Buchholz/Bach 2001, S.14ff.).

Die einfachste Variante hat als Hauptzielsetzung die Erzielung einer höchstmöglichen Transaktionseffizienz (**Transaction facilitator**) durch die Automatisierung der Einkaufsprozesse auf Basis der Internettechnologie. Diese Lösung bietet sich in erster Linie für indirekte Materialien an. Typische technologische Umsetzungsformen dieses Geschäftsmodelles sind die Online-Beschaffung über EDI-Anschlüsse sowie katalogbasierte e-Procurement-Lösungen.

Auch bei der Variante **Supply aggregator** ist die primäre Zielsetzung eine Kostenreduzierung für die teilnehmenden Kunden, wobei nicht die Prozesskosten sondern die tatsächlichen Einkaufskosten im Mittelpunkt stehen. Eine zusätzliche Möglichkeit der Kosteneinsparung wird hier in der Volumenbündelung auf der Käuferseite gesehen. Durch das Zusammenlegen von fragmentierten Einkaufsvolumina können über die so entstehenden größeren Mengen bessere Preise bei den Lieferanten erzielt werden. Neben indirekten Materialien und Dienstleistungen können hier auch direkte Commodities geeignete Produkte sein.

Noch einen Schritt weiter geht die Lösung **Supply market expert** und bietet neben reduzierten Prozesskosten und besseren Preisen zusätzlich auch Beschaffungsexpertise für die beteiligten Kunden an. Die Idee dieses Geschäftsmodells liegt in der Kombination von hochentwickelter Internet-Technologie mit strategischer Beschaffungssachkenntnis (Beschaffungsmarkt-Knowhow und fundiertem Wissen zu den Beschaffungsprozessen). Für diese spezifische Form von Beschaffungsdienstleistern wird auch der Begriff **Procurement Service Provider** verwendet (vgl. AberdeenGroup 2001). Interessant erscheint dabei, dass der Supply market expert in allen fünf genannten Produktkategorien einen Zusatznutzen für den Kunden erbringen kann (vgl. das Beispiel ICGCommerce in den Beiträgen von Freienstein/Petri/Müller und Wildrich).

Der zusätzliche Wert, der durch die vierte Lösungsvariante **Inter-supply-chain optimizer** geschaffen wird, ist die Verzahnung der Supply chains mit Hilfe der Internet-Technologie. Im Idealfall lassen sich auf der Basis dieser Lösung unternehmensbezogene ERP- und Planungssysteme mit unternehmensübergreifenden Marktplätzen integrieren. Zielsetzung ist es, kollaborative Planungsprozesse zu organisieren und abzuwickeln. Produkt-, Preis- und Mengeninformationen lassen sich zwischen den beteiligten Partnern besser austauschen und somit wird eine unternehmensübergreifende Durchlaufzeitenreduzierung und Bestandsoptimierung (geringere Lagerhaltung und Kapitalbindung) realisiert (vgl. Neuser et al. 2000, S.55). In dieser Netsourcing-Lösung liegen die größten Potenziale für direkte Materialien.

Schließlich kann Netsourcing auch eine kooperative Produktentwicklung unterstützen. Die Variante **Innovation facilitator** stellt den kompliziertesten Fall für eine internetbasierte Marktplatzlösung dar, die allerdings auch den größten Wertschöpfungsbeitrag liefern kann. Die beteiligten Unternehmen arbeiten hier intensiv auf elektronischem Wege zusammen, um Produkte und Dienstleistungen zu planen, zu entwerfen, zu bauen, zu kaufen und zu verkaufen. Denkbar sind hier internetbasierte Design-Tools oder auch der durchgehende Informationsfluss vom Hersteller über den Direktlieferanten bis hin zum Unterlieferanten. Durch die verbesserte Kommunikation zwischen allen Partnern ergeben sich immense Verkürzungsmöglichkeiten bei der Time to Market (vgl. Furth/Jensen 2000, S.36). Neben direkten Materialien kann auch die Erstellung von Investitionsgütern durch dieses Modell unterstützt werden.

Die Ermittlung der unternehmensspezifischen Einkaufsvolumina und der Produktgruppenstrukturen sind unerlässliche Vorarbeiten für die Implementierung von Netsourcing – sei es eine konventionelle oder eine internetbasierte Lösung. Daneben sind die Standardisierung der Materialschlüssel und die gegebenenfalls notwendige Konvertierung weitere wichtige Problemfacetten. Bestrebungen in dieser Richtung sind sowohl in Deutschland (e-Class) als auch den USA (UN/SPSC) erkennbar.

2.2 Strategisches Lieferantenmanagement

Der primär relevante Geschäftspartner des Einkaufs – neben den Kunden für die zu erbringende Beschaffungsdienstleistung – sind natürlich die Lieferanten. Professionelle Auswahl und Management der relevanten Lieferanten (**Strategisches Lieferantenmanagement**) gehören zum absoluten Kerngeschäft eines Einkäufers. Die Internetfähigkeit der Lieferanten stellt dabei eine neue und wichtige Anforderung dar. Das strategische Lieferantenmanagement setzt sich aus den Teilaufgaben Management der Lieferantenbasis, Lieferantenentwicklung und Lieferantenintegration zusammen.

Beim **Management der Lieferantenbasis** geht es um Ermittlung und Auswahl der Lieferanten, über die das Unternehmen seine benötigten Vorprodukte beschaffen will. Dies geschieht unter Anwendung der Methoden und Instrumente des strategischen Beschaffungsmarketing, dessen Zielsetzung die systematische Erforschung globaler Beschaffungsquellen ist. Dabei handelt es sich im Prinzip um die spiegelverkehrte Anwendung der Instrumentarien des strategischen Managements der Absatzseite. Denkbar sind hier beispielsweise beschaffungsspezifische SWOT-Analysen, Branchenstrukturanalysen (vgl. Jahns et al. 2001, S.39) oder auch Lieferantenportfolios (vgl. Arnold 1997, S.85ff.). Die Lieferantenbasis ist sowohl in quantitativer Hinsicht (Anzahl der Lieferanten) als auch in qualitativer Hinsicht (Intensität der Lieferantenbeziehung) zu betrachten. Für A- und B-Materialien haben Unternehmen eine Kategorisierung der Lieferanten vorgenommen, für C-Materialen fehlt diese Einteilung allerdings häufig. Hier liegen große Potenziale der Internetnutzung. Durch gezielte Abschlüsse von Rahmenvereinbarungen, die durch einen Online-Katalog abgebildet werden, kann auch bei C-Materialien sehr viel Geld gespart werden. Die geeigneten Lieferanten sind zu selektieren, zu bewerten und schließlich auszuwählen.

Wichtige Auswahlkriterien können dabei sein:
- Einkaufsvolumen,
- ABC-Klassifizierung der Materialien,
- Strategische Bedeutung und Versorgungsrisiko bei der einzukaufenden Produktgruppe,
- Wettbewerbssituation und Preisschwankungen im Markt,
- Internetfähigkeit der Lieferanten,
- Macht der Lieferanten und
- Anzahl potenzieller Lieferanten.

Der nächste bedeutsame Aufgabenblock stellt die **Lieferantenentwicklung** dar. Hier geht es darum, die ausgewählten Lieferanten so zu unterstützen und zu entwickeln, dass Sie den größten möglichen Mehrwert für das Unternehmen erbringen. Insbesondere in der Automobilbranche wurden hier in letzten Jahren große Anstrengungen unternommen, die Zulieferer „fitzumachen". In Abhängigkeit vom Beschaffungsvolumen und -risiko der betrachteten Produktgruppe sind unterschiedliche Entwicklungsstrategien denkbar. Abbildung 2 zeigt hierzu die denkbaren Optionen mit Handlungsempfehlungen für mögliche Netsourcing-Lösungen. Beim dritten Aufgabenblock des strategischen Lieferantenmanagements handelt es sich um die **Integration der Lieferanten**. Es dürfte klar sein, dass eine enge unternehmensübergreifende Verzahnung mit den Lieferanten für alle Beteiligten einen immensen Aufwand darstellt. Die Integrationskomplexität nimmt dabei von Auktionen mit Einmalcharakter, über die elektronische Kataloganbindung bis hin zur Supply chain-Integration und zur kollaborativen Produktentwicklung deutlich zu.

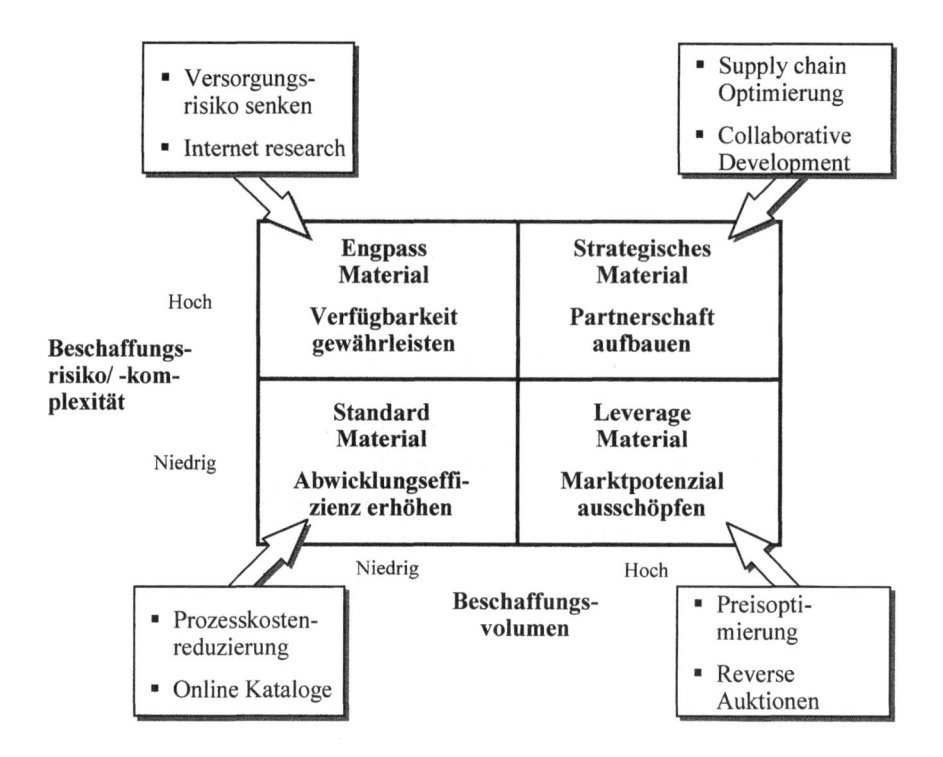

Abbildung 2: Strategische Optionen zur Lieferantenentwicklung

3 Organisatorische Neuausrichtung der Beschaffung

Beschaffungsaktivitäten waren in der Vergangenheit bei vielen Unternehmen durch eine fehlende Aufgabenfokussierung gekennzeichnet. Keine Trennung bzw. überlappende Verantwortlichkeiten zwischen strategischen und transaktionalen (operativen) Beschaffungsaufgaben war bei vielen Unternehmen die Regel. Mittlerweile setzt sich allerdings bei Einkaufsorganisationen, die sich als „Best-in-class" verstehen, die Trennung in einen strategischen und einen transaktionalen Beschaffungsprozess durch (vgl. Abbildung 3). Beim **strategischen Beschaf-**

fungsprozess steht die Effektivität der Erzielung des bestmöglichen Beschaffungsergebnisses im Vordergrund („Doing the right things"). Strategische Einkaufsaktivitäten sind einzelvorgangsübergreifend, zielen auf die Reduzierung der Gesamtversorgungskosten des Unternehmens (Total cost of ownership) ab und leisten damit einen unmittelbaren Beitrag zur Steigerung der Wettbewerbsfähigkeit. Im Mittelpunkt stehen Aufgaben des Beschaffungsmarketing, wobei eine ausgeprägte Nähe zum Beschaffungsmarkt und zum Verkauf beim Lieferanten kritische Erfolgsfaktoren sind. Der **transaktionale Beschaffungsprozess** baut auf den Vorgaben der strategischen Beschaffung auf und hat die höchstmögliche Effizienz bei der operativen Beschaffungsabwicklung als Zielsetzung („Doing the things right"). Bei dieser i.d.R. vorgangsbezogenen Teilaufgabe der Beschaffung ist insbesondere die Nähe zur verwendenden Stelle im eigenen Unternehmen und zur Bestellabwicklung beim Lieferanten erfolgskritisch (vgl. Droege & Comp. 1998, Wirtz/Eckert 2001, S.153ff.).

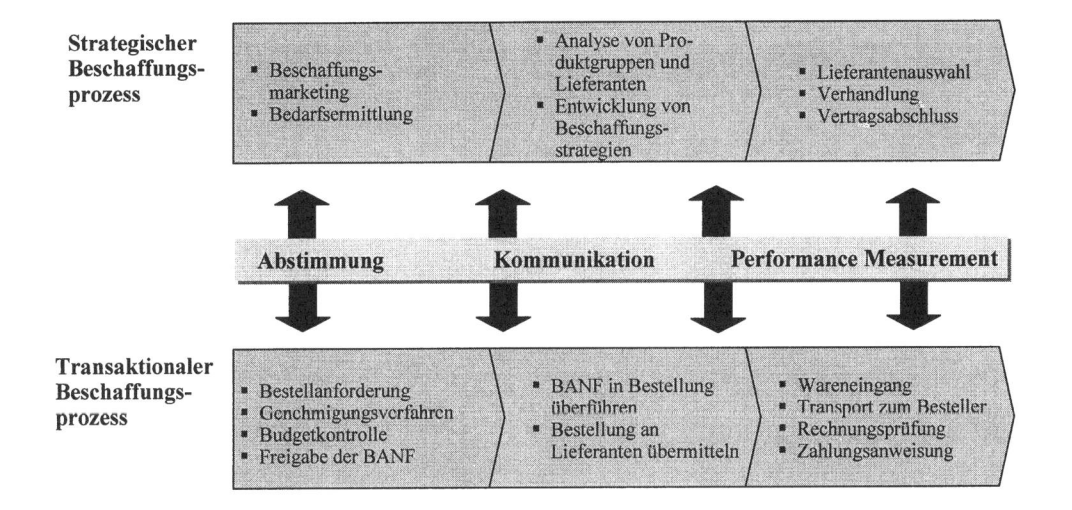

Strategischer Beschaffungsprozess	• Beschaffungsmarketing • Bedarfsermittlung	• Analyse von Produktgruppen und Lieferanten • Entwicklung von Beschaffungsstrategien	• Lieferantenauswahl • Verhandlung • Vertragsabschluss
	↕ Abstimmung	↕ Kommunikation	↕ Performance Measurement
Transaktionaler Beschaffungsprozess	• Bestellanforderung • Genehmigungsverfahren • Budgetkontrolle • Freigabe der BANF	• BANF in Bestellung überführen • Bestellung an Lieferanten übermitteln	• Wareneingang • Transport zum Besteller • Rechnungsprüfung • Zahlungsanweisung

Abbildung 3: Differenzierung von strategischem und transaktionalem Beschaffungsprozess

Auch für internetbasierte Beschaffungslösungen ist die eindeutige Definition und Beschreibung der Beschaffungsprozesse eine grundlegende Voraussetzung. Zu hinterfragen ist, ob die bestehende Architektur der Beschaffungsprozesse wirklich sinnvoll und ob sie in der Lage ist, die einzuführende Netsourcing-Lösung auch abzubilden. Dies lässt sich nur nach einer eingehenden Analyse der Prozesse beantworten. Erhebung der Ist-Prozesse, Schwachstellenanalyse, Konzipierung von Sollprozessen sind ganz grob die zu durchlaufenden Schritte einer umfassenden Prozessoptimierung (vgl. Möhrstädt et al. 2001, S.33ff.). Es sei aber hier erneut betont, dass eine Prozessanalyse und –gestaltung auch unabhängig von Online-Lösungen wertvolle Erkenntnisse für Optimierungspotenziale in der Beschaffung liefert. Schlechte Prozesse werden durch die Nutzung des Internets nicht besser.

Neben der Prozessarchitektur wird auch die Gestaltung der **Aufbauorganisation** von Netsourcing tangiert. Da bei der Einführung einer Kataloglösung die Aufgaben der transaktionalen Beschaffung weitgehend automatisiert und von der zentralen Beschaffungsabteilung an den Ort des Bedarfs verlagert werden (Dezentralisierung), ist die Aufgabenzuordnung und damit die Struktur des Einkaufs völlig neu zu gestalten (vgl. Möhrstädt et al. 2001, S.81ff.). Für den Beschaffungsbereich gibt es dadurch mehr Freiräume, so dass die strategischen Aufgaben weitaus effektiver ausgeführt werden können. Darüber hinaus ist der Einkauf stärker im Projektmanagement gefordert, da die Einführung einer Netsourcing-Lösung durch ihn zu koordinieren ist. Schließlich kann auch dem Thema **Beschaffungscontrolling** ein größerer Stellenwert beigemessen werden. Dabei handelt es sich um eine wichtige Aufgabe, die in der Vergangenheit häufig zu kurz kam. Doch die Neugestaltung von Aufgabenfeldern betrifft nicht nur den Einkauf – auch die Aufgabenabgrenzung mit anderen involvierten Funktionen, wie Rechnungswesen oder Logistik, wird auf eine völlig andere Basis gestellt und ist neu zu organisieren. Wie groß die Anforderungen an die Organisation sind, wird durch eine Studie von KPMG belegt, wonach interne Organisationsprobleme den größten Hemmschuh für die Einführung von Netsourcing darstellen (vgl. KPMG-Consulting 2001). Damit wird auch die ungeheure Relevanz für das Management der Human Resources augenscheinlich, worauf im nächsten Kapitel eingegangen wird.

4 Human Resources – Neue Anforderungen an die Mitarbeiter

Die größte Herausforderung für Netsourcing besteht, wie im Prinzip bei allen Projekten, die mit Veränderung behaftet sind, im **Change Management** (vgl. Schmidt 2001). Die Art und Weise der Zusammenarbeit zwischen Unternehmen aber auch im Unternehmen verändert sich massiv – und Veränderung trifft immer auf Widerstand. Veränderte Aufgabenstellungen erfordern auch eine neue Zuordnung dieser Aufgaben verbunden mit veränderten Kompetenzen und Verantwortungen. Bisher zentral wahrgenommene Aufgaben werden auf die Bedarfsträger verteilt, dezentrale Aufgaben gebündelt und somit professionalisiert. Veränderte Zuständigkeiten gehen einher mit Machtverlusten und rufen Gegenreaktionen bei den Betroffenen hervor. Auch wird die Verwendung der neuartigen DV-Systeme nicht bei allen Mitarbeitern auf Begeisterung stoßen. Widerstände können beispielsweise durch Unkenntnis (Informationsdefizite), Überforderung (Qualifikationsdefizite) oder Angst vor Neuerungen (Motivationsdefizite) hervorgerufen werden (vgl. Schäfer/Schäfer 2001, S.118). Zur Akzeptanzsicherung ist ein projektbegleitendes Change-Management auch für Netsourcing-Projekte ein unerlässlicher Baustein zur Erfolgsicherung.

Zum Abbau der **Informationsdefizite** ist die Beteiligung der Nutzer bei der Planung und Realisierung der Netsourcing-Lösung (Integrationskonzept) eine wichtige Maßnahme. Dabei ist darauf zu achten, dass möglichst alle tangierten Bereiche eingebunden werden. Weiterhin gehört die rechtzeitige Information über Ziele und Nutzen der neuen Lösung zu einer gelungenen

Einführung. Ein schlüssiges Kommunikationskonzept ist ein wichtiger Erfolgsfaktor für jedes Veränderungsprojekt. Das kommunizierte Commitment durch das Top-Management ist ein weiterer erfolgskritischer Faktor - auch für ein Netsourcing Projekt. **Qualifikationsdefizite** lassen sich durch Qualifizierungsmaßnahmen für die betroffenen Mitarbeiter beheben. Nur wenn die Mitarbeiter die Notwendigkeit verstehen und mit der Anwendung der neuen Informationstechnologien vertraut gemacht werden, sind sie auch bereit, diese zu nutzen. Dies gilt insbesondere für die Bedarfsträger bei der täglichen Arbeit mit den Online-Katalogen. Eine benutzerfreundliche Ausgestaltung sowie praxistaugliche Kataloginhalte sind Grundvoraussetzungen für die angestrebte intuitive Nutzung durch die Mitarbeiter. Die frühzeitige Schulung von Key-Usern, die dann als Multiplikatoren verwendet werden können, ist eine weitere unterstützende Aktion zum Abbau von Akzeptanzbarrieren. Der richtige Zeitpunkt für Qualifizierungsmaßnahmen sowie die Abstimmung mit dem Tagesgeschäft sind andere kritische Punkte. Schließlich lässt sich über die Gestaltung eines intelligenten Anreizsystems die **Motivation** der beteiligten Mitarbeiter beeinflussen. Gerade für den Einkauf stellt sich die Frage nach den passenden Parametern für ein Anreizsystem. Neben monetären Größen, wie Einsparungen durch bessere Preise und Prozesskostensenkungen, sind auch qualitative Aspekte, wie Produktqualität, Liefertreue oder Service, zu berücksichtigen.

Insgesamt wird das Rollenverständnis des Einkäufers der Zukunft ein völlig anderes sein müssen als es in der Vergangenheit der Fall war. Es kommt zu einer Refokussierung auf die originären Einkaufsaufgaben – das strategische Management des Beschaffungsmarktes – weg von den primär administrativen Tätigkeiten. Gefordert sind breit ausgebildete Mitarbeiter mit Projektmanagementfähigkeiten, die als Moderator von internen und externen Ressourcen in flexiblen, z. T. auch virtuellen Strukturen agieren.

5 IT-Systeme – Enabler zur Nutzengenerierung

Im nächsten Schritt geht es darum, die für die Umsetzung der Beschaffungsstrategie geeigneten IT-Systeme auszuwählen und zu implementieren. Im Mittelpunkt der hier angestellten Betrachtungen stehen internetbasierte IT-Systeme. Daneben sind natürlich auch vielfältige andere IT-Lösungen zur informatorischen Untermauerung, insbesondere des strategischen Beschaffungsprozesses, denkbar. Wichtige Themenfelder an dieser Stelle sind standardisierte Produktgruppenschlüssel, Bewertungssysteme für Lieferanten (Supplier Tracking), Datawarehouse-Lösungen oder die Effizienz- und Leistungsmesssung der Beschaffungsprozesse (Performance Measurement).

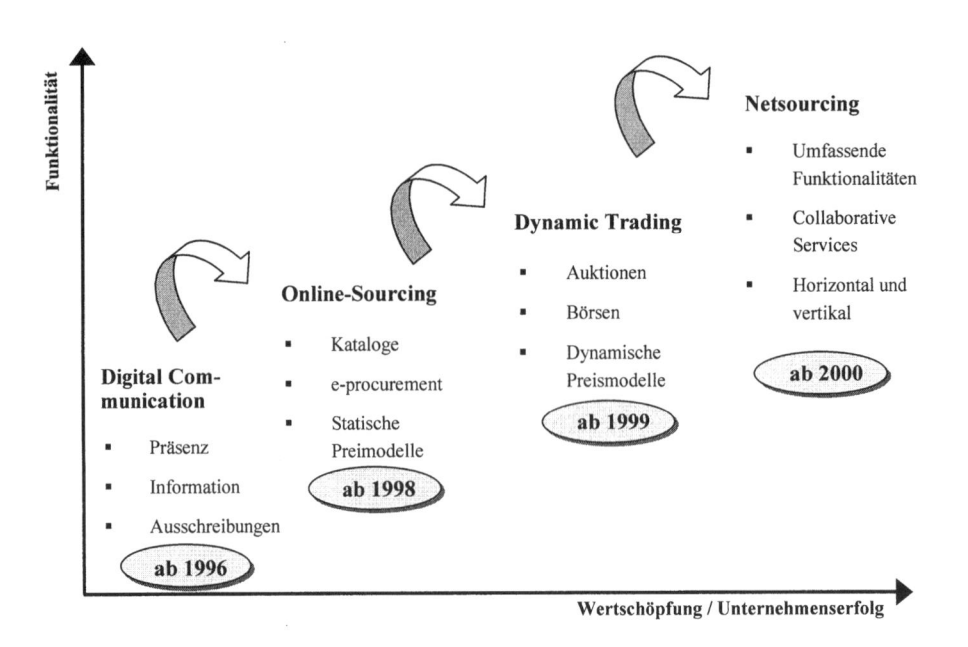

```
Funktionalität ↑

                                                    Netsourcing
                                                    ▪ Umfassende
                                                      Funktionalitäten
                          Dynamic Trading           ▪ Collaborative
                          ▪ Auktionen                 Services
        Online-Sourcing   ▪ Börsen                  ▪ Horizontal und
                                                      vertikal
        ▪ Kataloge        ▪ Dynamische
Digital Com-  ▪ e-procurement  Preismodelle         ( ab 2000 )
munication    ▪ Statische     ( ab 1999 )
▪ Präsenz       Preimodelle
▪ Information  ( ab 1998 )
▪ Ausschreibungen
( ab 1996 )
                                              Wertschöpfung / Unternehmenserfolg →
```

Abbildung 4: Entwicklungsstufen der Internet Nutzung in der Beschaffung

Die Funktionalitäten der Internetnutzung haben sich in ihrer recht jungen Historie rasant entwickelt. In den Anfangstagen ab ca. 1996 ging es primär um die reine Präsenz und die Darstellung von Informationen. Über statische (z. B. Online-Kataloge) und dynamische Preisfindungsmodelle (z. B. Auktionen) hat sich die Nutzung bis heute in Richtung einer umfassenden Unterstützung für die verschiedensten Geschäftsprozesse (**Collaborative commerce**) weiterentwickelt (vgl. Abbildung 4). Allerdings muss konstatiert werden, dass nach heutigem Stand (Frühjahr 2001) zwischen den potenziell denkbaren und den tatsächlich realisierten Anwendungen noch eine gewaltige Lücke klafft.

Die informationstechnologische Lösung wird maßgeblich durch die Beschreibung der zu unterstützenden Transaktionsprozesse der internetbasierten Beschaffungslösung determiniert. Eine wichtige Unterscheidung ist dabei die Differenzierung in statische und dynamische Transaktionsprozesse. Hier wird beschrieben, ob der Preis im Beschaffungsprozess vorab definiert ist (**statischer Ansatz**), oder ob sich der Preis im Verlauf der Transaktion auf der Basis des Marktmechanismus bildet (**dynamischer Ansatz**). In Abhängigkeit des Transaktionsprozesses und der Anzahl der Beteiligten auf Anbieter- bzw. Nachfragerseite lassen sich die folgenden Lösungen unterscheiden (vgl. Abbildung 5).

Struktur der beteiligten Partner	Statische Transaktion	Dynamische Transaktion
Bilateral trading Partnership (1:1)	Fixed price	Bilateral negotiation / Structured negotiation
Supply-bundling Netmarket (n:1)	Buy-side catalogue	Reverse auction, RFI, RFQ
Demand-bundling Netmarket (1:m)	Sell-side catalogue	Forward auction
Netmarket (n:m)	Provider-managed catalogue	Exchange (managed)

Abbildung 5: Ausprägungen von internetbasierten Transaktionsprozessen

Im Mittelpunkt der statischen Transaktionen stehen **Kataloglösungen**. Hierbei handelt es sich um die Zusammenfassung von Produktkatalogen in aggregierter, digitalisierter Form. Elektronische Kataloge eignen sich besonders für indirekte Güter und hier in erster Linie für C-Materialien. Vorteile sind der schnelle und breite Zugriff auf vordefinierte Lieferanten, die vereinfachte und schnellere Bestellabwicklung sowie die bessere Auswahl und Vergleichbarkeit von Produkten. Insbesondere sollen elektronische Kataloge das sogenannte „Maverick-Buying" verhindern, d. h. der Bedarfsträger beschafft auf eigene Faust, am Einkauf vorbei, unabhängig von existierenden Rahmenverträgen. Kataloge können zum einen als Lieferantenkatalog (**Sell-side catalogue**) von diesem gepflegt und im Idealfall direkt an die ERP-Systeme der Kunden angedockt werden (z. B. OrderZone.com). Der Hauptvorteil für die Kunden liegt hier im einfachen Zugriff auf die Lieferantenkataloge, ohne größeren IT-Implementierungsaufwand im eigenen Unternehmen.

Demgegenüber stehen zum anderen spezifische beim Käufer installierte Kataloge (**Buy-side catalogue**). Der Hauptnutzen für den Kunden liegt in der individuellen Gestaltung seiner eigenen Kataloglösung, die allerdings auf Kosten einer höheren IT-Komplexität geht. Für die Lieferanten ergibt sich das Problem für verschiedene Kunden ggf. unterschiedliche Datenformate liefern zu müssen. **Provider-managed catalogues** versuchen die Nachteile beider Varianten zu überwinden. Der Katalog wird hier von einem Intermediär betreut, wodurch die Schnittstellen in Richtung Käufer- und Verkäuferseite minimiert werden. Eine Übersicht zu dem vielfältigen Nutzen durch Kataloglösungen gibt Abbildung 6.

Bedarfsträger
- Aktualität und Verfügbarkeit durch Onlinekataloge
- Vereinfachte Bestellprozesse
- Statusverfolgung
- Mehr Verantwortung

Einkauf
- Freiraum für strategische Beschaffung
- Reduzierung des Maverick Buying
- Produktauswahl und -vergleichbarkeit

Nutzen von Online Katalogen

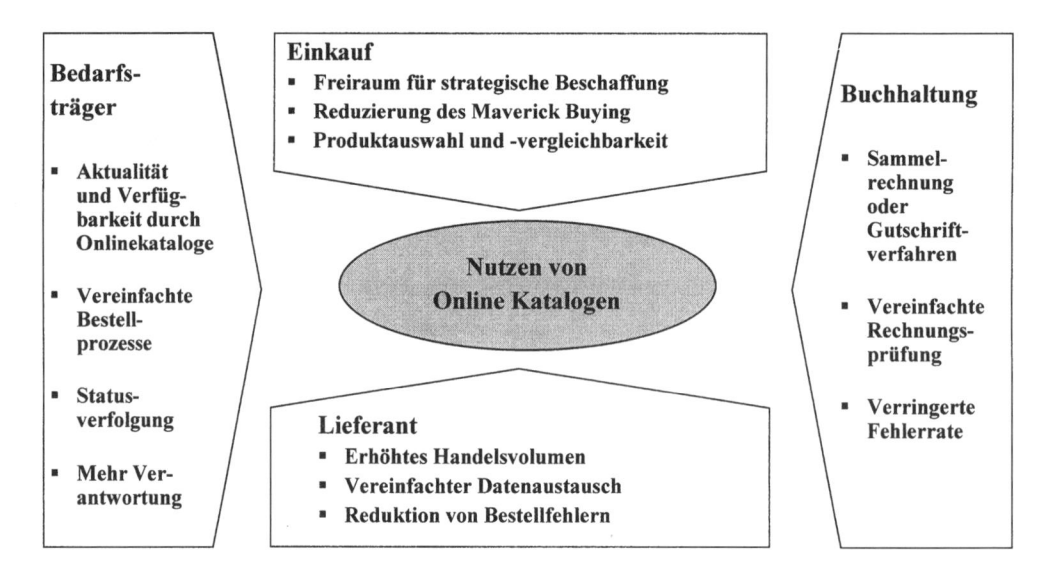

Lieferant
- Erhöhtes Handelsvolumen
- Vereinfachter Datenaustausch
- Reduktion von Bestellfehlern

Buchhaltung
- Sammelrechnung oder Gutschriftverfahren
- Vereinfachte Rechnungsprüfung
- Verringerte Fehlerrate

Abbildung 6: Nutzen von Online-Katalogen

Auktionen sind die verbreitetsten dynamischen Transaktionsmodelle. Sie ermöglichen ein beschleunigtes Beschaffungs- und Verhandlungsverfahren. Der klassische Auktionsfall, bei dem der Verkäufer den höchstmöglichen Preis für das angebotene Produkt erzielen will, ist die **Vorwärtsauktion**. Für den Einkauf typischer ist der Fall einer vom Käufer initiierten Auktion, bei der eine definierte Anzahl von Lieferanten online für ein Kontingent eines spezifizierten Produktes bieten (**Reverse Auktion**). Zielsetzung ist die Erreichung eines Preises in der Nähe des tatsächlichen Marktpreises. Die geeigneten Produkte und beteiligten Lieferanten werden im Vorfeld der Auktion ausgewählt. Innerhalb eines definierten Zeitfensters bieten die Lieferanten anonym in Kenntnis des niedrigsten aktuellen Angebotes. Die Lieferanten haben die Möglichkeit, darauf hin ein neues Angebot zu platzieren. Die Auktion ist beendet, wenn im vorgegebenen Zeitrahmen kein niedrigeres Angebot mehr abgegeben wird (vgl. Smeltzer/Ruzicka 2000). Reverse Auktionen eignen sich für genau spezifizierbare Produktgruppen mit relativ hohem Einkaufsvolumen und hoher Preis-Volatilität bei gleichzeitiger Verfügbarkeit qualifizierter Lieferanten. Sie sind ein wichtiges Instrument im strategischen Beschaffungsprozess und können zur Vorbereitung von Rahmenverträgen genutzt werden. Eine weitere Variante der n:1-Beziehung stellen **elektronische Ausschreibungen** (RFI, RFQ) dar. Hier können die Phasen Bedarfsausschreibung, Angebotsaufforderung und Angebotsabgabe elektronisch unterstützt werden. In beidseitig stark fragmentierten Märkten bieten sich **Börsen (Exchange)** als dynamisches Transaktionsmodell an. Dabei handelt es sich um eine Plattform, auf der Anbieter und Nachfrager Angebote und Anfragen platzieren können, die automatisch abgeglichen werden (Clearing). Die Zielsetzung ist in „Real-time" einen annähernden Marktpreis zu ermitteln. Börsen eignen sich insbesondere für homogene, wettbewerbsintensive Produktgruppen, wenn eine schnelle und kurzfristige Beschaffung notwendig ist (vgl. A.T. Kearney 2000). Ein spezielle Form eines dynamischen Transaktionsansatzes sind strukturierte Verhandlungslösungen (**Structured negotiations**). Sie erlauben internetunterstützte Verhandlungen auf der Basis weiterer Parameter neben dem Preis, verbunden mit einer hohen Sicherheit und Zuverlässigkeit. Diese Anwendung kann für die Beschaffung von komplexeren Materialien und Dienstleistungen, wie z. B. Investitionsgüter oder spezifische Fertigungsmaterialien, verwendet werden (vgl. AberdeenGroup 2000, S.9).

Die höchsten Optimierungspotenziale sind bis dato bei der Beschaffung von indirekten Materialien und Verbrauchsgütern erreicht worden. Für diese Prozesse gibt es Standard-Software-Anwendungen. Beschaffungsprozesse bei Dienstleistungen, Investitionsgütern und besonders bei spezifischen produktionsbezogenen Fertigungsmaterialien sind um einiges komplizierter, so dass hierfür individuelle Software-Anwendungen entwickelt werden. Für diese Prozesse sind die Potenziale, welche die Internet-Technologie bietet, bisher erst in Ansätzen ausgeschöpft. Eine weitere große Problemstellung stellt nach wie vor die vollständige Integration in die jeweiligen ERP-Systeme im Unternehmen dar (vgl. Schmidt 2001). Es gibt zwar mittlerweile leistungsfähige Frontendlösungen zur Bestellabwicklung (z. B. Ariba), eine Komplettautomatisierung des Prozesses inklusive Rechnungswesen (Backend) ist allerdings häufig noch nicht realisiert.

6 Zusammenfassung und Ausblick

Bei Einhaltung der Vorgehensweise auf der Basis des strategischen Vierklanges, d. h. bei sorgfältiger Abstimmung von Beschaffungsstrategie, Organisation, Human Resources und Systemen lassen sich die Optimierungspotenziale der elektronischen Beschaffung vollständig ausschöpfen und es kommt nicht zu der in vielen Fällen beobachtbaren „Elektifizierung des Ist-Zustandes". Abbildung 7 fasst noch einmal die Kernfragen eines Netsourcing-Implementation-Program in einer Übersicht zusammen.

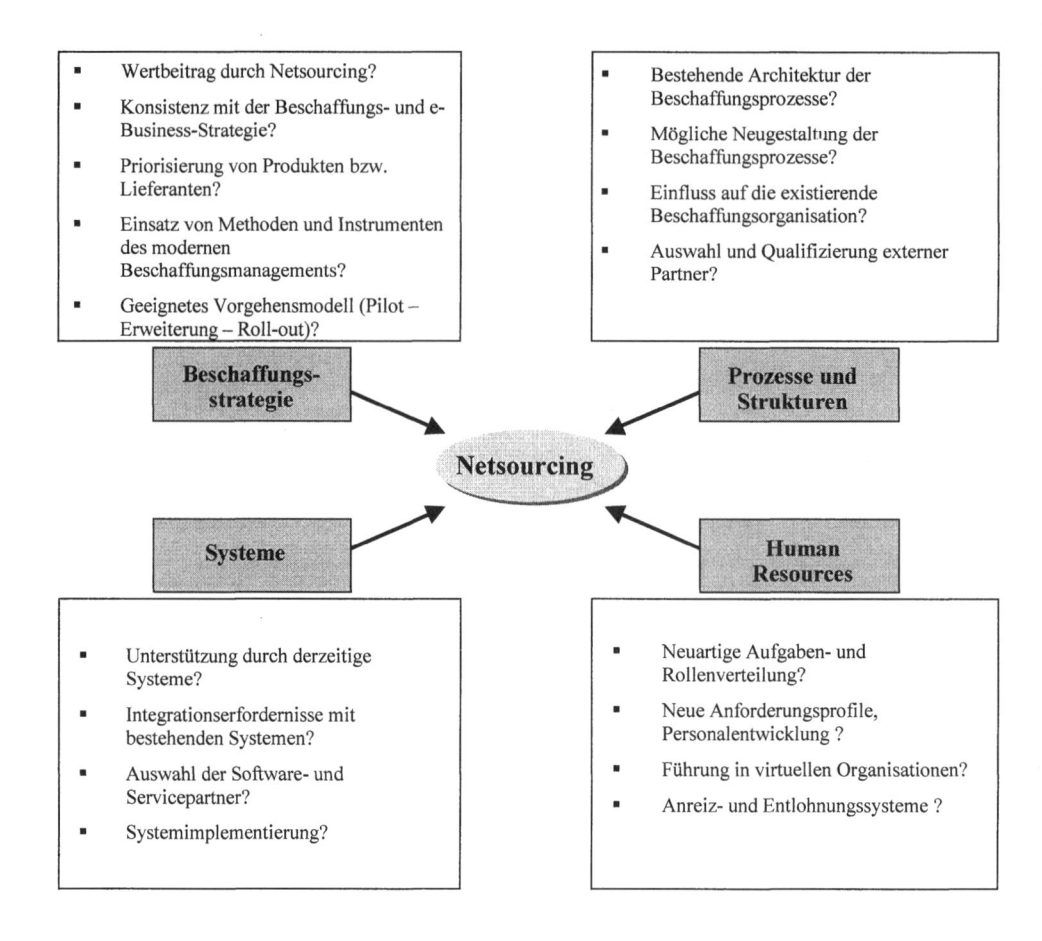

Beschaffungsstrategie
- Wertbeitrag durch Netsourcing?
- Konsistenz mit der Beschaffungs- und e-Business-Strategie?
- Priorisierung von Produkten bzw. Lieferanten?
- Einsatz von Methoden und Instrumenten des modernen Beschaffungsmanagements?
- Geeignetes Vorgehensmodell (Pilot – Erweiterung – Roll-out)?

Prozesse und Strukturen
- Bestehende Architektur der Beschaffungsprozesse?
- Mögliche Neugestaltung der Beschaffungsprozesse?
- Einfluss auf die existierende Beschaffungsorganisation?
- Auswahl und Qualifizierung externer Partner?

Systeme
- Unterstützung durch derzeitige Systeme?
- Integrationserfordernisse mit bestehenden Systemen?
- Auswahl der Software- und Servicepartner?
- Systemimplementierung?

Human Resources
- Neuartige Aufgaben- und Rollenverteilung?
- Neue Anforderungsprofile, Personalentwicklung?
- Führung in virtuellen Organisationen?
- Anreiz- und Entlohnungssysteme?

Abbildung 7: Kernfragen innerhalb eines Netsourcing Implementation Program

Ein schlüssiges Implementierungskonzept ist insbesondere auch vor dem Hintergrund relevant, dass sich einer Studie von Arthur Andersen zufolge 80 % der deutschen Großunternehmen und Mittelständler in den nächsten beiden Jahren mit der Einführung von internetbasierten Beschaffungslösungen auseinander setzen wollen. Insbesondere wird die stärkere Einbindung von direkten Gütern als eine große Herausforderung für die weitere Entwicklung von Netsourcing angesehen (vgl. Arthur Andersen 2001, S.9f.).

Die Frage, ob das Instrumentarium des strategischen Beschaffungsmanagement durch die Anforderungen der Internetnutzung neu zu erfinden ist, kann eindeutig mit nein beantwortet werden. Das klassische Handwerkszeug des Beschaffungsstrategen hat seine Bedeutung wie eh und je - im Gegenteil, seine Relevanz nimmt zu. Wer vor der Netsourcing-Ära seine Hausaufgaben gemacht hat, wird auch mit der Einführung von e-Lösungen zurecht kommen. Derjenige allerdings, der in der Vergangenheit diese Spielregeln nicht beherrschte, wird auch durch e-Procurement kaum besser werden (vgl. Rayport/Wirtz 2001). So gilt auch für die internetbasierte Beschaffung die abschließende Aussage des Strategie-Experten Michael E. Porter: „...and see the Internet for what it is: an enabling technology – a powerful set of tools that can be used, wisely or unwisely, in almost any industry and as a part of almost any strategy" (Porter 2001, S.64).

Literatur:

AberdeenGroup (2000): e-Sourcing Best Practices: One Size Does Not Fit All, An Executive White Paper, November 2000, http://www.aberdeen.com, S.1-18.

AberdeenGroup (2001): Procurement Service Providers: Full-Service Procurement for Competitive Advantage, An Executive White Paper, February 2001, http://www.aberdeen.com, S.1-16.

Arnold, U. (1997): Beschaffungsmanagement, 2. Aufl., Stuttgart 1997.

Arthur Andersen (2001): eProcurement – Elektronische Beschaffung in der deutschen Industrie – Status und Trends, White Paper 2001.

A.T. Kearney (2000): Building the B2B Foundation – Positioning Net Market Makers for Success, White Paper 2000, http://www.atkearney.com, S.1-20.

Buchholz, W. (2001a): Netsourcing Business Models – Geschäftsmodelle für Einkaufsplattformen, in: Dangelmaier, W.; Pape, U.; Rüther, M. (Hrsg.), Die Supply Chain im Zeitalter von E-Business und Global Sourcing, Paderborn 2001, S.37-52.

Buchholz, W. (2001b): Value Layer Procurement – Beschaffung als eigenständiges Geschäftsmodell, in: Hahn, D.; Kaufmann, L. (Hrsg.), Handbuch Industrielles Beschaffungsmanagement, 2. Aufl., Wiesbaden 2001, in Vorbereitung.

Buchholz, W.; Bach, N. (2001): The Evolution of Netsourcing business models – Learning from the Past and Exploiting Future Opportunities, Arbeitspapier der Professur BWL II, Prof. Dr. W. Krüger, Justus-Liebig-Universität Giessen 2001.

Droege & Comp. (1998): Gewinne einkaufen. Best Practices im Beschaffungsmanagement, Wiesbaden 1998.

Furth, J.; Jensen, J. (2000): e.transformation.org: Roadmap to the New Digital Economy, White Paper, Roland Berger Strategy Consultants USA 10/2000, S.1-47.

Hungenberg, H. (2000): Strategisches Management in Unternehmen, Wiesbaden 2000.

Jahns, C.; Middendorff, A., Schober, H. (2001): Neupositionierung des Einkaufs im Unternehmen, in: Beschaffung aktuell 2/2001, S.38-43.

KPMG-Consulting (2001): Electronic Procurement in deutschen Unternehmen. Der Implementierungsschub steht noch bevor, Ergebnispräsentation, 2001.

Mattern, A.; Marlinghaus S. (2001): Kritische Erfolgsfaktoren beachten – Einführung von SAP Enterprise Buyer, in: Beschaffung aktuell 7/2001, S.38-41.

McKinsey & Company; CAPS Research (2000): Coming in to Focus using the Lens of Economic Value to clarify the Impact of B2B e-marketplaces, White Paper, Center for Advanced Purchasing Studies 2000, http://www.capsresearch.org, S.1-21.

Möhrstädt, D. G.; Bogner, P.; Paxian, S. (2001): Electronic Procurement – Planen, Einführen, Nutzen, Stuttgart 2001.

Müller, A.; v. Thienen, L. (2001): e-Profit: Controlling-Instrumente für erfolgreiches e-Business, Freiburg 2001.

Neuser, M.; Ötschmann, K.; Schulze, R. (2000): Value Chain Integration – Leitfaden E-Business 3, PriceWaterhouseCoopers, White Paper 2000, http://www.pwcglobal.com, S.1-31.

O.V. (2001): Im E-Procurement setzen Unternehmen auf SAP, in: FAZ v. 05.04.2001.

Porter, M. (2001): Strategy and the Internet, in: Harvard Business Review March 2001, S.63-78.

Rayport, J.F.; Wirtz, B.W. (2001): Vergessen wir das ‚E' und kehren zum Business zurück, um erfolgreich zu sein, in: FAZ v. 22.03.2001.

Schäfer, H.; Schäfer, B. (2001): Einkaufsdienstleistungen via Internet, Köln 2001.

Schmidt, H. (2001): Nach der Begeisterung über Branchenplattformen konzentrieren sich die Unternehmen jetzt auf private Online-Marktplätze, in: FAZ v. 01.03.2001.

Simon, H. (2001): The Call of Reality and the Future of E-Business, Präsentation auf der Konferenz "Inventing the Organization of the 21st Century, Schloss Elmau, März 2001.

Smeltzer, L.; Ruzicka, M. (2000): Electronic Reverse Auctions: Integrating the Tool with the Strategic-Sourcing Process, in: CAPS – Practix - Best Practices in Purchasing & Supply Chain Management, Volume 3, Issue 4, June 2000, http://www.capsresearch.org., S.1-6.

Wirtz, B.W.; Ecker, U. (2001): Electronic Procurement – Einflüsse und Implikationen auf die Organisation der Beschaffung, in: ZFO 3/2001, S.151-158.

Andreas Füßler

Radiofrequenztechnik zu Identifikationszwecken (RFID) für die Automatisierung von Warenströmen

1 Vorbemerkung

2 Identifikation und Kommunikation im Rahmen des Supply Chain Management
   2.1 Eindeutige Nummernsysteme
   2.2 NVE als zentrales Identifikationselement in der Logistik
   2.3 Automatische Datenerfassung zur Rationalisierung von Prozessen
   2.4 Logistikstandard EAN 128
   2.5 ADC und EDI: Zwei Seiten ein und derselben Medaille

3 Eigenschaften von RFID-Systemen
   3.1 Funktionsprinzip
   3.2 Merkmale der Transpondertechnologie

4 Anforderungen für effektiven RFID-Einsatz in der logistischen Kette
   4.1 Zusammenspiel RFID und EDI
   4.2 Kommunikationsprotokoll
   4.3 Datenebene
       4.3.1 Identifikationsnummernsystem
       4.3.2 Datensyntax und Datenstruktur
       4.3.3 Geschützte Anwendungsumgebung
       4.3.4 Datensicherheit

5 Zusammenfassung

1 Vorbemerkung

Die Radiofrequenztechnik, eingesetzt zu Identifikationszwecken, ist eine mögliche Form der automatisierten Erfassung und Übermittlung von Informationen. Als solche ist sie in den Kontext automatischer Datenerfassungsverfahren (AutoID-Techniken) zu stellen und im Hinblick auf ihren Einsatz im Rahmen der Versorgungskette in den Gesamtzusammenhang von Identifikation und Kommunikation in wirtschaftlichen Abläufen einzuordnen und zu bewerten. Für diese Realisierung wird zunächst der grundlegende Bezugsrahmen erläutert und die Bedeutung von Standards in offenen Anwendungsumgebungen herausgearbeitet.

2 Identifikation und Kommunikation im Rahmen des Supply Chain Management

Vor dem Hintergrund einer sich stetig verschärfenden Wettbewerbssituation gewinnt die effiziente Gestaltung der Versorgungskette immer mehr an Bedeutung. Kooperative Strategien und ein zunehmender Trend zur internationalen Beschaffung prägen neue Formen der Zusammenarbeit zwischen Lieferanten, Herstellern und Kunden entlang der Supply Chain. Diese Entwicklung führt zu höheren Ansprüchen an die Gestaltung des Informations- und Warenflusses. Es geht nicht mehr um die Optimierung einzelner Abschnitte in der **Logistikkette**, sondern um einen integrativen Systemansatz zur Steuerung der Warenbewegungen von der Produktionsstätte bis zum Endverbraucher. Besondere Bedeutung kommt der weltweit eindeutigen Identifizierung von Waren und der schnittstellenübergreifenden Kommunikation warenbegleitender Informationen zu.

Supply Chain Management macht die eindeutige, übergreifende Bezugnahme auf die zu steuernde, kontrollierende oder verfolgende Einheit (sei dies eine Ware, ein Gebinde oder eine Verpackung) über alle Stufen der Warenprozesskette notwendig. Ein reibungsloser Austausch von Geschäftsdaten sowie der rationelle Einsatz automatischer Lese- und Steuerungssysteme erfordern:

- überschneidungsfreie Identnummern,
- schnittstellenübergreifende Nachrichtenstandards für den elektronischen Datenaustausch und
- schnittstellenübergreifende, maschinenlesbare Identifikationssysteme.

In die **Versorgungskette** sind zahlreiche Parteien gleichzeitig involviert, die im Vorfeld u. U. noch gar nicht alle bekannt sind. Bilaterale Verständigung unter den Marktteilnehmern, wie die Kommunikation technisch als auch inhaltlich vollzogen werden soll, ist insbesondere bei Einbindung aller Geschäftspartner viel zu aufwendig. Gerade die ökonomisch wünschenswerte weitreichende Automatisierung von Prozessabläufen erfordert einen hohen Abstimmungsaufwand der Kommunikationsschnittstellen. Standards als gemeinsame Bezugsgrößen werden unabdingbar. Angesichts der weltweiten Vernetzung logistischer Ketten und damit der Verbreitung integrierter Unternehmenskonzepte, stellt die steigende Bedeutung und Umsetzung von Kommunikationsstandards eine logische Konsequenz dar. Diese müssen sich als ausbaufähige "Konstante" innerhalb der dynamischen Veränderungen erweisen, die für alle wirtschaftlichen Strukturen attraktiv ist: für die Industrie wie für den Handel, für Produzenten wie für Dienstleister, für kleine und mittelständische Unternehmen wie für Konzerne, für Handwerks- wie für Industriebetriebe, für den Konsumgüterbereich wie für den Investitionsgütersektor, für Importeure wie für Exporteure, in Deutschland wie sonst irgendwo auf der Welt.

2.1 Eindeutige Nummernsysteme

Um die Identifikation von Waren und Gütern kurz, präzise und eindeutig vorzunehmen, bietet sich seit jeher an, die weltweit überschneidungsfreien **EAN**-Nummernidente zu nutzen, da sie die zuvor beschriebenen Anforderungen erfüllen. In seinem Kern besteht der "EAN-Standard" heute aus den folgenden Nummern- und Codiersystemen:

- internationalen Lokationsnummer (ILN) zur Identifikation einer Lokation, z. B. einer Unternehmensadresse,
- europäische Artikelnummer (EAN) zur Identifikation eines Produktes,
- Nummer der Versandeinheit (NVE) zur Identifikation einer Versandeinheit, deren internationaler Name Serial Shipping Container Code (SSCC) ist und
- internationale Ladungsträgernummer, als Global Returnable Asset Identifier Number (GRAI) bzw. Global Individual Asset Identifier Number (GIAI) bezeichnet, zur Identifikation einer (Mehrweg-)Transportverpackung (MTV).

Diese nichtsprechenden Nummern dienen als Zugriffschlüssel auf die jeweilige Information, die bei Liefer-, Dienstleister- oder Empfängerbetrieben in Datenbanken abgespeichert sind. Eindeutige Nummernsysteme, in Verbindung mit automatischen Datenerfassungslösungen wie Strichcodierung oder Transponder, erlauben die schnelle und fehlerfreie Erfassung zur Dokumentation der physischen Abläufe und Prozesse. Die hinter dem weltweit überschneidungsfreien Identnummern abgelegten Informationen bilden z. B. im Tracking and Tracing die Grundlage für eine schnelle und effiziente Recherche sowie Aufklärung. Daneben bestehen aber auch viele flankierende Anwendungen und Kennzeichnungen, die in Verbindung mit o. g. Identen die Gesamtheit des EAN-Identifikationsstandards ausmachen.

2.2 NVE als zentrales Identifikationselement in der Logistik

Die **Nummer der Versandeinheit** (NVE) ermöglicht die kollisionsfreie Kennzeichnung von Versandeinheiten (Päckchen, Packstücken, Paletten, Containern, ...) im zwischenbetrieblichen Daten- und Warenverkehr. Sie kann bei Einsatz von AutoID automatisch erfasst und für computergesteuerte Prozesse eingesetzt werden. Eine NVE ist als Referenznummer im elektronischen Datenaustausch (EDI) vorgesehen und schlägt damit eine Brücke zwischen vorauseilender Information und warenbegleitendem Informationsfluss, wobei sie die kostspielige Übertragung von beschreibenden Detailinformationen erspart. Ferner ersetzt sie die Abstimmung interner Nummernsysteme (Kunden- versus Lieferantennummer). Die NVE ist eine unverzichtbare Voraussetzung moderner Logistikkonzepte, wie Warenverteilzentren, Güterverteilzentren oder City-Logistik.

2.3 Automatische Datenerfassung zur Rationalisierung von Prozessen

Durch eine Automatisierung in der Datenerfassung (**Automatic Data Capture**, **ADC**) lassen sich bei Einsatz der referenzierten Nummernidente weitreichende Rationalisierungspotenziale erschließen. Hierzu zählen:

- schnelle Dateneingabe sowie rascher Zugriff auf Informationen,
- verbesserte Analyse des Material-/Warenflusses und des Warenverbrauchs,
- verbesserte Kontrolle von Prozessabläufen und damit eine effizientere Leistungskontrolle,
- höhere Verlässlichkeit der erfassten Daten,
- fehlerreduzierte Dateneingaben, da automatische Datenerfassungssysteme mit großer Genauigkeit arbeiten, sowie
- niedrigere Warenbestände und damit weniger gebundenes Kapital aufgrund der akkuraten und zeitnahen Datenerfassung.

In der Logistik profitieren Verlader, Spediteure und Endempfänger gleichermaßen von den Vorteilen standardisierter, warenbegleitender Identifikation und Information, da Transport- und Lieferzeiten verkürzt, Fehler vermieden und verhütet, Reklamationen schnell bearbeitet werden können und die Lieferzuverlässigkeit und –pünktlichkeit erhöht sowie über den Stand von Waren- und Güterbewegungen eine gesteigerte Auskunftsfähigkeit und –bereitschaft realisiert werden kann.

2.4 Logistikstandard EAN 128

Die Kennzeichnung logistisch relevanter Einheiten (Bestell-, Liefer- und Transporteinheiten) ist eine notwendige Grundlage zeitgemäßer Warenverfolgungs- und -steuerungssysteme mit Warenein- und -ausgangserfassung sowie schnittstellenübergreifender Qualitätsmanagementsysteme (nach DIN ISO 9000ff.). Als Antwort auf die vielfältigen Praxisanforderungen ist der EAN 128-Standard entstanden, der alle klassischen Einsatzfelder von AutoID-Technik, wie z. B. Materialfluss oder Förder- und Lagertechnik, nach einem einheitlichen Verfahren abzudecken vermag.

Der **EAN 128** steht für eine geschützte Strichcodesymbologie. Aber darüber hinaus auch für ein wohldurchdachtes Konzept, das auf drei Säulen basiert:

- der exakten Definition von Datenelementen,
- einer Festlegung ihrer Datenformate und
- der Zuweisung qualifizierender Datenbezeichner.

Damit bietet der EAN 128 weltweit höchste Interpretationssicherheit und maximale Datenqualität in offenen Anwendungsumgebungen.

Im täglichen Geschäft ergibt sich folgende Situation: Der Versender versieht seine logistischen Gebinde mit einer strichcodierten NVE zur eindeutigen Identifikation. Darüber hinaus lassen sich auf dem EAN 128-Transportetikett zusätzliche logistische Daten, wie Routinginformationen (z. B. Postleitzahl), Chargennummer oder Gewichtsangaben, abbilden. Auf ihrem Weg vom Vorlauf bis zur Auslieferung an den Endempfänger werden die Gebinde an jeder Schnittstelle erfasst, und damit kann der Sendungsverlauf im System dokumentiert werden. Das Konzept des EAN 128 ist auf alternative Identifikationsverfahren, beispielsweise die Transpondertechnologie übertragbar (vgl. Kap. 4.3.2).

2.5 ADC und EDI: Zwei Seiten ein und derselben Medaille

Nicht nur die automatische Datenerfassung bedarf mit dem Logistikstandard EAN 128 einer gemeinsamen Sprache, um eine reibungslose Verarbeitung zu gewährleisten. Gleiches gilt für den **elektronischen Datenaustausch (EDI)**. In der Vergangenheit hat sich der kombinierte Einsatz des standardisierten elektronischen Nachrichtenaustausches und der Nutzung der Strichcodierung auf der physischen Ware bewährt (vgl. Abbildung 1). Dabei kristallisierte sich als "Best-Practice" die prinzipielle Ausrichtung heraus, so wenig wie nötig an Daten mittels Strichcode zu übertragen und so viel wie möglich bereits vorab elektronisch zu übermitteln oder durch Zugriff auf Datenkataloge (wie z. B. SINFOS) zu erhalten. Viele Daten müssen bereits vor Eintreffen der Ware übermittelt werden, um vor Ort weitere Maßnahmen gezielt einleiten zu können.

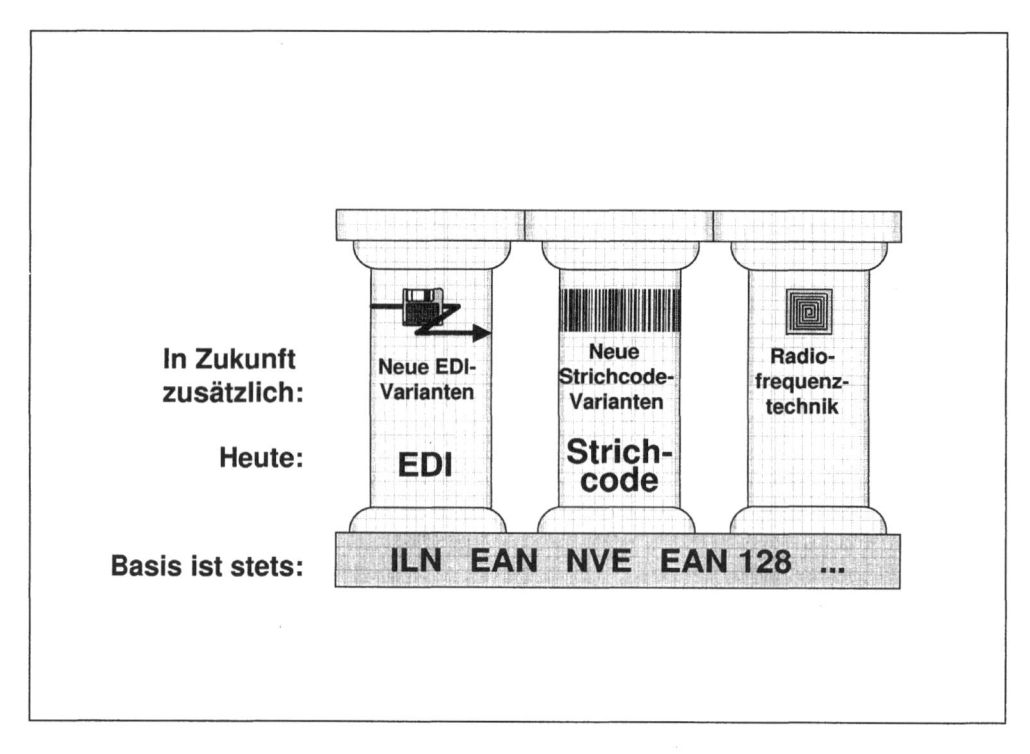

Abbildung 1: Säulen warenwirtschaftlicher Kommunikation

Für die automatische Datenübertragung von Stamm- und Bewegungsdaten steht das UN/EDIFACT-Subset EANCOM® zur Verfügung. Im Rahmen des Supply Chain Management sind Nachrichtenarten wie Liefermeldung, Lagerbestandsbericht, Wareneingangsmeldung oder Ankunftsmeldung von herausragender Bedeutung. Über verschiedene EANCOM®-Nachrichtentypen werden die EAN-Nummernsysteme, wie z. B. die NVE, kommuniziert. Sie bilden die Brücke zwischen physischem Warenfluss und elektronischem Informationsfluss. Über sie kann durch den parallelen Einsatz von elektronischem Datenaustausch an jedem Punkt in der Lieferkette Zugriff auf alle relevanten Daten genommen werden.

In jüngerer Zeit werden auch verstärkt Internet-basierte EDI-Lösungen in Betracht gezogen. **Web-EDI** soll im Business-to-Business kleinen und mittleren Unternehmen die Teilnahme am elektronischen Datenaustausch vereinfachen, indem sie schnell und günstig "EDI-fähig" sind. Durch eine sich derzeit vollziehende Standardisierung von Internet-Eingabemasken wird eine rasche Anbindung weiterer Nutzer von Web-EDI gefördert, da die Bedienungsfreundlichkeit und damit die Akzeptanz erhöht wird. Ein potenzielles Anwendungsfeld stellt auch hier das Supply Chain Management dar. Denn durch die heutigen mobilen Zugriffsmöglichkeiten auf Internet-basierte Eingabemasken wird die manuelle Vor-Ort-Eingabe erleichtert. Dies gilt allerdings nur bis zu einem gewissen Grad bzw. nur bei geringem Datenvolumen, da ansonsten das "klassische" EDI die effizientere Lösung bietet.

3 Eigenschaften von RFID-Systemen

Die **RF-Technologie** ist kein konkurrierendes Verfahren zur Strichcodierung, sondern vielmehr eine sinnvolle Ergänzung, da die Eignung einer Technik für das Anwendungsgebiet fallspezifisch zu beurteilen ist. Beispielsweise lässt die Identifikation von "Pfennigartikeln" mittels Transpondern eine Wirtschaftlichkeit nicht erkennen, hingegen sind Transponder zur Identifikation von Mehrwegtransportverpackungen (MTV) interessant, wo Robustheit und die Möglichkeit der wiederholten Verwendung gefragt ist.

3.1 Funktionsprinzip

Im Unterschied zur optischen Verschlüsselung von Daten mittels Strichcodierung stellt die **Radiofrequenztechnik** eine Technologie auf Basis der Übertragung von Informationen über elektromagnetische Felder dar, die zukünftig ebenfalls zur automatischen Identifikation von Waren verstärkt eingesetzt wird. **RFID-Systeme** nutzen die Transpondertechnologie zu Identifikationszwecken. RFID-Anwendungen bestehen allgemein aus drei Komponenten:

- dem Transponder als programmierbaren Datenträger (häufig auch als **Tag** bezeichnet),
- einem Schreib-/Lesegerät und
- der internen Computerapplikation (auf dem Hostrechner).

Über eine Luftschnittstelle, auch als "Air Interface" bezeichnet, können Transponder auf Entfernung mit einer Schreib-/Leseeinheit mittels Radiowellen als Transportmedium der Information kommunizieren. Die Verbindung zum Hostrechner erfolgt über eine lokale Schnittstelle (vgl. Abbildung 2).

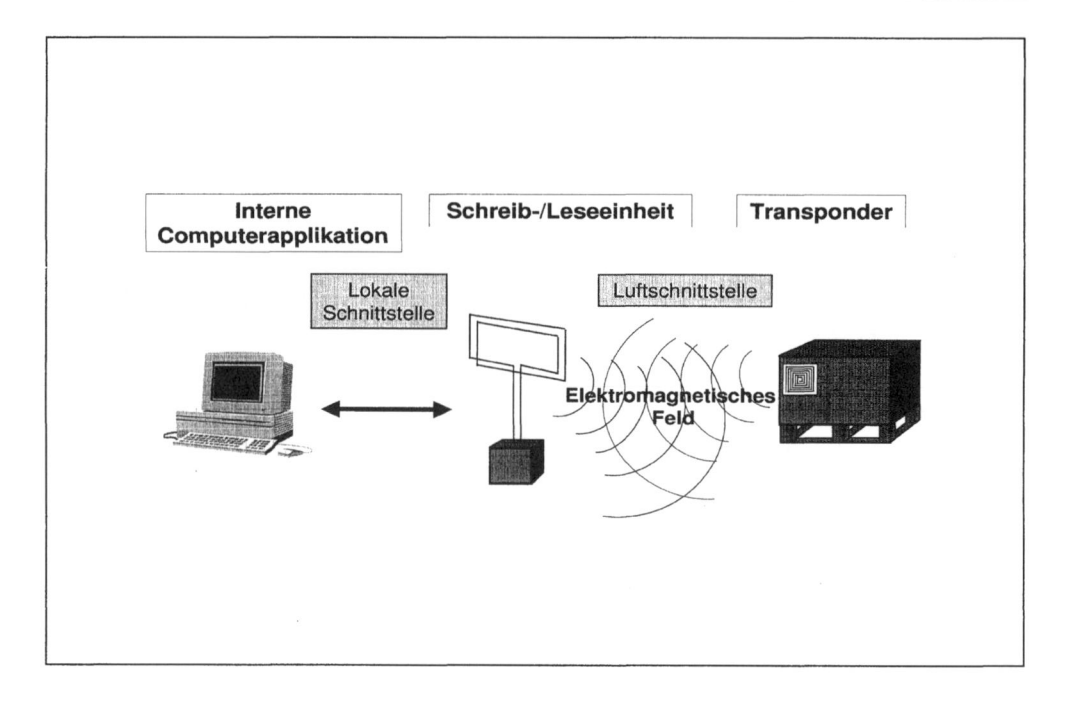

Abbildung 2: Funktionsprinzip von RFID-Systemen

Transponder bestehen aus einem kleinen Microchip als eigentlichem Datenträger, der Informationen speichert und bei Bedarf über ein Koppelelement, meist eine Spule, die als Antenne wirkt, an die Umgebung abgibt (vgl. Abbildung 3). Dies geschieht, wenn sich der Tag im Ansprechbereich eines Schreib-/Lesegerätes befindet, welches über ein elektromagnetisches Feld Signale aussendet. Es wird damit ein Dialog gemäß festgelegtem Kommunikationsprotokoll aufgebaut.

Neben diesem grundsätzlichen technischen Funktionsprinzip gibt es unterschiedliche Ausprägungsarten der **Transpondertechnologie**. Wesentliche Unterscheidungsmerkmale sind etwa:

- Art der Energieversorgung (aktiv / passiv),
- Datenspeichergröße (1-Bit- / Mehr-Bit-Transponder),
- Frequenzbänder (kHz / MHz / UHF / GHz),
- Programmierfähigkeit (Read Only / Write Once Read Multiple / Read and Write),
- Modulationsverfahren (Amplitude / Frequenz / Phase Shift Keying),
- Betriebsart (Full Duplex / Half Duplex / Sequenziell),
- Codierverfahren (NRZ / Manchester / Miller) und
- Bauform (Scheibe / Glasröhre / Karte / Folie).

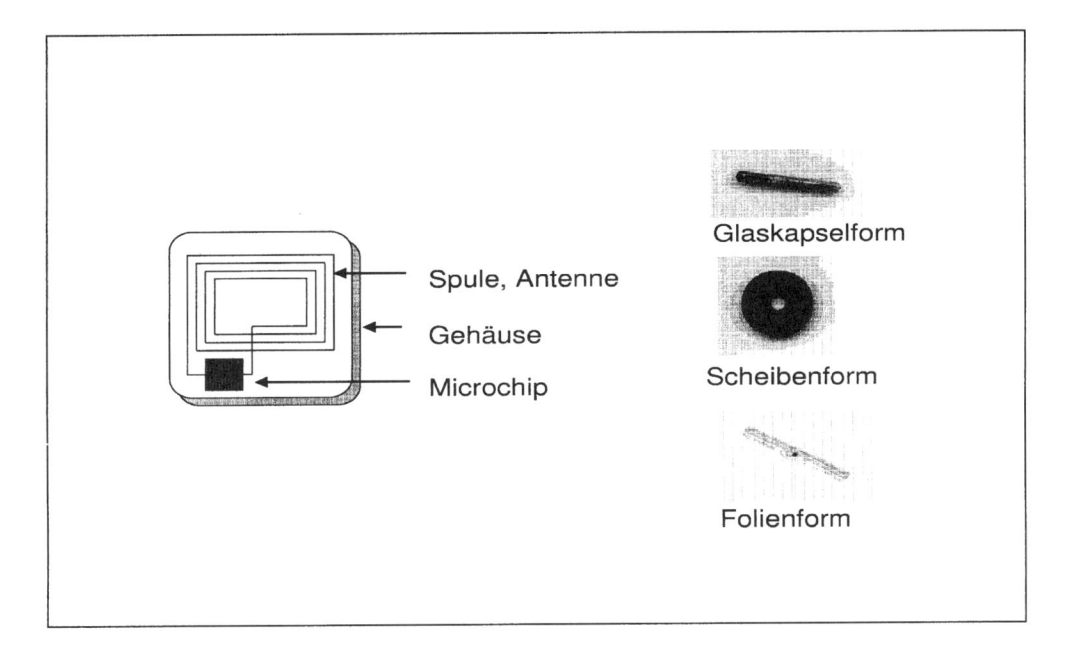

Abbildung 3: Transponderbeispiele

Die vielseitigen Differenzierungen führen dazu, dass im Grunde nicht von der Transpondertechnologie gesprochen werden kann, sondern ein weites Spektrum vorzufinden ist, das ein Radiofrequenzsystem aufgrund fehlender Absprachen und Standards für unternehmensübergreifende Anwendungen bislang nur schwer einsatzfähig macht.

3.2 Merkmale der Transpondertechnologie

Die RF-Technologie weist eine Reihe von Vorteilen auf, weshalb sie für den Einsatz spezifischer Anwendungen attraktiv sind. Diese Vorteile lassen sich allerdings nur rationell nutzen, wenn es gelingt, einen kosteneffektiven und zugleich schnittstellenübergreifenden Einsatz der RF-Technologie im Rahmen der Lieferkette zu realisieren. Neben Vorteilen der Transpondertechnologie sind ebenfalls Nachteile ins Kalkül zu ziehen, wie etwa mögliche Restriktionen durch ungünstige Umweltfaktoren oder der Einfluss von Metall und Wasser. Wesentliche **Eigenschaften der Transpondertechnologie** sind nachfolgend aufgelistet.

- **Datenänderungsmöglichkeit**

Die Möglichkeit, Daten, die im Transponderchip gespeichert sind, ändern zu können, setzt den Einsatz von Read- and Write-Tags voraus. Daten können so überschrieben und die Dateninhalte auf den aktuellen Stand angepasst werden. Um die Stimmigkeit der Daten gewährleisten zu können, sind Absprachen hinsichtlich geeigneter Prüfmechanismen notwendig.

- **Datenergänzungsmöglichkeit**

Wiederum setzt diese Möglichkeit den Einsatz von Read- and Write-Tags voraus. Mit derartigen Transpondern lassen sich, je nach Größe des Datenspeichers, mehr oder minder umfangreiche Dateninhalte abbilden. Die Möglichkeit der Ergänzung von Daten bedeutet, dass Informationen auch zu späteren Zeitpunkten komplettiert werden können. Damit eröffnet sich die Möglichkeit, Daten zum Tag hinzuzufügen bzw. veraltete Informationen zu überschreiben. Um sicherzustellen, dass keine Informationen, die zu einem späteren Zeitpunkt benötigt werden, verloren gehen, sind detaillierte Absprachen nötig. Damit alle Informationen, die von mehr als einer Partei auszulesen sind, auch verstanden und weiterverarbeitet werden, bedarf es Absprachen bei der Interpretation.

- **Datenkapazität**

Die Transpondertechnologie eröffnet die Möglichkeit, unter Umständen weit größere Datenmengen abbilden zu können, als dies mit der Strichcodetechnologie möglich ist. Zu bedenken bleibt, dass die Auslesezeit der Informationen von der Datenmenge abhängt und die Speichergröße - zumindest heute noch - einen ganz wesentlichen Kostenfaktor darstellt. Die Möglichkeit, größere Nachrichtenmengen im Tag zu speichern, birgt die Gefahr in sich, auch "Informationsmüll" abzubilden, der zum Nutzen keines Beteiligten ist. In logistischen Anwendungen ist außerdem das Prinzip "Information vor Ware" zu beachten. Hiernach ist es wichtig, bestimmte Informationen bereits vor Eintreffen der physischen Ware vorliegen zu haben, um die Geschäftsabwicklungsprozesse optimieren zu können.

Aus diesen Gründen sollten genaue Absprachen über die Notwendigkeit von Zusatzinformationen getroffen werden. Diese müssen sich auf Bereiche beschränken, die über EANCOM®-Nachrichten nicht abzubilden sind.

- **Pulkerfassung**

Die Transpondertechnologie bietet die Möglichkeit, die Informationen aller Tags, welche sich in einem Lese-/Schreibfeld befinden, zu erfassen (**Pulkerfassung**) sowie einzelne Tags gezielt ansteuern zu können. Um sicherzustellen, dass auch sämtliche Informationen vollständig ermittelt werden, müssen geeignete konstruktive Maßnahmen und Kontrollmechanismen, basierend etwa auf deterministischen Verfahrensweisen, installiert werden.

- **Lesegeschwindigkeit**

Die Lesegeschwindigkeit von RFID-Systemen ist vergleichsweise höher als die von Strichcodes. Dies ermöglicht die schnellere Erfassung gleicher Datenmengen, wodurch sich logistische Prozesszeiten, etwa durch schnellere Transportbandgeschwindigkeiten, verkürzen lassen. Daneben bietet die hohe Lesegeschwindigkeit die Option der Erfassung größerer Datenmengen in gleicher Zeit. Damit sind die bereits beschriebene Kostenproblematik und die grundsätzliche Hinterfragung des jeweiligen Nutzens der Zusatzinformation verbunden.

- **Lesedistanzen**

Diese Option ermöglicht es, Tags bereits aus Entfernungen von mehreren Metern zu orten, was ein Vorteil wie auch ein Nachteil sein kann: Zum einen bedarf es keiner derart präzisen Ausrichtung auf die zu erfassenden Waren wie bei der Strichcodierung. Zum anderen erhöht sich mit der Lesedistanz das **Risiko**, Tags außerhalb des anvisierten Erfassungsfeldes zu identifizieren. Organisatorische Maßnahmen können helfen, das Risiko falscher Erfassung zu minimieren. Je nach verwendeter Technik und den spezifischen Umweltbedingungen fallen die Reichweiten jedoch recht unterschiedlich aus.

- **Optische Abdeckung des Tags**

Für den Einsatz von RFID-Systemen ist prinzipiell kein Sichtkontakt zwischen (Schreib-)/Leseeinheit und Tag notwendig. Der **Tag** kann somit auch im Produkt selbst oder innerhalb der Verpackung angebracht sein. Damit ergibt sich die Schwierigkeit, zu erkennen, welche Ware mit einem Transponder ausgestattet ist. Während dies bei Einzelerfassung, z. B. in Kombination mit geeigneter Lichtschrankentechnik, kanalisiert werden kann, ist dies bei Pulkerfassung mit einer unbekannten Anzahl an Tags nicht mehr möglich. Daraus ergeben sich hohe Anforderungen an die Lesesicherheit von Tags. Es ist insofern auch über geeignete begleitende Informationen nachzudenken. Optische Hinweise könnten z. B. Aufschluss über die Kennzeichnung per Tag geben, wie auch die elektronische Avisierung der zu erwartenden Einheiten einen Abgleich ermöglicht.

- **Einfluss von Metall**

Elektromagnetische Felder werden durch metallische Gegenstände beeinflusst. Es entstehen hierdurch Wirbelströme, die dem magnetischen Fluss entgegenwirken, d. h. diesen dämpfen. Metall kann deshalb die Einsatzfähigkeit der Transpondertechnologie erheblich beeinträchtigen. Die Wirkweise ist abhängig von der Art der RFID-Systeme (induktive und elektromagnetische Verfahrensweise). Der Beeinträchtigung wird z. B. über Ferritabschirmung entgegengewirkt. Allerdings kann dies einen Neuabgleich, bis hin zur völligen Neudimensionierung des Anpassnetzwerkes des Lesegerätes, bewirken.

- **Einfluss von weiteren Umweltbedingungen**

Die Transpondertechnologie hat den **Vorteil**, in vielen Anwendungsumgebungen eingesetzt werden zu können, in denen der Strichcode an seine Grenzen gelangt. Zu nennen sind z. B. die weitgehende Unempfindlichkeit des Tags gegenüber Schmutz, Feuchtigkeit, Temperaturschwankungen, Kratzern und Stößen. Die Eignung in diesen rauhen Umweltumgebungen treffen aber nicht uneingeschränkt auf alle Transponder zu. So sind z. B. in Glasröhren eingeschweißte Tags sehr wohl auch stoßempfindlich. Für einzelne Anwendungsfelder sind daher Absprachen über die Art des Transponders notwendig. Weiterhin gibt es Umfeldbedingungen, bei denen die RF-Technologie **Nachteile** hat. Es ist für diese Anwendungsfelder daher zu prüfen, inwieweit Interdependenzen bestehen und wie diese durch entsprechende Anpassungen ausgeräumt werden können. Falls Letztes nicht möglich ist, wird das Einsatzgebiet der RF-Technik beschränkt.

- **Langlebigkeit der Tags**

Transponder sind aufgrund ihrer Langlebigkeit auch für den Einsatz in Mehrweganwendungen geeignet. Für aktive Transponder ist es keine Seltenheit, dass durch die mittlerweile hohe Haltbarkeit von Batterien eine Lebensdauer der Transponder von mehreren Jahren erzielt werden kann.

- **Kostenfaktor Tag**

Der Transponder ist im Vergleich zum Strichcodeetikett um ein Vielfaches **teurer**. Sollte die Technologie zukünftig verstärkt eingesetzt werden, dürften hohe Stückzahlen die Preise erheblich senken. Dennoch wird der Tag die günstige Kostenstruktur der Strichcodierung bzw. der Strichcodeetikettierung nicht erreichen. Der effektive und effiziente Einsatz der Tags ergibt sich somit durch die Nutzung der zusätzlichen Eigenschaften von Tags oder durch seine Mehrfachnutzung. Tendenziell ist zu beobachten, dass die Preise derzeit rückläufig sind bzw. höherwertige Tags zu gleichen Preisen angeboten werden.

- **Kostenfaktor Infrastruktur**

Im Vergleich zur Einführung eines neuen Strichcodes, mit dem es gelingt, bereits bestehende Drucker und Scangeräte einzusetzen, erfordert die Transpondertechnologie den Erwerb einer neuen Infrastruktur (Lese-/Schreibgeräte), was mit entsprechend höheren Investitionen verbunden ist. Auch hier gilt, wie bei den Transponderkosten: je umfangreicher die Anwendung, d. h. je größer der Absatz an Hardware, desto niedriger die Preise der Geräte. Es ist zu erwarten, dass der Einsatz standardisierter Systeme sich zudem erheblich preissenkend auswirken dürfte.

4 Anforderungen für effektiven RFID-Einsatz in der logistischen Kette

Die Möglichkeit, RFID-Systeme schnittstellenübergreifend in der logistischen Kette einsetzen zu können, wird von Industrie und Handel mit zunehmendem Interesse verfolgt. So sind z. B. Transponder aufgrund der möglichen Pulkerfassung interessant. In der **Rückführlogistik** lässt sich beispielsweise der Bestand gestapelter Transportverpackungen in einem Vorgang erfassen.

EAN•UCC-Empfehlungen zur Überwindung der gegenwärtigen Standardisierungslücke, die Hauptgrund der bisherigen mangelnden Akzeptanz der RFID-Technologie in offenen Anwendungsumgebungen sind, befinden sich derzeit in der Entwicklung (vgl. Abbildung 4). Durch die Anwendung dieser Empfehlungen von möglichst vielen Unternehmen kann sich in der Summe der marktbeeinflussenden Faktoren ein **RFID-Standard** herausbilden. Angesichts der immer kürzer werdenden Entwicklungszyklen geschieht dies im Rahmen einer entwicklungsbegleitenden Standardisierung.

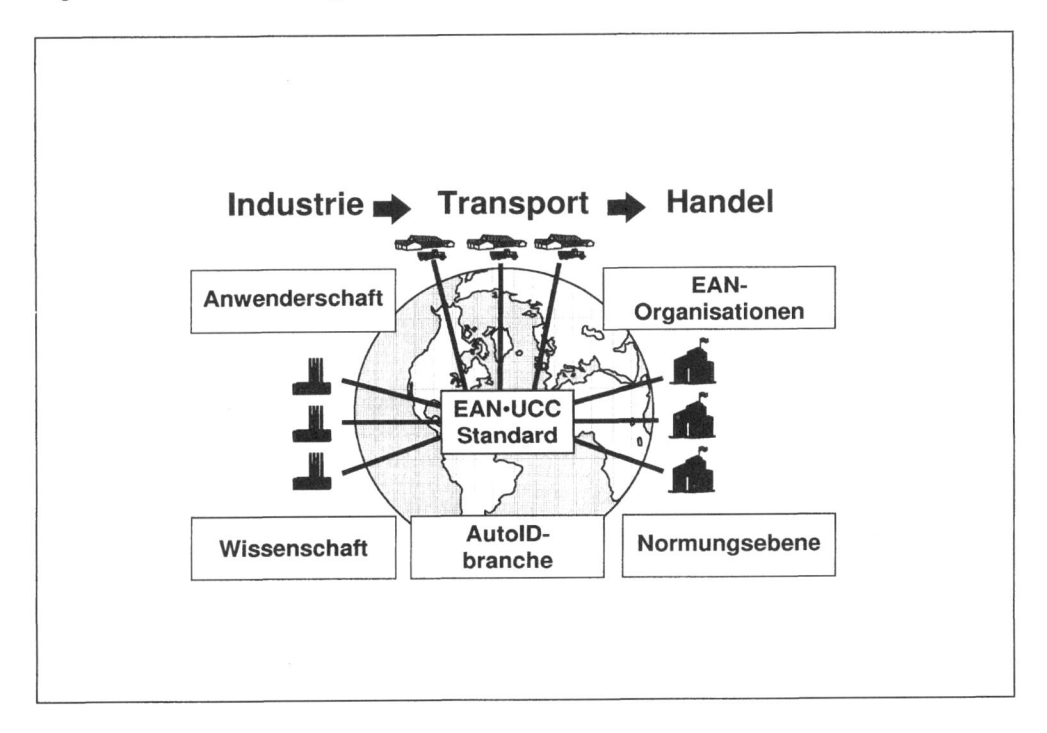

Abbildung 4: Standardisierungsprozess von RFID in der Supply Chain

Um die Potenziale, welche die Radiofrequenztechnik eröffnet, ausschöpfen zu können, gilt es, Systembrüche zu vermeiden. Empfehlungen richten sich daher zum einen an Anwender und mögliche Nutzer der Transpondertechnologie, die diese zu Identifikationszwecken in offenen

Anwendungsumgebungen einsetzen möchten. Betroffen können hiervon alle Beteiligten der Logistikkette sein, von der Vor-/Zulieferindustrie, der herstellenden Industrie, über die Transportdienstleister, bis hin zum Groß- und Einzelhandel sowie der Entsorgungswirtschaft. Ausgangspunkt aller Bemühungen ist es, kostengünstige RFID-Lösungen und deren Umsetzung zu realisieren.

Daneben müssen sich Standardisierungsbestrebungen im Rahmen der RF-Technologie an den Maßstäben alternativer automatischer Identifikationsverfahren messen lassen. Die insbesondere bei der Nutzung von Strichcodelösungen in der Vergangenheit erzielten hohen Qualitäts- und Funktionalitätsniveaus müssen bei einem Einsatz von Transpondern in mindestens gleicher Weise erfüllt werden. In der Vergangenheit ist es gerade als besondere **Stärke** des EAN-Systems gesehen worden, durchgängig einheitliche Prinzipien unabhängig von der genutzten Technologie (unterschiedliche Strichcodes oder EANCOM®) nutzen zu können. Die Entwicklungsarbeiten im Rahmen der RF-Technologien müssen daher innerhalb der Leitprinzipien von EAN•UCC sein. Hierzu zählt im Einzelnen:

- Eine Lösung muss kompatibel sein zu den bestehenden EAN-Standards,

- die Lösung sollte, wie die EAN-Strichcodelösungen, für EAN-Anwendungen geschützt sein, was die Eindeutigkeit und gleiche Interpretation der Daten gewährleistet. Dadurch besitzen sie branchenübergreifende Anwendungsmöglichkeit und sind für offene Einsatzgebiete über die gesamte logistische Kette tauglich und

- sie muss einfach, unempfindlich und sicher sein und sich so weit wie möglich an bestehenden technischen Strukturen orientieren.

Die Nutzung der Radiofrequenztechnik zu Identifikationszwecken hat Auswirkungen auf alternative Verfahrensweisen der automatischen Identifikation, insbesondere die der Strichcodierung. Eine Strichcodierung hat sich in der Vergangenheit in vielen Anwendungen bewährt und etabliert, gerade aufgrund von standardisierten Einsatzmöglichkeiten. Die RF-Technik ist als alternatives Medium zum Strichcode in den Bereichen zu sehen, in denen die Strichcodierung heute aufgrund unabänderlicher äußerer Rahmenbedingungen an seine Grenzen stößt und deshalb gar nicht oder nur unzureichend eingesetzt werden kann.

4.1 Zusammenspiel RFID und EDI

Die Beschreibung der möglichen Implikationen der Einführung von RFID-Systemen wird mitunter beeinflusst durch das **Zusammenspiel** von AutoID- und EDI-Technologien. Eine Betrachtung des Einsatzes der Transpondertechnologie verändert nichts an der Grundvoraussetzung effektiver Prozessgestaltung, um die Daten im physischen Datenträger auf Kerninformationen zu reduzieren.

Abgesehen davon würden sich ansonsten die Ausleseprozesse (häufig kritische Faktoren) verlangsamen und wären die benötigten Transpondersysteme aufgrund größerer Speicher und komplexerer Strukturen vergleichsweise teurer.

Die Tatsache, dass Transponder unter Umständen größere Datenmengen speichern, die weit über die eigentlich benötigte Schlüsselinformation hinausgehen, rechtfertigt in aller Regel nicht eine parallele Vorhaltung von Daten: einmal auf dem Tag und zum anderen in der Online-Datenbank. Diese Backup-Funktion, die der Tag ausübt, erfordert höchste Ansprüche an das Datenmanagement, um jederzeit nur die aktuellen Daten vorzuhalten. Fehlerquellen sind nur schwer zu bemerken und damit nicht auszuschließen.

4.2 Kommunikationsprotokoll

Um Investitionen zu minimieren, ist eine Verständigung der Anwender auf möglichst nur ein Kommunikationsprotokoll für RFID-Anwendungen erstrebenswert, das die technischen Mindestanforderungen für möglichst viele Anwendungsumgebungen festlegt. Der anvisierte EAN-RFID-Standard sieht eine standardisierte „Luftschnittstelle" zwischen Leseeinheit und Transponder vor. Er wird Absprachen zu sämtlichen relevanten technischen Aspekten, wie Modulationsverfahren, Betriebsart oder Frequenz enthalten, die eine Kompatibilität sicherstellen.

4.3 Datenebene

4.3.1 Identifikationsnummernsystem

Das System der EAN-Identnummern hat sich in der Wirtschaft bewährt. Aus Kosten- und Rationalisierungsgründen ist die weltweite Kompatibilität zukünftiger Anwendungen der Radiofrequenztechnik mit diesem etablierten EAN-Datensystem sicherzustellen. Es ist naheliegend, auf diese Nummernsysteme zurückzugreifen und sie zur Speicherung im Transponder aufzubereiten. Durch den Lesevorgang kann dann an der internen Schnittstelle zum Hostrechner auf identische Datenformate und -inhalte, wie bei der Strichcodierung, zurückgegriffen werden.

4.3.2 Datensyntax und Datenstruktur

Jeder Informationsaustausch bedarf einer entsprechenden Vereinbarung hinsichtlich der **Syntax-Notation**, um auf abstrakter Protokollebene den Datenaustausch zu vereinheitlichen, d. h. eine gemeinsame Sprache zu definieren.

Aus Kompatibilitätsgründen und um Informationsüberhang zu vermeiden, gleichzeitig eine unzweifelhafte Interpretationsmöglichkeit der Transponderdaten zu ermöglichen, ist es sinnvoll und konsequent, die Anwendungen der EAN 128-Systematik für den technologischen Bereich der RFID-Systeme zu öffnen (vgl. Abbildung 5). In der Strichcodeanwendung liegen hierzu mehrjährige, durchweg positive Erfahrungen vor.

EAN•UCC Datenbezeichnerkonzept

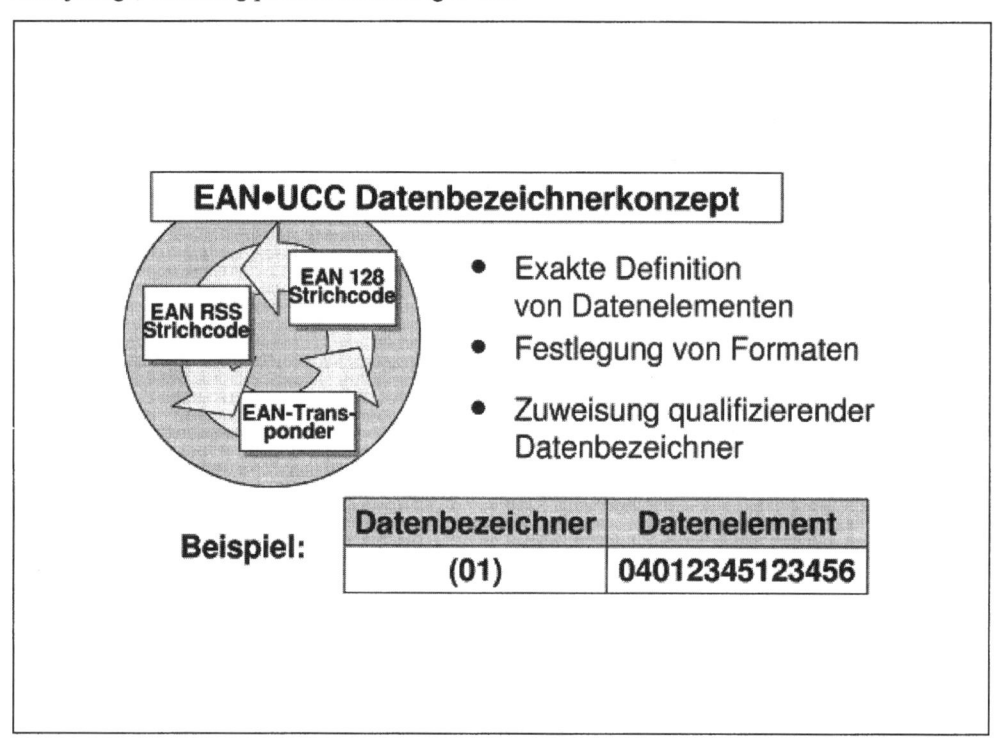

- EAN RSS Strichcode
- EAN 128 Strichcode
- EAN-Transponder

- Exakte Definition von Datenelementen
- Festlegung von Formaten
- Zuweisung qualifizierender Datenbezeichner

Beispiel:

Datenbezeichner	Datenelement
(01)	04012345123456

Abbildung 5: Unterschiedliche ADC-Technologien – eine Lösung: EAN 128

Das EAN 128-Datenbezeichnerkonzept ist ein adäquates, da flexibles Mittel zur Abbildung aller relevanter Informationsdaten im Transponder. Das Datenbezeichnerkonzept ermöglicht so auch Unterscheidungen hinsichtlich verschiedener Anwendungsebenen, die eine eindeutige Abgrenzung der Dateninhalte ermöglicht und Überschneidungen ausschließt.

4.3.3 Geschützte Anwendungsumgebung

Die Nutzung des Datenbezeichnerkonzepts impliziert, im Rahmen der Verwendung von Transpondern die Nutzung der EAN-Identnummernsysteme in einer geschützten Anwendungsumgebung zu ermöglichen, vergleichbar der Umsetzung bei der Strichcodesymbologie EAN 128. So kann hier eine unzweifelhafte Interpretation der Dateninhalte sichergestellt werden.

Diese Lösung bedeutet ein Optimum an Nutzen für alle Anwender, da, wie die Erfahrungen aus der Strichcodetechnik zeigen, ein Unternehmen innerhalb eines einzigen Datensystems – dem EAN-System – bleiben kann und mittels dieser Standardlösung nicht mehrere unterschiedliche Systeme gleichzeitig bedienen muss.

4.3.4 Datensicherheit

Bei beschreibbaren Tags sollten Regelungen gefunden werden, welche hohe Datensicherheit gewährleisten, ohne dass zusätzlich bilaterale Absprachen zu treffen sind. Die Vergabe von Schreibberechtigungen mittels Schlüsselvergabe und Speichersegmentierung als wirksames Mittel, um dieses Sicherheitsniveau zu erreichen, ist mit erheblichen Kosten verbunden. Allgemeine Vereinbarungen dürften hingegen bereits ausreichend sein, welche die Verantwortlichkeiten regeln, dass die Tags in gleichem Status an nachgelagerte Logistikpartner weitergegeben werden, in dem sie von vorausgehenden Logistikpartnern geeicht wurden. Damit wird jeder Geschäftspartner in die Pflicht genommen, durch einen verantwortlichen Umgang mit der Transpondertechnologie zum Gesamtnutzen des Einsatzes über die Supply Chain beizutragen.

Im Rahmen der Datensicherheit stellt sich im Hinblick auf einen Manipulationsschutz die Frage, welche Brisanz die zu verschlüsselnden Daten haben, da in Relation hierzu der zu betreibende Aufwand für ausreichende Schutzmaßnahmen steht. Da es sich im Supply Chain Management um offene Anwendungsumgebungen handelt, hat jeder Teilnehmer ein natürliches Interesse am Funktionieren des Systems. Dementsprechend muss sein Handeln auch hier vom coorganisatorischen Geist der partnerschaftlichen Zusammenarbeit geprägt sein.

5 Zusammenfassung

Handel, Industrie und Dienstleistungssektor stehen zu Beginn des dritten Jahrtausends vor der Herausforderung, die Effektivität sowie die Effizienz durch vertikale Kooperation, von der Grundstoffproduktion bis zum Verbraucher, zu steigern. Inner- und zwischenbetriebliche Prozesse müssen hierfür weiter standardisiert, einander angepasst und automatisiert werden. Zur sicheren Gestaltung dieser Prozesse sind offene Identsysteme, die wechselnde Geschäftspartnerschaften aller Provenienz für Lokationen, Versandeinheiten und Artikel einschließen, sowie standardisierte EDI-Nachrichten und universale Datenbanken notwendig. Nur so können die Geschäftsvorgänge beschleunigt und optimiert sowie Fehler vermieden werden.

RFID ist für bestimmte Anwendungsgebiete eine sinnvolle Ergänzung des zum Einsatz gelangenden Technologiemix. Die enge wirtschaftliche Verzahnung und internationale Verflechtung im Rahmen der logistischen Versorgungskette macht es unbedingt notwendig, international abgestimmte, einheitliche Lösungen für den schnittstellenübergreifenden Einsatz der Transpondertechnologie zur Warenidentifikation zu erarbeiten.

Die EAN-Standards haben ihre Attraktivität für alle wirtschaftlichen Strukturen in der Vergangenheit als verlässliche Größe unter Beweis gestellt. Genauso kommen ihre Vorzüge auch hinsichtlich der Transpondertechnolgie zum Tragen: EAN•UCC verstehen sich als "Motor" der technologischen Entwicklung durch die Etablierung von Mindestanforderungen an technische RFID-Spezifikationen sowie korrespondierender Anwendungsrichtlinien. Wesentliche Bedeutung kommt dabei der Kompatibilität mit bestehenden EAN-Standards zu.

Literatur:

Barthel, H. (1997): The Role of EAN in RFID Standardisation, in: IT-Reseller, (1997), S.32-34.
Finkenzeller, K. (1998): RFID-Handbuch, München 1998.
Füßler, A. (2001): EAN-Standards auch bei Einsatz der Transpondertechnologie, in: Distribution, (4/2001), S.9-11.
Füßler, A.; Kirschner, Th.; Nölke, H.; Schulze, M. (2001): Tracking & Tracing: EAN-Standards sorgen für Transparenz, in: Coorganisation, (2/2001), S.28-36.
Füßler, A. (2000): RFID – Alles eine Frage des Standards, in: Ident, (2/2000), S.22.
Füßler, A.; Hammer, M.; Puffe, D. (1999): Neue Technologien für bewährte Inhalte – EAN: Der Klassiker kommt nicht in die Jahre, in: Coorganisation, (5/1999), S.18-31.
Hartwig, U. (2001): Mensch und Technik: Kommunikationsprotokolle, in: DIN-Mitteilungen, Nr. 4 (2001), S.278-281.
Machemer, I. (2001): RFID: Alternative für den Handel?, in: Retail Technology, (1/2001), S.62-63.
Nölke, H. (2000): EAN-Standards zur effizienten Gestaltung der Logistikette, in: Logistik Jahrbuch 2000, (2000), S.156-159.
Schade, J. (2000): Einheitliche Identifikation für vereinfachte Kommunikation, in: Verpackungs-Berater, (4/2000).

René Kartberg

Customer Relationship Management - Mehr als nur ein Werkzeug

Projekterfahrungen der Supply Chain Management Practice der CSC Ploenzke AG

1 Customer Relationship Management allgemein
    1.1 Was ist Customer Relationship Management?
    1.2 Der Diamant CRM hat verschiedene Facetten

2 CRM in der Praxis
    2.1 Grundsätzliches
    2.2 Am Anfang steht das WAS!
    2.3 Rahmenbedingungen
    2.4 „Kundenmanagement meets Experts"
    2.5 Auswahl einer CRM-Standardsoftware
    2.6 Realisierung

3 Zusammenfassung

1 Customer Relationship Management allgemein

1.1 Was ist Customer Relationship Management?

Was ist das Neue an Customer Relationship Management (CRM)? Das der Kunde im Mittelpunkt aller Unternehmensaktionen steht, wurde bereits vor CRM als wichtig erachtet. **CRM** ist eine kundenorientierte Unternehmensphilosophie, die darauf ausgerichtet ist, profitable Kundenbeziehungen aufzubauen und zu festigen. Dabei liegt der Fokus auf ganzheitlichen, individuellen Konzepten für die Bereiche Marketing, Vertrieb und Service. **Customer Relationship Management** geht dabei weit über die Einrichtung von operativen Werkzeugen, wie z. B. Call Centern, hinaus. Es ist wesentlich anspruchsvoller und umfassender als diese Hilfsmittel. Der Weg zur Erreichung und Umsetzung einer kundenorientierten Unternehmensphilosophie gestaltet sich je nach Ausgangssituation ganz unterschiedlich. Wichtig ist, dass sich Unternehmen durch eine aktive Kundenorientierung von ihren Wettbewerbern unterscheiden. Dazu ist es notwendig, die CRM-Strategie in die Unternehmensphilosophie einzubetten. Es erfordert mehr, als nur den Einsatz wirkungsvoller Werkzeuge und Technologien, diese Strategie umzusetzen und in das Geschäftsumfeld zu integrieren. Um CRM erfolgreich durchzuführen, müssen Organisation, Kunden, Mitarbeiter, Geschäftsprozesse, Standorte, Daten, Technologien und Systeme betrachtet und miteinander verknüpft werden.

1.2 Der Diamant CRM hat verschiedene Facetten

Neben der kundenorientierten Geschäftsphilosophie umfasst CRM notwendige Informationen. Sie sind die Basis für eine Ausrichtung der integrativen Geschäftsprozesse, effiziente „softwaretechnische" Werkzeuge sowie die Automatisierung von Verkaufs-, Marketing und Servicekanälen über die Unternehmensgrenzen hinweg. Dabei besteht der Diamant CRM aus verschiedenen Facetten (vgl. Abbildung 1).

- Das **strategische CRM** beleuchtet kundenorientierte und bestehende Organisationsstrukturen. Der Schwerpunkt liegt auf den Kernprozessen der Unternehmen. Die Durchführung einer Kundenwertanalyse unterstützt bei der Identifizierung von Handlungsbedarfen, der Priorisierung von Maßnahmen und der Entwicklung von Umsetzungsstrategien.

- Ein **analytisches CRM** sorgt dafür, dass Informationen aus den operativen Systemen zur Optimierung von Kundenbeziehungen zur Verfügung stehen. Sie sind die Grundlage für die Planung, Steuerung und Kontrolle dieser Daten in hoher Qualität.

- Das **operative CRM** befasst sich mit dem operativen Kundenmanagement und gewährleistet ein integriertes Management der Bereiche Marketing, Vertrieb sowie Service. Die Betrachtung der Kernprozesse in einem hohen Detaillierungsgrad steht dabei im Vordergrund. Auch die Durchführung einer Softwareauswahl kann hier Thema sein. Die Realisierung der ausgewählten Anwendungen, unter Berücksichtigung der anderen Facetten des CRM, wird dem operativen CRM zugeschrieben.

- Im Bereich des **integrativen CRM** kommt der Gesamtprozesssicht besondere Bedeutung zu. Die Einbindung neuer Kommunikationskanäle (Internet, WAP/UMTS) muss über die eingesetzten und betroffenen Systeme hinweg gewährleistet sein. Der Betrachtungshorizont geht über die Unternehmensgrenzen und die gesamte Supply Chain hinaus.

- Das Formalisieren und das Automatisieren der Zusammenarbeit auf der Verkaufsseite sind die Kennzeichen des **kollaborativen CRM**. Der Kunde sollte sich dabei über alle Kanäle hinweg selbst bedienen. Dabei besteht eine Wechselwirkung mit dem integrativen CRM.

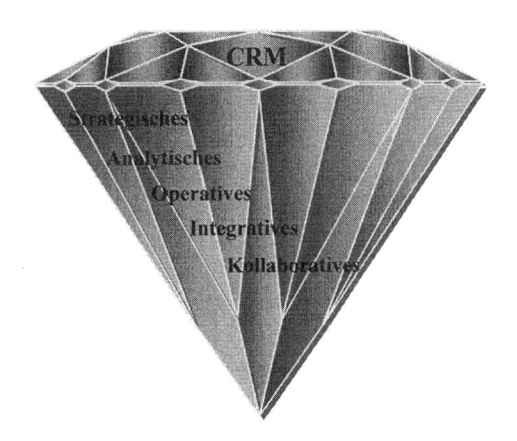

Abbildung 1: Der Diamant CRM

2 CRM in der Praxis

2.1 Grundsätzliches

„Wie gehen Unternehmen in der Praxis mit CRM um?". „Mit welchen Ansätzen setzen sie sich auseinander und wie erfolgt deren Umsetzung?". Dies sind Fragestellungen, die an einem Beispiel wiedergegeben werden. Die Beschreibung vermittelt einen Eindruck darüber, wie im Rahmen einer „CRM-Einführung" vorzugehen ist und welche Themenbereiche betroffen sind.

2.2 Am Anfang steht das WAS!

Wichtige Fragen zu CRM sind beispielsweise: „Wir müssen unsere Kundenbeziehungen verbessern!", „Wir wollen mit CRM mehr Umsatz machen!", „Wir möchten wissen was CRM ist!" und „Wir wollen einen Überblick über CRM-Werkzeuge haben!". So oder ähnlich klingt es aus vielen Unternehmen der unterschiedlichsten Branchen. CRM ist in aller Munde, aber in vielen Unternehmen wird Neuland betreten bzw. es herrscht Unwissenheit zu dem Thema vor. Ähnlich verhielt es sich bei dem nachfolgenden Beispiel. Auslöser für die Beschäftigung mit dem Thema CRM waren die Erkenntnisse, dass der Ausbau der Marktanteile in den angestammten Distributionskanälen nur noch begrenzt möglich war und die Erhöhung der Kundenzufriedenheit und der Kundenbindung wesentliche Faktoren für den zu erreichenden Wettbewerbsvorteil sind. Daneben waren zusätzliche Serviceleistungen bereitzustellen und die kundenorientierten Geschäftsprozesse zu optimieren. Dies sollte, und das war zunächst das Verständnis des Kunden, durch eine Kundendatenbank geschaffen werden. Diese Datenbank hatte alle Informationen zu umfassen, die bei einer Kontaktaufnahme mit Kunden notwendig sind, um die Betreuungsqualität zu steigern.

2.3 Rahmenbedingungen

Das Vorhaben war Teil eines Gesamtprojektes, das neben der Abbildung von Unternehmensprozessen innerhalb eines ERP-Systems auch die Entwicklung bzw. Einführung einer Anwendung zur Abwicklung von Betriebsabläufen umfasste. Dabei war frühzeitig zu erkennen, dass dem Integrationsaspekt eine besondere Rolle zukommen wird. Die bisherige Durchführung der Kundenbetreuung erfolgte auf dezentralen, unterschiedlichen Anwendungen. Notwendige Informationen für eine ganzheitliche Betreuung und eine Steuerung von kundenorientierten Aktivitäten waren unzureichend, integrative kundenorientierte Prozesse gar nicht vorhanden. Das Unternehmen hatte konkrete Vorstellungen. Es ging nur noch um den Kauf, die Implementierung und die Nutzung einer Standard-Software. Bereits während einer Präsentation zu den Facetten von CRM wurde deutlich, dass noch keine konkreten Vorstellungen über die Ausprägungen des Systems existierten. Die Ausgangssituation war sehr „Tool-lastig". Deshalb wurden andere Facetten des CRM zunächst kaum berücksichtigt. Diese sind jedoch eine notwendige Voraussetzung, um beispielsweise den Funktionsumfang einer CRM-Anwendung zu sichern.

2.4 „Kundenmanagement meets Experts"

In Zusammenarbeit mit Geschäftsführung, Betreuung und IT-Mitarbeitern wurde zunächst ein grundsätzliches Verständnis hinsichtlich CRM erarbeitet und über aktuelle organisatorische und applikatorische Themen informiert. Anhand von Live Demos von CRM-Anwendungen (SAP Mobile Sales, Siebel Call Center) wurden grundsätzliche Arbeitsweisen und Funktionen innerhalb der Laborumgebung des i-XSDCs (Integrated Executive Solutions Development Center) dargestellt (vgl. hierzu den Beitrag von Rainer Härtner in diesem Buch).

Daneben wurden die Geschäftsprozesse der Kundenbetreuung auf hoher Aggregationsebene identifiziert und analysiert. Es galt, weitere Anforderungen herauszuarbeiten, die eine Kundendatenbank erfüllen musste. Dieses Vorgehen fußte in der Feststellung, dass zum derzeitigen Zeitpunkt noch nicht klar war, welche Transaktionen die Datenbank sichern sollte. Die ursprünglichen Anforderungen reichten bei weitem nicht aus. Daneben wurde festgestellt, dass grundsätzliche, strategische Überlegungen sowie Ausrichtungen im Bereich des Kundenmanagements noch zu entwickeln waren. Dennoch konnten sich die erzielten Ergebnisse sehen lassen. Die kurzfristig gemachten ersten Erfahrungen mit dem Thema CRM, die Identifizierung und Priorisierung der Kernprozesse, führten zu einer ausreichenden Planungssicherheit für die Vorgehensweise eines Projektes (verbunden mit konkreten Aktivitäten). Daneben ergab sich durch die qualifizierte Bestimmung der Ausgangssituation ein gemeinsames Verständnis für relevante Themen und deren Wechselbeziehungen innerhalb der Organisation.

Die strategischen Komponenten wurden aus der Unternehmensstrategie abgeleitet. Die Themen Kundenwertanalyse und Wertschöpfungsmanagement sollten zu einem späteren Zeitpunkt, basierend auf den gemachten Erkenntnissen, behandelt werden. Eine Konzentration lag hier auf den Kernprozessen des Unternehmens. Dazu sollten im Rahmen eines Softwareauswahl-Projektes die Soll-Prozesse der Kundenbetreuung modelliert und die Anforderungen an eine Standard-Software formuliert werden.

2.5 Auswahl einer CRM Standardsoftware

Im Rahmen von Workshops und Interviews in verschiedenen Gesellschaften des Unternehmens wurden gemeinsam mit Geschäftsführern, Anwendern und IT-Mitarbeitern die Soll-Prozesse der Kundenbetreuung und die Anforderungen an die Anwendung detaillierter spezifiziert. Die Ergebnisse wurden durch Einbeziehen von weiteren Anwendern qualitätsgesichert. Ausgangspunkt für die Betrachtung waren die Komponenten Strategie, Wertschöpfungsmanagement, System und Prozess. Diese sind bei der Erarbeitung des Kriterienkatalogs zu betrachten (vgl. Abbildung 2).

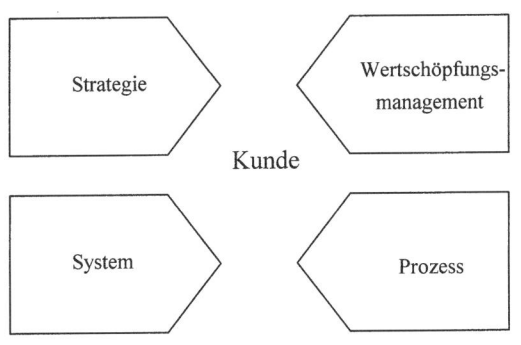

Abbildung 2: CSCs CustomerConnectSM

- Im Rahmen der Softwareauswahl standen zunächst die in Frage kommenden **Systeme** im Vordergrund. Dabei konnten allerdings die Komplexität der diskutierten Anforderungen sowie die notwendigen Wechselwirkungen mit anderen Systemen (bzw. den Organisationsstrukturen) noch nicht abgesehen werden.

- Außerdem musste die **Prozesskomponente** erarbeitet werden. Erwartungsgemäß kam es an vielen Stellen zu Diskussionen, die notwendige Organisationsänderungen nach sich zogen. Es entstand die Erkenntnis, dass sensible Bereiche betroffen waren. Der Umgang mit Kundendaten oder die Änderung von Betreuungsmodellen führte zu erhöhtem Diskussionsbedarf.

- Aus der **strategischen Komponente** ergab sich die Handlungsbegründung für die Aktivitäten im Projekt. Diese beschreibt, wo sich das Unternehmen mit welchen Mitteln hin entwickeln möchte.

- Der Parameter **Wertschöpfungsmanagement**, der sicherstellen soll, dass die Strategien in operative Prozesse umgesetzt werden, war nur zum Teil ausgeprägt. Eine Kundenbewertung und Kundensegmentierung als notwendige Vorraussetzungen für die optimale Ressourcenplanung, lag nicht vollständig vor und musste für die Einführung der ausgewählten Anwendung erarbeitet werden.

Die identifizierten Kernprozesse und Funktionsanforderungen wurden in einem geschäftsprozess-orientierten Kriterienkatalog als Ergebnisse dokumentiert. Es wurde eine Gewichtung der Auswahlkriterien und eine Selektion von vier Lösungsanbietern vorgenommen. Für die Ausschreibung wurden ausgewählte Geschäftsszenarien definiert. Nach Rücklauf der Kriterienkataloge erfolgte die Präsentation der Anbieter und eine anschließende Bewertung. Danach wurde eine Entscheidung für einen Anbieter durch den Kunden getroffen. Der Kriterienkatalog enthielt u. a. Fragenstellungen aus folgenden Bereichen:

- Technische Architektur,
- Hardwareanforderungen,
- Systemsoftware,
- Systemadministration,
- Datensicherheit,
- Datenübertragung / Schnittstellen,
- Benutzerfreundlichkeit,
- Schulung,
- Wartung / Service,
- Funktionale Anforderungen,
- Datenübernahme aus Subsystemen,
- Beziehungsmanagement und
- Unternehmensdarstellung.

Die technologische Komplexität dieser Systemauswahl war sehr hoch. Die Palette reicht von Server- und Datenbankfragen, über Computer Telephony Integration (CTI), bis hin zu Sicherheitstechnologien. Mobile Systeme und der Direktvertrieb über das Internet (mit Integration in ein Back-Office System) waren weitere Punkte, die es zu berücksichtigen galt.

Nicht nur die Betrachtung der verschiedenen CRM-Systeme spielte bei der Softwareauswahl eine Rolle. Die Behandlung aller vier Elemente (Strategie, System, Prozess und Wertschöpfungsmanagement) war dauerhafter Begleiter während des Auswahlprozesses. Daneben spielte das Projektmanagement mit all seinen Facetten eine zentrale Rolle, um die zielorientierte Koordination zu gewährleisten.

Im Rahmen der Softwareauswahl und der Auseinandersetzung mit den Kernprozessen wurden Grundlagen für eine spätere Umsetzung geschaffen. Für den Kunden ergaben sich neben der Investitionssicherheit, der analysierten Geschäftsprozesse und Systemarchitektur sowie der identifizierten Potenziale, eine Planbarkeit von Folgeaktivitäten. Die aus der Softwareauswahl gewonnenen Erkenntnisse und die durch den Kunden getroffene Entscheidung führten zur Realisierung dieser Anforderungen innerhalb der Anwendungssoftware von **SIEBEL**.

2.6 Realisierung

Nach der Bekanntgabe der Projektorganisation wurde gemeinsam die detaillierte Vorgehensweise bestimmt. Diese war durch eine Konzeptphase und die Detailphase bestimmt.

Im Rahmen der **Konzeptphase** galt es, eine detaillierte Geschäftsobjekt- und Geschäftsprozessmodellierung durchzuführen. Die Prozesse und Funktionen wurden dabei mit den erforderlichen Rollen genauer spezifiziert. Dies erfolgte bereits mit Ausrichtung auf die ausgewählte Software. Daneben entstand ein erstes Migrationskonzept.

Während der Durchführung der Workshops ergaben sich, neben der Sicht auf die Prozesse und die ausgewählten Anwendungen, erneute Fragestellungen strategischer und analytischer Art. Daneben rückte die Integration der CRM-Teilprozesse in den Gesamtablauf immer wieder in den Vordergrund. Hierzu waren erhebliche Abstimmungs- und Festlegungsworkshops mit allen Teilprojekten notwendig. Die ersten Aktivitäten hinsichtlich der Integration wurden angestoßen und durchgeführt. Eine Dokumentation der Ergebnisse und damit die Beschreibung des Abbildungs- und Funktionsumfangs der Anwendung erfolgte in einem Fachkonzept. Diese Tätigkeiten bildeten die Grundlage für die sich anschließende Detailphase.

In der **Detailphase** wurden die im Fachkonzept beschriebenen Geschäftsobjekte und Prozesse in einem ersten Prototypen in der Laborumgebung des i-XSDCs abgebildet. Der Umfang dieses Prototypen war im Hinblick auf einen schnellen Projekterfolg so gering wie möglich zu halten und ausschließlich die Standardfunktionalität der **SIEBEL e-Business-Application** zu nutzen.

Durch die Laborumgebung musste der Kunde zunächst keine Hardware anschaffen. Daneben konnte den Anwendern sehr zügig ein erster Prototyp vorgestellt werden.

Nach der Qualitätssicherung der Prototypen durch die Anwender wurde der Prototyp weiterentwickelt. Parallel war die Systemlandschaft beim Kunden aufzubauen. Nach Freigabe des Prototypen folgten dessen Überführung in einen Piloten (für die Pilotgesellschaft), die Umsetzung des Migrationskonzepts und weitere Feinspezifikationen der im Prototypen abgebildeten Prozesse. Parallel war die Anwenderschulung für die Pilotgesellschaft vorzunehmen. Bereits während des Prototypings wurden Integrationsfragestellungen behandelt und erarbeitet. Es stellte sich heraus, dass eine reibungslose Integration eine bedeutende Herausforderung für das Projekt war. Die identifizierten Schnittstellen wurden auf ihre technische Realisierung hin geprüft und realisiert. Diese Maßnahmen erfolgten im Rahmen der Roll-Out-Planung als gemeinsame, integrative Tätigkeiten mit den anderen Teilprojekten. Daneben wurde die Umsetzung der Migration und der Systemtests gestaltet. Außerdem waren Anwenderschulungen vorzusehen.

Ein wesentlicher Erfolgsfaktor für das Projekt war die zügige Klärung von Integrationsfragestellungen. Daneben war die enge Zusammenarbeit mit den anderen Teilprojekten von besonderer Bedeutung. Während der Realisierung des Prototypings wurden weitere Anforderungen für sich anschließende Projektstufen spezifiziert. Die festgestellten Anforderungen gingen über Funktionserweiterungen hinaus. Stichworte, wie Kundenwertanalyse, Wertschöpfungsmanagement und Kundendeckungsbeitragsrechnung, wurden deutlich mehr strapaziert als das noch am Anfang des Projektes der Fall war. Deren Umsetzung hat parallel mit der Durchführung des Roll-Outs begonnen.

3 Zusammenfassung

Für alle Beteiligten wurde bereits zu Beginn der Zusammenarbeit deutlich, dass CRM mehr ist, als nur die Einführung einer Standardsoftware oder eines Werkzeuges, das die Bereiche Vertrieb, Marketing und Service unterstützen soll. Ausgehend von der Betrachtung der Systeme, rückten immer wieder strategische, analytische und integrative Themen in den Vordergrund. Daneben führten besonders die festgestellten potenziellen Organisationsänderungen zur Notwenigkeit eines Change Management.

Die Integration in die gesamte IT-Landschaft war nicht nur wichtig für die Akzeptanz bei den Anwendern, sondern eine wesentliche Voraussetzung für den Projekterfolg. Zu jedem Zeitpunkt standen die strategischen, operativen, integrativen und analytischen Aspekte des CRMs auf der Tagesordnung. Nur in diesem Zusammenspiel, und unter dem permanenten Betrachtungswinkel dieser Aspekte, kann ein CRM-System erfolgreich eingeführt werden. Eine ganzheitliche Kundenausrichtung ist erst durch eine Integration von Organisation, Kunden, Mitarbeitern, Geschäftsprozessen, Standorten, Daten, Technologien und Systemen möglich. Dadurch entsteht das „Hexagon of Change" (vgl. Abbildung 3).

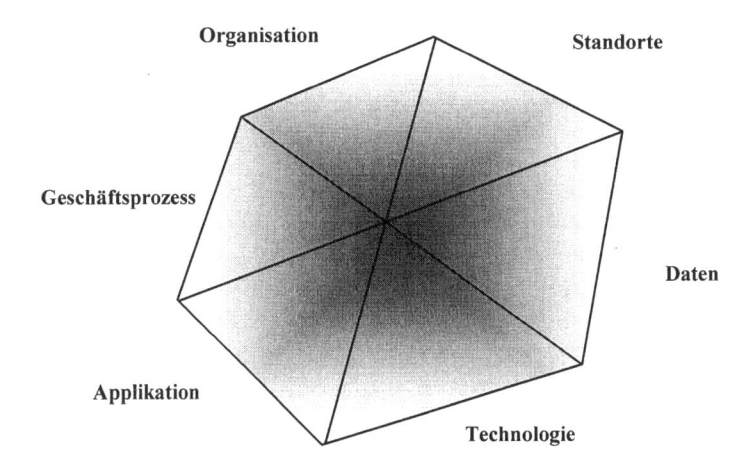

Abbildung 3: CSCs Hexagon of Change

Literatur:

CSC Ploenzke AG, Practice Customer Relationship Management (2001): Folder. Customer Relationship Management (CRM), Wiesbaden 2001.

Thilo Pfleghar und Wilfried Decker

Erfolgsfaktor Data Warehouse in der Beschaffung

1 Einleitung

2 Die Entwicklung der Beschaffung und resultierende Forderungen an Informationssysteme

3 Procurement Data Warehouse
    3.1 Problemfeld Datenkonsolidierung
    3.2 Data Warehousing Methode als Lösungsansatz
    3.3 Methoden und Data Warehouse Tools
        3.3.1 Semantischer Datenabgleich mittels Text Based Mapping Tool (TBMT)
        3.3.2 Datenabgleich der Lieferantenstammdaten mit Dun & Bradstreet
    3.4 Benefits des Procurement Data Warehouse

4 Ausblick

1 Einleitung

Die Entwicklung in Richtung einer strategischen Unternehmenseinheit „Beschaffung" und die entsprechenden Auswirkungen auf deren Prozesse führen zu einem gestiegenen Informationsbedarf in diesem Bereich. Der Einkauf ist gefordert, dafür entsprechende strategische Lösungen zu entwickeln und umzusetzen. Der folgende Beitrag skizziert die veränderte Ausrichtung der Beschaffung und beschreibt die hieraus resultierenden Forderungen an ein entscheidungsunterstützendes Informationssystem.

Mit der analytischen Applikation **„Procurement Data Warehouse"** der ICG-Commerce (ICGC) wird eine Lösung zur Deckung dieses Informationsbedarfs vorgestellt. Dabei wird auf die in der Praxis vorkommenden Mängel bei den operativen Quelldaten in Bezug auf Qualität, Homogenität und Analysefähigkeit eingegangen. Besondere Aufmerksamkeit wird Methodiken und Softwaretools geschenkt, die zur Integration, Bereinigung und Veredlung der operativen Daten entwickelt wurden und die im Informationslogistikprozess des Data Warehouse ihren Einsatz finden. Das Ergebnis des Informationslogistikprozesses ermöglicht eine Transformierung operativer Daten in Informationen, die für Analysen und deren Interpretation, d. h. zur Sicherung von Wettbewerbsvorteilen in der Beschaffung genutzt werden können.

2 Die Entwicklung der Beschaffung und resultierende Forderungen an Informationssysteme

In der Vergangenheit waren die Unternehmensteile wie Zentraleinkauf oder Materialwirtschaft gleichermaßen zuständig für strategische Beschaffungsaufgaben, wie z. B. Erkennen und Überwachen von Marktentwicklungen, Ausarbeitung von gezielten Beschaffungsstrategien, als auch für operative Aufgaben, wie Bestellschreibung oder Reklamationsbearbeitung. Diese „Nichtfokussierung" auf eine der beiden Tätigkeitsgebiete barg die Gefahr in sich, dass Einkäufer zu sehr mit dem operativem Geschäft behaftet waren und die Aufgaben der strategischen Beschaffung nicht hinreichend erfüllen konnten (vgl. Mische/Buchholz 1999).

Kostenreduzierungsprogramme in Unternehmen entwickeln sich seit einiger Zeit stärker in Richtung der Beschaffung und ihrer Prozesse, weg von Marketing, Vertrieb und Produktion. Damit wird ein deutlicher „Prioritäten-Shift" zur Nutzung der Beschaffung als Einsparhebel deutlich. Bestehende Strukturen und Prozesse im Einkauf werden genauer untersucht und in vielen Fällen wird eine Neuordnung der Beschaffungsaktivitäten eingeleitet. Ein Grund für diese Neuausrichtung der Materialwirtschaft liegt sicherlich im Rationalisierungspotenzial, das die Beschaffung bietet. Dies erklärt sich durch den großen Anteil der Aufwendungen für Vormaterialien im Gesamtkostenblock eines Industrieunternehmens. Die Neuausrichtung bringt häufig eine Trennung von operativer bzw. transaktionaler und strategischer Beschaffung mit sich (vgl. Abbildung 1). Die **operative Beschaffung** legt den Fokus auf die Nähe zum

Verbraucher der beschafften Materialien und Dienstleistungen sowie zur Bestellabwicklung beim Lieferanten. Die Tätigkeiten der operativen Beschaffung bewegen sich somit zwischen der administrativen Auftragsabwicklung, dem Bestellwesen und der Rechnungsprüfung. Ihre Rolle wird geprägt von der beschaffungsbezogenen Verantwortung für Qualität, Menge, Termin und Konditionen bis hin zur Mittlerfunktion zwischen Lieferanten und Verbrauchern im eigenem Unternehmen.

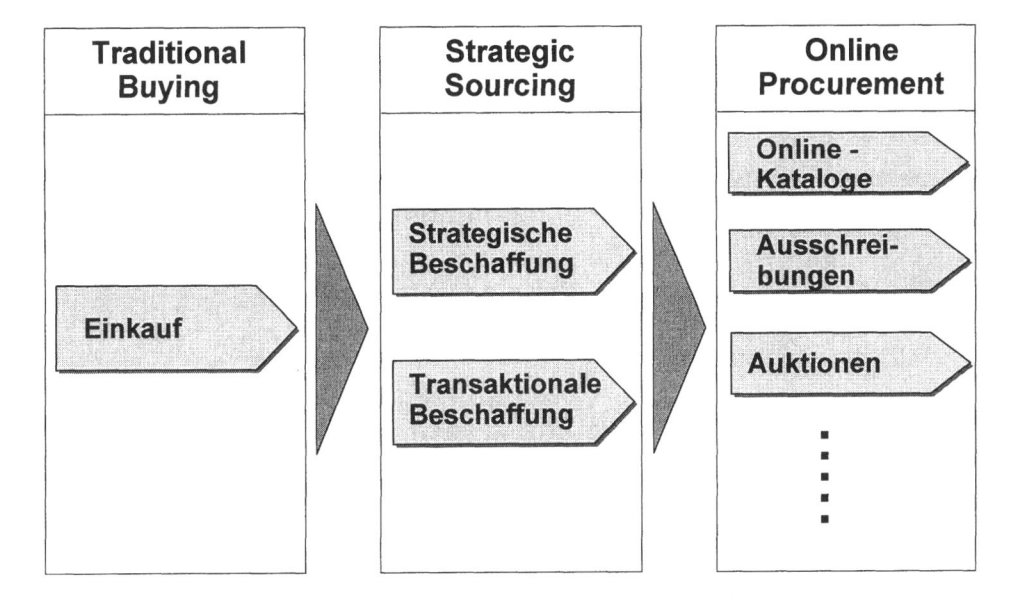

Abbildung 1: Entwicklung der Beschaffungsprozesse

Die **strategische Beschaffung** hingegen sieht ihren Schwerpunkt über den Einzelvorgang hinausgehend auf die Gesamtversorgungskosten im Unternehmen gerichtet. Hier steht die Erzielung des bestmöglichen Beschaffungsergebnisses im Hinblick auf die Gesamtkosten im Vordergrund. Dieser generalistische Blick über die gesamte Wertschöpfungskette und deren potenzieller Verbesserung liefert einen unmittelbaren Beitrag zur Steigerung des Unternehmensergebnisses. Eine wichtige Aufgabe der strategischen Beschaffung ist das Beschaffungsmarketing mit einer unmittelbaren Nähe zum Beschaffungsmarkt und zum Verkauf beim Lieferanten. Das Ziel ist das Erreichen der schon angesprochenen Verbesserungspotenziale, wie z. B. die 10-15% Einsparung, die der Pharmahersteller Eli Lilly durch sein globales „Strategic Sourcing Program" realisieren konnte (vgl. Droege/Eger 1997). Somit dürfte klar sein, dass die Hebelwirkung von Beschaffungseinsparungen auf das Ergebnis eines Unternehmens nicht zu unterschätzen ist. Während Prozessverbesserungen innerhalb der Wertschöpfungskette deren Effizienz steigern, zielt der strategische Einkauf auf eine Erhöhung der Effektivität ab und hat somit eine direkte Auswirkung auf das Unternehmensergebnis (vgl. Buchholz 1999).

Die nächste Entwicklungsstufe der Beschaffung und ihrer entsprechenden Prozesse ist die Ausprägung der **e-Fähigkeit** über webbasierte Applikationen bzw. EDV-gestützte Prozesse wie Ausschreibungen oder Angebotsvergleiche. Im Mittelpunkt steht die internetbasierte Abwicklung der einzelnen Prozessschritte über Bedarfsermittlung, Ausschreibungen und deren Auswertungen bis hin zu Auktionen, welche in vielen Fällen in einem Online-Katalog enden. Dieser Vorgang kann in einer e-Procurement-Applikation dann zur Bestellung führen, deren Wareneingang im System verbucht wird und so automatisch die Zahlung auslöst. Über die genannten Schritte hinaus gibt es je nach Branche bzw. Warengruppe noch andere Ausprägungen der e-Fähigkeit von Applikationen, wie beispielsweise die „Realtime"-Überwachung der Fertigungsschritte beim Zulieferer. Daimler-Chrysler überwacht so z. B. die Lederfertigung in den Gerbereien in Südafrika (vgl. Putzlocher 2000). Die Weiterentwicklung der Beschaffung wird sicherlich auch geprägt durch das Entstehen sogenannter „virtueller Marktplätze", ob vertikal nur für einen Industriezweig oder horizontal, mit einer brachenübergreifenden Ausrichtung.

Zur Realisierung dieser letzten Entwicklungsstufe der Beschaffung sollte der strategische Beschaffungsprozess durch Informationssysteme gezielt unterstützt werden. Dr. Wolfgang Martin von der Meta Group äußert sich zu diesem Thema in einem Interview mit der Computerwoche wie folgt: „Im ersten Schritt sollten Unternehmen mit Hilfe von Business Intelligence-Anwendungen den Einkauf untersuchen [...] und das Verhältnis zu den Lieferanten analysieren. Zweitens lassen sich dann konkret Konditionsverhandlungen führen" (Martin 2001).

Zur Identifizierung und Nutzung von potenziellen Synergien und Standardisierungsmöglichkeiten benötigt die strategische Beschaffung also einheitliche Informationen über die logistischen Vorgänge (Beschaffung und Distribution) im Unternehmen. Diese Informationen müssen gezielt dem Bedarf an Information der Beschaffungsabteilungen gerecht werden. Um dies zu gewährleisten, ist ein entsprechendes Analysetool sehr hilfreich. Zur Entwicklung eines solchen Tools muss Detailwissen aus der Beschaffung vorliegen. Darüber hinaus müssen die Informationen eines solchen Systems zuverlässig und aktuell sein. Die Analysemöglichkeiten sollten dem Benutzer leicht verständlich und gut bedienbar präsentiert werden. Sie dienen als Werkzeug zur Entscheidungsunterstützung in der strategischen Beschaffung.

Da diese Notwendigkeit des Zugangs zu qualitativen Daten für die Beschaffung gerade in den Zeiten der „Elefantenhochzeiten", sprich „Mergers and Acquisitions", sowohl von großen als auch kleinen Unternehmen immer schwieriger zu erfüllen ist, sind intelligente Lösungen von Nöten. Die IT-Abteilungen fusionierter Unternehmen stehen vor dem Problem, Daten der Fusionspartner zu synchronisieren und zusammenzufügen. Die Komplexität der Aufgabe wird durch heterogene Systemlandschaften der Einzelunternehmen (mehrere unterschiedliche ERP-Systeme) weiter gesteigert. Der **Procurement Data Warehouse**-Ansatz bietet hier eine vielversprechende Lösung, den Informationsbedarf in der Beschaffung optimal zu befriedigen.

3 Procurement Data Warehouse

3.1 Problemfeld Datenkonsolidierung

Die Schwierigkeiten, vor denen die Entwickler eines Procurement Data Warehouse stehen, sind mannigfaltig. Die zu lösenden Probleme reichen von uneinheitlichen Produktbezeichnungen, doppelten Lieferantenstammsätzen bis hin zur Kategorisierung von Materialien oder fiktiver Warengruppenschlüssel wie „Sonstiges" oder „Dummy".

Abweichungen der oben genannten Begriffsdefinitionen zwischen den Systemen machen die Analyse von Daten schlichtweg wertlos. Was für die Beschaffung im Unternehmensteil A „Schaumstoff-Flocken" sind, nennt der Einkauf des Unternehmensteils B schlicht „Füllmaterial". Darüber hinaus findet man sich auch vor einem nicht zu unterschätzenden Problem der **Warengruppenzuordnung** von Materialen. Nicht nur seitens der Nomenklatur sondern auch bezüglich der unternehmensspezifischen Hierarchiestufen gibt es gravierende Unterschiede. Was im einen Unternehmensteil unter der Kategorie „Technische Güter" und der Gruppe „Halbzeuge" geführt wird, kann in einem zweiten Unternehmensteil unter der Kategorie „Rohstoffe" zu finden sein. Auch hier stellt sich eine Konsolidierung der Systeme und eine daraus abgeleitete aussagekräftige Analyse als ein Problem dar. Der Einsatz von Warengruppenschlüsseln wie „Sonstiges" führt dazu, dass zwar alle Produkte und Dienstleistungen einer Warengruppe zugeordnet werden - also eine Bestellung im ERP-System zu generieren ist. Aber die Auswertung der Warengruppe „Sonstiges" bringt viele Produkte zum Vorschein, die anderweitig zugeordnet sein müssten, aber entweder aus Bequemlichkeit oder Unwissen einfach falsch zugeordnet sind.

Ein weiteres Problem stellen häufig **Lieferantenstammsätze** dar. Ein Lieferant wird im System A unter „Gebrüder Meier" geführt, ist aber im anderen System unter „Gebr. Meier" oder „Meier/Gebr." abgelegt. Dies erschwert eine eindeutige Umsatzzuordnung zum oben beschriebenen Lieferanten und schwächt somit die Verhandlungsposition. Der erhoffte Wettbewerbsvorteil kann nicht realisiert werden, wenn die Umsätze zum Lieferanten nicht zu konsolidieren sind. Dies zeigt das folgende Beispiel aus der Praxis eindringlich. Der Ölmulti Shell baute einen Data Mart, um seine Einkaufsaktivitäten zu untersuchen. Er stellte dabei auf der einen Seite fest, wieviel Geld er bei welchem Lieferanten ausgibt. Auf der anderen Seite fand man auch heraus, wie viel Prozent des Umsatzes der Lieferant wiederum mit Shell erzielt hat. Shell nutzte diese Erkenntnisse für die Minimärkte innerhalb der Tankstellen. Bei der Konsolidierung des Getränkeverkaufs fanden die Analysten erstens heraus, dass in den Shops große Mengen Coca Cola verkauft werden. Die zweite Erkenntnis war, dass man der größte Wiederverkäufer für die braune Limonade ist. Mit diesem Ergebnis hat man die Verkäufer bei Coca Cola konfrontiert. Deren Kommentar gegenüber Shell lautete „Schade, dass ihr das jetzt wisst" (vgl. Martin 2001).

Durch genaue Zuordnung von Umsatz zu Lieferanten besteht auch die Möglichkeit dem sogenannten **„Maverick buying"** Einhalt zu gebieten. Unter „Maverick Buying" versteht man das Einkaufen an e-Procurement oder anderen Systemen und dadurch auch an vorverhandelten Verträgen vorbei. Der Einsatz von Telefon oder Fax führt dazu, dass Waren geliefert werden, deren Lieferung keine systemgenerierte Bestellung zugrunde liegt. Diese Tatsache wird aber erst beim Wareneingang bzw. beim Erhalt der Rechnung festgestellt. Da diese Bestellvorgänge meist auch an den in den e-Procurement Systemen enthaltenen Lieferanten, mit denen Verträge bestehen, vorbei geht, werden dadurch auch die zu erwartenden Einsparungen geschmälert. Diese Vorgehensweise hat bei manchen Unternehmen dazu geführt, eine Warengruppe „ATF" (after the fact) einzuführen.

Nur wenn die Abbildung der Stammdaten verschiedener Quellsysteme auf ein eindeutiges und allgemein akzeptiertes Zielschema gelingt, kann das Procurement Data Warehouse ein Schlüsselelement für Analyse und Entscheidungsunterstützung zur Optimierung des strategischen Einkaufsprozesses werden.

3.2 Data Warehousing Methode als Lösungsansatz

ICGC versteht unter ihrem Data Warehouse ein System, das es ermöglicht, Geschäftsentscheidungen des Beschaffungsmanagement auf Grundlage von Informationen aus externen und internen Datenquellen schneller und effizienter zu treffen (vgl. zum Geschäftsmodell von ICGC den Beitrag von Freienstein/Petri/Müller in diesem Buch). Hierzu wurde ein Informationslogistikprozess geschaffen, der die richtigen Daten aus Vorsystemen extrahiert, diese mittels spezieller Verfahren und Kontextwissen aufbereitet und dem Anwender als Informationen in analysierbarer Form zur Verfügung stellt (vgl. Abbildung 2).

Die besondere Herausforderung bei der Erstellung dieses Prozesses lag in der Integration der Quelldaten, die aus verschiedenen ERP-Systemen stammen. Hierzu werden die Informationen („Wer bestellt was, von wem?") eines jeden Einkaufsvorgangs zunächst strukturell und dann semantisch konsolidiert.

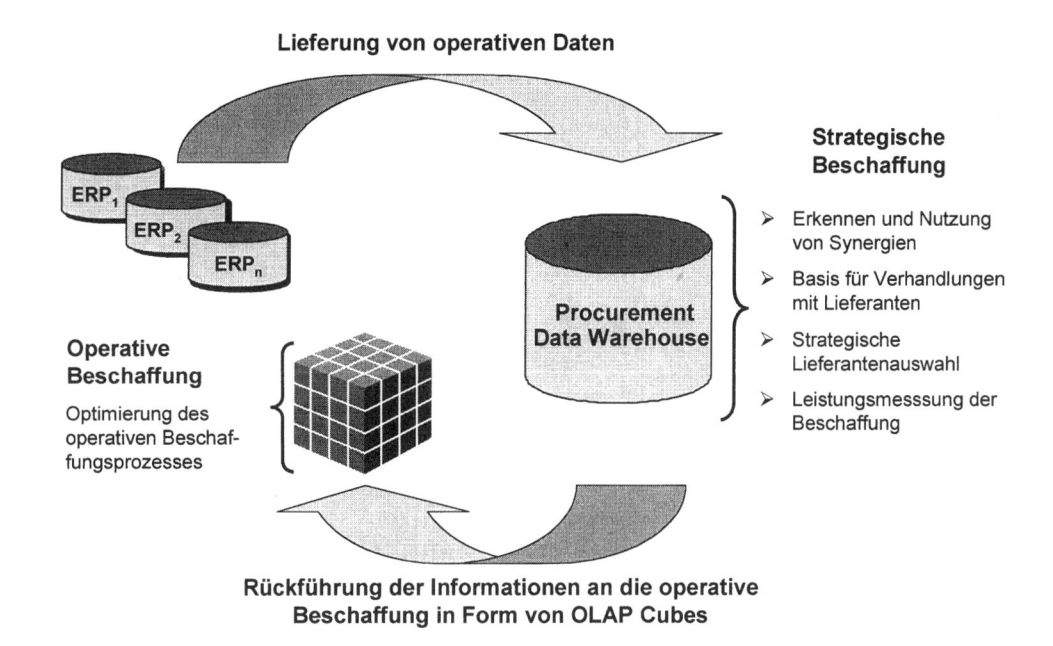

Abbildung 2: Informationsfluss des Procurement Data Warehouse

Die **strukturelle Konsolidierung** ermöglicht eine Zusammenführung von Daten aus ERP-Systemen verschiedener Hersteller wie z. B. SAP und J.D. Edwards. Der strukturellen Konsolidierung folgt die semantische Konsolidierung der Quelldaten. Hierbei werden in besonderer Weise das Customizing und die Stammdaten der ERP-Systeme betrachtet. Ziel ist es, die Quelldaten für die Analyse auf einem „gemeinsamen Nenner" abzubilden. Es müssen dazu zunächst für Warengruppen, Materialien, Standorte, Lieferantenstammdaten usw. allgemein im Unternehmen akzeptierte Standards definiert werden. Die operativen Daten, die von diesen Werten abweichen können, werden dann durch die **semantische Konsolidierung** auf die definierten Standards abgebildet. Dies hat zur Folge, dass im Data Warehouse nur eine allgemein akzeptierte und definierte „Sprache" gesprochen wird. Das Ergebnis der strukturellen und semantischen Konsolidierungsmaßnahmen ermöglicht erst die Vergleichbarkeit und die Analyse von Daten aus „n" Quellsystemen des Procurement Data Warehouse. Nur unter dieser Voraussetzung wird vermieden, dass man - um es salopp zu formulieren - Äpfel mit Birnen vergleicht.

So ist es zum Beispiel möglich, Bestellungen, die mit operativen Warengruppen der ERP-Systeme getätigt wurden und oftmals Projekt- oder Kostenstellencharakter aufweisen, auf Standard Klassifizierungsschlüssel, wie beispielsweise den **eCl@ss-Schlüssel** abzubilden. Zur praktischen Erläuterung dient das folgende Beispiel: Im ERP-System wurde eine „Radialkreiselpumpe" bestellt. Die Bestellung bezieht sich nicht auf ein im Materialstamm hinterlegtes Material. In der Bestellung findet die Warengruppe „Investitionen Anlage 1"

Verwendung. Für die einkäuferische Tätigkeit ist es jedoch notwendig, alle Bestellwerte der im System bestellten Pumpen zu analysieren. Durch Einsatz des von ICGC entwickelten „Text Based Mapping Tools" kann die bestellte „Radialkreiselpumpe" dem Sachgebiet „Maschine, Apparat", der Hauptgruppe „Pumpe", der Gruppe „Kreiselpumpe" und der Untergruppe „Radialkreiselpume" des eCl@ss-Schlüssels zugeordnet werden (vgl. hierzu im Einzelnen Kapitel 3.3 „Methoden und Data Warehouse Tools"). Diese Vorgehensweise ermöglicht die geforderte Einkaufsvolumenanalyse bestimmter Untergruppen. Im oben genannten Beispiel kann also das Einkaufvolumen aller über das/die ERP-System(e) bestellten Pumpen bestimmt werden.

Die **Architektur** des ICGC Procurement Data Warehouse wird von einer Standardarchitektur für Data Warehousing abgeleitet, welche in der Literatur allgemein als „**Hub & Spoke**"-Architektur bezeichnet wird. Wesentliche Determinante bei der Entwicklung der Architektur ist die dezentral organisierte Systemwelt, aus der das Data Warehouse seine Daten bezieht, und die daraus resultierende strukturelle und semantische Inhomogenität der Quelldaten. Entsprechend einer „Hub & Spoke"-Architektur lassen sich in Abbildung 3 die Quellsysteme, das Core Data Warehouse und die Data Marts als die drei wesentlichen Bereiche des Data Warehouse identifizieren.

Die Informationslogistik beginnt bei den **Quellsystemen**, aus denen die für das Procurement Data Warehouse relevanten Daten extrahiert werden. Nach der Extraktion sind die Quelldaten durch diverse Prozesse in das **Core Data Warehouse** zu laden. Das Core Data Warehouse hat die Funktion, die Daten strukturell und semantisch konsolidiert in einer analyse-/ und anwendungsneutralen Form bereit zu halten sowie als optimiertes Datenauslieferungslager für die Anwendungen zu fungieren. Das Core Data Warehouse selbst ist gemäß einer geschichteten Datenarchitektur organisiert. Diese Datenarchitektur unterstützt den Informationslogistikprozess der strukturellen und semantischen Datenkonsolidierung, der den Übergang von inhomogenen Quelldaten zu analysierbaren Informationen leistet und somit den primären Informations-Wertschöpfungsprozess des Data Warehouse darstellt.

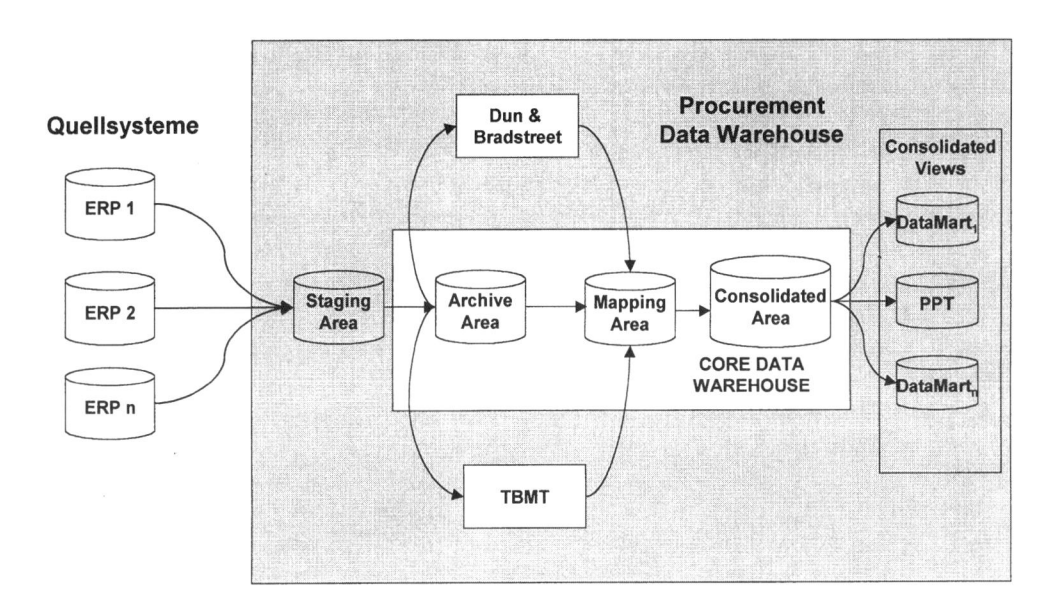

Abbildung 3: Konzeptionelle Architektur des ICGC Procurement Data Warehouse

Am Ende der Informationslogistikkette stehen die **Data Marts** des Procurement Data Warehouse. Diese halten die Daten bzw. ein relevantes Subset des Data Warehouse in analyseoptimierter Struktur für die jeweiligen Data Warehouse-Applikationen vor. Die Datenrepräsentation in einem Data Mart ist abhängig von der konkreten Analyse-Anwendung und den dabei eingesetzten Endanwender-Zugriffswerkzeugen (ROLAP, MOLAP oder spezielle Anwendungen wie z. B. das Procurement Performance Tracking). Das primäre Ziel, das durch die Ableitung von Data Marts aus dem Core Data Warehouse verfolgt wird, ist ein optimiertes Antwortzeitverhalten für die Applikationen zu erreichen (vgl. zur Data Warehouse-Architektur hpi 2000, S.2-7).

3.3 Methoden und Data Warehouse Tools

3.3.1 Semantischer Datenabgleich mittels Text Based Mapping Tool (TBMT)

Der aufwendigste Konsolidierungsprozess im ICGC Procurement Warehouse ist die Abbildung der von den Einkaufsvorgängen assoziierten Materialien und Dienstleistungen. Dies liegt im Wesentlichen an den folgenden Gründen:

Ein operationales Materials-Management-Modul (bspw. SAP R/3 MM) verwaltet in einem Konzernbereich durchschnittlich 30.000 bis 40.000 Materialien und Dienstleistungen. Ein einstufiger Warengruppenbegriff mit einigen wenigen Warengruppen, welche die Materialien grob klassifizieren, ist zwar für operative Zwecke durchaus ausreichend, lässt aber keine **OLAP-Analyse** mit geeigneter Granularität zu.

Im Einkauf werden häufig Bestellungen getätigt, die nicht auf ein im Materialstamm definiertes Material verweisen, da im operativen System die Eingabe einer Sachnummer nicht zwingend notwendig ist. Dies ist natürlich für die spätere Analyse der Daten problematisch. Kimball bezeichnet die optionale Dateneingabe als „Optional is the kiss of death for data" (Kimball 1997, S. XXVII). Bei derartigen Bestellungen wird im Bestelltext das gewünschte Material spezifiziert und man spricht von unkodierten Bestellpositionen. Diese stellen häufig einen großen Teil des Einkaufsvolumens dar und müssen demzufolge genauso wie die definierten Materialien / Dienstleistungen der Quellsysteme des Procurement Data Warehouse auf einer analysefähigen Referenz-Material-Dimension abgebildet werden. Die Abbildung 4 beschreibt die Datenlage eines Quellsystems im Procurement Data Warehouse.

Die Abbildung der wichtigsten Kontext-Information im Procurement Data Warehouse („Was wird eingekauft?") auf eine analysefähige Referenz-Material-Dimension wird mit Hilfe eines speziell entwickelten Werkzeuges, dem **Text Based Mapping Tool (TBMT)**, geleistet. Der Einsatz dieses Werkzeugs ist ein wesentliches Alleinstellungsmerkmal des ICGC Procurement Data Warehouse und leistet den primären Informations-Wertschöpfungsprozess, der inhomogene Quelldaten zu analysierbaren Informationen macht.

Mit Hilfe des Text Based Mapping Tools (TBMT) können die Quelldaten und die Zielhierarchie gemeinsam betrachtet werden. An den einzelnen Knoten der Zielhierarchie werden nun aufgrund der Quelldaten Regeln definiert. Diese ordnen die Quelldaten automatisiert der Zielhierarchie zu. Die zugrunde liegenden Regeln bestehen dabei aus Funktionen, zum Beispiel „Text Occurrence of", „Word begins with", „Supplier =" sowie logischen Operatoren (AND, OR, NOT), die von den Materialwirtschaftsexperten erstellt und gepflegt werden. Mit dem TBMT können operative Warengruppen auf analysefähige Standard-Klassifizierungssysteme wie z. B. eCl@ss oder UNSPSC-Code abgebildet werden.

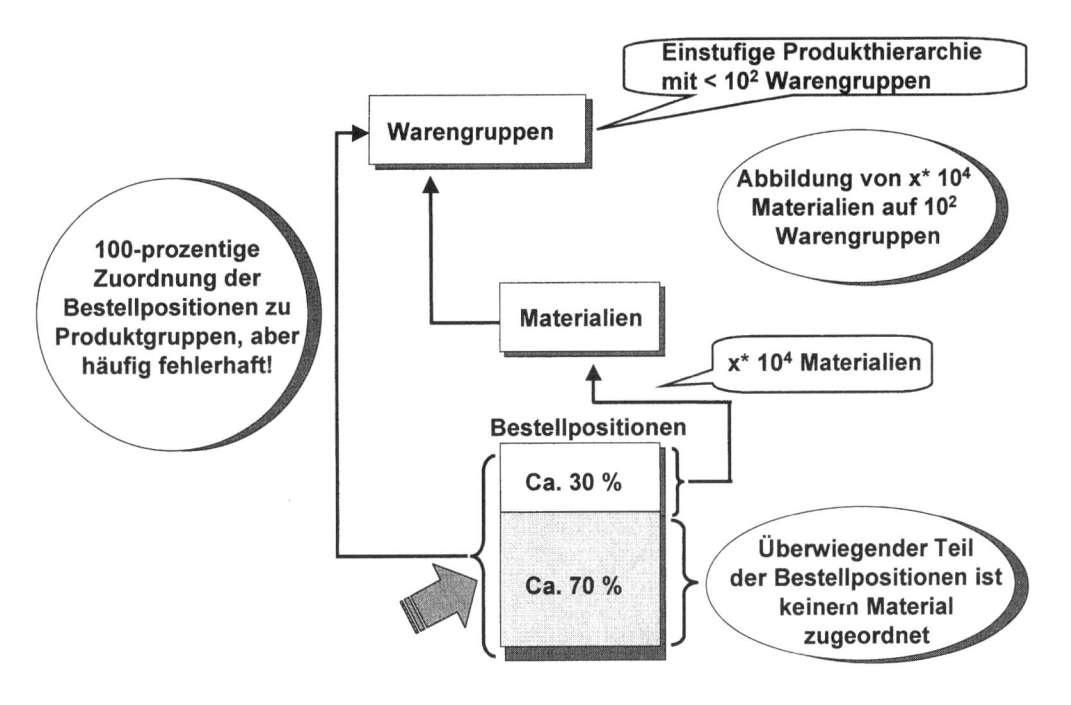

Abbildung 4: Datensituation eines Quellsystems

3.3.2 Datenabgleich der Lieferantenstammdaten mit Dun & Bradstreet

Die Konsolidierung der Lieferanten-Stammdaten wird mit Hilfe des externen Informationsdienstleisters Dun & Bradstreet durchgeführt. **Dun & Bradstreet** gleicht die Lieferanten-Stammdaten des Procurement Data Warehouse mit dem eigenen Firmendatenbestand („D&B-Worldbase") ab und reichert die Data Warehouse-Datensätze mit folgenden Informationen an:

- Jeder (in Relation zur D&B-Worldbase) erkannten Firma wird die entsprechende weltweit eindeutige DUNS®-Number zugeordnet. Bei allen Lieferanten-Datensätzen mit gleicher DUNS-Number handelt es sich physisch und juristisch um dieselbe Firma. Auf diese Weise wird eine intra- und inter-System-Lieferanten-Dubletten-Bereinigung erreicht.

- Die D&B-Worldbase verfügt über Informationen zu Konzern-Verflechtungen, diese werden als D&B-Family-Trees bezeichnet. Ist nun zu einem Lieferanten-Datensatz des Procurement Data Warehouse der D&B-Family-Tree bekannt, so erhält man zu den eigentlichen Lieferanten-Informationen auch den Verweis auf die Landes- und Weltmutter der jeweiligen Firma.

- Neben den bereits erwähnten Informationen liefert D&B zu jedem erkannten Lieferanten-Datensatz ein Set von ca. neunzig weiteren Informationen (wie bspw. Branchencodes, Umsatzzahlen, Anzahl Mitarbeiter usw.), die auch für den Einkauf wichtig sind.

3.4 Benefits des Procurement Data Warehouse

Durch die Integration der verschiedenen ERP-Systeme eines Unternehmens im Procurement Data Warehouse bekommt der strategische Einkauf ein entscheidungsunterstützendes Werkzeug zur Seite gestellt. Der strategische Einkäufer erhält eine qualitativ hochwertige Datenbasis, indem er die Daten aller Einkaufsvorgänge, die unternehmensweit über verschiedene ERP-Systeme abgewickelt werden, intelligent analysieren kann. Dies ermöglicht eine transparente Darstellung der Beschaffung in Bezug auf Warengruppen, Lieferanten, Standorte und Organisationseinheiten. Einkaufsvorgänge können gezielt analysiert und die verschiedenen Unternehmensteile miteinander verglichen werden. Prozesskennzahlen, wie Durchlaufzeiten oder Bestellanforderungsquoten, sind somit zu bestimmen. Die operativen Beschaffungsprozesse gewinnen an Transparenz und eventuelle Schwächen können analysiert werden. Das Procurement Data Warehouse liefert damit wichtige Kennzahlen für **Prozessoptimierungsprojekte**.

Die Konsolidierung der verschiedenen Quellsysteme ermöglicht des weiteren ein effizientes **Lieferantenmanagement**. Die Aggregation der Umsätze zu nun unternehmensweit eindeutigen Lieferanten ermöglicht eine bessere Ausgangslage bei Rahmenvertragsverhandlungen. Interne **Benchmarks** der Einkaufspreise können erstellt und neue **Einkaufsstrategien** wie z. B. Volumenbündelung oder Multiple Sourcing abgeleitet werden.

Mit der Data Warehouse Anwendung **Procurement Performance Tracking** (PPT) kann die Leistung des Einkaufs gemessen und dargestellt werden. Das Tool kompensiert externe, vom Einkäufer nicht zu beeinflussende Faktoren und dient als Instrument zur Steuerung der strategischen Einkaufsaktivitäten. Neben den eigentlichen analytischen Funktionen des Procurement Data Warehouse können durch die Einführung eines solchen Systems z. B. Warengruppen oder Lieferantenstammdaten unternehmensweit definiert und standardisiert werden.

4 Ausblick

Die Erfahrung aus vielen Projekten der ICGC in der Unternehmenspraxis hat gezeigt, dass ein Großteil der Kunden nicht über entscheidungsunterstützende Tools in ihrem Einkauf verfügt. Einkaufsrelevante Daten aus unterschiedlichen Unternehmensteilen können nur mit großem manuellen Aufwand in Verbindung mit einer hohen Fehlerquote erhoben werden.

ICGC wird ihr Leistungsangebot erweitern und nicht nur kundenspezifische Procurement Data Warehouse-Einführungen anbieten, sondern auch die beschriebene Data Warehouse-Lösung dem Kunden über das Internet zur Verfügung stellen. ICGC fungiert zukünftig also auch als **Application Service Provider** und kann über eine definierte Schnittstelle operative Daten des Kunden durch den beschriebenen Informationslogistikprozess zu wertvollen Informationen veredeln.

Literatur:

Buchholz, W. (1999): Outsourcing der Beschaffung - Strategische Ausrichtung und organisatorische Umsetzung. In: Zeitschrift Führung und Organisation (ZFO), 5/1999, S.271-277.

Droege, W.P.J.; Eger, M. (1997): Innovative Einkaufskoordination in dezentralen Strukturen. In: Beschaffung aktuell, 5/1997, S.26-28.

hpi GmbH (2000): Architektur und technische Realisierung des hpi Procurement Data Warehouse – White Paper, Frankfurt am Main 2000.

Kimball, R. (1996): The Data Warehouse Toolkit – Practical techniques for building dimensional Data Warehouses, New York 1996.

Martin, W. (2001): Prozessintegration - nicht zu jedem Preis. In: Computerwoche extra Business Intelligence - Von Reports zur strategischen Unternehmensplanung, 4, 2001, http://www.computerwoche.de/info-point/newsdatenbank/details.cfm?NUMER30611.

Mische, J.; Buchholz, W. (1999): Hoechst Procurement International (hpi) – Neuausrichtung der strategischen Beschaffung bei Hoechst. In: Hahn, D.; Kaufmann, L. (Hrsg.), Handbuch Industrielles Beschaffungsmanagement, Wiesbaden 1999, S.640-656.

Putzlocher, S. (2000): Vortrag auf der Healy Hudson eSourcing Konferenz, 16/17.11.2000 in München.

Rainer Härtner

Das i-Executive Solution Development Center (i-XSDC) bei CSC PLOENZKE

1 Einleitung

2 Alles beginnt mit einer Vision

3 SCM und e-Business

4 Lage der Entscheidungsträger

5 Darstellung des i-XSDC bei CSC Ploenzke
    5.1 Vorteile des i-XSDC
    5.2 i-XSDC Komponenten
        5.2.1 SAP-Produkte im i-XSDC
        5.2.2 i2-Produkte im i-XSDC
        5.2.3 Weitere Produkte im i-XSDC
    5.3 Produktauswahl im i-XSDC

6 Transparenz und „Look and feel"

7 Scenario Prototyping

8 Preconfigured Solutions (Templates)

9 Nutzung

1 Einleitung

Um Führungskräften und Evaluierungsteams eine rasche zielführende Entscheidungsgrundlage zur Auswahl ihrer individuellen Supply Chain Lösung zu geben, hat die CSC Ploenzke AG das i-Executive Solution Development Center (i-XSDC) eingerichtet. In dieser Laborumgebung sind die wesentlichen Software Produkte zur Unterstützung und Abbildung von logistischen Ketten (Supply Chains) installiert. Vom Überblicksworkshop, über die Abbildung von Szenarioprozessen bis hin zu Schulungen und gegebenenfalls einem ersten early prototyping sind die Nutzungsmöglichkeiten des Labors sehr variantenreich. Das i-XSDC besteht seit einigen Jahren und wird nach wie vor sehr intensiv genutzt, um Know-how zu vermitteln und Entscheidungen teamorientiert und fundiert ohne Verkaufsdruck aber mit vielfältiger Beratungserfahrung vorzubereiten.

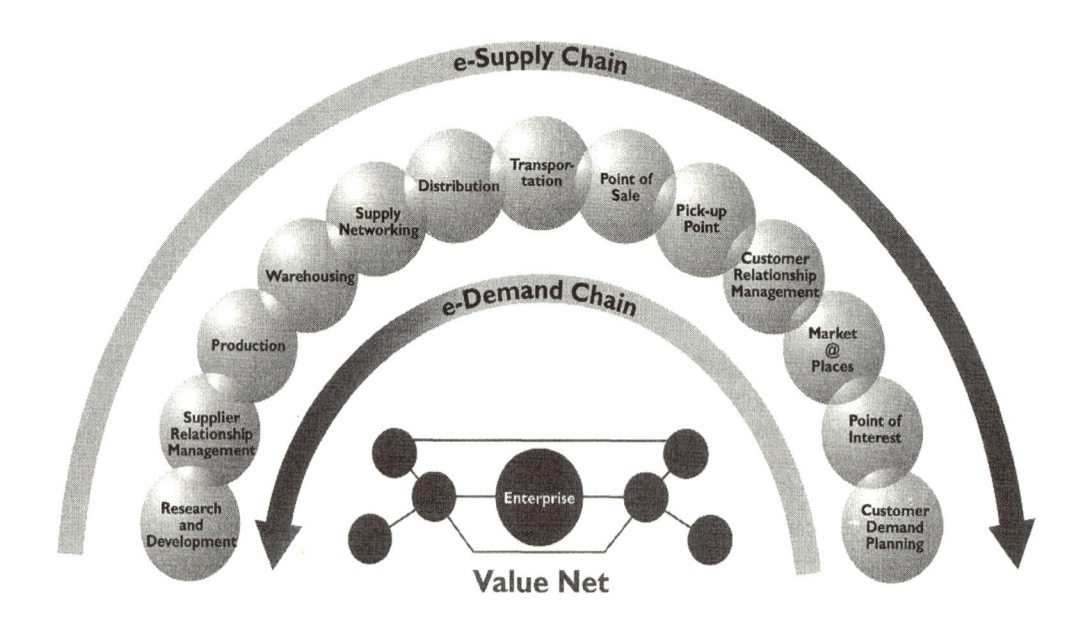

Abbildung 1: Supply Chain Vision von CSC Ploenzke

2 Alles beginnt mit einer Vision

Zu Beginn der Supply Chain Entwicklung steht die Frage nach der Vision, die interaktiv zu entwickeln und gegebenenfalls auch fortzuschreiben ist. Sie ist sozusagen die strategische Leitlinie und der Prüfstein für alle nachfolgenden operativen Überlegungen und Handlungen (vgl. Abbildung 1). Da die Vision umgesetzt werden muss, benötigt sie eine entsprechende Architektur, die mit konkreten Umsetzungsbausteinen versehen ist.

3 SCM und e-Business

Der Hype um das Thema e-Business war und ist der Enabler und Beschleuniger für eine Vielzahl an interessanten SCM-Prozessen. Selten zuvor konnte durch die Nutzung einer Technologie soviel Zeitersparnis in den Prozessketten erreicht werden wie heute auf der Grundlage von e- oder Collaborative Business. Der Markt hat sehr schnell begriffen welch enormes Potenzial hier freigesetzt werden kann. Das Besondere daran ist, dass es die Wettbewerbslage in vielfältiger Weise beeinflusst.

Mit e-Business wurde das Lösungsportfolio im SCM aber gleichzeitig auch wesentlich komplexer. Ein rapider Verfall der Halbwertzeiten einzelner Lösungsbausteine macht die Entscheidungslage schwieriger. Denn nach wie vor gilt, dass sich die SCM-Prozesse weiterentwickeln. Bei aller Veränderungsgeschwindigkeit müssen aber Lifecycle von fünf bis zehn Jahren erreicht werden, um wirtschaftlich zu bleiben.

4 Lage der Entscheidungsträger

Änderungen in den SCM-Strukturen verlangen von den Entscheidungsträgern sehr viel Weitsicht und Mut bezüglich der Lösungsoptionen. Neben den technologischen Fragestellungen sind die organisatorischen Veränderungen, die primär die beteiligten Menschen betreffen, am schwierigsten zu lösen, und es ist meist mit vehementem Widerstand zu rechnen. Dabei kommt es häufig zu Auseinandersetzungen in Bezug auf technologische Fragen, die aber ihre wirkliche Ursache auf der menschlichen Ebene haben. Entscheidungsträger werden aber zu konsequentem Handeln genötigt, da der Markt nicht wartet bis eine Neuorganisation auch innerbetrieblich Akzeptanz findet.

Sehr schnell können Wettbewerbspositionen entscheidende Veränderungen erfahren, indem man selbst in Sachen e-Business initiativ wird oder aber feststellen muss, dass Wettbewerber bereits schneller waren. Aber nicht immer hält alles Neue was es scheinbar verspricht. Die Darstellung des Lösungsangebots wird sehr stark durch die Mittel eines aggressiven Marketing geprägt. Welche Lösung hält aber tatsächlich, was sie verspricht? Wie lässt sich die Spreu vom Weizen trennen? Im Folgenden werden Antworten auf diese Fragen gegeben.

5 Darstellung des i-XSDC bei CSC Ploenzke

5.1 Vorteile des i-XSDC

Um den Entscheidungsträgern eine verlässlichere Basis für ihre Handlungsprozesse zu geben, ist die Möglichkeit eines tatsächlichen Ausprobierens der Supply Chain Lösung ein wichtiger Aspekt. Die folgenden Aufgaben sollen mit Hilfe des Labors besser gelöst werden:

- Präsentation der im Markt nachgefragten Produkte, ohne den üblichen Verkaufs- und Marketingdruck, kombiniert mit der Beratungserfahrung aus Projekten in verschiedenen Szenarien.
- Angebot zum „Look and Feel" für die angebotenen Produkte und Szenarien bis hin zum Überblickstraining im Sinne von" What is state of the Art?".
- Im Ergebnis erhält der Entscheidungsträger eine ausreichende Grundinformation samt Erfahrungswissen, weg vom „Hochglanzwissen".
- Darstellung alternativer Szenarien am System zur Meinungsbildung und Entscheidungsfindung gegebenenfalls mit integriertem Workshop.
- Zielgruppenspezifisches Produkttraining insbesondere für Projektteams. Durch die Zielgruppenausrichtung wird das Training sehr effektiv und leistet einen wichtigen Beitrag zur Teambildung.
- Letztlich steht die Installation auch für Prototyping-Aufgaben in der ersten Phase eines Projektes zur Verfügung. Es beschleunigt die Anlaufphase, bis in der Kundenumgebung die nötigen Voraussetzungen geschaffen sind.

5.2 i-XSDC Komponenten

5.2.1 SAP-Produkte im i-XSDC

Ein SAP R/3-ERP-Backbone ist das im deutschsprachigen Raum am häufigsten anzutreffende Szenario. Somit ist in dem Labor auch SAP mit seinen Produkten sehr stark vertreten. mySAP.com steht dabei für die neuen web-basierten Produkte der SAP. Die folgenden SAP-Produkte können im i-XSDC getestet werden.

- **Advanced Planner and Optimizer (APO)** mit einem Fokus auf die integrierte Planung und Steuerung von globalen/unternehmensübergreifenden Logistikprozessen.

- **DP Demand Planning (DP)** zur ganzheitlichen, d. h. globalen Absatzplanung, inkl. Promotions und Product Life Cycles.

- **Supply Network Planning (SNP)** zur integrierten Distributions-, Bestands- und Produktionsgrobplanung einschließlich der Option zur Optimierung.

- **Production Planning and Detailed Scheduling (PP/DS)** zur Planung und Optimierung der Produktionsreihenfolge.

- **Global Available To Promise (ATP)** dient der globalen Bedarfssteuerung unter Berücksichtigung aller bestehenden Absatzpläne und der optimierten Dispositions- und Produktionspläne als auch der Bestandssituation.

- **SCM Cockpit/Alert Monitor** zur proaktiven Steuerung eines Supply Chain by Exception.

- **Transportation Planning/Vehicle Scheduling (TP/VS)** zur Transportplanung und LKW-Disposition.

- **Business-to-Business Procurement (BBP)** ist die e-Procurement Anwendung für den Einkauf, am Markt noch stark auf den MRO- und C-Teile Bedarf ausgerichtet, künftig aber auch für direktes Produktionsmaterial geeignet. BBP gestattet einen Ausbau in Richtung Supplier Collaboration.

- **Customer Relationship Management (CRM)** mit den Teilkomponenten Vertrieb, Marketing und Service. Das Modul ist geeignet für den Innen- als auch Außendienst (mobile functions).

- **Business Warehouse (BW)** war ursprünglich nicht für das SCM gedacht, kommt aber zunehmend im Monitoring zum Einsatz. Ein Grund dafür ist der Umstand, dass die Technologie inzwischen in vielen Anwendungen Eingang gefunden hat und auch für die Supply Chain genutzt wird.

- **Strategic Enterprise Management (SEM)** ist schließlich zur Unternehmenssteuerung auf Entscheiderebene konzipiert, es liefert Informationen in aggregierter Form.

5.2.2 i2-Produkte im i-XSDC

Beim **Demand Planning (DP)** handelt es sich um die Absatzplanung mit Hilfe statistischer Modelle (Zeitreihen-/Wirkungsprognosen). Daten werden in drei Dimensionen hierarchisch dargestellt. Entlang der Dimensionen erfolgt die Dis-/Aggregation. Eigene statistische Datenmodelle können definiert werden. Die Darstellung erfolgt tabellarisch und/oder grafisch. Ein dezidiertes Berechtigungskonzept unterstützt die kollaborative Planung und Konsolidierung der Pläne. Zusätzliche Komponenten/Funktionalitäten wie Demand Analyzer, XMAM (Extended Manual Adjust Matrix) und PRO (Product Relationship Object) erhöhen die Flexibilität in der

Analyse, in der Simulation von What-if-Szenarien sowie in der Abbildung von Zusammenhängen beim Verkauf von Produkten (Dependend Demand).

Demand Fulfillment (DF) ist in drei Bereiche untergliedert: **Profiling and Netting** disaggregiert den Absatzplan auf Zeitinkremente der logistischen Pläne und verrechnet bestehende Aufträge gegen geplante Bedarfe mit Hilfe verschiedener Strategien. **Allocation Planning** kontingentiert das zukünftige Angebot auf die Kunden und verteilt Kontingente anhand von Strategien entlang der Kundenhierarchie. **Order Promising** führt die Verfügbarkeitsprüfung mit Hilfe individueller Strategien durch und vergibt Liefertermine. Die Anbindung an ein Auftragserfassungssystem erfolgt On-/Offline. Zusätzliche Funktionen sind die Abbildung von Liefernetzwerken und Stücklisten.

Mit dem **Supply Chain Planner (SCP)** wird auf Basis der Absatzplanung und bestehender Aufträge auf der einen sowie Kapazitäten und Ressourcen auf der anderen Seite ein optimaler Plan zum Abgleich von Angebot und Nachfrage erstellt. Die Ermittlung des Optimums erfolgt unter Berücksichtigung globaler und lokaler Strategien mittels Heuristiken oder linearer Optimierung. Der Produktentstehungsprozess wird mittels Prozessen, Puffern, Kapazitäten und deren Qualifikationen über verschiedene Lokationen hinweg modelliert.

Im Anschluss an die übergreifende Planung des SCP erfolgt die Lokations-/Ressourcen-interne Planung über den Produktionsplan des **Factory Planner (FP)**. Hier wird, durch eine starke Fokussierung auf die Beseitigung von Engpasssituationen, eine optimale Produktions- und Reihenfolgeplanung vorgenommen.

Beim **Global Logistics Monitor (GLM)** handelt es sich um eine Track&Trace-/Performance Measurement und pre alert Funktionalität. Dieses Modul bietet eine permanente Prüfung zwischen Plan- und Ist-Daten. Verzögerungen sowohl im Übergang von einem zum nächsten SC-Element als auch gegenüber der ETA (Estimated Time of arrival) zu Meldungen, Produkten, Dokumentenflüssen, frei definierbaren Geschäftsregeln, Schwellwerten (min./max. Bestand plus Zuläufe, abzüglich geplanter Abflüsse in der SC) werden betrachtet.

Der **Transportation Manager (TM)** unterstützt den Bereich der Supply Chain-Execution, d. h. die Abwicklung des Tagesgeschäfts bei Verladern oder Logistikdienstleistern in der Transportdisposition. Optimiert wird die Ladungskonsolidierung unter Berücksichtigung von Restriktionen wie Kontrakten, Qualität, Kosten, Kapazitäten an Laderaum oder verfügbarer Zeit. Über die Load Tender Funktionalität erfolgt die Ladungsanmeldung sowie das Committment der Supplier. Eine enge Anbindung an den Transport Optimizer ermöglicht eine optimale Auswahl von Dienstleister, Route oder Equipment.

Das Optimierungswerkzeug **Transportation Optimizer (TO)** wird sowohl im Tagesgeschäft, als auch durch Tools zur Netzwerkplanung eingesetzt. Es berücksichtigt alle im TM modellierten Restriktionen und wird i.d.R. durch den TM und den TMod genutzt.

Das Modul **Transportation Modeler (TMod)** hat die Planung von Distributionsnetzwerken zum Ziel. Es nutzt die Restriktionen des TM, Optimierungsroutinen des TO und Equipment-Definitionen des LC (Load Configurator). Daneben bietet es zum einen die Möglichkeit, Forecasts für Supplier zu erzeugen (mittelfristiger Horizont). Zum anderen können Änderungen im Netzwerk (Merger, neue Lieferantenstruktur) modelliert bzw. simuliert werden (langfristiger Horizont). Schließlich sind Strukturen für Ausschreibungen oder Auktionen über den CBO (Carrier Bid Optimizer) zu bilden.

Das Ziel des **Load Configurator (LC)** ist es, die Auslastung der Transportmittel zu erhöhen. Dafür werden Equipmenttypen und -dimensionen sowie Transportbedingungen definiert. Eigenschaften der zu verladenden Items (Stapelfähigkeit, Gewichte, Volumina, etc.) werden entweder aus Vorsystemen übernommen oder frei definiert.

Auf der Basis des **Supply Chain Strategist (SCS)** lässt sich schließlich das gesamte Supply Network durch die Abbildung übergreifender Demand-Regions-/Bundles-/Requirements, Produkt- & Process-Facilities/-Components, Service Levels modellieren. Die Planung des Supply Network erfolgt ganzheitlich (inkl. Supplier/Customer). „What if-Szenarien" nutzen die gleichen Strategien und Constraints wie die reale Planung.

5.2.3 Weitere Produkte im i-XSDC

Die CRM Anwendungen von **SIEBEL** enthalten ebenfalls die Grundelemente Vertrieb, Marketing und Service. Dieser Anbieter hat sich ganz auf das Thema CRM konzentriert und zählt zu den Spezialisten im Markt. Natürlich enthält das Angebot auch mobile- bzw. e-Business Anwendungen.

SILOG ist eine von CSC entwickelte Anwendung aus Italien mit dem Fokus Transport Loadbuilding sowie Frachtbe- und -verrechnung mit Schnittstellen zu PDV oder SAP R/3.

Unter **Product Catalogue** wird das Angebot der Content Kataloganbieter abgebildet. Derzeit dienen Intershop (hier insbesondere in der SAP-Anbindung), ein Onlinestore-Szenario, welches die Vertriebsabwicklung inkl. Zahlungsabwicklung und das Produktangebot über Content Katalog via Internet unterstützt als Basen.

Die **Enterprise Application Integration (EAI)** ist insbesondere in heterogenen Architekturen ein wichtiges Instrument zu Integration durchgängiger Prozesse und Technologien.

Weiterhin findet sich im Labor **Crossworlds** als ein sehr potenter Anbieter mit umfangreichem Integrationsangebot für eine Vielzahl von gängigen Produkten im Markt (wie z. B. SAP, i2 oder SIEBEL).

Der **SAP Business Connector** bietet spezielle SAP-Anbindungen auf XML-Basis zu anderen Produkten, Marktplätzen oder Partnern.

Schließlich bietet die Plattform **SAP Workplace** den Nutzern rollenbasierte Zugriffsmöglichkeiten auf Informationen, Services und Anwendungen.

Ausführlichere Informationen zu den Produkten finden sich unter:
- www.crossworlds.com
- www.i2.com
- www.intershop.de
- www:SAP.de
- www.Siebel.com

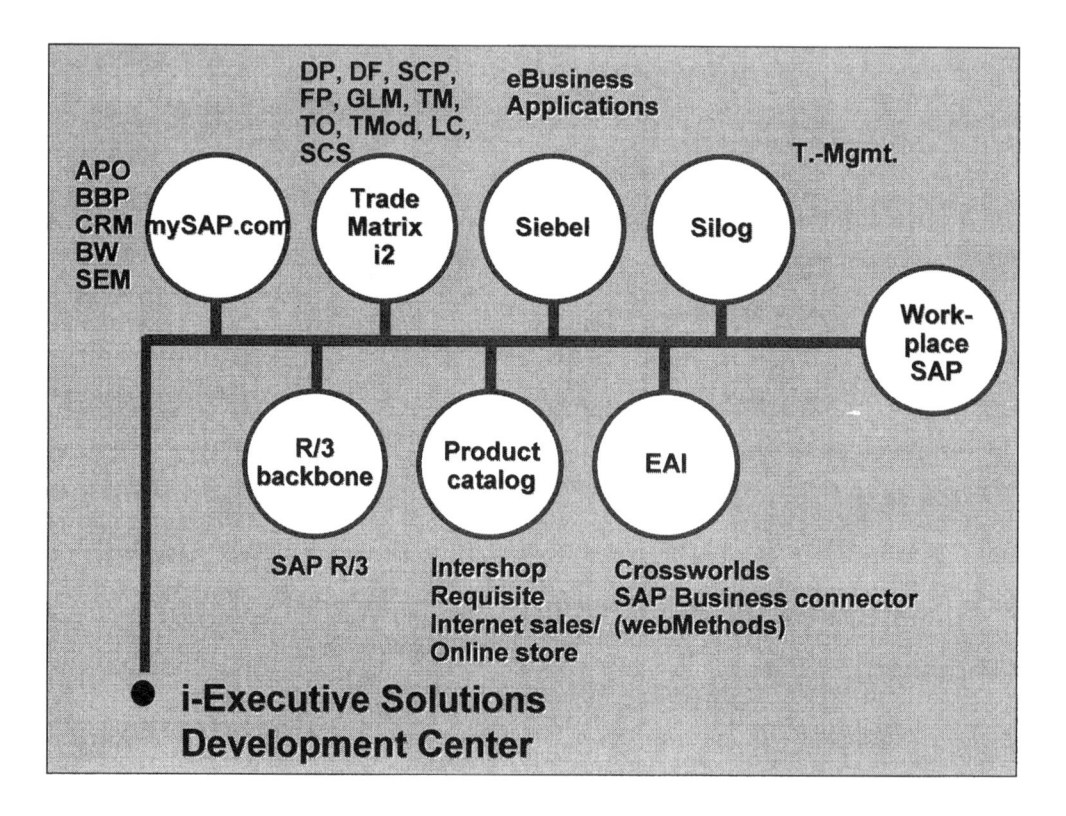

Abbildung 2: Komponenten des i-Executive Solutions Development Center

5.3 Produktauswahl im i-XSDC

Aus wirtschaftlichen Gründen muss eine strategische Auswahl der relevanten Produkte erfolgen. Dabei spielen mehrere Faktoren eine Rolle wie:

- Nachfrage im Markt,
- Lösungsangebot mit Zukunft,
- Potenz des Anbieters und
- Komplexität der Problemstellung.

Das Produktportfolio wird ca. halbjährlich hinsichtlich seiner Relevanz für die Laborzielsetzung überprüft. Bei Bedarf werden Produkte entfernt und gegebenenfalls andere aufgenommen. Zudem müssen jeweils die neuesten Release-Stände der Lösungen verfügbar sein. Andernfalls besteht die Gefahr, dass „alte Kamellen" im Sinne des Marketings der Hersteller gezeigt werden. Dieser Anspruch hat ganz erhebliche wirtschaftliche Konsequenzen. Bei der Erstinstallation könnten viele Fehler auftreten, die vor der Präsentation alle erkannt und eliminiert werden müssen.

6 Transparenz und "Look and feel"

Das i-XSDC sorgt für wesentlich mehr Transparenz unter den Produkten. Ein „Look and Feel" sorgt dafür, dass häufig Bewertungsmaßstäbe von Evaluierungsteams überprüft und korrigiert werden. Insbesondere wissen es die Besucher zu schätzen, dass sie die Präsentationsgeschwindigkeit ihrem persönlichen Aufnahmevermögen anpassen und bei entsprechenden Vorkenntnissen gegebenenfalls auch selbst ohne Beobachter navigieren können. Die Gesamtstruktur des i-XSDC ist so angelegt, dass der Kenntnisstand und die Lerngeschwindigkeit des Entscheiders das Tempo bestimmen und bei keinem der Beteiligten das Gefühl aufkommen soll, „überfahren zu werden".

7 Scenario Prototyping

Die häufig gewählte Methode, die Funktionen der Systeme zu vergleichen, wird dem strategischen Anspruch einer Produktevaluierung nicht gerecht. Dagegen zeigt die Erfahrung, dass die Abbildung von Szenarioprozessen von den Projektbeteiligten besser verstanden wird. Sie sind danach in der Lage, eine Beurteilung abzugeben. Insbesondere werden dabei vorgeschobene Argumente leicht entkräftet. Es ist allenthalben eine deutliche Versachlichung in der Auseinandersetzung festzustellen. Darüber hinaus werden beim Prototyping im Team auch neue kreative Ideen geboren, die erheblich zur Lösungsfindung beitragen.

Weitere **Vorteile** dieser Vorgehensweise sind:

- „Quick hits" lassen sich mit diesem Weg rasch und effizient erzielen, wodurch für die Motivation steigt,
- die Einstellungen können für zielgruppen- sowie themenspezifische Schulungen eingesetzt werden und
- eine Wiederverwendbarkeit wird häufig erreicht.

8 Preconfigured Solutions (Templates)

Natürlich ist es das angestrebte Ziel, für bestimmte Märkte sowie Branchen spezifische Templates im i-XSDC abzulegen und gegebenenfalls mit Projekterfahrungen weiter anzureichern. Die strukturellen Voraussetzungen dafür sind geschaffen. Die Practice Supply Chain arbeitet derzeit an der Umsetzung. Das erste Template entsteht im Bereich der Prozessindustrie. Für die Pharmaindustrie wird an einem Collaborations-Template gearbeitet.

9 Nutzung

Das i-XSDC erfreut sich im Laufe der Jahre zunehmender Beliebtheit und wird intensiv genutzt. Nicht zuletzt auch vor dem Hintergrund, dass der ganze e-Business-Gedanke zu einer enormen Beschleunigung der Prozesse in mehrfacher Hinsicht beigetragen hat und die Komplexität der Entscheidungen nicht geringer geworden ist. Insbesondere hat sich bei CSC Ploenzke ein erhebliches Erfahrungswissen aus dem Umgang mit den unterschiedlichsten Szenarien angesammelt, wovon natürlich auch alle neuen Nutzer profitieren.

Der Vollständigkeit halber sei noch angemerkt, dass es sich bei dieser Einrichtung um eine beachtliche Investition handelt und auch der Unterhalt mit Aufwand verbunden ist. Für die Mitarbeiter stellt das Labor häufig eine Herausforderung dar, weil sie sich mit den jeweils neuesten Software-Releases auseinander setzen müssen, was naturgemäß nicht immer nur Freude bereitet. Aber das ist der Preis, um stets an der Spitze der Entwicklungen zu sein. Ein deutlicher Mehrwert für die Kunden und damit letztlich auch für CSC Ploenzke ist Legitimation genug, diese Einrichtung zu erhalten und zu pflegen.

Supply Chain Solutions

in der Automobilindustrie

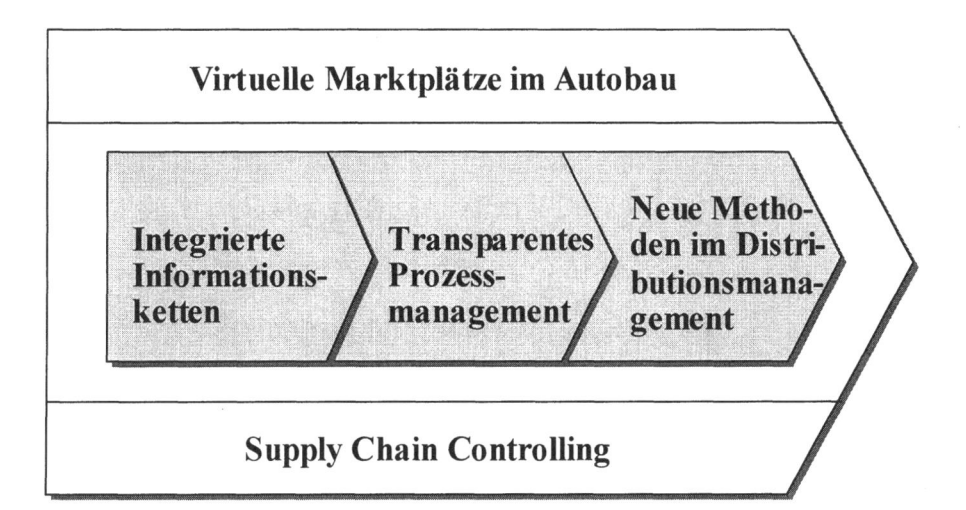

Virtuelle Marktplätze im Autobau

| Integrierte Informationsketten | Transparentes Prozessmanagement | Neue Methoden im Distributionsmanagement |

| Supply Chain Controlling |

Hansjörg Fromm und Dietmar Saedtler

Entwicklungstrends virtueller Marktplätze in der Automobilindustrie

1 Entstehen virtueller Marktplätze

2 Herausforderungen für die Automobilindustrie
   2.1 Kürzere Lieferzeiten
   2.2 Kostendruck

3 Elektronische Marktplätze
   3.1 Definition
   3.2 Funktionalitäten elektronischer Marktplätze
   3.3 Erfolgsfaktoren für Marktplätze

4 Wie transformieren B2B bzw. B2C die Automobilindustrie?
   4.1 Der Einfluss von B2B auf die Geschäftsprozesse
      4.1.1 Beschaffung
      4.1.2 Supply Chain Management
      4.1.3 Produktentwicklung
      4.1.4 Reduktion der Prozesskosten
   4.2 Die Bedeutung von B2C für die Reaktionsfähigkeit von Unternehmen
      4.2.1 Die Zukunft des klassischen Autohändlers
      4.2.2 Die Bedeutung von Business Intelligence

5 Schlussfolgerung

1 Entstehen virtueller Marktplätze

Keine Branche baut momentan so konsequent elektronische Marktplätze auf wie die Automobilindustrie. So haben beispielsweise die Automobilkonzerne General Motors, Ford und DaimlerChrysler den Marktplatz **Covisint** aus der Taufe gehoben. Covisint ist dabei mit der Vision gestartet, eine Online-Umgebung zu schaffen, die es individuellen Unternehmen sowie der Automobilbranche als Ganzes ermöglichen soll, durch Prozessautomatisierung Kosten entlang der gesamten Wertschöpfungskette, von der Forschung und Entwicklung bis hin zur Fahrzeugauslieferung nachhaltig zu senken. Dabei gilt es, ein Beschaffungsvolumen von mehr als 500 Mrd. DM über das Internet abzuwickeln und etwa 8.000 Lieferanten zu integrieren. Auch VW und BMW haben Initiativen gestartet, mit denen sie ihre Lieferanten mit Hilfe von Internettechnologien in ihre Wertschöpfungskette einbinden. Zusätzlich haben führende Automobilzulieferer wie Bosch, INA, Continental und ZF Friedrichshafen angekündigt, Marktplätze aufzubauen, um besser mit ihren Geschäftspartnern kommunizieren zu können. Der Grund für die Bedeutung elektronischer Marktplätze für die Automobilindustrie liegt darin, dass die Automobil-Wertschöpfungskette heute eine Vielzahl von Ineffizienzen beinhaltet, die teilweise durch die elektronischen Marktplätze eliminiert werden können. So geht Goldman Sachs (vgl. 2000) davon aus, dass in den USA mit Hilfe von B2B- und B2C-Technologien $3.650 oder 14% der Gesamtkosten eines Fahrzeugs eingespart werden können.

Das Internet eröffnet den Automobilproduzenten völlig neue Möglichkeiten, Geschäfte abzuwickeln sowie mit anderen Firmen zu kooperieren. Mit Internettechnologien ist es heute möglich, Geschäftsprozesse über Firmengrenzen hinweg effizient zu automatisieren und zu optimieren. Unternehmen können sich dadurch auf ihre Kernkompetenzen konzentrieren, Randaktivitäten outsourcen und diese anschließend via Informationstechniken wieder in ihre Prozesse einbinden (vgl. Fromm/Saedtler 2001, S.6). Aus diesem Grund binden mehr und mehr Unternehmen ihre Lieferanten über virtuelle Marktplätze in ihre Wertschöpfungskette ein. Wie schon beim Konzept der schlanken Fertigung (vgl. Womack/Jones 1996) spielt dabei die Automobilindustrie eine Vorreiterrolle. Der Vorteil von **elektronischen Marktplätzen** gegenüber herkömmlichen Kommunikationsmitteln wie Fax oder Telefon ist, dass Marktplatzteilnehmer auf einfache Art und Weise eine Vielzahl von Informationen mit einer unbegrenzten Anzahl von Geschäftspartnern austauschen können. Technologien wie EDI (Electronic Data Interchange) ermöglichten zwar auch den Austausch von großen Datenmengen. Die EDI-Technologie gilt jedoch als zu teuer, zu komplex und beschränkt sich auf Punkt-zu-Punkt-Verbindungen (vgl. Abbildung 1).

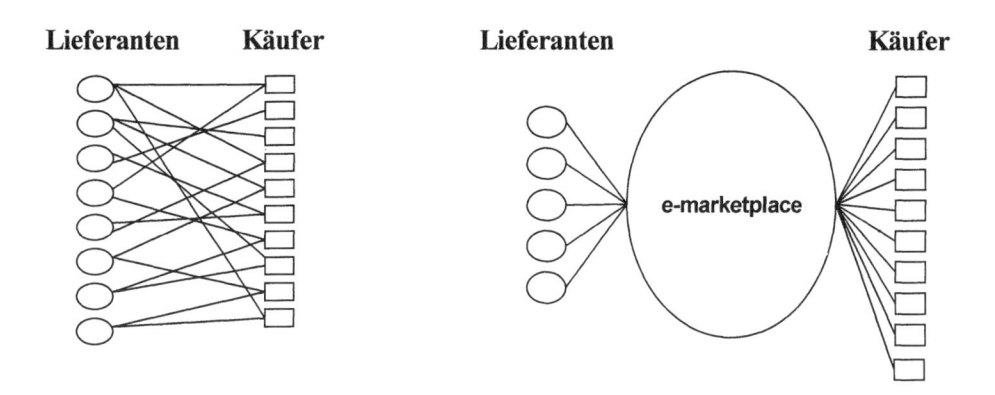

Abbildung 1: Elektronische Marktplätze ersetzen herkömmliche Punkt-zu-Punkt-Verbindungen

2 Herausforderungen für die Automobilindustrie

Die Automobilindustrie steht im Moment vor mehreren Herausforderungen. Zum einen ist sie mit langen, vom Kunden immer weniger akzeptierten Lieferzeiten konfrontiert. So benötigt DaimlerChrysler durchschnittlich 49 Tage, Ford 65 Tage und General Motors sogar 75 Tage von der Annahme der Bestellung bis zur Auslieferung des gewünschten Fahrzeugs (vgl. Roland Berger/Deutsche Bank 2001, S.71). Darüber hinaus sieht sich die Automobilindustrie einem verstärkten Kostendruck ausgesetzt, da Verkaufszahlen stagnieren und Verkaufspreise fallen. Um die Gewinnerwartungen der Aktienmärkte zu erfüllen, muss die gesamte Wertschöpfungskette auf Einsparungspotenziale untersucht werden.

2.1 Kürzere Lieferzeiten

Die Mehrheit der Automobilkonzerne produziert heute nach dem so genannten **Make-to-Stock-Prinzip**. Dabei handelt es sich um ein **Push-System**, bei dem Autos mit der gängigsten Ausstattung ohne konkreten Kundenauftrag vorproduziert, anschließend beim Autohändler ausgestellt, und von dort aus Lagerbeständen abverkauft werden. Dieses System ist komplex und kostenintensiv. Es ist mit sehr hohen Kapitalbindungskosten verbunden, da Autos auf Lager produziert werden, ohne dass die exakten Kundenanforderungen bekannt sind. Zusätzlich müssen Autohändler Lagerbestände vorhalten, die von ihnen selbst finanziert werden. Zudem ist die Kundenzufriedenheit trotz der hohen Kosten niedrig, da der Kunde in den seltensten Fällen sein Wunschauto ohne Wartezeiten beim Händler erhält.

Aus diesem Grunde geht die Automobilindustrie nach und nach vom Make-to-Stock zum **Make-to-Order** über. Dabei spielen insbesondere die Automobilhersteller aus dem oberen Preissegment eine Vorreiterrolle, die schon heute überwiegend nach diesem System arbeiten. Beim Make-to-Order wird das Auto nur dann gebaut, wenn ein Kundenauftrag mit der entsprechenden Wunschausstattung vorliegt. Es handelt es sich also um ein reines **Pull-Prinzip**. Ein solches System ist mit wesentlichen Einsparungen bei Lagerbeständen, Logistikkosten und Marketingkosten verbunden. So werden beispielsweise keine marketingseitigen Anreize mehr benötigt, um mit Preisrabatten Lagerbestände abzubauen, da nur noch exakt das produziert wird, was der Kunde haben will.

In der Realität werden sich wohl Mischformen zwischen Push- und Pull-Systemen herausbilden. Dies liegt zum einen daran, dass die heutigen Produktionskapazitäten nicht immer schnell genug an Nachfrageschwankungen angepasst werden können. Darüber hinaus wird auch in Zukunft ein Markt für Fahrzeuge bestehen, die ab Lager verkauft werden. Ein Beispiel hierfür sind Verkaufsaktionen von Handelsketten oder Sonderauflagen von Automobilherstellern zur Markteinführung. Eine solche Mischform ist das Custom Xpress Delivery System von Cadillac, einer Division von General Motors. Das Ziel ist dabei, Autos nur drei Tage nach Eingang der Bestellung auszuliefern. Die Grundlage des Systems sind zehn regionale Distributionszentren, in welchen Fahrzeuge mit den gängigsten Farben und Ausstattungen bevorratet werden. Falls einmal eine Kundenanfrage nicht aus den Lagerbeständen bedient werden kann, so ist ein Produktionsauftrag zu erzeugen (,special order'), der an die entsprechende Produktionsstätte weitergeleitet wird. Etwa 25% aller produzierten Cadillacs sind solche ,special orders'. Eine Abwandlung dieses Modells wäre es, ein Fahrzeug vorzufertigen, das den Kundenwünschen sehr nahe kommt, und kurz vor Auslieferung noch so zu modifizieren, dass es exakt den Kundenwünschen entspricht („**postponement**").

Das größte Problem beim **Make-to-Order** sind die immer noch die viel zu langen Lieferzeiten. Der momentane Prozess beinhaltet nämlich eine Vielzahl von Schritten, die keinen Mehrwert im eigentlichen Sinne für den Endkunden bedeuten. Die Produktion des Autos dauert nur wenige Tage. Die verbleibende Zeit wird benötigt für Auftragsbearbeitung, Warte- und Lagerungszeiten, sowie für den Transport. Die Automobilindustrie unternimmt gegenwärtig große Anstrengungen, die Lieferzeiten für ein Auto drastisch zu reduzieren. Die dabei am häufigsten genannte Vision ist das Auto, das innerhalb von 5 Tagen nach Auftragseingang dem Kunden ausgeliefert werden kann, der so genannte „**5-day-car**".

Dass die Realisierung dieser Vision nur mit einer grundlegenden Änderung des gegenwärtigen Geschäftsmodells zu erreichen ist, wird dadurch verdeutlicht, indem heute im besten Fall 24 Tage von der Bestellannahme bis zur Auslieferung eines auf individuellen Kundenwunsch gefertigten Fahrzeugs benötigt werden. Und auch das gilt nur für Fahrzeuge mit gängiger Ausstattung (vgl. Benchmarking Partners 1999, S.1). Der Industriedurchschnitt für die Zeit von der Bestellannahme bis zur Fahrzeugauslieferung beträgt 57 Tage. Um den ,5-day-car' zu realisieren, muss der momentane Prozess folglich um 52 Tage verkürzt werden. Diese angestrebte

Verkürzung der Lieferzeiten ist mit Hilfe von e-Business-Lösungen möglich. Sie bilden die technologische Grundlage, um ein durchgängiges Make-to-Order-System realisieren zu können.

2.2 Kostendruck

Die Automobilindustrie kämpft momentan mit sinkenden Absatzzahlen und Überkapazitäten. Insbesondere aufgrund von Fortschritten in der Qualität fahren Kunden ihr Auto länger, beziehungsweise kaufen eher einen Gebrauchtwagen als einen Neuwagen. Diese Faktoren führen zu einem verstärkten Druck auf die Margen der Automobilhersteller. Das größte Potenzial für Einsparungen liegt aufgrund der Kostenstruktur der Automobilhersteller im Beschaffungsbereich. So liegen die Kosten für Materialien, die direkt oder indirekt für die Automobilproduktion benötigt werden, in den USA bei etwa 60% der Gesamtherstellungskosten (vgl. Roland Berger/Deutsche Bank 2000, S.50). Aus diesem Grund wird in Kapitel 4 die Bedeutung von B2B-Technologien für die Beschaffung ausführlich diskutiert.

Ein weiterer wichtiger Bestandteil der Gesamtkosten sind die Logistikkosten. Die Einführung eines Make-to-Order-Systems hätte neben drastisch verkürzten Lieferzeiten für kundenindividuelle Fahrzeuge unmittelbare Auswirkungen auf die Logistikkosten. Zum einen sind Lagerbestände zu reduzieren, da Autos erst dann produziert werden, wenn echter Bedarf besteht. Außerdem könnten die Kosten für Prämien- und Bonusprogramme gesenkt werden, die heute dazu dienen, den Autohändlern Anreize für den Verkauf von Automobilen zu geben, bei denen Angebot und Nachfrage stark voneinander abweichen. Auch würde ein Make-to-Order-Konzept die Kosten für die Transporte zwischen Händlern senken, die heute dadurch anfallen, dass Autos von Händler zu Händler transportiert werden müssen, da das Auto mit der Wunschausstattung des Kunden nicht beim Händler direkt vor Ort steht. Neben der Adaption eines Make-to-Order-Systems gibt es auch andere Möglichkeiten, mit Hilfe von Internettechnologien die Kosten für die Herstellung eines Autos zu senken. Beispiele sind die verbesserte Zusammenarbeit auf dem Gebiet der Planung und Entwicklung. Die Ersparnisse, die durch Projekte im B2B- sowie B2C-Bereich erzielt werden, können der Automobilindustrie helfen, trotz wachsendem Kostendruck ihre Margen zu schützen.

3 Elektronische Marktplätze

Die im vorigen Kapitel beschriebenen Herausforderungen können mit Hilfe von elektronischen Marktplätzen angegangen werden. Elektronische Marktplätze bilden die Grundlage für die Transformation zu innovativeren, deutlich kosteneffektiveren Geschäftsmodellen mit wesentlich kürzeren Lieferzeiten. Sie sind die technologische und inhaltliche Plattform, mit deren Hilfe die einzelnen Stufen der Automobil-Wertschöpfungskette integriert werden können.

3.1 Definition

Ein **elektronischer Marktplatz** ist eine auf Internettechnologien basierende elektronische Plattform, auf der Käufer und Verkäufer virtuell zusammenkommen. Zweck des Zusammentreffens kann beispielsweise das Tätigen von Geschäftstransaktionen, wie der Austausch von Waren und Dienstleistungen sein, aber auch der reine Austausch von Informationen, z. B. Produktspezifikationen oder Kapazitätsdaten. Im Folgenden werden die Begriffe virtueller sowie elektronischer Marktplatz synonym verwendet.

Elektronische Marktplätze können grundsätzlich in zwei Typen unterteilt werden: vertikale und horizontale Marktplätze: **Vertikale Marktplätze** konzentrieren sich auf bestimmte Industrien wie Automobil, Chemie oder Stahl. Covisint ist ein Beispiel für einen vertikalen Marktplatz, der sich auf die Automobilindustrie konzentriert. **Horizontale Marktplätze** hingegen arbeiten branchenübergreifend. Sie beschränken sich in ihrem Angebot auf Produkte und Dienstleistungen, die keine industriespezifischen Merkmale besitzen, wie beispielsweise Büro- oder MRO-Materialien. Beispiele für diese Marktplatzform sind Grainger.com oder ProcureNet. Ferrari (vgl. Ferrari 2000, S.13) unterscheidet Marktplätze nach den **Marktplatzbetreibern**. **Private Marktplätze** werden von einem bestimmten Unternehmen gegründet, um Lieferanten oder Kunden enger in das eigene Unternehmensnetzwerk einzubinden. Beispiele hierfür sind der VW-Marktplatz oder Ford AutoXchange. **Konsortialmarktplätze** hingegen werden nicht von einem einzelnen Unternehmen, sondern von mehreren Unternehmen aus einer bestimmten Industrie gegründet. Covisint und SupplyOn sind Beispiele für diese Marktplatzform. **Unabhängige Marktplätze** werden von Unternehmen betrieben, die nicht in irgendeiner Weise mit einem führenden Unternehmen aus einer bestimmten Industrie verbunden sind. Schließlich gibt es noch Marktplätze, die vom Entwickler der zugrunde liegenden Software betrieben werden (so genannte **Vendor Trading Exchanges**). Beispiele hierfür sind i2 Technologies Trade-Matrix-Marktplätze und Commerce One's MarketSite.

3.2 Funktionalitäten elektronischer Marktplätze

Elektronische Marktplätze können eine Vielzahl von Funktionalitäten besitzen. Eriksen (vgl. Eriksen 2000, S.11) unterscheidet Marktplatzfunktionalitäten in Informationsbereitstellung, Unterstützungsfunktionen, Transaktionsabwicklung sowie Integration. Zur **Informationsbereitstellung** gehören dabei Produktdatenbanken, Preisauskünfte, Diskussionsforen oder Suchmaschinen. **Unterstützende Funktionen** dienen dazu, Plattformen für die Unterstützung betriebswirtschaftlicher Abläufe wie Request for Proposal (RFP), Request for Quotation (RFQ), Preisverhandlungen oder Auktionen bereitzustellen. Zur **Transaktionsabwicklung** zählen Funktionen wie Sendungsverfolgung, aber auch die Unterstützung des Geschäftsabschlusses durch komplementäre Dienstleistungen wie Frachteneinkauf, Transportversicherung oder Factoring. Unter **Integration** versteht man in diesem Zusammenhang die Workflow-Unterstützung über Unternehmensgrenzen hinweg oder auch die Anbindung der EDV-Systeme von Lieferanten und Kunden an den Marktplatz. Abbildung 2 zeigt eine Bewertung der wichtigsten Marktplatzfunktionalitäten aus Teilnehmersicht nach einer Umfrage von AMR Research (vgl. Richardson 2001).

10 = sehr wichtig
1 = unwichtig

Produktinformation	8,60
Auftragsverfolgung	8,60
Produktkatalog	8,30
Lieferantensuche	8,10
Lieferantenanbindung	7,60
Ausschreibungen	7,40
Transportabwicklung	6,80
Verbindung zu anderen Marktplätzen	6,60
Kollaborative Planung	6,50
Verkauf von Überbeständen	5,97
Preisverhandlung	5,74
Allgemeine Brancheninformationen	5,70
Kollaboratives Produktdesign	5,29
Auktionen	4,54

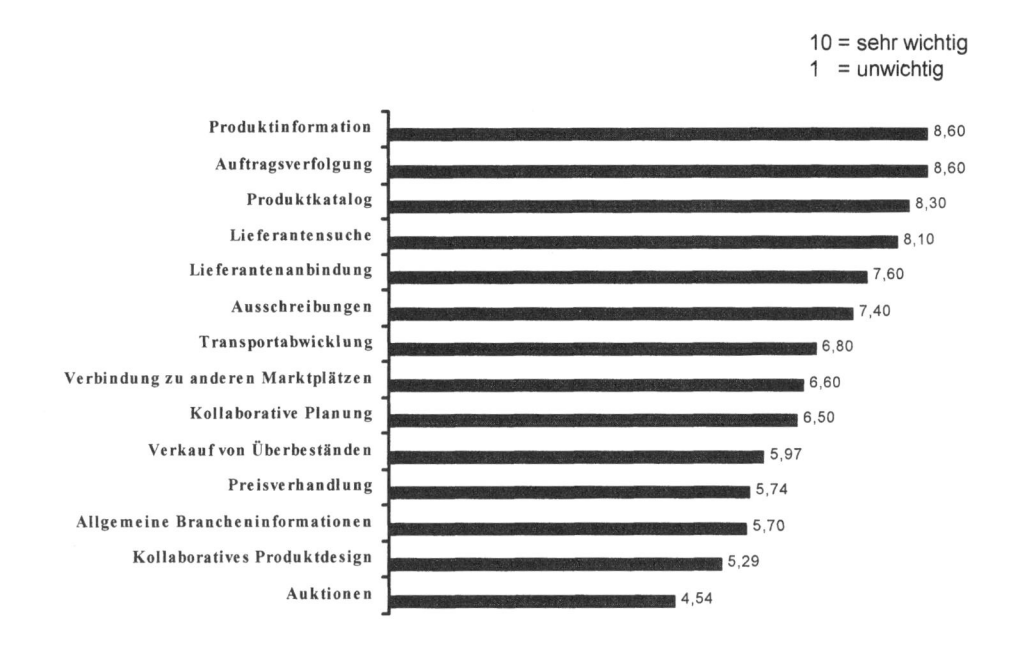

Abbildung 2: Bewertung wichtiger Marktplatzfunktionalitäten nach AMR Research

3.3 Erfolgsfaktoren für Marktplätze

Nach A.T. Kearney (vgl. 2000) benötigt eine Firma zum erfolgreichen Betreiben eines Marktplatzes die richtige Mischung aus Commerce, Content und Connection („**3Cs of B2B**"). **Commerce** bezeichnet hierbei die dem Marktplatz zu Grunde liegenden Mechanismen bzw. Funktionalitäten, z. B. Auktionen, Kataloge etc. **Content** beschreibt den Inhalt. Das sind die Informationen, die auf einem Marktplatz zur Verfügung gestellt werden, wie beispielsweise Produktbeschreibungen, Lagerbestände, Preise, Firmenprofile etc. Mit **Connection** wird die Fähigkeit beschrieben, sowohl die Transaktionen zwischen Käufern und Verkäufern auf dem Marktplatz effizient durchzuführen (**Intraconnection**), als auch Informationen mit anderen Marktplätzen und Service Providern für komplementäre Dienstleistungen wie Logistik- oder Finanzdienstleistungen auszutauschen (**Interconnection**). Eine kürzlich durchgeführte Studie von AMR Research unterstreicht die Bedeutung von Content für den Erfolg eines Marktplatzes. Laut

AMR Research (vgl. AMR Research 2001) ist Content das wesentliche Erfolgskriterium für Marktplätze.

4 Wie transformieren B2B bzw. B2C die Automobilindustrie?

Die Transformation der Automobilindustrie, die momentan stattfindet, startet in den meisten Fällen mit B2B-Supply-Chain-Initiativen, welche in einer ersten Stufe Hersteller und ihre Zulieferer miteinander verbinden. Beispiele für solche Initiativen sind Covisint, die privaten VW- und BMW-Marktplätze und SupplyOn. Diese elektronischen Marktplätze haben die primäre Aufgabe, die Kommunikation zwischen Kunden und Lieferanten zu verbessern. Zusätzlich initiieren die Automobilkonzerne B2C-Projekte, z. B. um Fahrzeuge online an den Endkunden zu verkaufen. All diese Maßnahmen zielen darauf ab, das gegenwärtig dominierende Push-System durch ein Pull-System zu ersetzen, mit dessen Hilfe Fahrzeuge nur noch gezielt nach Kundenwunsch produziert werden.

Die Ersparnisse, die durch den konsequenten Einsatz von **Internettechnologien** erwartet werden, sind dramatisch. So geht die Unternehmensberatung Roland Berger davon aus, dass mit Hilfe von B2B in den USA die Produktionskosten für ein Auto um $1,200 oder 4,9% gesenkt werden können, in der EU immerhin noch um $639 oder 3,4%. Goldman Sachs geht im B2B-Bereich von einer Einsparung von $1,065 oder 6% pro Automobil aus. Web-basierte, kollaborative Absatz- und Produktionsplanung werden dazu beitragen, dass Lagerbestände deutlich sinken. Die durch B2B und B2C verbesserte Transparenz der Supply Chain wird auch dazu führen, dass die Produktivität steigt, da die Kapazitätsauslastung über alle Stufen hinweg optimiert werden kann.

4.1 Der Einfluss von B2B auf die Geschäftsprozesse

4.1.1 Beschaffung

Viele Firmen schlossen sich elektronischen Marktplätzen nur an, da sie eine deutliche **Senkung der Einkaufskosten** erwarteten. Die Firmen Daimler-Chrysler, General Motors und Ford haben mit Hilfe von Covisint bei Fahrzeugkomponenten, wie Batterien, Starter, Computerchips, Zündkerzen, Reifen und Kabel, durchschnittlich 14% der Kosten einsparen können (vgl. Handelsblatt 2001). Elektronische Marktplätze bieten die Möglichkeit, die Angebote von Hunderten von Lieferanten durch Kataloge zu aggregieren. Dieser Effekt resultiert in einer signifikanten Erhöhung der Preistransparenz für die gesuchten Produkte, was konsequenterweise zu niedrigeren Beschaffungspreisen führen kann. Den möglichen Einsparungen auf der Beschaffungsseite steht jedoch ein erhöhter Aufwand für die Pflege der Lieferantendaten gegenüber. Außerdem helfen elektronische Kataloge dabei, dass nur genau spezifizierte Materialien von qualifizierten Lieferanten zu ausgehandelten Preisen beschafft werden können. Die Zusatzkosten, die durch Einkaufsumgehungen in manuellen Prozessen anfallen, sinken somit zum Teil deutlich.

Ein großes Potenzial zur Reduzierung der Materialkosten liegt in **Auktionen**. Nach Goldman Sachs (vgl. Goldman Sachs 2000, S.18) sind 34% des Beschaffungsvolumens in der Automobilindustrie für Auktionen geeignet. Das sind **indirekte Materialien**, also Produkte, die nicht direkt in das Endprodukt eingehen (z. B. MRO-Materialien), aber auch **direkte Materialen**, die standardisierbar sind, wie beispielsweise Befestigungselemente, Kabel oder Dichtungen. Der Anteil dieser Standardprodukte am Einkaufsvolumen liegt bei 20% und könnte sich in Zukunft noch erhöhen. Aus diesem Grund werden die Preise für Produkte, die nicht für einen bestimmten Hersteller konstruiert wurden und bei denen die Lieferantenseite fragmentiert ist, stark unter Druck geraten, da sich bei diesen Materialien ein Lieferantenwechsel einfacher gestaltet.

Der Einfluss auf die Preise komplexer, modularer Systeme, die speziell für ein Auto entwickelt wurden, wird jedoch gering sein. Zulieferer wie Bosch oder ZF Friedrichshafen entwickeln heute komplette **Systeme** oder **Module** und organisieren zusammen mit ihren Lieferanten die logistischen Prozesse. Diese komplexen Systeme werden nicht aufgrund des Preises eingekauft, sondern weil sie dem Automobilhersteller ein technologisches Differenzierungsmerkmal liefern. Dies schützt die Systemlieferanten vor einer Preiserosion. Die Frage ist, ob die Einsparungen, die mit Auktionen schon realisiert worden sind, von Dauer sein werden. Nachhaltige Preissenkungen sind nur dann möglich, wenn sie von einer gleichzeitigen Änderung der Kostenstruktur über die ganze Supply Chain begleitet werden.

4.1.2 Supply Chain Management

Ein wesentliches Element einer erfolgreichen B2B-Strategie ist die **Synchronisation der Materialflüsse** über alle Stufen der Wertschöpfungskette hinweg. Die Entscheidung, welcher Fahrzeugtyp mit welcher Ausstattung wann produziert werden soll, wird heute in der Fabrik getroffen, meist basierend auf Absatzprognosen der Marketing- und Vertriebsbereiche. Der so entstehende Produktionsplan ist oft weitgehend von der eigentlichen Nachfrage entkoppelt. Die resultierenden Mengen werden dann Produktionsstufe für Produktionsstufe durch die Wertschöpfungskette propagiert, wobei bei jedem Schritt Wartezeiten und zusätzliche Planungsungenauigkeiten (z. B. durch Losgrößenbildung) entstehen. Die Kommunikation zwischen den Beteiligten erfolgt dabei über e-Mail, Fax, Telefon oder Eilpost. Diese Methode ist nicht nur zeitaufwändig, sondern führt auch zwangsläufig zum Aufbau von Lagerbeständen. Die Zulieferer der verschiedenen Ebenen vermeiden durch den Aufbau von Lagerbeständen einen drohende Lieferengpass, die in einer Just-in-Time-Umgebung zum Stillstand der Montagebänder führen würde. Distributionszentren und Autohändler sitzen auf ihren Neuwagenbeständen, da die genauen Daten über die Kundenanforderungen unbekannt sind. Diese Lagerbestände sind zwar eine wirksame, aber teure Möglichkeit, um fehlende Informationen sowie mangelhafte Planungsgenauigkeit auszugleichen.

Die heute zur Verfügung stehende **Informationstechnologie** erlaubt jedoch, dass die Bedarfszahlen aus den verschiedenen Vertriebskanälen wie dem klassischen Autohandel oder dem Internet aggregiert werden und auf einer elektronischen Plattform allen Teilnehmern an der Wertschöpfungskette zur Verfügung gestellt werden (**CPFR - collaborative planning, forecasting and replenishment**). Anhand dieses Mengengerüsts werden dann Materialien zugewiesen und Produktionskapazitäten reserviert. Jeder Teilnehmer an der Wertschöpfungskette kann somit die realen Nachfragemengen in Echtzeit sehen, und seinen Produktionsplan dementsprechend gestalten. VW setzt diese Logik bei seinem Kapazitätsmanagement-Projekt ein, bei dem sich VW online mit seinen Lieferanten zusammenschließt, um Bedarfe mit seinen Lieferanten abzugleichen.

Darüber hinaus ermöglicht die **online-Vernetzung** eine schnellere und effizientere Produktionsplanung. Der Austausch von Informationen zwischen Lieferanten, Automobilproduzenten und Autohändlern führt zu einer wesentlich besseren Planungsqualität. Dies führt wiederum zu reduzierten Logistik- und Vertriebskosten. Doch diese relativ einfach klingenden Prozesse sind heute noch nicht überall realisiert, weil die dafür notwendigen Technologien bisher nicht verfügbar waren. Erst in jüngster Zeit haben Unternehmen wie i2 Technologies, SAP, Commerce One oder Ariba B2B-Lösungen entwickelt, welche die technologische Plattform für diese Prozesse bilden.

4.1.3 Produktentwicklung

Viele Ineffizienzen bestehen innerhalb der Wertschöpfungskette, da die Beteiligten nur mangelhaft miteinander kommunizieren. Bei der Produktentwicklung werden eine Vielzahl von verschiedenen CAD-Technologien verwendet, die die Kommunikation zwischen den Entwicklungsabteilungen erschweren. Designänderungen nehmen daher oft mehrere Wochen in Anspruch, da die Informationen nur sporadisch über herkömmliche Kommunikationsmittel wie EDI, Telefon, Fax oder Post weitergeleitet werden. Die Installation web-basierter B2B-Lösungen erlaubt, Design-Informationen sowohl über Funktions- als auch über Unternehmensgrenzen hinweg auszutauschen und simultan zu bearbeiten (**Collaborative Design**). Entwicklungsarbeiten können dadurch mehr und mehr durch **Zulieferer** ausgeführt werden, die wiederum durch kollaborative Designprozesse in die Wertschöpfungskette des Automobilproduzenten eingebunden werden. **Shared CAD** ermöglicht beispielsweise, dass Designänderungen online vorzunehmen sind. So haben alle am Entwicklungsprozess Beteiligten zu jedem Zeitpunkt das gleiche Wissen über den Stand der Entwicklungsarbeiten. Auch Covisint bietet mit dem Virtual Product Workspace ein kollaboratives Werkzeug für das Produktdesign an. Die Unternehmensberatung Roland Berger erwartet, dass durch die Einführung Internet-basierter Systeme in der Produktentwicklung die Entwicklungszeiten um bis zu 40% verkürzt werden (vgl. Roland Berger/Deutsche Bank 2000, S.70).

4.1.4 Reduktion der Prozesskosten

Ging man in der Vergangenheit davon aus, dass der Hauptnutzen elektronischer Marktplätze in der Reduktion von Einkaufspreisen liegt, hat man heute erkannt, dass außer bei den Beschaffungskosten auch erhebliche Einsparpotenziale im Bereich der administrativen Bestellabwicklung liegen. Durch online-Beschaffungsprozesse kann der administrative Aufwand, der heute bei der manuellen Bestellabwicklung anfällt, verringert werden. So wird erwartet, dass die durchschnittlichen **Prozesskosten** für die Auftragsbearbeitung in der Automobilindustrie von heute $150 auf $5 bis $15 pro Auftrag sinken (vgl. Roland Berger/Deutsche Bank 2000, S.69). VW meldet, dass durch den Aufbau des privaten VW-Marktplatzes 50% der Prozesskosten über die gesamte Wertschöpfungskette hinweg entfallen. So kann die Zeit für einen Beschaffungsvorgang von bis zu 10 Wochen auf ein bis zwei Stunden reduziert werden (vgl. Reinking 2001).

Im Gegensatz zu vielen kurzfristigen Einsparungen, die durch Auktionen entstehen, sind die Kostenreduktionen im Prozessbereich nachhaltig. Während bei Auktionen Preisreduktionen zunächst nur dazu führen, dass Gewinne entlang der Wertschöpfungskette verschoben werden, ist durch die Umgestaltung von Prozessen (mit Hilfe von kollaborativen Planungswerkzeugen oder Software zur Unterstützung elektronischer Beschaffung) die Kostenstruktur der Supply Chain nachhaltig zu ändern. Das Konzept des elektronischen Datenaustauschs selbst ist nicht neu und existiert bereits seit Jahren zwischen Unternehmen in der Automobilindustrie. Die älteste und wohl bekannteste Form ist hier der EDI-Standard (Electronic Data Interchange). In jüngster Zeit nimmt allerdings der Anteil der über Internet abgewickelten B2B-Transaktionen zu (**Web-EDI**). EDI wird nach und nach von plattformunabhängigen Standards wie XML (Extensible Markup Language) abgelöst. Ein wichtiger Vorteil des Internets als Kommunikationsmittel im Vergleich zu EDI sind die deutlich niedrigeren Kosten. Nach einer aktuellen Studie von Roland Berger zur Automobilindustrie kostet eine Geschäftstransaktion via Internet etwa 1 € im Vergleich zu 8 € bei einer EDI-Transaktion (vgl. Roland Berger/Deutsche Bank 2000, S.4). In der Vergangenheit hinderten die hohen Kosten sowie die Komplexität der Implementierung von EDI-Systemen insbesondere kleine und mittelgroße Unternehmen daran, diese Form der elektronischen Datenkommunikation flächendeckend einzuführen. Das Internet ermöglicht nun gerade diesen Unternehmen, sich eng in die Wertschöpfungskette ihrer Kunden zu integrieren und somit die Kundenbindung nachhaltig zu erhöhen. Während EDI nur Punkt-zu-Punkt-Verbindungen ermöglicht, können über elektronische Marktplätze eine Vielzahl von Unternehmen zu einem **virtuellen Netzwerk** verbunden werden. Erst dadurch können Prozesse wie die kollaborative Planung über die gesamte Wertschöpfungskette hinweg realisiert werden.

4.2 Die Bedeutung von B2C für die Reaktionsfähigkeit von Unternehmen

Neben dem B2B-Bereich sind auch erhebliche Einsparungen möglich, indem e-Business-Lösungen für den B2C-Bereich implementiert werden. So schätzt Goldman Sachs allein die Einsparungen, die aus dem Online-Verkauf von Fahrzeugen kommen, auf mehr als $1,000 pro

Fahrzeug. Im B2C-Bereich ist dabei beispielsweise folgendes Szenario denkbar: Die großen Automobilhersteller bieten Plattformen an, mit denen der Kunde online sein Fahrzeug konfigurieren kann und unmittelbar ein Preisangebot für den Neuwagen erhält. Die Anfrage wird dann in Echtzeit sowohl an den Automobilproduzenten als auch an seine Lieferanten weitergeleitet. Das System kann alle Lagerbestände und Planbestände durchforsten, ob der präferierte Fahrzeugtyp in gewünschter Form zu einem bestimmten Termin versprochen werden kann (**Available-to-promise** oder **ATP**). Falls bis jetzt der gewünschte Fahrzeugtyp nicht eingeplant ist, wird er nun in der Produktion vorgesehen und dem Kunden ein Liefertermin vorgeschlagen (**Capable-to-promise** oder **CTP**).

Der Kunde kann dann entscheiden, ob er den vorgeschlagenen Liefertermin akzeptiert. Zusätzlich kann er prüfen, ob ein Fahrzeug mit anderen Ausstattungsmerkmalen eventuell schneller lieferbar ist. Erst wenn sich der Kunde für ein bestimmtes Modell entscheidet, ist der Kauf zu den vereinbarten Bedingungen perfekt. Den Kundenaufträgen entsprechend werden dann in der Fabrik Materialien zugeordnet und Produktionskapazitäten reserviert. Mit dem Abschluss des Kaufvertrags könnten - wenn der Kunde es so wünscht - automatisch seine Versicherung oder seine Bank informiert werden, die ihm daraufhin via Internet maßgeschneiderte Versicherungs- oder Finanzierungsangebote unterbreiten können. Ebenso könnten Vergleichsangebote von anderen Banken und Versicherungen eingeholt werden. Auch könnte die Zulassung des Autos über das **Internet** erfolgen. Dies würde dem Kunden unnötige Behördengänge und Kosten ersparen. Dieses Beispiel verdeutlicht, dass erst die Verbindung von B2B und B2C ein durchgängiges System vom Neuwagenverkäufer über den Automobilproduzenten bis zum Zulieferer ermöglicht. Die Bedeutung von B2C spiegelt sich auch in den Online-Angeboten der großen Automobilkonzerne wider. BMW beispielsweise möchte seinen Kunden anbieten, dass Autohändler innerhalb von 24 Stunden Angebote für Fahrzeuge erstellen, die der Kunde online am PC zu Hause zusammengestellt hat. General Motors stattet seine Fabriken in den USA mit **Web-Cams** aus, über die Neuwagenkäufer die einzelnen Fertigungsschritte ihres Wagens via Internet beobachten können (vgl. Handelsblatt 2001).

4.2.1 Die Zukunft des klassischen Autohändlers

Die rasche Verbreitung des Internets wird die Rolle des klassischen Autohändlers stark verändern. Ein signifikanter Anteil von Neukäufen wird in der Zukunft vom Endverbraucher direkt über das Internet getätigt. Zwar wird heute nur ein geringer Anteil an Autokäufen de facto über das Internet abgewickelt, jedoch fließen in diesen Kaufprozess viele internetgestützte Informationen. Es wird erwartet, dass die Anzahl der Autokäufe im Internet stetig zunimmt und für die traditionellen Automobilhändler eine ernst zu nehmende Herausforderung darstellt.

Online-Autohändler wie CarsDirect.com und Autobytel.com haben dabei den Vorteil, dass sie wesentlich niedrigere Kosten haben. So müssen keine hohen Investitionen in Ausstellungsräume getätigt werden. Außerdem sind die Internet-Händler bequemer zu erreichen, und das 24 Stunden am Tag, 7 Stunden die Woche. Die Zukunft wird zeigen, inwieweit die Automobilhersteller selbst das Internet als zusätzlichen Verkaufskanal entdecken. Außerdem wird das Internet den Kostendruck auf die traditionellen Händler erhöhen. Potenzielle Neuwagenkäufer können via Internet in Sekundenschnelle verschiedene Preisangebote einholen und vergleichen. Sie werden dieses Wissen in die Verkaufsverhandlung einfließen lassen. Die Rolle des traditionellen Autohändlers verlagert sich damit zunehmend auf die Kundenberatung sowie das Reparatur- und Servicegeschäft.

4.2.2 Die Bedeutung von Business Intelligence

Eine weitere Bedeutung von B2C liegt im Bereich von Business Intelligence. B2C ermöglicht es, detaillierte Daten über Kundenpräferenzen zu sammeln, und diese Daten wieder in den Prognose- und Planungsprozess einfließen zu lassen. Dies führt zu einer verbesserten Prognosegenauigkeit und zu reduzierten Lagerbeständen, da die Kenntnis der exakten Kundenanforderungen eine marktnähere Produktionsplanung ermöglicht. Außerdem kann das Wissen, das über das Internet akquiriert wird, in den Designprozess eingehen. Kundenwünsche werden so unmittelbar in der Produktentwicklung berücksichtigt. Dies verringert für Automobilproduzenten das Risiko, Fahrzeugtypen oder -ausstattungen zu entwickeln, die in dieser Form überhaupt nicht vom Kunden gewünscht werden. Darüber hinaus bildet **Business Intelligence** die Grundlage für Zusatzgeschäfte rund ums Auto. So können, wie bereits erwähnt, auf den Kunden maßgeschneiderte Angebote für Versicherungen, Finanzierungen oder auch Lifestyle-Zubehöre erstellt werden. Ersparnisse sind auch bei der Garantieabwicklung und bei Rückrufaktionen zu erwarten. Durch eine engere Einbindung des Endkunden können Konstruktionsfehler wesentlich früher entdeckt und weitergemeldet werden.

5 Schlussfolgerung

Das Internet erlaubt es, dass Daten schnell und bequem zwischen Kunden, Autohändlern, Automobilproduzenten und Zulieferern ausgetauscht werden können. Basierend auf dieser Architektur, können Systeme entwickelt werden, die beispielsweise Produktionsplanungssysteme und **Beschaffungsplattformen** verbinden. Somit können Prozesse, die heute menschlicher Interaktion bedürfen, automatisiert werden, manuelle Zwischenschritte sind überflüssig. Die Schnittstellen, über die all diese Systeme verbunden sind, werden die Automobilmarktplätze sein. Der Übergang zu elektronischen Marktplätzen stellt wesentlich mehr dar, als der Aufbau einer neuen Handelsplattform. Erfolgreiche Marktplätze bieten Produkte und Dienstleistungen an, die für die Marktplatzteilnehmer einen konkreten Mehrwert schaffen. Der flächendeckenden Verbreitung von virtuellen Marktplätzen stehen aber noch einige **Hindernisse** im Weg. Neben Sicherheitsbedenken und der hohen Komplexität sind kulturelle und rechtliche Aspekte zu nennen. Es ist jedoch zu erwarten, dass virtuelle Marktplätze die Informationszentralen der Zukunft sein werden, über die alle an der Wertschöpfungskette beteiligten Unternehmen ihr Geschäft abwickeln.

Literatur:

AMR Research (2001): AMR Research Alert on B2B Markeplaces, March 8, 2001.

A.T. Kearney (2000): Building the B2B Foundation – Positioning Net Market Makers for Success.

Benchmarking Partners (1999): The 5-Day Car – Techniques for Getting Customers the Car They Want, When They Want It, Profitably.

Eriksen, L. (2000): Online Vertical Markets: Nat a One-Size-Fits-All World, in: The AMR Research Report on Manufacturing, 2000, S.3-15.

Ferrari, R. (2000): Get Your Supply Chain Processes Ready for Trading Exchanges, in: The AMR Research Report on Supply Chain Management, June 2000, S.3-24.

Fromm, H.; Saedtler, D. (2001): Die Zukunft gehört integrierten e-Business-Lösungen, in: e-Logistics, 2001, 1, S.6-9.

Goldman Sachs (2000): eAutomotive – Gentlemen, Start Your Search Engines, January 2000.

Handelsblatt (2001): Automobilindustrie setzt weiter auf E-Business, in: Handelsblatt.com, v. 24.04.01.

Reinking, G. (2001): VW spart durch Online-Auktion Zeit und Geld, in: Financial Times Deutschland, v. 25.02.01, S.7.

Roland Berger; Deutsche Bank (2000): Automotive e-Commerce – A (Virtual) Reality Check.

Richardson, B. (2001): When Worlds Collide, Vortrag auf der Link 2001, AMR Research.

Womack, J.; Jones, D. (1996): Beyond Toyota: How to Root Out Waste and Pursue Perfection, in: Harvard Business Review, September – October 1996, S.140-158.

Ralf Scherer und Hartmut Werner

Virtuelle Marktplätze in der Automobilzulieferindustrie

1 Problemstellung und Begriffsklärung

2 Besonderheiten der Automobilindustrie
   2.1 Ausgangslage
   2.2 Ziele virtueller Märkte aus Lieferantensicht

3 Module virtueller Marktplätze in der Automobilzulieferindustrie
   3.1 Einkauf
       3.1.1 Business Directory
       3.1.2 Requests for Quotation
       3.1.3 Biddings
   3.2 Engineering
       3.2.1 Online Collaboration
       3.2.2 Dokumentenmanagement
       3.2.3 Engineering Services
   3.3 Supply Chain Management
       3.3.1 Web-EDI
       3.3.2 Bedarfsplanung
       3.3.3 Produktionsplanung
       3.3.4 Distributionsplanung
       3.3.5 Standardisierung von Verpackungen
       3.3.6 Vendor Managed Inventory
       3.3.7 Labeling
       3.3.8 Qualitätsmanagement
       3.3.9 Anpassungsplanung

4 Ergebnis

1 Problemstellung und Begriffsklärung

Die Aussichten klingen äußerst verlockend: virtuelle Marktplätze bieten die Möglichkeit, Produkte zeit- und ortsungebunden abzusetzen. Herkömmliche Restriktionen, wie Ladenöffnungszeiten oder Standorte, entfallen im e-Zeitalter. Der virtuelle Handel erlaubt durch elektronischen Datenaustausch die rasche Reaktion auf Kundenwünsche. Insbesondere das **B2B-Geschäft** boomt. Forrester Research rechnet in diesem Geschäftsfeld mit einem Umsatz von 1.318 Milliarden Euro im Jahr 2004. Das bedeutet ein Wachstum von 1.700% gegenüber dem Erhebungszeitpunkt 2000. Im **B2C-Segment** erwartet Forrester Research im Jahr 2004 einen Umsatz von 232 Milliarden Euro. Hier wird im gleichen Zeitraum eine voraussichtliche Steigerung von 1.300% erzielt (vgl. zu den Zahlenangaben Witten 2001, S.80). Virtuelle Marktplätze schießen in vielen Branchen quasi wie Pilze aus dem Boden. „PlasticsNet.com" (Kunststoffe), „eSteel" (Stahl) und „Dexpo.com" (Dental) sind nur einige Beispiele für elektronische Märkte, die diesen Trend untermauern (vgl. o. V. 2000a, S.29). Die meisten dieser Marktplätze richten sich auf Einkaufsfunktionen aus. Nach einer Studie des BME (Bundesverband Materialwirtschaft, Einkauf und Logistik) können durch die Nutzbarmachung des Internets die Kosten im Einkauf um 80% gesenkt werden (vgl. o. V. 2000b, S.28). Für andere Bereiche hingegen, wie die Produktentwicklung und das Supply Chain Management, gibt es bislang kaum Untersuchungen zu e-Markets. Hier besteht noch ein großer Nachholbedarf. In diese Lücke stößt der vorliegende Beitrag. Er beschreibt am Beispiel der Automobilzulieferindustrie den Aufbau eines virtuellen Marktplatzes und widmet sich simultan den Geschäftsfeldern Einkauf, Engineering und Supply Chain Management (vgl. Abbildung 1).

Allgemein sind virtuelle Marktplätze Orte des elektronischen und gewerblichen Austausches (auch als **e-Hubs** bezeichnet). Sie werden über IuK-Systeme realisiert, die zur Unterstützung aller oder einzelner Phasen und Funktionen marktmäßig organisierter Leistungsprozesse beitragen (vgl. Weitzel/König 2001, S.32). Häufig betreiben unabhängige Partner virtuelle Marktplätze und bieten eine Vielzahl von Kunden- und Lieferantenschnittstellen an (als m:n-Beziehungen). Über intern verwaltete **Portale** können die User elektronische Märkte erreichen. Portale sind die Eingangstore in die Wettbewerber (1:n-Beziehung). Grundsätzlich ist zwischen horizontalen sowie vertikalen Marktplätzen zu differenzieren (vgl. Holland 2001, S.95):

- Horizontale Marktplätze: Sie verfügen über ein branchenübergreifendes und heterogenes Angebot. Beispiele dafür sind „tradeout.com", „MRO.com" oder „Youtilities.com".

- Vertikale Marktplätze: Vertikale Märkte spezialisieren sich auf die Bedürfnisse und Erfordernisse innerhalb bestimmter Branchen. Ihr Angebot ist homogen („newtron.net", „Brand-X" oder „SciQest.com").

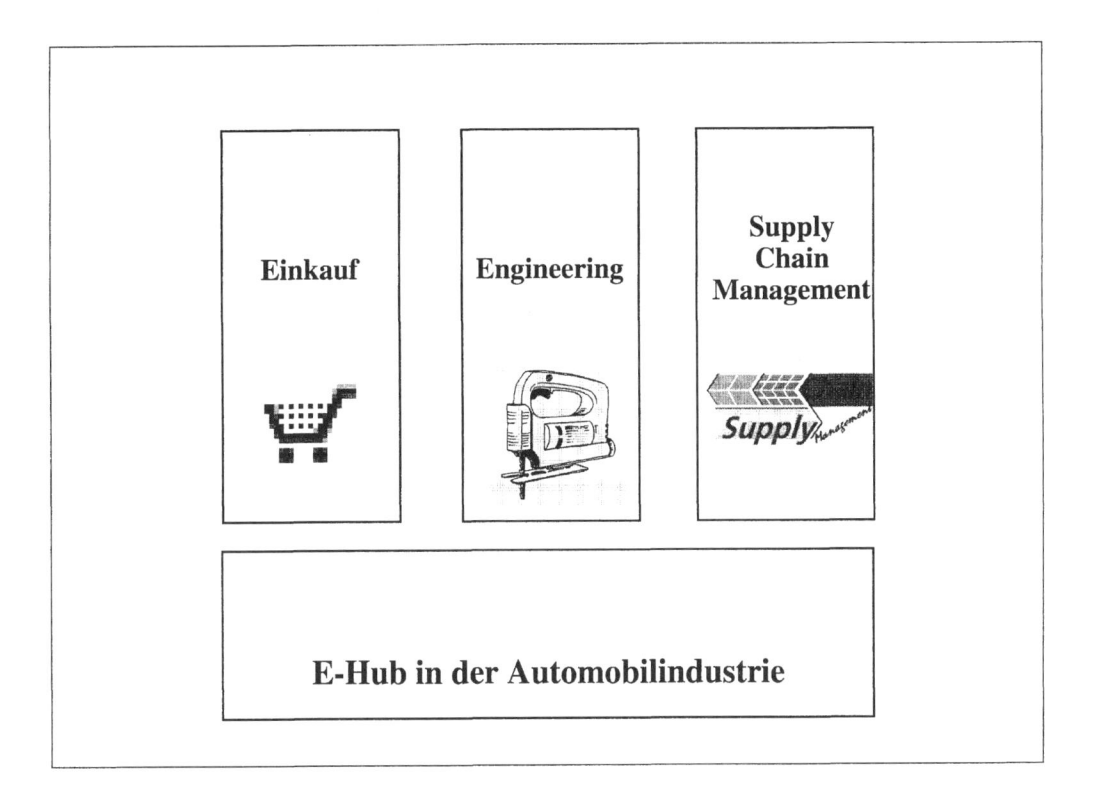

Abbildung 1: Bereiche virtueller Märkte im Autobau

2 Besonderheiten der Automobilindustrie

2.1 Ausgangslage

In der Automobilindustrie herrscht zur Zeit ein besonderes Spannungsverhältnis im e-Business, sowohl die Hersteller als auch Zulieferer bündeln ihre Kapazitäten in strategischen Allianzen. Auf der einen Seite errichteten Daimler-Chrysler, Ford und GM (unter Beteiligung von Renault und Nissan) im Jahr 2000 den elektronischen Marktplatz „Covisint". Dieser e-Hub ist auf die Bedürfnisse der Hersteller ausgerichtet (OEM, Original Equipment Manufacturer). Auf der anderen Seite schließen sich die Zulieferer zusammen, um Plattformen wie „SupplyOn" (Bosch, ZF, Continental, Hella und andere) aufzubauen (vgl. zu den Plattformen in der Automobilindustrie Dudenhöffer 2001, S.30). Hier entstehen zwei hybride Ansätze mit verschiedenen Zielvorstellungen. Vor allem im Engineering und im Supply Chain Management unterscheiden sich die Module zwischen Produzenten und Lieferanten in den Hauptprozessen gravierend. Die Aktivitäten werden von beiden Seiten individuell strukturiert. Der Standardisierungsgrad ist gering. Lediglich im Einkauf weisen die Module in den Hauptprozessen viele Gemeinsamkeiten auf. Die Nebenprozesse hingegen sind in der Automobilindustrie weitgehend einheitlich definiert. Hier greift vor allem ODETTE.

ODETTE (Organization for Data Exchange by Teletransmission in Europe) ist ein branchenabhängiger Standard. Er wurde auf der EDIFACT (Electronic Data Interchange for Administration, Commerce and Trade) Syntax von der europäischen Automobil- und ihrer Zulieferindustrie, unter Beteiligung des VDA (Verband der Automobilindustrie), entworfen (vgl. Werner 2000, S.147).

2.2 Ziele virtueller Märkte aus Lieferantensicht

Die Lieferanten im Autobau schmieden im e-Business horizontale Kooperationen. Sie agieren gemeinsam in strategischen Allianzen und schaffen sich einheitliche Applikationen, mit einem hohen Grad an Kompatibilität. Die Anbieter verzahnen ihr branchenspezifisches Expertenwissen, bündeln ihre Erfahrungen und schöpfen synergetische Potenziale aus: die Lieferanten verteilen beim Aufbau eines gemeinsamen e-Hubs ihre Investitionen (insbesondere für Entwicklungsleistungen) auf mehrere Schultern.

In der Automobilindustrie bekommen die Lieferanten immer wieder die Macht ihrer Kunden zu spüren. Der Lòpez-Effekt und das Preisdiktat von Chrysler (Reduzierung der Einkaufspreise um 5%, vgl. o. V. 2001, S.20) sind noch gut in Erinnerung. Mit dem Aufbau einer eigenen Plattform lösen sich die Zulieferer von diesem Druck ihrer Kunden. Wenn sich bedeutende Systemlieferanten (First Tiers) auf eine standardisierte Prozesskette einigen, legen sie die Spielregeln im e-Business auch für die Sublieferanten (Second Tiers) fest. Das primäre Anliegen besteht darin, komplette Abläufe in der Automobilzulieferindustrie zu vereinheitlichen. Jedoch sollte eine gemeinsame Lieferantenplattform im e-Business mit den Herstellern abgestimmt sein, weil ansonsten **Trade-offs** lauern: die Synergieeffekte können von negativen Auswirkungen (Dyssynergien, wie Probleme bei der Kompatibilität der Systeme) überkompensiert werden.

3 Module virtueller Marktplätze in der Automobilzulieferindustrie

Im Folgenden wird der Aufbau eines virtuellen Marktes in der Automobilindustrie aus Sicht von Lieferanten beschrieben. Zunächst finden sich die Charakteristika dieser Plattform für den Einkauf. Im Anschluss werden die Module für das Engineering und das Supply Chain Management festgelegt.

3.1 Einkauf

Die Module im Einkauf sind prägend für den gesamten e-Hub. Zunächst werden die Grunddaten des Einkaufs bestimmt (Business Directory). Ferner findet sich die Festlegung von Normen und Spezifikationen (Requests for Quotation). Schließlich sind die Spielregeln für Auktionen (Biddings) im virtuellen Einkaufsnetz zu definieren (vgl. Abbildung 2).

3.1.1 Business Directory

Als Business Directory wird die Bestimmung der Grunddaten im Einkauf bezeichnet. Das Herz von Business Directory besteht in der Festlegung von Materialgruppen. In die Datenbank fliessen allgemeine Informationen über die Lieferanten: wie Umsatz pro Standort, Anzahl der Mitarbeiter je Werk oder Art und Menge der Fertigungsanlagen. Einzelne Produkte werden zu Produktgruppen (Commodities) verdichtet (zum Beispiel zur Commodity „Drehteile"). Die Lieferantendatenbank ist in einen frei zugänglichen und einen geschlossenen Bereich unterteilt:

- Im **frei zugänglichen Bereich** finden sich allgemeine Hinweise über Produkte oder Standorte des Lieferanten und

- der **geschlossene Bereich** (auch als privater Bereich bezeichnet) wird durch eine 1:1-Beziehung geschützt. Er enthält interne Informationen - wie bisherige Erfahrungen mit den Lieferanten oder bereits verhandelte Preise.

Durch den Aufbau der Business Directory ergeben sich für den **Einkäufer** mehrere Vorteile:

- Es entsteht eine unifizierte Lieferantendatenbank (die Informationen über die Anbieter werden stets aktualisiert),

- mit einem hohen Grad an Spezifizierung (der Inhalt der Datenbank zielt auf die Besonderheiten der Automobilbranche) und

- ausgefeilten Suchfunktionen (sie ermöglichen ein rasches Auffinden geeigneter Lieferanten).

Doch auch für den **Lieferanten** bieten sich zusätzliche Chancen:

- Er besitzt ein Instrument zur Akquisition neuer Kunden (mit der Möglichkeit zur gezielten Präsentation seiner Kompetenzbereiche),

- das einer Pflege seines Zulieferprofils dient (umständliche sowie zeitraubende Einzelanfragen des Kunden entfallen) und

- ein hohes Qualitätsniveau der Anfragen sichert (dazu findet ein Fragebogen pro Materialgruppe Einsatz).

3.1.2 Requests for Quotation

Mit der Festlegung von Spezifikationen und Normen (Quotations) wird der Interaktionsprozess des Einkäufers mit seinen Lieferanten erleichtert. Schon für die Erstellung des Lasten- und Pflichtenheftes sind Standardkonfigurationen vorzugeben. Sie erlauben ein vereinfachtes Monitoring der Zulieferer, verbunden mit einem (automatisierten) Ranking. Dadurch stellen sich Zeitvorteile im Wettbewerb ein, und die Time-to-Market wird potenziell verkürzt.

Mit elektronischen Requests for Quotation gehen diverse Vorteile für den **Einkäufer** einher:

- Die Formulare für Lieferantenanfragen werden standardisiert (die Anfrageformulare erlauben qualitativ hochwertige und strukturierte Erhebungen),

- der Versand von Anfragen erleichtert sich (inklusive der beschleunigten Distribution von Anlagen, wie beigefügten Zeichnungen),

- eine Auswertung der Angebote kann automatisch erfolgen (es finden standardisierte Reports Einsatz, die den raschen Vergleich von Einzelpositionen gewährleisten) und

- die Verwaltung von Angeboten erfolgt zielsicher (der Einkäufer erhält über sämtliche Anfragen eine Übersicht mit Standardinformationen).

Aber auch für den **Lieferanten** stellen sich mehrere Vorteile ein:

- das Entstehen einheitlicher Formate (unifizierte Anfragen über alle elektronischen Marktteilnehmer erleichtern die Klassifizierung von Materialien im Netzwerk) und

- die vereinfachte Verwaltung der Angebotsabgaben (der Lieferant erhält eine mit Standardinformationen versehene Übersicht aller Angebote).

3.1.3 Biddings

Durch die Standardisierung von Requests for Quotation werden auch Auktionen (Biddings) im Einkauf begünstigt. Sie stellen 1:n-Bedingungen dar. Mit Hilfe spezieller Module lassen sich die Zeitspannen zur Durchführung der Auktionen zeitlich eingrenzen. Bekannte Auktionsverfahren sind „Reverse Auction", „Dutch Auction" und „Sealed Bit Auction".

Die Vorteile für den **Einkäufer** liegen auf der Hand:

- Elektronische Auktionen fördern die Markttransparenz (Vorverhandlungen werden überflüssig),

- es liegen einheitliche Bedienoberflächen vor (wodurch der Abstimmungsbedarf sinkt),

- die Verhandlungen mit mehreren Partnern können simultan ablaufen (dadurch wird der Wettbewerb unter den Lieferanten gepusht) und

- der administrative Verhandlungsaufwand wird reduziert (verbunden mit Zeit- und Kostenreduzierungen, da beispielsweise Reisetätigkeiten entfallen).

Die Chancen für den **Lieferanten** liegen in

- der Möglichkeit zum anonymen Marktzugang (die Zulieferer können ihre Waren zeitgleich mehreren Kunden anbieten) und

- den oben bereits genannten Punkten.

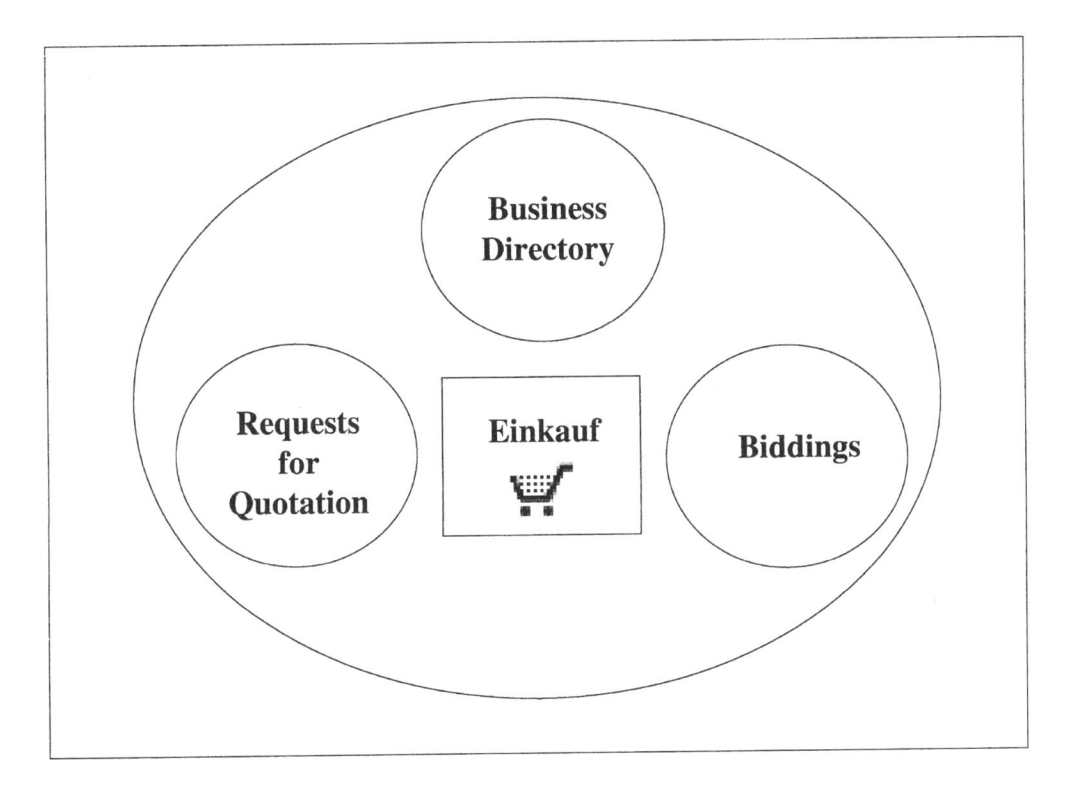

Abbildung 2: Module im Einkauf

3.2 Engineering

Die Zeitspanne Concept-to-Cash hat sich in den letzten Jahren in der Automobilbranche deutlich verkürzt. Den Best Practices gelingt es bereits, neue Autos unterhalb von zwei Jahren Entwicklungszeit auf den Markt zu bringen. Im Autobau greifen moderne Innovationsinstrumente wie Simultaneous Engineering, Design for Manufacturing and Assembling, Rapid Prototyping, Digital Mock-Up oder Virtual Reality (vgl. zu diesen Hilfsmitteln Werner 1997).

Die Automobilhersteller nutzen die Spezialkenntnisse ihrer Lieferanten. Häufig werden die Lieferanten zeitlich befristet in die Entwicklungsprozesse der Kunden eingebunden, und die Anbieter entsenden Mitarbeiter für die Dauer von zwei bis drei Jahren zu ihren Kunden (**Resident Engineering**). Weitere Potenziale zur Optimierung der Entwicklungsprozesse liegen im **e-Engineering**. Jedoch werden die Möglichkeiten elektronischer Marktplätze in der Produktentwicklung bislang kaum genutzt. Der vorliegende Beitrag nimmt sich diesem Problem an. Er beschreibt einen Ansatz zum Aufbau einer technikorientierten Plattform im e-Business. Seine Module sind Online Collaboration, Dokumentenmanagement und Engineering Services (vgl. Abbildung 3).

3.2.1 Online Collaboration

Online Collaboration unterstützt die Parallelisierung der Entwicklungsprozesse. Ein herausragendes Merkmal von **Simultaneous Engineering** ist die Bildung eines interdisziplinären Teams, in das auch Lieferanten und Kunden eingebunden sein können. Allerdings sind dieser Zusammenarbeit einige Grenzen auferlegt, weil die erforderlichen Bandbreiten von 34 Mbit/s bislang fehlen. In diese Lücke stößt die ENX-Technologie. Sie erlaubt dem Simultaneous Engineering Team ein CA-Conferencing, PC-Conferencing und Viewing. Tradierte öffentliche Netze hingegen versagen an dieser Stelle zum Teil. Online Collaboration wird aber nur funktionieren, wenn eine Kompatibilität der eingesetzten Programme vorliegt. Außerdem müssen die Daten sämtlicher Teilnehmer ständig aktualisiert werden. Dazu dienen moderne Datenbanken.

Die Produktentwicklung ist ein ausgesprochen sensitiver Bereich. Der Abfluss von Wissen an die Konkurrenz kann fatale Folgen haben. Deshalb müssen die F&E-Daten besonders abgeschottet werden. Einen **Schutzmechanismus** bietet in diesem Zusammenhang die ENX-Technologie: über das Trust Center wird eine Firewall als 168bit Verschlüsselungssystem aufgebaut. Als weiteres Hilfsmittel kann PGP hinter der Firewall zur Authentifizierung dienen.

3.2.2 Dokumentenmanagement

Elektronische Marktplätze benötigen ein modernes Dokumentenmanagement im Engineering. Die Daten sind für Zeichnungen und konstruktionsbegleitende Kalkulationen **konsistent** zu verwalten. Deshalb werden im e-Engineering Systeme wie „Documentum" unverzichtbar. Im Dokumentenmanagement liegen direkte Schnittstellen zu den Funktionsbereichen Einkauf sowie Supply Chain Management vor. Zum Beispiel stellen die Spezifikationen und Normen der

Requests for Quotation (aus dem Einkauf) wesentliche Basen für die einheitliche Dokumentation von Stücklisten, Arbeitsplänen und Teilestämmen im Engineering dar.

3.2.3 Engineering Services

Elektronische Märkte in der Automobilindustrie werden dauerhaft nicht auf Engineering Services verzichten können. Darunter sind von Dritten betriebene Competence Center zu verstehen, die nicht nur die First Tiers mit Know-how versorgen. Insbesondere die Sublieferanten, häufig handelt es sich um KMUs (kleine und mittelgroße Unternehmungen), werden als Second Tiers oder Third Tiers auf die Plattformen „Prostep" (Kompetenzzentrum für Datenaustausch) oder „Workcenter" (Application Service Provider für CAX-Software) zugreifen.

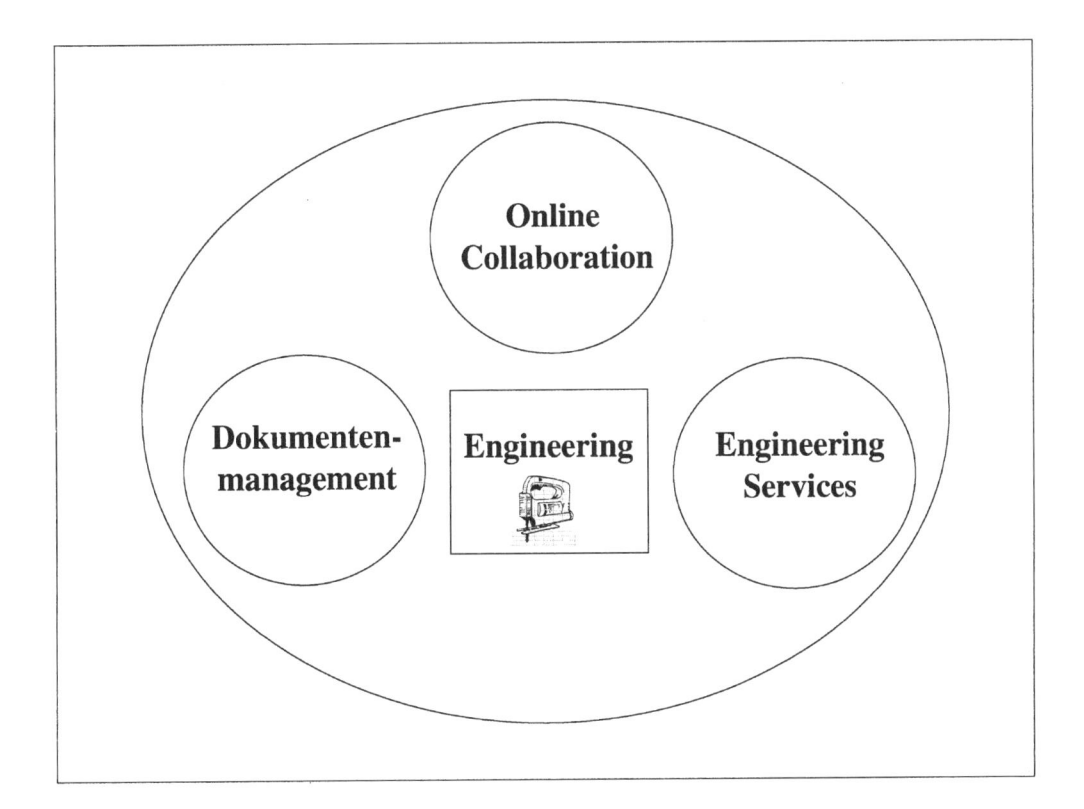

Abbildung 3: Module im Engineering

3.3 Supply Chain Management

Ein Supply Chain Management umfasst die Unternehmungsaktivitäten von Versorgung, Entsorgung und Recycling, inklusive die sie begleitenden Geld- und Informationsflüsse (vgl. Werner 2000, S.5). Für die Bearbeitung virtueller Märkte sind **e-Supply Chains** zu entwerfen, die eine prozessorientierte Integration sämtlicher Parameter in der Lieferkette erlauben.

Elektronische Supply Chains sind auf eine Simultaneität von Planungsschritten, die Bewältigung von Engpässen, eine Ausnutzung von Geschwindigkeitsvorteilen und die Bildung globaler Netzwerke ausgelegt (vgl. Nenninger/Hillek 2000, S.11).

Zur Wahrung dieser Aufgaben benötigen e-Supply Chains eine geeignete **Software** in Modulbauweise. Intern ausgelegte ERP (Enterprise Resource Planning) sowie extern gerichtete APS (Advanced Planning and Scheduling) Lösungen erfüllen diese Anforderungen. Sie müssen mit den elektronischen Systemen verknüpft werden, um Transaktionen komplett über Internet, Intranet sowie Extranet ausführen zu können. Anbieter dieser Software sind beispielsweise J. D. Edwards, i2 Technologies, Manugistics, Synquest, SAP, Numetrix, Baan oder Peoplesoft. Ein Überblick hinsichtlich verschiedener Softwarelösungen im Supply Chain Management findet sich bei Seidl (vgl. Seidl 2000, S.161ff.).

Die e-Hubs im Supply Chain Management benötigen die Module Web-EDI, Bedarfsplanung, Produktionsplanung, Distributionsplanung, Standardisierung von Verpackungen, Vendor Managed Inventory, Labeling, Qualitätsmanagement sowie Anpassungsplanung. Diese Hilfsmittel werden im Folgenden charakterisiert (vgl. Abbildung 4).

3.3.1 Web-EDI

In Web-EDI vereinen sich die Vorteile konventioneller EDI (Electronic Data Interchange) Systeme und Internet. EDI Lösungen sind hochgradig standardisiert, dabei allerdings recht rigide. Das Internet hingegen ist sehr flexibel, bietet aber kaum Standardabläufe. Mit **Web-EDI** entfallen die jeweiligen Problembereiche von EDI und Internet. Im Supply Chain Management können über Web-EDI zum Beispiel Abrufe, Gutschriftanzeigen, Lagerbewegungen, Liefer- und Transportdaten oder Avise an Spediteure fließen. Sämtliche via Web-EDI angebundenen Lieferanten werden durch nur eine Schnittstelle verwaltet. Die Anbieter benötigen lediglich einen PC und müssen einen Zugang zum Internet besitzen. Dadurch eröffnen sich gerade für KMUs (kleine und mittelgroße Unternehmungen) völlig neue Perspektiven im Wettbewerb. Während bei EDI die Hersteller lediglich ihren Systemlieferanten eine Verbindung einräumen, erlaubt Web-EDI auch den KMUs einen direkten Link zum Produzenten.

3.3.2 Bedarfsplanung

Dieses Modul elektronischer Märkte im Supply Chain Management erleichtert eine Vorausschau der Kundennachfrage. Mit Hilfe **statistischer Prognoseverfahren** können die Kapazitäten des Kunden mit denen des Lieferanten abgestimmt werden. Dadurch reduzieren sich für den

Lieferanten vor allem Durchlaufzeiten und Bestände. Kurzfristig wird die Verfügbarkeit der Bedarfe gefördert. Mittel- bis langfristig können neue Teilefamilien und Baugruppen entstehen.

3.3.3 Produktionsplanung

Konventionelle Produktionspläne werden zentral verwaltet. Sie steuern beispielsweise die Maschinenbelegung bei der Fertigung. Virtuelle Märkte in der Supply Chain ermöglichen die Nutzbarmachung von **Web-Kanban**: den Aufbau dezentraler, selbststeuernder und retrograd vermaschter Regelkreise über das Internet. Sämtliche Regelkreise, von der Versandhalle des Lieferanten bis zum Fertigwarenlager des Herstellers, können auf ihre Tauglichkeit für Web-Kanban untersucht werden. Mit Hilfe des Internets besteht die Möglichkeit, den Materialfluss kundenorientiert in Echtzeit zu simulieren, ihn nach Bedarf zu bremsen oder zu beschleunigen (Pullausrichtung).

3.3.4 Distributionsplanung

Auf virtuellen Märkten zielt die Distributionsplanung auf eine Verbindung zwischen Produktions- und Terminplanung. Im Schwerpunkt werden die internen und die externen Materialströme untersucht, um zu optimalen Transport- und Bestandslösungen zu gelangen. Das Internet bietet neue Möglichkeiten zur Ausschreibung von Angeboten an externe Dienstleister, einer maschinellen Frachtkostenberechnung und für ein Controlling der Distributionskosten.

Außerdem können über **virtuelle Frachtbörsen** weltweit Frachtkapazitäten angeboten und nachgefragt werden. Die Partner bündeln ihre Frachtvolumen und erzielen Economies of Scale. Virtuelle Frachtbörsen reduzieren vielfach die Transaktionskosten in der Auftragsakquisition.

3.3.5 Standardisierung von Verpackungen

Immer mehr Unternehmungen nutzen in der Automobilindustrie standardisierte Verpackungslösungen. Dadurch reduzieren sie die Packmittelvielfalt, optimieren ihr Warenhandling und senken die Anzahl notwendiger Umpackvorgänge. Finden **standardisierte Mehrwegverpackungen** Einsatz, ergeben sich gleich mehrere Vorteile: Steigerung der Nutzungsdauer und Nutzlast, Begünstigung des Stapelfaktors, bessere Ausnutzung von Ladeflächen sowie Erhöhung von Sauberkeit (Förderung des Umweltschutzes) und Arbeitssicherheit. Ein webbasiertes Verpackungsmanagement ermöglicht eine automatisierte Sendungsverfolgung (Tracking and Tracing). Außerdem können auf elektronischen Märkten EDLs (externe Dienstleister, wie Speditionen) leichter in das Verpackungsmanagement einbezogen werden. Schließlich steigt die Transparenz in der Bestandsführung.

3.3.6 Vendor Managed Inventory

Vendor Managed Inventory (VMI) ist ein Modul von Efficient Consumer Response (ECR, vgl. v. d. Heydt 1999). Der Kunde überwälzt bei VMI für bestimmte Sachnummern seine Bestandshoheit auf einen Lieferanten. Letzterer zeichnet sich für das Vorratsmanagement in diesem Segment verantwortlich. Dazu benötigt der Lieferant Zugriff auf die Bewegungsdaten des Kunden (aktuelle Verkaufszahlen oder Goods in Transit). Automatisch werden sämtliche Bestandsveränderungen über Barcode oder Transponder erfasst. Für die betroffenen Materialien legen die Partner die Interventionspunkte (Meldebestand, Mindestbestand und Höchstbestand) der betroffenen Sachnummern fest. Beim Erreichen des Meldebestandes startet der Lieferant automatisch eine Neubelieferung an den Kunden. Somit ist ein kontinuierlicher Warennachschub (**Continuous Replenishment**) gewährleistet. Zum Nachrichtenaustausch nutzen die Partner die Supply Chain Module auf dem elektronischen Marktplatz.

3.3.7 Labeling

Durch das Modul Labeling wird der webbasierte Druck von Lieferscheinen, Warenbegleitscheinen, Transportaufträgen und Warenanhängern gefördert. Die manuelle Durchführung dieser Tätigkeiten erweist sich häufig als sehr zeitraubend. Ein zentrales Änderungswesen beim Kunden sichert das einheitliche Labeling der Lieferanten. Die Daten zum Labeling werden primär aus Lieferabrufen abgeleitet. Probleme ergeben sich jedoch, wenn die Zulieferer nicht über geeignete Drucksysteme verfügen.

3.3.8 Qualitätsmanagement

Das webbasierte Qualitätsmanagement automatisiert ein **Supplier Rating**: für die Lieferantenbewertung werden die Requests for Quotation (Standardisierungen und Normierungen im Einkauf) herangezogen. Sie sind die Basis zur Manifestierung von Qualitätsanforderungen an Produkte und Prozesse der Lieferanten. Zur Steigerung der Transparenz kann der Kunde diese Anforderungen an seine Lieferanten ins Netz stellen. Außerdem erleichtern die online verwalteten Informationen eine Zertifizierung der Lieferanten. Die Dateien zum Qualitätsmanagement können über das Internet einfach verteilt und jederzeit aktualisiert werden. Schließlich besteht die Möglichkeit, eine eigene Qualitätsdatenbank aufzubauen.

3.3.9 Anpassungsplanung

In den e-Supply Chains ermöglicht die Anpassungsplanung das IT-gestützte Aufzeigen von Soll-Ist-Abweichungen. Mit diesem Modul können frühzeitig potenzielle **Engpässe** sichtbar gemacht werden, wodurch sich die Notwendigkeit für ein kostenintensives Trouble Shooting reduziert. Als Voraussetzung gilt die lückenlose und stringente Definition interner und externer Prozessabschnitte. Die Überprüfung der Datenbestände erstreckt sich sowohl auf die Zahlen von Lieferanten als auch die Informationen über externe Dienstleister (wie KEPs: Kurier-, Express- und Paketdienste).

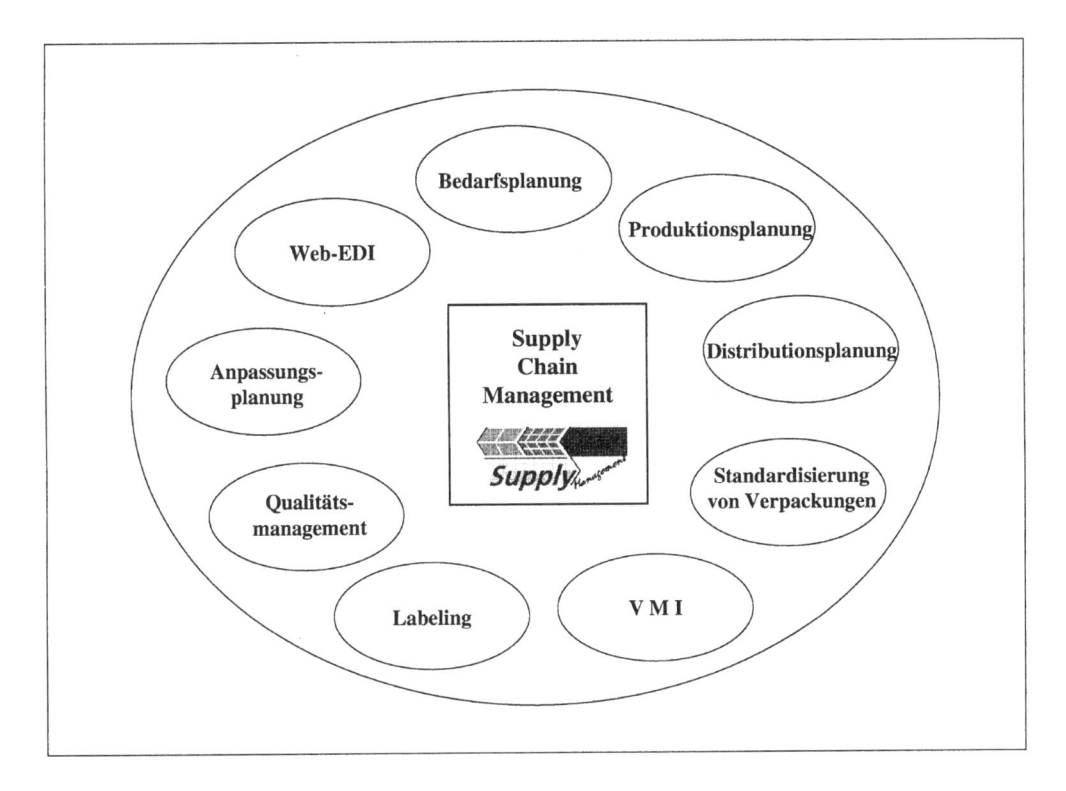

Abbildung 4: Module im Supply Chain Management

4 Ergebnis

Nicht nur in der Automobilindustrie, sondern auch in vielen anderen Branchen haben sich mit dem Aufkommen des Internets die Geschäftsprozesse radikal geändert. In Zeiten des e-Business werden hohe Ansprüche an die Reagibilität der Unternehmungen gestellt. Beispielsweise bilden die Partner **globale Netzwerke**. Über e-Hubs können die Wettbewerber weltweit Synergien wahrnehmen und ihre Transaktionskosten senken. Eine wesentliche Voraussetzung dieser „Maschine-zu-Maschine-Kommunikation" im e-Business ist die Findung einer gemeinsamen Sprache. Es scheint, dass sich XML (Extensible Markup Language) im World Wide Web als Standard im Business durchsetzt. Jedoch kann die Sprache XML nicht sämtliche Anforderungen nach hoher Kompatibilität erfüllen. Es ist ein syntaktisches Tool mit noch zu definierender Semantik. Außerdem existieren schon jetzt mehrere unterschiedliche Sprachen, die auf XML fußen (vgl. Weitzel/König 2001, S.32).

Und wie reagiert die **Automobilindustrie** (vgl. Dudenhöffer 2001, S.30)? Durch das Internet entstehen neue Vertriebswege. Die ersten Autobauer überspringen bereits jetzt die konventionellen Handelsstufen und bieten ihre Fahrzeuge direkt im Internet (zum Teil zu reduzierten Verkaufspreisen) an. Mittlerweile werden in England sämtliche Modelle von Ford unter Listenpreis online vertrieben. Daneben können Autos via „Online-Car-Buying.coms" bezogen werden (wie „Autobytel", „Carpoint" oder „Autovantage") – der Autokauf ist nur noch einen Mausklick entfernt (Click-and-Brick-Strategie). Das Internet verspricht auch die Realisierung von Built-to-Order im Autobau: Die Produktion richtet sich streng nach den Wünschen der Kunden aus. In der Automobilbranche wird eine Zeitspanne zwischen Auftragsabgabe und Auslieferung von 15 Tagen angestrebt. Eine heroische Zielsetzung, benötigen doch manche Hersteller in der Automobilindustrie heute noch eine Lieferzeit von einigen Monaten für ihre Fahrzeuge. Der Aufbau eines e-Hubs in der hier beschriebenen Weise kann dabei helfen, diese Anforderungen zu erreichen. Um im Wettbewerb der Zukunft zu bestehen, müssen die Autobauer ihre Prozesse in Einkauf, Engineering und Supply Chain Management elektronisch miteinander verzahnen.

Literatur:

Baumgarten, H. [Hrsg.] (2001): Logistik im E-Zeitalter, Frankfurt 2001.
Dudenhöffer, F. (2001): Das Internet erfindet die Autobranche neu. In: FAZ vom 01.02.2001, S.30.
Heydt, A. v. d. [Hrsg.] (1999): Handbuch Efficient Consumer Response. Konzepte, Erfahrungen, Herausforderungen, München 1999.
Holland, P. (2001): Supply Chain Optimization Systems in der Materialwirtschaft. In: Walther, J.; Bund, M. [Hrsg.] (2001), S.79-98.
Lawrenz, O.; Hildebrand, K.; Nenninger, M. [Hrsg.] (2000): Supply Chain Management. Strategien, Konzepte und Erfahrungen auf dem Weg zu E-Business Networks, Braunschweig et al. 2000.
Nenninger, M.; Hillek, T. (2000): eSupply Chain Management. In: Lawrenz, O. et al. [Hrsg.] (2000), S.1-14.
o. V. (2000a): Internet-Martplätze treiben den Electronic Commerce voran. In: FAZ vom 13.04.2000, S.29.
o. V. (2000b): Das Internet kann die Einkaufskosten um 80% senken. In: FAZ vom 20.01.2000, S.28.
o. V. (2001): Zulieferer stemmen sich gegen das Preisdiktat von Chrysler. In: FAZ vom 23.01.2001, S.20.
Pfohl, H.-C. [Hrsg.] (2000): Supply Chain Management: Logistik plus?, Berlin 2000.
Seidl, K. (2000): Supply Chain Management Software. Einsatzmöglichkeiten und Nutzenerwartungen. In: Pfohl, H.-C. [Hrsg.] (2000), S.161-183.
Walther, J.; Bund, M. [Hrsg.] (2001): Supply Chain Management. Neue Instrumente zur kundenorientierten Gestaltung integrierter Lieferketten, Frankfurt 2001.
Weitzel, T.; König, W. (2001): Zwischenbetriebliche Kooperationen und elektronische Märkte. In: FAZ vom 26.03.2001, S.32.

Werner, H. (1997): Strategisches Forschungs- und Entwicklungs-Controlling, Wiesbaden 1997.
Werner, H. (2000): Supply Chain Management. Grundlagen, Strategien, Instrumente und Controlling, Wiesbaden 2000.
Witten, P. (2001): Internationale Logistik als Tool für strategischen Markterfolg. In: Baumgarten, H. [Hrsg.] (2001), S.68-88.

Michael Kopetzki

Neue Informationstechnologie als Basis für integrierten Datenfluss in der automobilen Wertschöpfungskette

1   Die automobile Wertschöpfungskette
    1.1   Die Beschaffung
    1.2   Die Produktion
    1.3   Die Distribution

2   Integrierte Informationsketten
    2.1   Anspruch und Wirklichkeit
    2.2   Supply Chain Management Systeme und Marktplätze
    2.3   Neue Ansätze

3   Summary

1 Die automobile Wertschöpfungskette

1.1 Die Beschaffung

Die Automobilindustrie gilt traditionell als Vorreiter bei der Einführung neuer Technologien und Prozesse. Die immer gleichbleibende Zielsetzung ist dabei die Senkung der Kosten pro Fahrzeug und die Gewinnung von Wettbewerbsvorteilen durch innovative Technik und außergewöhnlichen Service. In den Mittelpunkt der Bemühungen der OEM rückt seit den achtziger Jahren die Optimierung der Waren- und Informationsprozesse über die verschiedenen Stufen der automobilen Wertschöpfungskette und Unternehmensgrenzen. Doch erst die Weiterentwicklung der Kommunikations- und Informationstechnologie eröffnet die Möglichkeit, Daten von der Entwicklung über die Beschaffung, die Produktion bis zum Vertrieb zeitnah und geographisch verteilt zur Verfügung zu stellen.

Die Beschaffungsseite der automobilen Wertschöpfungskette ist geprägt von **abnehmender Fertigungstiefe** bei den OEM und daraus resultierend einem steigenden Anteil an Verantwortung für die Erstellung kompletter Fahrzeugmodule bei den so genannten **Systemlieferanten** (vgl. Boutellier et al. 2001). Gleichzeitig führen Plattformstrategien und globale Sourcing- und Produktionsstrategien der OEM zu einem stetig wachsenden Bedarf an zeitgenauen Material- und Komponententransporten. Auch das Streben nach einer Erschließung neuer Märkte, verbunden mit der Notwendigkeit von erhöhtem Local Content (Asien, Südamerika) durch CKD- und SKD-Transporte, verstärkt die internationalen Materialströme im Automobilbau.

Die Transporte der Teile und zunehmend auch die Transportsteuerung erfolgen durch international operierende Logistikdienstleister. Deren Kernkompetenz ist, neben dem Wissen um die effiziente Organisation von Materialströmen, der Einsatz moderner Informationstechnologie, einerseits zur Steuerung der eigenen Transportsysteme, andererseits zur Versorgung der Teilnehmer der Beschaffungskette mit diversen Informationen zum aktuellen Status der Sendungen (**Tracking & Tracing**).

Aber selbst die großen Logistikkonzerne sind nicht in der Lage, alle erforderlichen Dienstleistungen in der Beschaffungskette alleine und global zur Verfügung zu stellen. Damit entsteht für die OEM und die Tier 1-Lieferanten die Notwendigkeit der Zusammenarbeit mit mehreren Dienstleistern, in Abhängigkeit vom Ort und der Art der nachgefragten Leistung. Die Spanne reicht von so genannten Lead Logistics Providern (LLP) über Gebietsspediteure, Eisenbahngesellschaften, Hafenbetriebe, Airlines, KEP-Services, Warehouses bis zu einzelnen Frachtführern, um nur die wichtigsten Teilnehmer zu nennen.

Damit ist klar, dass die Beschaffungsketten der OEM im Automobilbau hochgradig inhomogen aufgebaut sind, mit einer großen Zahl von Teilnehmern über die verschiedenen Stufen der automobilen Wertschöpfungskette hinweg. Die verschiedenen Teilnehmer weisen zudem einen unterschiedlichen Grad bezüglich ihrer Organisation und dem Stand der eingesetzten Technologie auf.

Die OEM versuchen dieser Problematik durch die zunehmende Ausprägung von System- oder Modullieferanten, der Einrichtung von Lieferantenparks und dem Streben nach immer weniger Logistikpartnern weltweit entgegenzuwirken. Trotzdem wird deutlich, dass es die integrierte Steuerung der gesamten Beschaffungskette aufgrund der beschriebenen Komplexität nicht geben kann, sondern definierte Abschnitte der Kette durch neue Prozesse und Informationstechnologie verbunden werden (vgl. Abbildung 1).

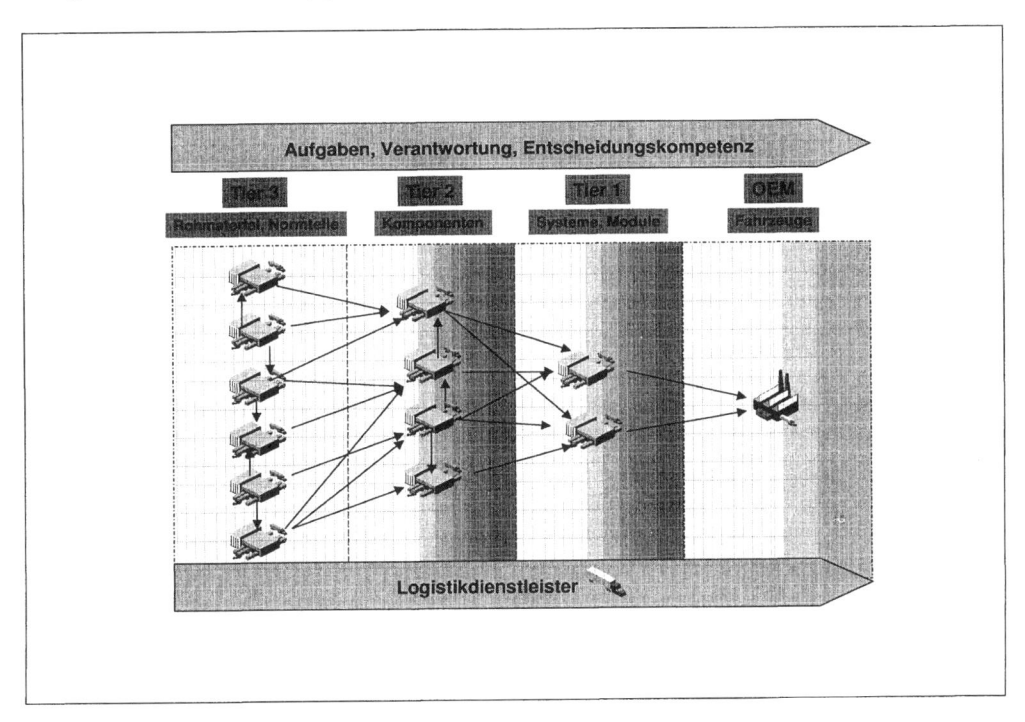

Abbildung 1: Beschaffungskette im Automobilbau (vgl. Boutellier/Girschik 2001, S.19)

1.2 Die Produktion

Auch innerhalb der Produktion setzt sich der Trend zur **Arbeitsteilung** bei der Fahrzeugerstellung fort. Kein OEM produziert mehr ein Fahrzeug mit allen Komponenten innerhalb eines Werkes an einem Produktionsstandort. Vielmehr verfügen alle OEM heute über globale Produktionsnetzwerke mit hochgradig spezialisierten Komponentenfertigungsstätten. Treiber dieser Entwicklung sind die von vielen OEM verfolgten **Plattformstrategien** mit der Zielsetzung, über die Verwendung möglichst vieler Gleichteile pro Fahrzeugtyp, bei weiterhin heterogenem Erscheinungsbild des Fahrzeugs, Kostendegressionseffekte zu realisieren. Daneben beliefern inzwischen viele Komponentenwerke, beispielsweise in Südamerika, auch Werke in anderen Märkten, als den ursprünglich gedachten, da sie aufgrund niedriger Produktionskosten (Löhne, Energie, Umweltauflagen) auch Logistikkosten über längerer Distanzen überkompensieren können.

Eine weitere Einflussgröße auf die Bildung globaler Fertigungsverbünde, ist die zunehmende Tendenz zur **Konzentration** in der Automobilindustrie. Durch horizontale Integrationen wie zum Beispiel Daimler und Chrysler, um nur die bekannteste zu nennen, ergeben sich völlig neue Produktionsstrukturen, die eine Spezialisierung der Werke innerhalb des Konzernverbundes erfordern, um die angestrebten Kosteneffekte in Einkauf und Fertigung erzielen zu können.

Einzelne OEM wie GM oder Fiat haben immer wieder den Versuch unternommen, durch die Definition so genannter „Weltautos", einem Fahrzeugtyp, von geringfügigen landesspezifischen Modifikationen abgesehen, einen globalen Markt zu eröffnen. Auch diese Ausprägung bedingt in der Regel gestiegene Anforderungen an die Produktionsstruktur der Automobilhersteller, bei zugleich sinkender Teilevielfalt.

Neben einer schon beschriebenen Auswirkung auf die Komplexität der Teile- und Komponentenversorgung von den Zulieferanten in die Produktionswerke der OEM, erhöhen die dargestellten Tendenzen in der Fertigungsstrategie der OEM die Komponentenströme zwischen den einzelnen Produktionsstandorten signifikant. Die Anforderungen an die logistischen Dienstleister sind dabei in der Regel die gleichen, wie bei der Teileversorgung von externen Zulieferanten. Häufig sind die Probleme bezüglich Prozessen und Informationssystemen in einem internationalen Produktionsverbund eines OEM ähnlich groß, wie bei der Organisation und Abwicklung von Logistikketten zwischen unterschiedlichen Unternehmen. Auch innerhalb eines internationalen Produktionsverbundes eines OEM oder Tier 1-Zulieferanten wird deutlich, dass die Komplexität der Prozesse und Informationssysteme dazu zwingt, einzelne Abschnitte innerhalb des Verbundes zu definieren, um hier zu sinnvollen SCM-Lösungen zu gelangen.

1.3 Die Distribution

Mit den Nutzungsmöglichkeiten des Internets kommen auf die Distributionsseite der automobilen Wertschöpfungskette völlig neue Herausforderungen zu (vgl. o. V. 1999). Die Spanne der veröffentlichten Beiträge reicht von „ernster Bedrohung der etablierten Händlerstrukturen" bis zu „notwendiger Ergänzung des bestehenden Leistungsangebotes" durch den Automobilhandel. Nachdem sich inzwischen die erste Euphorie über die Potenziale des **web-basierten Automobilhandels** gelegt zu haben scheint, wird deutlich, dass auch die Autokäufer das Internet in erster Linie als zusätzliches Leistungsangebot des stationären Handels akzeptieren (vgl. Abbildung 2). Der tatsächliche Kaufabschluss im Netz bleibt aber weiterhin eher die Ausnahme und ist stark preisgetrieben (Rabatt für Kauf im Internet gegenüber dem Händlerpreis, vgl. Diez 2000).

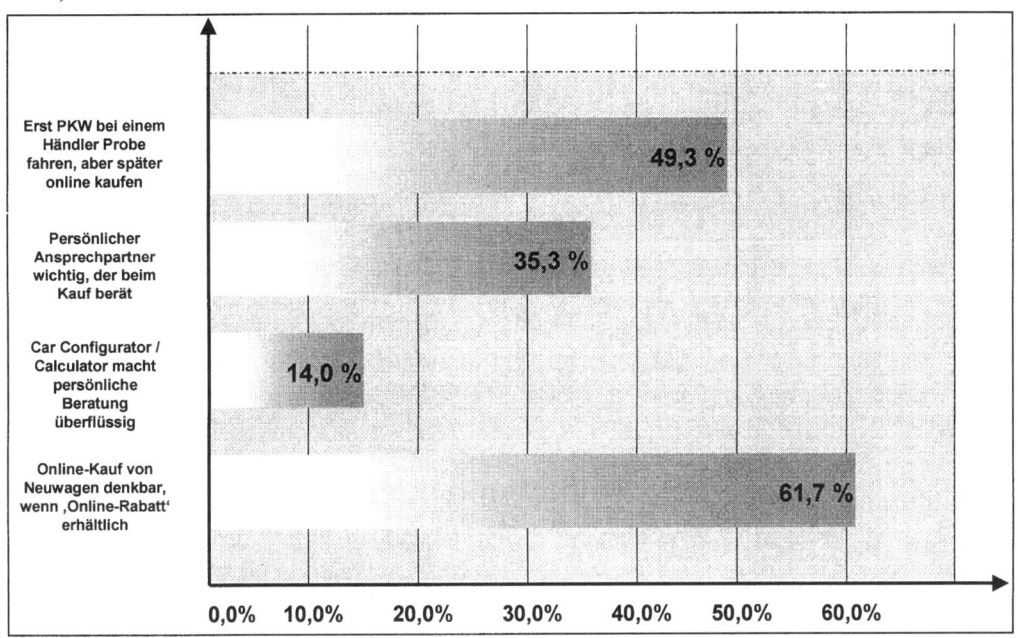

Erst PKW bei einem Händler Probe fahren, aber später online kaufen	49,3 %
Persönlicher Ansprechpartner wichtig, der beim Kauf berät	35,3 %
Car Configurator / Calculator macht persönliche Beratung überflüssig	14,0 %
Online-Kauf von Neuwagen denkbar, wenn ‚Online-Rabatt' erhältlich	61,7 %

Abbildung 2: Nutzungsverhalten im Internet (vgl. Dietz 2000)

Ein weiteres Thema, das die Struktur der Distributionskette im Automobilbau beeinflussen wird, ist die angenommene Aufhebung der GVO nach 2002 (vgl. Diez 2000). Damit ist die Wahrscheinlichkeit sehr hoch, dass verstärkt neue Marktteilnehmer außerhalb der bestehenden Händlerorganisationen der Hersteller in den Automobilhandel einsteigen werden. Das führt bei den Herstellern zu neuen Anforderungen an die Distributionslogistik und die Informationssysteme. Daneben sind alle Automobilhersteller seit geraumer Zeit dabei, ihre Händlernetze neu zu organisieren. Die Zahl der selbstständigen Händler, die direkt mit dem Hersteller in Verbindung stehen, geht stark zurück. Es entstehen Händlergruppen, so genannte Systemhändler, mit nachgeordneten Filialbetrieben, die ihre Autos über den Systemhändler ordern. Neben den beschriebenen Einflussfaktoren auf die Struktur der Distributionskette im Automobilbau, übt das Streben der Hersteller nach deutlich verkürzten Zeiten zwischen Bestellung und Auslieferung Druck auf die gesamte automobile Wertschöpfungskette aus.

Die Zielsetzung von 15 Werktagen zwischen Bestellung und Auslieferung des Fahrzeugs an den Kunden, wird heute in der Regel von keinem Hersteller erreicht. Mit dieser Anforderung sinkt auch der Zeitraum, der für den Transport des Fahrzeugs zum Endhändler zur Verfügung steht. Die Struktur der Distributionsketten im Automobilbau ist ähnlich komplex, wie die der Beschaffungsketten. Neben den Werken gibt es Marken, Landesgesellschaften, Importeure, Systemhändler, selbstständige Händler, freie Werkstätten und Retailer (Ersatzteile, Aftermarket) und als Bindeglied verschiedene Logistikdienstleister.

2 Integrierte Informationsketten

2.1 Anspruch und Wirklichkeit

Betrachtet man den **Informationsfluss** in der beschriebenen automobilen Wertschöpfungskette in der Praxis, so wird deutlich, dass trotz gestiegener Anforderungen an den Informationsbedarf und fortschreitendem Entwicklungsstand der Informationstechnologie, die integrierte Informationskette im Automobilbau nicht erreicht ist. Die Realität besteht aus organisatorischen und technologischen Problemen. So sind die Prozesse der verschiedenen Glieder der Wertschöpfungskette häufig nicht aufeinander abgestimmt. Integriertes Informationsmanagement fängt bei der Gestaltung der zugrunde liegenden Geschäftsprozessstrukturen an.

Dabei ist durchaus positiv zu sehen, dass verstärkt die Möglichkeiten neuer Informationstechnologie Einfluss auf die Gestaltung der Geschäftsprozesse nehmen. Neue Technologien ermöglichen, ja fordern neue Formen der Geschäftsprozessmodellierung. In weiten Teilen der automobilen Wertschöpfungskette sind die Geschäftsprozesse jedoch nach wie vor funktional orientiert und stark fragmentiert.

Trotz gestiegener Möglichkeiten der Informationstechnologie finden sich in der automobilen Wertschöpfungskette Unsicherheiten bezüglich der Qualität und der Verfügbarkeit von Plandaten, mangelnde Informationstransparenz, Systembrüche und eine nahezu babylonische Vielfalt an eingesetzten Applikationen und Datenformaten. Allein auf Seiten der reinen Transportabwicklung finden sich häufig bei den OEM mehr als 35 unterschiedliche eingesetzte Applikationen, die in der Regel nicht oder nur mit hohem datentechnischen Aufwand automatisiert miteinander kommunizieren können.

Dazu kommen verschiedene Entwicklungssysteme, Produktionssysteme, Order Management-Systeme, Logistiksysteme, Dealer Management-Systeme, ERP-Systeme und diverse betriebswirtschaftliche Applikationen bei den Teilnehmern in den verschiedenen Stufen der automobilen Wertschöpfungskette in unterschiedlichen Ländern.

Bemühungen zur Standardisierung der Datenformate für den Informationsaustausch wie ODETTE im Rahmen des EDI, brachten nur in Teilbereichen Verbesserungen und blieben nicht zuletzt wegen der verbundenen Kosten und den technischen Restriktionen (Punkt-zu-Punkt-Datenaustausch) auf Tier 1-Lieferanten und OEM beschränkt. Entsprechende Initiativen zum standardisierten, web-basierten Datenaustausch (TCP/IP) in der Automobilindustrie (ENX, ANX) bieten die Möglichkeit, kostengünstiger und über Informationsnetzwerke Daten auszutauschen.

Mangelnde Informationstransparenz, die fehlende Aktualität von Informationen, die Unsicherheit bei der Planung von Absatzgrößen und Produktionsprogrammen sowie die komplexe Struktur der Wertschöpfungskette führen zu suboptimalen Produktionsmengen, Ausstattungsvarianten, langen Lieferzeiten und zu hohen Beständen an Material und Fahrzeugen bei allen Beteiligten auf allen Stufen. Diese Problemstellung greifen seit Mitte der neunziger Jahre verschiedene Hersteller von Informationstechnologie auf und bieten diverse Softwaresysteme unter dem Oberbegriff „Supply Chain Management (SCM)-Tools" an.

2.2 Supply Chain Management Systeme und Marktplätze

Das Konzept des **Supply Chain Management** strebt nach der ganzheitlichen, prozessorientierten Planung und Steuerung aller Flüsse von Informationen und Produkten im Logistiknetzwerk. Oberste Zielsetzung ist es, sowohl die Kosten als auch die logistischen Leistungsgrößen über verschiedene Stufen der Wertschöpfungskette zu optimieren. Kernstück aller Informationssysteme aus dem Bereich des Supply Chain Management sind die so genannten „**APS (Advanced Planning Systeme) Module**". Sie dienen zur Optimierung der Planungsprozesse auf der Basis bestimmter Zielfunktionen und Restriktionen (Constraints) mit Hilfe moderner Solvertechnologie. Die eingesetzten Solver bedienen sich zur Optimierung verschiedener mathematischer Algorithmen, die schon seit längerem bekannt sind, aber erst seit wenigen Jahren aufgrund der fortgeschrittenen technologischen Möglichkeiten zu verwertbaren Resultaten, in überschaubarer Zeit, bei vertretbarem Aufwand führen. Die Solver werden im Rahmen von Modellen der abzubildenden Supply Chains eingesetzt. So können in den Modellen neben Optimierungsläufen auch Simulationen im Sinne eines „was-wäre-wenn" durchgeführt werden (vgl. Hieber et al. 2001).

Die prinzipielle Struktur der SCM-Systeme unterscheidet sich nach einer strategischen, einer taktischen und einer operativen Ebene (vgl. Abbildung 3). Zwischen den verschiedenen Ebenen besteht in der Regel ein zeitlicher und logischer Zusammenhang, so dass eine punktuelle Nutzung einzelner Bausteine oder Module keinen Sinn macht (vgl. Zetzl o. J., S.2).

Die **strategische Ebene** befasst sich mit Fragen der Modellierung der im weiteren betrachteten Supply Chain:

- Wie wird das Modell abgegrenzt?
- Welches Modell folgt auf Anforderungen aus der Unternehmensstrategie?
- Wie sehen (logistik-)optimale Produktionsstandorte aus?
- Welche Länder werden betrachtet?

- Welche Werke mit welchen Standorten werden einbezogen?
- Welche Lieferanten werden einbezogen?
- Welche Absatzmärkte werden einbezogen?
- Wo müssen welche Lagerstandorte sein?
- Welche Materialströme bilden die Optimierungsbasis (Jahresplanmengen)?
- Welche Liefermengen bilden die Optimierungsbasis (Jahresplanmengen)?
- Welche Constraints müssen berücksichtigt werden (Kapazitäten, Produktionsmengen)?

Die **taktische Ebene** setzt auf den auf der strategischen Ebene modellierten Strukturen auf. Der Betrachtungshorizont sinkt von einer Jahresbetrachtung auf eine Monats- bis Halbjahresbetrachtung. Daten aus ERP-Systemen und Marketingplänen bilden die Grundlage für Optimierungs- und Simulationsläufe. Das Ergebnis der Optimierungs- und Simulationsläufe auf der taktischen Ebene der SCM-Systeme sind längerfristige Produktions- und Transportpläne im Sinne einer abgestimmten Programmplanung.

Auf der **operativen Ebene** der SCM-Systeme erfolgt die Feinplanung und sind gegebenenfalls Eingriffe in die operative, tägliche Steuerung der Produktionsplanungsprogramme vorzunehmen. Hier erfolgt auch der Anstoß für Tourenplanungssysteme, Lagerbewegungen und Transportoptimierung. Einen wichtigen Baustein dieser Ebene stellt die so genannte Alert-Funktion dar, d. h. die Fähigkeit, mit Hilfe des Tools auf kurzfristig auftretende Veränderungen der Annahmen für die erstellten Pläne, mit einem erneuerten Plan und daraus resultierenden Aktionen reagieren zu können.

Ein weiterer Basisbaustein ist die **ATP-Funktion (Available-to-Promise)**. Damit sind quasi online Aussagen zu Beständen und Kapazitäten möglich, die zum Zeitpunkt einer konkreten Nachfrage keiner dezidierten Bestellung zugeordnet sind. Die Betrachtung muss innerhalb des Systems kontinuierlich erneuert werden, da sich aufgrund ständiger Anfragen und Bestellungen die Situation laufend verändert. Kritische Punkte hier sind u. a. die Antwortzeiten des Systems und das Problem der „concurrent user", d. h. mehrere Nachfragen zu bestimmten Ressourcen treten zur gleichen Zeit auf und müssen gesteuert werden.

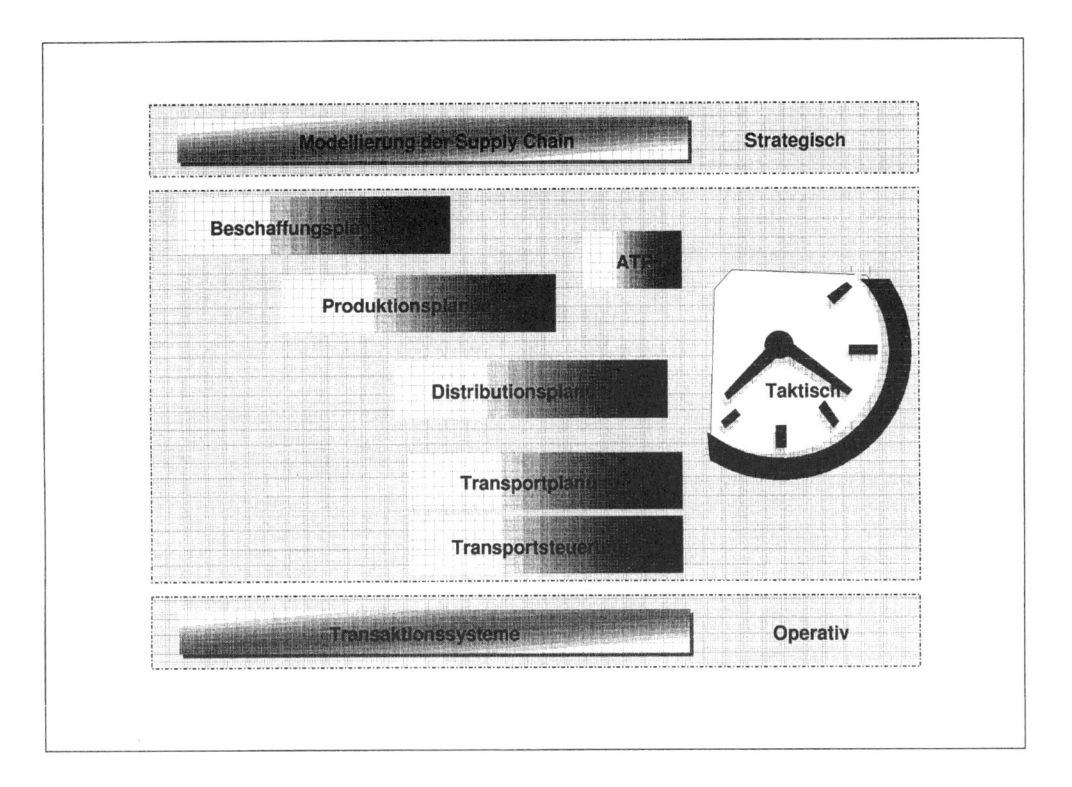

Abbildung 3: Ebenen der SCM-Systeme

Die bekanntesten **Anbieter für SCM-Systeme** sind i2 International, SAP mit APO, Manugistics, JD Edwards / Numetrix mit einem umfassenden Paket an diversen Modulen innerhalb ihres Angebotes. Dabei handelt es sich um sehr mächtige Programme, die in der Regel mit dem Argument einer kompletten, integrierten Lösung bedacht werden. Die Bestandteile sind teils Eigenentwicklungen der Anbieter, teils zugekaufte Programmpakete anderer Unternehmen, die über Schnittstellen miteinander kommunizieren. Alle genannten Anbieter haben bereits Projekte in der Automotive-Industrie (OEM und Zulieferer) realisiert oder gegenwärtig Projekte laufen. Die Projekte befassen sich für gewöhnlich mit einem abgegrenzten Ausschnitt aus der Supply Chain, da die zu erstellenden Modelle sehr schnell mit einer großen Zahl an Variablen zu tun haben, welche wiederum Einfluss auf die Genauigkeit der Ergebnisse und die Geschwindigkeit der Optimierungsläufe nehmen. Neben den großen Anbietern für SCM-Systeme haben sich gerade in der Automotive-Industrie eine Reihe anderer Unternehmen mit Lösungen etabliert, deren Fokus zumeist abgegrenztere Problemstellungen innerhalb der Logistik sind. Zu nennen sind hier beispielsweise Wassermann, ilas oder Brain.

Zu den „klassischen" SCM-Projekten kamen in den letzten Jahren Projekte bei den OEM und den Zulieferern, welche sich mit der **Anbindung an elektronische Marktplätze** und der Realisierung von Online-Auktionen befassen. Zielsetzung bei der Erstellung von Internetmarktplätzen ist auch hier die Eliminierung von Schnittstellen, die Erzeugung von Informationstransparenz und die Verbindung zu neuen Marktteilnehmern, wobei grundsätzlich zwischen offenen und geschlossenen Marktplätzen unterschieden werden muss. Die bekanntesten Marktplätze in Europa, initiiert durch OEM, sind Covisint (DaimlerChrysler, GM, Ford, Renault) und das Einkaufsplattformprojekt zwischen Volkswagen, IBM, i2 und Ariba. Ergänzend dazu entsteht der Marktplatz der Zulieferindustrie SupplyOn (Bosch, ZF, Continental u. a.). In Europa und den USA existieren eine Reihe von Marktplätzen, die sich mit Bereichen der automobilen Wertschöpfungskette befassen. Daneben setzen mittlerweile alle OEM und auch viele große Zulieferanten **Online-Auktionen** im Rahmen ihrer Beschaffungsaktivitäten oder beim Vertrieb von Produktionsnebenprodukten ein. Bislang bleibt der Einsatz von Auktionen in der Regel genormten (DIN) oder so genannten Commodity-Produkten vorbehalten, also Teilen, deren Qualität, Beschaffenheit und Maße aufgrund von gesetzlichen Vorschriften, Normen oder Standards eindeutig beschrieben werden können. Gegenwärtig laufen aber nicht zuletzt im Hochschulbereich einige Forschungsprojekte, die sich zum Ziel gesetzt haben, auch Entwicklungsteile, die einer engen und permanenten Abstimmung zwischen OEM und Lieferant bedürfen, über Auktionen handelbar zu machen.

Die Erfahrungen der vergangenen Jahre zeigen, dass SCM-Projekte und Marktplatzprojekte in der Automotive-Industrie Laufzeiten von bis zu mehreren Jahren, bei Investitionen in Lizenzen, Beratung und Implementierung von zweistelligen Millionenbeträgen, erreichen können. Projekte dieser Größenordnung bleiben in der Regel den OEM und den großen Tier 1-Lieferanten vorbehalten. Bei der Auswahl der Systeme und der Vergabe von SCM-Projekten rücken aber auch bei den großen Unternehmen der Branche die quantitativen und qualitativen Ergebnisse durch den Einsatz der Systeme sowie die Umsetzungszeit innerhalb der Projekte zunehmend in den Fokus der Betrachtung. Alle eingesetzten Systeme hängen mit der Qualität ihrer Ergebnisse stark von der Qualität der Inputdaten aus anderen Systemen ab. Einen weiteren, nicht zu unterschätzenden Punkt, stellt die Integration der Vielzahl an gewachsenen, inhomogenen, aber stabilen Legacysystemen, bei der Realisierung von SCM-Projekten dar (vgl. Beuthner 2000). Genau an diesem Punkt setzen Konzepte an, die im Rahmen des Supply Chain Management dazu tendieren, zwischen Transaktionsebene und Planungsebene intelligente Applikationen zu platzieren.

2.3 Neue Ansätze

Basierend auf der Annahme, dass Unternehmen zukünftig im Rahmen von Supply Chain Management-Projekten in kurzer Zeit greifbare Ergebnisse mit verwertbarem Nutzen erwarten, werden neue Konzepte auf alternativer technologischer Basis entwickelt.

Dabei steht im Vordergrund der Überlegungen, dass ein System mit überschaubarem Aufwand implementierbar sein sollte sowie durch die Benutzer intuitiv zu bedienen ist. Das System muss aufgrund der in allen Branchen anzutreffenden inhomogenen Landschaften an Legacysystemen in der Lage sein, andere Systeme zu integrieren oder zu ergänzen und auch komplexe Geschäftsvorfälle und neue Geschäftsprozessstrukturen abzubilden und zu unterstützen. Dabei ist es notwendig, dass das System unterschiedliche Transaktionsplattformen und traditionelle SCM-Systeme unterstützen kann. Um diesen Anforderungen gerecht zu werden, ist eine Vorgehensweise sinnvoll, sich auf dezidierte Prozesse zu beschränken, die aber im Rahmen eines gesamten Bebauungsplanes stufenweise erweitert werden können. Abgeleitet werden diese Prozesse aus Geschäftsvorfällen und Transaktionen, für die sowohl bestehende ERP-Systeme als auch SCM-Systeme keine oder nur sehr aufwendige Lösungen bereitstellen. Beispiele sind die Bündelung und Aufsplittung von Aufträgen über verschiedene Stufen der Wertschöpfungskette, oder das Management von Beständen über die horizontale und vertikale Sicht der Supply Chain, innerhalb eines Unternehmens oder über verschiedene Unternehmensgrenzen. Dabei stellen diese Prozesse bzw. Teilprozesse einen Ausgangspunkt dar, der in Abhängigkeit von der spezifischen Unternehmenssituation mit überschaubarem Aufwand zu erweitern ist. Das der Lösung zugrunde liegende Modell ist generisch, so dass weitere Unternehmensprozesse integriert werden können.

Eine Möglichkeit, diese Anforderungen technologisch umzusetzen, basiert auf **objektorientierten Systemen**. Objekte sind definierte Elemente mit zugeordneten, in Klassen beschriebenen Attributen und Methoden, angelehnt an die menschliche Denkweise. Vorteile der objektorientierten Programmierung sind die Datenkapselung, d. h. für den Nutzer sind nur bestimmte Daten und Methoden sichtbar, der Einsatz definierter Schnittstellen und die Vererbung bestimmter Merkmale zwischen ähnlichen Fragestellungen. Darüber hinaus sind bei Änderung der Rahmenbedingungen Teile der Objekte wiederverwendbar und damit der Aufwand bei Anpassungen reduziert. Da Objekte weitgehend selbständigen Charakter besitzen, eignen sie sich ideal für den Einsatz in verteilten Systemen, etwa Supply Chain Management-Systemen. Eine wichtige Voraussetzung ist allerdings das Vorhandensein persistenter Systeme, d. h. mit temporärer Speicherfähigkeit, da beispielsweise die Objekte auch bei Stromausfall die ihnen zugeordneten Eigenschaften behalten müssen (vgl. Koenig o.J.). Realisiert werden können diese Voraussetzungen durch den Einsatz eines Business Frameworks wie San Francisco von IBM (vgl. Abbildung 4), das zwischen Applikationsschicht und zwischen technischer Plattform eine Art Mittlerfunktion übernehmen kann (vgl. o.V. 2001).

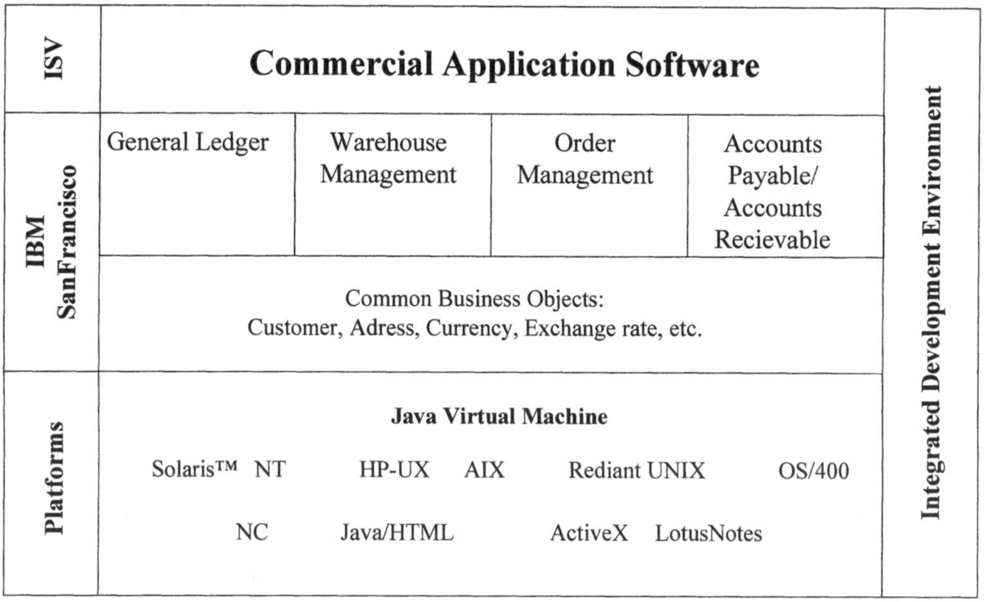

ISV	**Commercial Application Software**				Integrated Development Environment
IBM SanFrancisco	General Ledger	Warehouse Management	Order Management	Accounts Payable/ Accounts Recievable	
	Common Business Objects: Customer, Adress, Currency, Exchange rate, etc.				
Platforms	Java Virtual Machine				
	Solaris™ NT HP-UX AIX Rediant UNIX OS/400				
	NC Java/HTML ActiveX LotusNotes				

Abbildung 4: IBM San Francisco Architecture (vgl. Koenig 2001, S.11)

Ein konkretes Beispiel für eine Lösungsentwicklung in der Logistik auf Basis der beschriebenen Technologie stellt der **Logistikleitstand** dar, der gegenwärtig von Openshop und Skyva International, einer Tochtergesellschaft von ABB, realisiert wird (vgl. Abbildung 5). Dabei dient die innovative Technologie von Openshop und Skyva dazu, für ganz konkrete Problemstellungen, in spezifischen Ausprägungen für die Industrie, Automotive sowie im Bereich Consumer Products, Lösungen zu entwickeln.

3 Summary

Aufgrund der hohen Komplexität der Struktur sowie der Vielzahl der eingesetzten Informationssysteme, stellt die automobile Wertschöpfungskette nach wie vor eine große Herausforderung an das Supply Chain Management dar. Durch neue Informationssysteme bieten sich Möglichkeiten, abgegrenzte Bereiche der Supply Chain transparenter zu gestalten und Informationen für eine gestiegene Planungssicherheit, mit dem Ergebnis sinkender Kosten und steigendem Services, bereitzustellen. Der zunehmende Druck, Nutzen von IT-Projekten im Verhältnis zu ihrem Aufwand darzustellen, sowie die Notwendigkeit, in überschaubaren Zeitabständen greifbare Ergebnisse zu erreichen, fördern neue Konzepte im Rahmen von Supply Chain Management-Projekten in der automobilen Wertschöpfungskette.

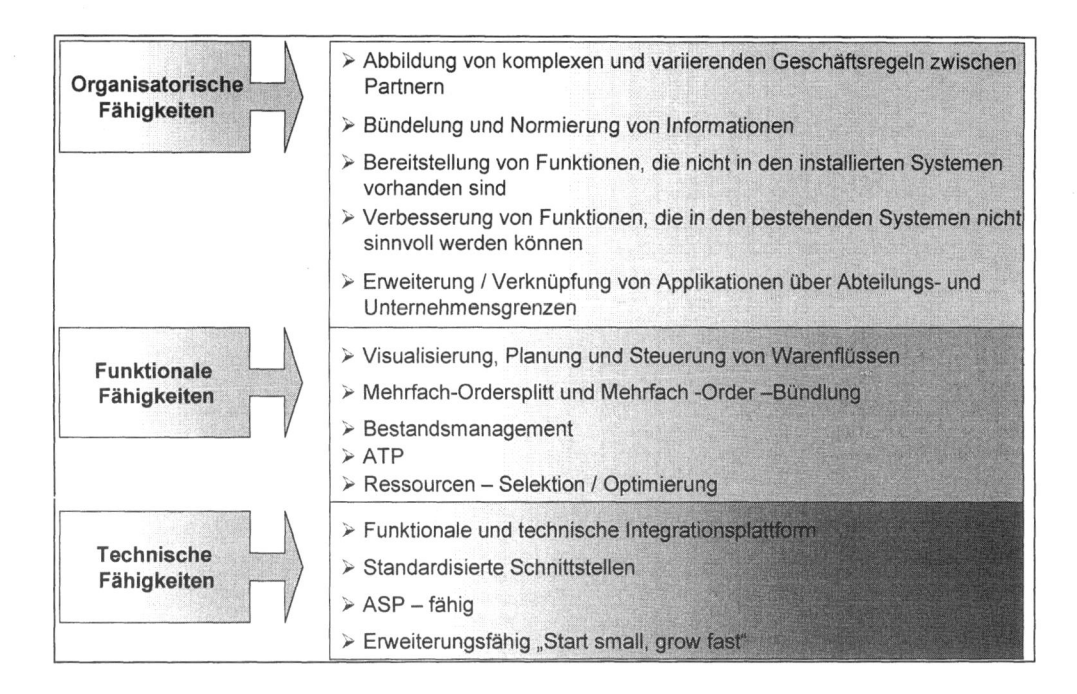

Organisatorische Fähigkeiten	➢ Abbildung von komplexen und variierenden Geschäftsregeln zwischen Partnern ➢ Bündelung und Normierung von Informationen ➢ Bereitstellung von Funktionen, die nicht in den installierten Systemen vorhanden sind ➢ Verbesserung von Funktionen, die in den bestehenden Systemen nicht sinnvoll werden können ➢ Erweiterung / Verknüpfung von Applikationen über Abteilungs- und Unternehmensgrenzen
Funktionale Fähigkeiten	➢ Visualisierung, Planung und Steuerung von Warenflüssen ➢ Mehrfach-Ordersplitt und Mehrfach-Order-Bündlung ➢ Bestandsmanagement ➢ ATP ➢ Ressourcen – Selektion / Optimierung
Technische Fähigkeiten	➢ Funktionale und technische Integrationsplattform ➢ Standardisierte Schnittstellen ➢ ASP – fähig ➢ Erweiterungsfähig „Start small, grow fast"

Abbildung 5: Aspekte des Logistikleitstandes von Openshop und Skyva

Literatur:

Beuthner, A. (2000): B2B lässt auf sich warten, in: e-commerce magazin, 11/(2000).
Boutellier, R.; Girschik, S. (2001): Trilaterale Beziehungskonstellationen in der Automobilindustrie, in: io Management, 1/(2001), S.18-24.
Diez, W. (2000): Zukunftsperspektiven für den Automobilhandel im Zeichen veränderter rechtlicher Rahmenbedingungen, Vortragsunterlagen (2000).
Hieber, R; Alard, R; Boxler, O. (2001): Einsatz neuer Softwaregenerationen im Supply Chain Management, in: io Management, 1/(2001), S.72-80.
Koenig, J. (o. J.): Das IBM-San Francisco Framework. Zwischen Standardsoftware und Individualprogrammierung, Vortragsunterlagen.
o. V. (1999): E-Commerce revolutioniert den europäischen Automobilhandel, in: Management Berater, (1999).
o. V. (2001): IBM San Francisco Overview, in: IBM Business Components (2001).
Zetzl, R. (o. J.): Supply Chain Management: Die Optimierung logistischer Netzwerke im globalen Maßstab wird Realität.

Fabian C. von Saldern

Transparente Prozesse im Supply Chain Management – der Schlüssel zum Erfolg

1　Einführung

2　Automobil- und Zulieferindustrie
　2.1　Charakteristische Merkmale von Markt und Branche
　2.2　Entwicklungstrends und Strukturveränderungen
　2.3　Auswirkungen

3　Gestaltung von SCM- und Logistiksystemen

4　Erfolgreiche Abwicklung von SCM-Projekten
　4.1　Projektstruktur
　4.2　Teambildung und Projektorganisation
　4.3　Aufnahme und Analyse
　　4.3.1　Produkte und Mengengerüst
　　4.3.2　Beschaffungs- und Absatzmärkte
　　4.3.3　Funktionale Abläufe und Informationsprozesse
　4.4　Systemgestaltung
　　4.4.1　Konzeptphase
　　4.4.2　Detailplanung
　4.5　Realisierung

5　Zusammenfassung und Ausblick

1 Einführung

Die Supply Chain bezeichnet die Kette aller am Produktentstehungsprozess beteiligten Funktionen vom Rohstoffmarkt bis zum Endkunden. Ein großer Teil der Diskussion zum Thema Supply Chain Management (SCM) und e-Commerce behandelt die Potenziale durch Rationalisierung in Beschaffung und Absatz. Innerhalb der Supply Chain stellt die Produktionsebene den Bereich dar, in dem der Großteil der wertschöpfenden Aktivitäten für ein Produkt stattfinden. Material wird zur Verarbeitung beschafft, bereitgestellt und erfährt in der **Produktion** seine Verarbeitung zu marktgerechten Produkten, die zum Kunden ausgeliefert werden. Die Fertigung wird in die durchgängige Planung und Steuerung der Supply Chain als Gesamtprozesskette integriert. Die Produktion ist dafür verantwortlich, dass die Produkte zur Erfüllung des Kundenauftrags termingerecht und in der richtigen Qualität entstehen (vgl. Pfohl 1990, S.60). Für die optimale Erfüllung dieser Aufgabe ist sie neben hervorragenden Produktionssystemen auf die im Sinne des Supply Chain Management optimale **Bereitstellung** der Rohstoffe und Halbfabrikate sowie auf eine optimale Integration in die Supply Chain angewiesen (vgl. Werner 2000). In diesem Beitrag werden die Aspekte der Gestaltung eines Supply Chain Managements aus Sicht der Produktion betrachtet. Dabei wird der Schwerpunkt auf die besonderen Aspekte der Automobil- und Zulieferindustrie gelegt. Neben den Anforderungen an praxistaugliche Systeme werden Empfehlungen für eine erfolgreiche Umsetzung von Supply Chain Projekten gegeben.

2 Automobil- und Zulieferindustrie

2.1 Charakteristische Merkmale von Markt und Branche

Kaum eine Branche sah sich in den letzten zehn Jahren einem stärkeren Strukturwandel ausgesetzt als die Automobilbranche. Ausgelöst durch starke Absatzeinbrüche in den frühen 90er Jahren und dem sich daraus ergebenden Zwang, schneller und flexibler auf Marktforderungen zu reagieren, mussten bisherige Strukturen neu überdacht werden. Fahrzeughersteller (**OEM – Original Equipment Manufacturer**) gaben den Druck mit bisher nicht gekannter Vehemenz an ihre Zulieferer weiter, der Preisdruck für Komponenten und Systeme verschärfte sich ebenso wie die Anforderungen an Produkt- und Logistikqualität.

Bereits heute wollen sowohl die Automobil- als auch die großen Systemhersteller mit wenigen hoch kompetenten Lieferanten langfristige Entwicklungs- und Lieferpartnerschaften eingehen. Die Zusammenarbeit wird auf der Basis der internetbasierten Technologien einem noch schnelleren Wandel unterzogen sein. Erste webbasierte Einkaufsplattformen wie **COVISINT** oder **SupplyOn** werden aktiviert, es lassen sich Versuche zur internationalen Standardisierung von Prozessen und Schnittstellen erkennen (**ENX** – European Network Exchange).

Der Endkundenmarkt für Autos zeichnet sich in Europa und Nordamerika durch die Forderungen nach steigender Produktvarianz, mehr Nischenprodukten, höchster Qualität und kurzen Lieferzeiten bei stagnierenden bzw. sinkenden Preisen aus. Eine reduzierte Anzahl von Automobilherstellern bedient die globalen Märkte aus internationalen Netzwerken heraus. Zulieferer sind zunehmend gezwungen, sich räumlich und organisatorisch in diese globalen Netzwerke zu integrieren, da Automobilhersteller weltweite Produktstandards schaffen und diese auch von ihren Lieferanten erwarten. Nur Zulieferer mit hoher Entwicklungs-, Produktions- und Logistikkompetenz werden in der Lage sein, zukünftig als weltweit anerkannte **Systempartner** zu bestehen und schnell sowie flexibel auf sich ändernde Marktforderungen zu reagieren.

2.2 Entwicklungstrends und Strukturveränderungen

Steigender Kostendruck sowie sich wandelnde und neu entstehende Märkte zwingen Automobilhersteller und Zulieferer, ihre Aktivitäten hinsichtlich Beschaffung, Produktion und Vertrieb weiterhin zu rationalisieren und zu globalisieren. Teil dieser Rationalisierung wird eine weitere Reduzierung der Fertigungstiefe auf mehreren Ebenen sein. Automobilhersteller verlagern zunehmend die Verantwortung für Entwicklung an leistungsfähige Zulieferunternehmen (vgl. Abbildung 1).

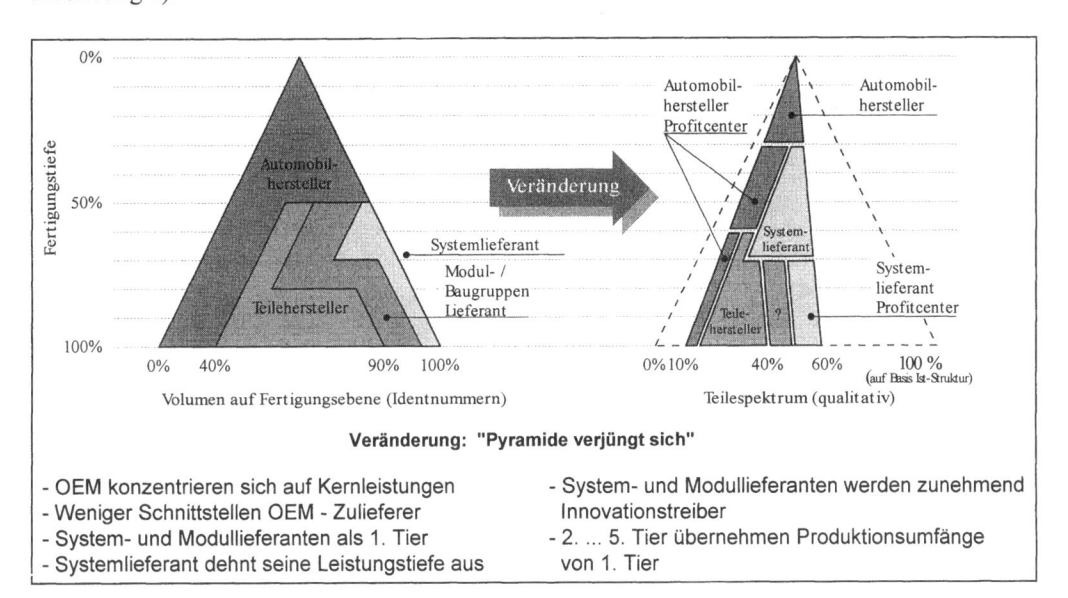

Abbildung 1: Verjüngung der Zulieferpyramide

Die so entstehenden Unternehmensnetzwerke werden auf mehreren Ebenen eine bisher nicht gekannte Komplexität erreichen. Die Anzahl der Unternehmen, die direkt und indirekt an der

Entstehung des Endproduktes (Automobil) beteiligt sind, wird steigen, wobei die Anzahl der direkt mit dem Automobilhersteller in Beziehung stehenden Zulieferunternehmen (First Tier Lieferanten) und damit die Anzahl der Schnittstellen auf dieser Ebene drastisch sinken wird. Die First Tier Lieferanten werden, als bevorzugte System- und Modullieferanten, ihrerseits ein Netzwerk von Produkt- und Dienstleistungslieferanten aufbauen.

Um in diesen Netzwerken effizient agieren zu können, müssen Unternehmen schlank und wandlungsfähig bleiben und sich mit ihren Aktivitäten auf ihre Kernkompetenzen konzentrieren. Der Begriff der **Kernkompetenz**, also die Fähigkeit, bestimmte Aktivitäten innerhalb der Supply Chain rationeller als andere Unternehmen zu beherrschen, wird nicht dauerhaft festgeschrieben werden können, vielmehr wird sich die Aufteilung der Aktivitäten in einem stetigen Veränderungsprozess befinden.

Hierbei wird sich die Aufteilung der Funktionen gegenüber den heutigen Strukturen („schlanke Unternehmen") hin zu komplexeren Strukturen („virtuelle Unternehmen") verschieben. Dabei werden nicht nur die körperlich zum Produktionsprozess gehörenden Aktivitäten betrachtet, sondern insbesondere auch Funktionen wie die weltweite Koordination der logistischen Aktivitäten, Datenverwaltung und -verarbeitung auf globalen Netzwerken (vgl. Abbildung 2).

Der bisher zu beobachtende Konzentrationsprozess in der Automobilindustrie wird sich auch in der Zulieferindustrie fortsetzen. Weltweit aktive Mega-Supplier werden um die begehrten Plätze in der ersten Reihe der Systempartner (**First Tier Lieferanten**) kämpfen. Mit dem Prozess der Konzentration nimmt das Risiko der Trägheit und mangelnder Transparenz am Markt zu. Die Notwendigkeit, flexibel auf sich ändernde Marktanforderungen zu reagieren bzw. die Märkte zu gestalten, wird als eine der wenigen Konstanten Bestand haben.

2.3 Auswirkungen

Gerade in der Automobilindustrie ist die Rationalisierung in der Produktionstechnologie, Automatisierung und Logistik bereits weit fortgeschritten. Weitere Rationalisierungspotenziale ergeben sich in Zukunft durch die Optimierung unternehmensübergreifender logistischer Netzwerke, also über einzelne Produktionsstufen im Sinne des Supply Chain Ansatzes. Ein optimaler und somit wirtschaftlicher Gesamtprozess entsteht, wenn jede einzelne Funktion innerhalb der Supply Chain vom **Best-in-Class-Lieferanten**, also demjenigen, der in der Lage ist, den jeweiligen Prozess bei höchster Qualität und Wirtschaftlichkeit zu betreiben, erbracht wird.

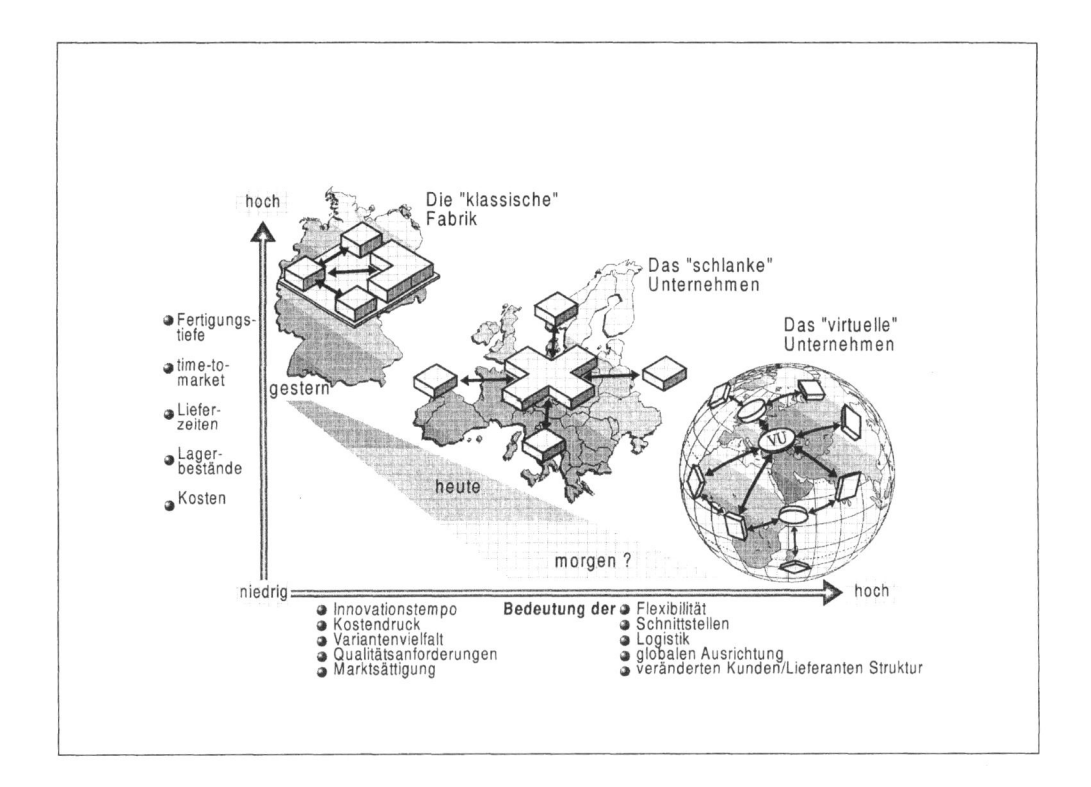

Abbildung 2: Zukünftige Strukturveränderungen in Unternehmensnetzwerken

Hierbei muss der jeweilige Lieferant die Möglichkeit der Steuerung seines Bereiches im Sinne des Gesamtoptimums haben. Dies ist wie im vorigen Abschnitt beschrieben wurde, nur auf der Basis von durchgängig transparenten Prozessen und einem adäquaten Datenmanagement möglich, das allen Beteiligten erlaubt, die für sie relevanten Informationen über den Prozessfortschritt und die Lieferfähigkeit der beteiligten Partner zu gewinnen.

Die Anzahl der direkt an der Automobilproduktion beteiligten Lieferanten wird steigen, die **Fertigungstiefe** des OEM abnehmen. Schon heute übernehmen Systemlieferanten die Verantwortung für ihre Produkte bis zum Einbau in der Fahrzeugendmontage. Dieser Trend wird zukünftig nicht nur Zulieferer sondern auch Anlagenlieferanten und Dienstleister einbeziehen. So werden beispielsweise Lieferanten von Lackieranlagen diese auch selbst betreiben und die Gesamtverantwortung für Prozess und Qualität übernehmen. Die Logistikunternehmen erweitern ihr Leistungsspektrum bis zur Teiledisposition. Die Frage der **Kernkompetenzen** der Beteiligten wird immer wieder neu zu beantworten sein. Eine Forderung nach enger organisatorischer Kooperation und maximaler Effizienz führt auch zur Veränderung im räumlichen Gefüge der Lieferanten. Moderne Automobilwerke integrieren eine Vielzahl von Lieferanten und

Dienstleistern. Weltweit entstehen um Automobilfabriken herum Industrieparks, in denen Zulieferer immer enger in den Produktionsprozess integriert werden.

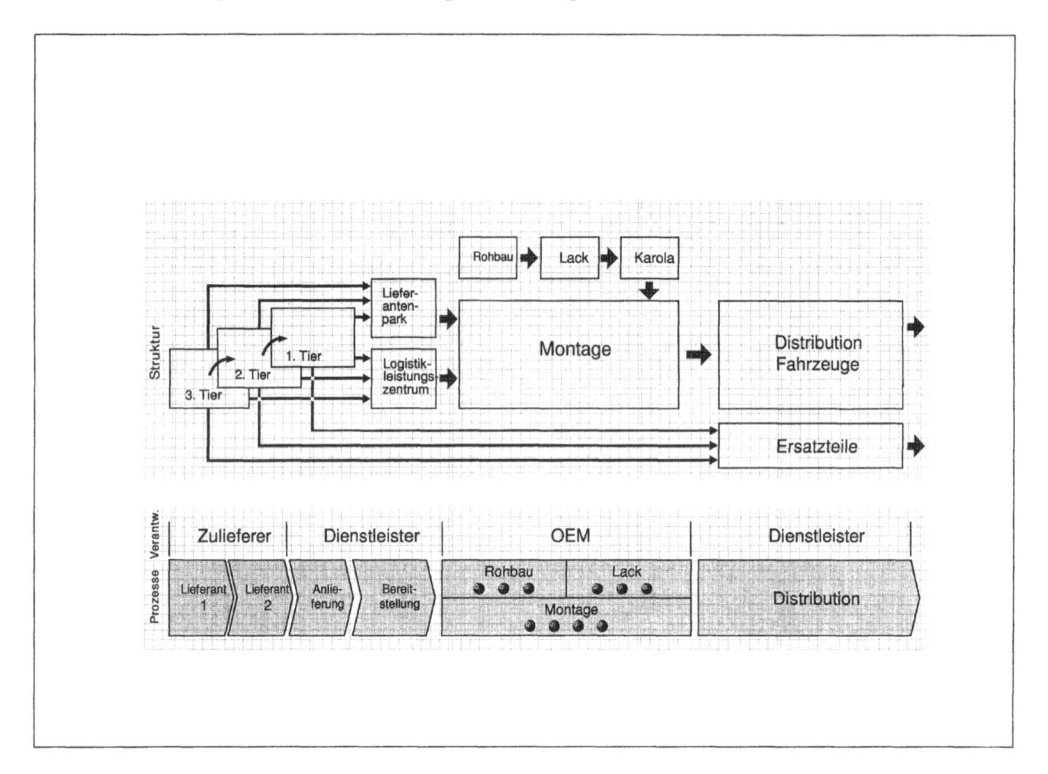

Abbildung 3: Best-in-Class-Lieferanten in der Supply Chain

3 Gestaltung von SCM- und Logistiksystemen

Aus den im vorangegangenen Abschnitt dargestellten zu erwartenden Strukturveränderungen lassen sich drei wesentliche Kernforderungen an die Gestaltung von Supply Chain Management Systemen ableiten. Grundlegend wird eine Unterscheidung zwischen einem internen und einem integrierten Supply Chain Management getroffen, wobei letzteres seine Schnittstellen zu Lieferanten und Kunden hat (vgl. Werner 2000, S.5ff.).

Die erste Kernforderung, die sich ableiten lässt, ist die Forderung nach Flexibilität. Systeme müssen mit höchster **Flexibilität** und Geschwindigkeit auf die Forderungen des Marktes reagieren können. Die Flexibilität bezieht sich sowohl auf die Gestaltung der Produkte (neue Produkte und Varianten müssen möglichst schnell erzeugt werden können, **„Time to Market"**) als auch auf die **Lieferfähigkeit** entsprechend den Kundenanforderungen (JIT – Just in Time, JIS – Just in Sequence).

Hierbei ist zu beachten, dass es der falsche Ansatz wäre, Lieferfähigkeit durch Bestände sicherzustellen. Vielmehr müssen die Prozesse der Produktion und der Logistik so beherrscht werden, dass die Lieferfähigkeit aus den Prozessen heraus sichergestellt wird. Die zweite, wesentliche Forderung an Supply Chain Systeme ist die absolute Transparenz der Prozesse. Die geforderte Flexibilität lässt sich nur erreichen, wenn die Prozesse entlang der gesamten Versorgungskette absolut transparent sind und von allen beteiligten Personen, insbesondere den Werkern, verstanden und beherrscht werden. Nur Prozesse, die unter der Prämisse der absoluten Transparenz gestaltet werden, lassen sich auf Dauer in ihren Wirkzusammenhängen beherrschen und auch kurzfristig effizient steuern.

Die dritte Kernforderung ergibt sich aus der steigenden Menge und Komplexität der Daten- und Informationsströme. Weltweit operierende Netzwerke können nur auf Basis von standardisierten Schnittstellen ihre Daten und Informationen effizient austauschen. Die oben erläuterten Forderungen nach Reaktionsgeschwindigkeit, Flexibilität und Transparenz verbieten Unterbrechungen des Datentransfers zwischen Systemen (Systembrüche) wie z. B. das manuelle Erfassen von Telefaxnachrichten des Kunden in eigenen Systemen. Im Bereich des einheitlichen und durchgängigen Datenhandlings liegt ein wesentliches Rationalisierungspotenzial innerhalb der Supply Chain. Erste branchenspezifische Systeme dieser Art werden am Markt angeboten (beispielsweise mySAP SCM, i2, Manugistics), die Standardisierung von Schnittstellen muss als wesentlicher Treiber für die erfolgreiche Realisierung integrierter Lösungen angesehen werden. Jedoch liegt die zukünftige Herausforderung nicht mehr im Rationalisieren von Geschäftsprozessen mit Hilfe von IT-Lösungen, sondern im Synchronisieren von Bedarfen, Kapazitäten und Beständen entlang der gesamten Supply Chain.

4 Erfolgreiche Abwicklung von SCM-Projekten

4.1 Projektstruktur

Die Definition und Abgrenzung der Projektaufgabe ist der Grundstein für den Erfolg jedes SCM-Projektes. Nur ein klar definiertes Projekt mit einem konkreten Ziel kann effizient in einem vorgegebenen, oft engem Zeitbudget umgesetzt werden. Somit ergibt sich die Notwendigkeit, das Projekt zu strukturieren und eine Projektsteuerung mit den Aufgaben Terminplanung sowie Leistungs- und Budgetüberwachung aufzubauen. Struktur und Vorgehensweise sind in jedem Projekt unterschiedlich. In diesem Abschnitt werden Hinweise zur Vorgehensweise in der Abwicklung gegeben, die sich in vielen Projekten bewährt haben.

4.2 Teambildung und Projektorganisation

Bei Aktivitäten der Neuplanung oder Umstrukturierung von Produktionsprozessen handelt es sich um Projekte mit meist unternehmensweiten Auswirkungen, die zudem in der Regel in einem engen Terminrahmen umzusetzen sind. Vor diesem Hintergrund ist die Besetzung der verantwortlichen Positionen von zentraler Bedeutung. Eine gute Projektmannschaft besteht aus einem Kernteam von drei bis fünf Personen, von denen ein Projektleiter die Gesamtverantwortung trägt. Der Projektleiter sollte ein erfahrener, durchsetzungsfähiger und motivationsstarker Mensch sein, der die Prozesse des Unternehmens gut kennt und in der Lage ist, Entscheidungen zu treffen bzw. schnell herbeizuführen. Die weiteren Mitglieder der Kernmannschaft sollten in Abhängigkeit von den spezifischen Randbedingungen gute Kenntnisse der Produkte, der Produktion und der spezifischen Abläufe in Logistik und Organisation haben. Idealerweise gehören einem solchen Team externe Berater an, die Kreativität und Methodik sowie einen Erfahrungsschatz aus ähnlichen Projekten mitbringen. Das Kernteam wird bei Bedarf zeitweise durch weitere interne und externe Fachleute verstärkt. Im Team herrscht (idealtypisch) Konsens über den Projektauftrag und die Ziele, die relevanten Planungsprämissen sowie die Erfolgsfaktoren des Projektes. Weiterhin erfolgt im Team die Abstimmung der Vorgehensweise sowie des Terminplans.

Ein erfolgsrelevanter Punkt ist die Kommunikation während des Projekts im Unternehmen. Kommunikation bezeichnet hier die Darstellung, Erklärung und Diskussion des Projektes auf allen Ebenen des Unternehmens. Eine informierte und eingebundene Belegschaft unterstützt ein Projekt massiv und trägt zum Projekterfolg bei. Die Projektdarstellung betrifft die Schilderung der Ausgangssituation, der Projektnotwendigkeit, der Ziele, die Vorstellung der internen und externen Projektmannschaft sowie die regelmäßige Vorstellung des Standes der Arbeitsergebnisse. Für eine erfolgreiche Projektkommunikation haben sich neben Arbeits- und Informationsgesprächen mit den betroffenen Fachleuten auch offene Diskussionsrunden auf Werkstattebene bewährt.

4.3 Aufnahme und Analyse

Die Phase der Datenaufnahme und Analyse beginnt mit der Abgrenzung der zu untersuchenden Bereiche. Sie kann sich auf Produktlinien, Funktions- oder auch räumliche Einheiten beziehen.

4.3.1 Produkte und Mengengerüst

Projektbasis ist die Beschreibung der geplanten Produkte und Produktionsprozesse. Weitere wichtige Basisinformationen sind ein relevantes Mengengerüst sowie die zu erwartenden Stückzahlschwankungen festzulegen. Schwankungen können saisonal (Reifen) oder auch schwer prognostizierbar und modebedingt (Farbvarianten) sein. Stückzahlprognosen für neuartige Produkte (ESP, Elektronisches Stabilitätsprogramm) oder Nischenprodukte (Audi TT) können in der Regel weniger genau formuliert werden als für Großserienprodukte (Dämmmatten VW, A4 Plattform). Das Wissen um die mögliche Ungenauigkeit von Prognosen erfordert Flexibilität sowohl in der Planung als auch in den realisierten Systemen. Da das Ergebnis der Wirtschaftlichkeitsbetrachtung von Projekten wesentlich von der erwarteten Marktentwicklung abhängt, sollten sich Zulieferer nicht allein auf die Absatzprognosen ihrer Kunden verlassen (vgl. Lewandowski 2000), sondern den Markt kritisch einschätzen und unterschiedliche Stückzahlszenarien in ihren Auswirkungen durchspielen.

Je heterogener das Produktspektrum bzw. die Produktionsabläufe sind, desto wichtiger ist es, das Spektrum für die ersten, konzeptionellen Planungsschritte auf eine sinnvolle und überschaubare Anzahl von Produkten einzugrenzen. Trotz der Beschränkung auf Repräsentanten und der damit verbundenen Einschränkung der Planung, muss die Möglichkeit von Sonderabläufen, wie beispielsweise für das Ersatzteil- oder CKD-Geschäft (CKD - Completely Knocked Down), berücksichtigt werden. Die Auswahl der Repräsentanten ist ausschlaggebend für die Tragfähigkeit der Lösungsansätze.

4.3.2 Beschaffungs- und Absatzmärkte

Die Strukturen der Beschaffung, d. h. Anzahl und Lage der Lieferanten, Liefermengen und Lieferfrequenzen, erforderliche bzw. gewünschte Bestände, Behälter, Anlieferorte sowie Modalitäten des Datenaustauschs sind erforderliche Inputdaten für die Gestaltung der Lieferprozesse und der Schnittstellen zwischen Beschaffung und Produktion. Branchenspezifisch bestehen auf der Seite der Beschaffung und Anlieferung mehr Freiheitsgrade, Prozesse und Strukturen zu gestalten. Die absatzseitigen Strukturen sind für Zulieferer meist durch die OEMs als Kunden stark reglementiert, so dass der Systemgestaltung engere Grenzen gesetzt sind als auf der Beschaffungsseite. In kundenbestimmten Systemen, wie sie in der betrachteten Branche erforderlich sind, determiniert die Schnittstelle zum Kunden den vorgelagerten innerbetrieblichen Ablauf zu einem großen Teil. Daraus ergibt sich die Forderung, die Kundenschnittstelle so frühzeitig und damit auch so aktiv wie möglich zu gestalten.

4.3.3 Funktionale Abläufe und Informationsprozesse

Neben der Definition der Produktionsprozesse ist die Planung der funktionalen Abläufe für Produktionssteuerung und Logistik von ausschlaggebender Bedeutung für Funktionssicherheit und Wirtschaftlichkeit der geplanten Systeme. Die Planung der funktionalen Abläufe erfolgt auf den drei Ebenen Materialfluss, Informationsfluss und Buchung (vgl. Abbildung 4). Auf der Materialflussebene werden die körperlichen Materialbewegungen dargestellt, die Ebene des Informationsflusses beschreibt die dafür notwendigen Informationen und auf der Buchungsebene wird dargestellt, an welchen Stellen Buchungen (Bestandsbuchungen, Rechnungen etc.) durchgeführt werden müssen. Eine solche funktionale Beschreibung dient als Grundlage für die Formulierung eines Lastenheftes für einzusetzende Steuerungssysteme. An dieser Stelle ist die Unterscheidung zwischen Steuerungsprozessen, die manuell ausgeführt werden können (**Kanban**-Prozesse) und Prozessen, die EDV-gestützt ausgeführt werden sollten (Übertragung von Sequenzimpulsen zwischen OEM und Zulieferer) nötig. In jedem Fall muss die Transparenz höchste Priorität bei der Gestaltung der Prozesse haben. Die Menge der zu betrachtenden Daten variiert stark in Umfang und Komplexität der Projekte.

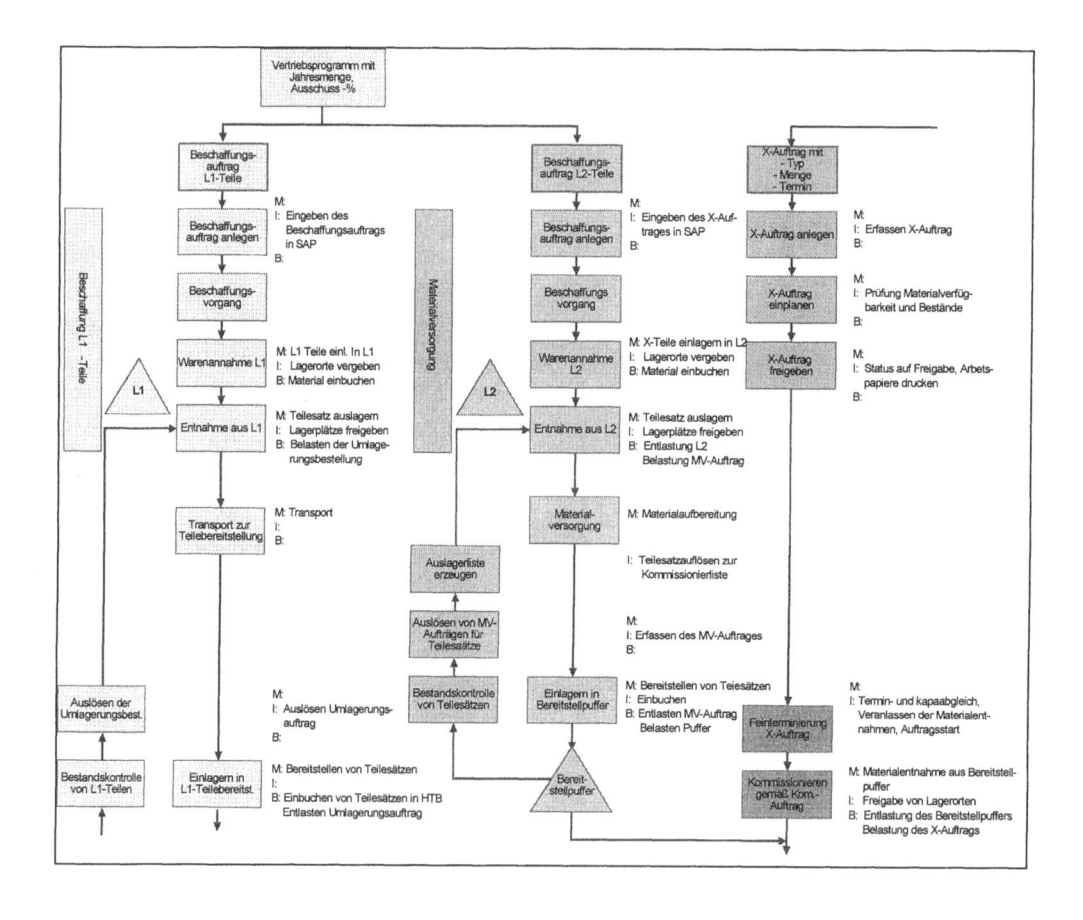

Abbildung 4: Exemplarische Darstellung von funktionalen Abläufen

4.4 Systemgestaltung

4.4.1 Konzeptphase

Aufbauend auf den in der Analysephase gewonnenen und strukturierten Daten wird in der Konzeptphase zuerst eine Vision des Gesamtsystems entwickelt. Nach und nach werden für die einzelnen Elemente des Gesamtsystems Konzeptalternativen entwickelt und bewertet. Für die Planung einer neuen Fabrik sind beispielsweise Anlieferstrukturen (Satellitenprinzip oder Milkrun), Gestaltung der Schnittstelle zwischen Anlieferung und Produktion (Anlieferung über Wareneingangslager oder Direktlieferung, Prozesse des Wareneingangs etc.), Entscheidung über Eigen- oder Fremdbetrieb (Outsourcing) der logistischen Funktionen, Vorauswahl von Systemalternativen für den Materialfluss (Be- und Entladesysteme, interne Transport- und Bereitstellsysteme etc.), Flächenbedarfe und Anordnung der Gebäude bzw. Gebäudeteile zu untersuchen. Soweit möglich, werden die einzelnen Funktionen schon dimensioniert.

Die Bewertung der Systemalternativen sollte auf qualitativer und quantitativer Ebene erfolgen. Auf der qualitativen Ebene sind in dieser Phase nicht quantifizierbare Kriterien zu bewerten, einzelne Konzeptalternativen können durch diese Bewertung schon anhand von K.O.-Kriterien ausgeschlossen werden. Eine Auswahl von Kriterien für die qualitative Beurteilung können beispielsweise die Gewährleistung der Versorgungssicherheit, die Flexibilität bei Stückzahlschwankungen oder Produktänderungen, die Prozesstransparenz, Abhängigkeiten von internen oder externen Lieferanten, Investitionsstrategien oder generelle Risikoabschätzungen sein. Zur quantitativen Bewertung von Systemalternativen bieten sich Prozesskostenansätze an. Hier wird untersucht, welche Kosten die jeweilige Ausgestaltung der Funktion verursacht und somit an das Fertigprodukt weitergibt. Es ist eine durch das Projekt durchgängige Bewertungsmethodik, idealerweise auf Kennzahlbasis, zu verwenden. Der **Prozesskostenansatz** erlaubt einen transparenten Vergleich von Alternativen und ist flexibel bei Änderungen der Eingangsparameter. In der Konzeptphase ist er für die Entscheidungsfindung geeignet. Um möglichst schnell zu einer sicheren Systementscheidung zu gelangen, wird in der Regel mit Erfahrungswerten, tragfähigen Benchmarks und überschlägigen Kalkulationen gearbeitet. Am Ende der Konzeptphase stehen verschiedene Alternativen für das zukünftige Gesamtsystem zur Verfügung. Aus diesen sowohl qualitativ und quantitativ bewerteten Systemalternativen wird die Variante ausgewählt und weiterentwickelt, welche in der Bewertung als Präferenz gilt.

4.4.2 Detailplanung

Zu Beginn der Detaillierungsphase sollten die festgelegten Planungsprämissen auf ihre Gültigkeit überprüft werden. Unsicherheiten bezüglich angenommener Systemkosten können mit Hilfe von Leistungsangeboten externer Lieferanten beseitigt und die Kostenbetrachtungen verifiziert werden. Der nächste Schritt ist, basierend auf den Prämissen über geplante Produkte und das Mengengerüst, die Ausplanung der Systeme für Produktion und Logistik. Die Arbeit beinhaltet u. a. sämtliche Schnittstellen von EDV-Systemen sowie die Integration der Gebäude- und Infrastrukturplanung. Im Zuge dieser Planungen entstehen die Feinlayouts der Bereiche. Mit der Ausplanung der Systemelemente lassen sich auch die funktionalen Abläufe beschreiben. Auf Basis dieser Vorgehensweise lassen sich die Anforderungen an EDV-Systeme konkret beschreiben. Geforderte Funktionalitäten von Kernsystemen und einzusetzende Peripheriegeräte (PC-Clients, Scanner, Drucker) wie auch Schnittstellen und Funktionalitäten untergeordneter Systeme (z. B. Staplerleitsystem) lassen sich über alle Ebenen bis zum Datenaustausch zwischen Prozesssteuerungen transparent darstellen. Die Hardwarekonfiguration ergibt sich sowohl aus den Betriebsanforderungen als auch den Kundenstandards. Abbildung 5 zeigt ein System zur Steuerung einer Spritzgussproduktion und -montage in einem Werk für Kfz-Innenausstattungsteile. Die Bedarfsimpulse der Montage werden manuell in Form von Kanbankarten weitergegeben, die Bestände sind durch eine Strukturierung der Flächen klar ersichtlich. Die Belegungsplanung der Spritzgussmaschinen erfolgt rechnergestützt. Die Erfahrungen mit diesem System sind sehr positiv, so konnten Halbteilebestände, Durchlaufzeiten und Kosten für Sonderlieferungen in dem Unternehmen massiv gesenkt werden.

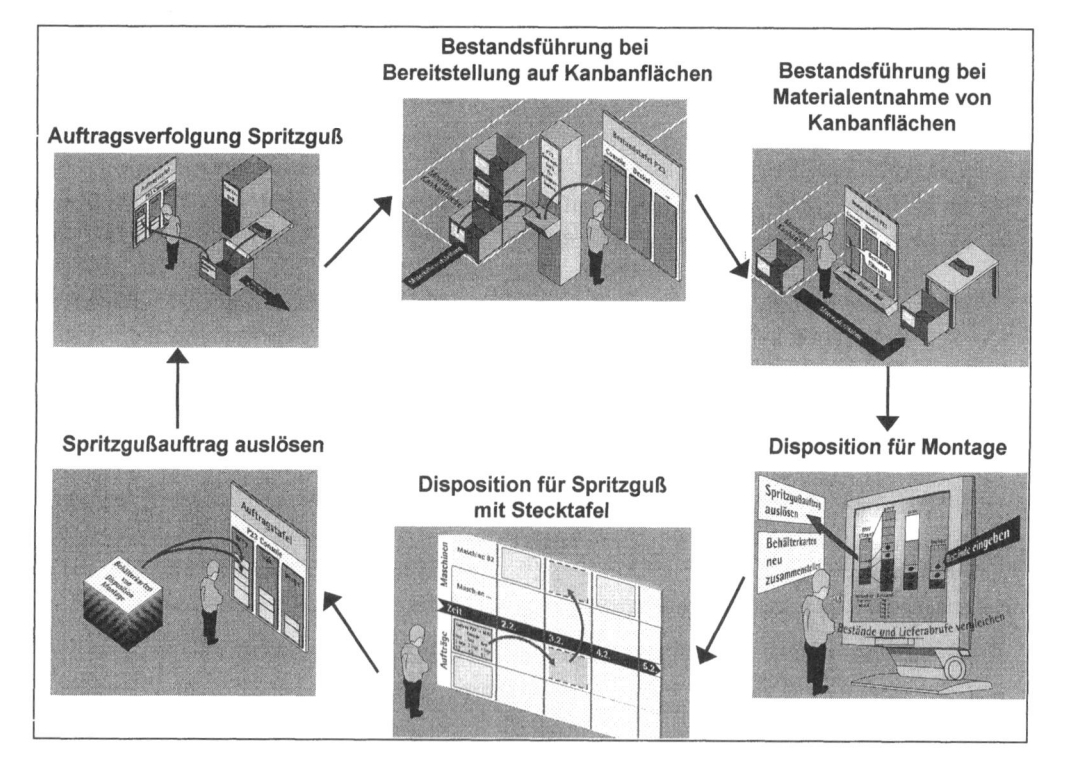

Abbildung 5: Produktionssteuerung mit Kanbankarten

4.5 Realisierung

Basis für die Umsetzung sind die Ergebnisse der Feinplanung und ein daraus abgeleiteter Realisierungsplan. Bestandteile des Realisierungsplans sind der Terminplan sowie die Kalkulation der benötigten Finanzmittel und der Personalressourcen. Die Realisierung muss vom Planungsteam begleitet und durch ein effizientes Projektmanagement unterstützt werden. Bei der Planung neuer Abläufe für ein bestehendes System sollte die Realisierung zunächst für einen Pilotbereich durchgeführt werden, in welchem die neuen Abläufe zu testen und von den Mitarbeitern zu trainieren sind. Das Einüben neuer Abläufe in Pilotbereichen trägt wesentlich zur Akzeptanz im Unternehmen bei.

5 Zusammenfassung und Ausblick

Supply Chain Management als integrierender Ansatz, Logistiknetzwerke über die Grenzen von Unternehmen hinweg zu optimieren, ist die Antwort auf die sich in vielen Branchen weiterhin dynamisch entwickelnden Absatz- und Beschaffungsmärkte. Langfristiger Erfolg ist den Lösungen sicher, die sich nicht primär an technisch Machbarem, sondern an der Erhöhung der Wirtschaftlichkeit im Sinne des Gesamtoptimums der Supply Chain orientieren. Dabei ist zu beachten, dass Supply-Chain-Ansätze stets Lösungen für Menschen im Sinne interner wie externer Kunden sind und somit auf deren Bedürfnisse zugeschnitten sein müssen.

Literatur:

Copacino, W. C. (1997): Supply Chain Management – The Basics and Beyond, New York 1997.

Lewandowski, R. (2000): „Automobilindustrie 2000: Wohin fahren die Zulieferer?", in: Branchenreport 2000 Automobilzulieferer, S.22-23.

Pfohl, H.-Ch. (1990): Logistiksysteme, 4. Aufl., Berlin et al. 1990.

Schulte, C. (1999): Logistik, 3. Aufl., München 1999.

Werner, H. (2000): Supply Chain Management. Grundlagen, Strategien, Instrumente und Controlling, Wiesbaden 2000.

Jürgen Gottschalck, Ulrich Pfendt und Wolfgang Sprunk

e-Logistics in Excellence: Wege aus dem Dilemma der Transportkostenexplosion

1 Fakten im Güterverkehr zeigen: der Logistikinfarkt ist nur durch intelligente Lösungen zu vermeiden

2 Bausteine einer intelligenten Logistikstrategie
   2.1 e-Fulfillment: e-Lösungen verketten
   2.2 Virtuelle Marktplätze
       2.2.1 Frachtbörsen
       2.2.2 Sendungsverfolgungssysteme
   2.3 e-Supply Chain Management: den Mehrwert erschließen
   2.4 Intelligente Verladestrategien
       2.4.1 Ökonomisch orientierte Sendungsgrößen
       2.4.2 Kostenreduzierte Kommissionierung

3 Zusammenfassung und Ausblick

1 Fakten im Güterverkehr zeigen: der Logistikinfarkt ist nur durch intelligente Lösungen zu vermeiden

Über aktuelle und künftige Entwicklungen in der Logistik, die möglichen Kostensenkungspotenziale durch e-Business und e-Logistics und in jüngster Zeit über „4PLs" (**Fourth Party Logistics Provider**) existieren unzählige Veröffentlichungen und Ausarbeitungen aus Praxis und Wissenschaft. Erstaunlicherweise wird aber die seit Jahren dramatische Entwicklung im Güterverkehr Europas wenig thematisiert, obwohl die Situation auf den Straßen immer chaotischer wird und bereits jetzt ein besorgniserregender Anstieg der Transportkosten zu verzeichnen ist. Mit intelligenten Ansätzen zur Bewältigung des sich anbahnenden **Logistikinfarktes** im Güterverkehr Europas beschäftigt sich diese Ausarbeitung. Die Fakten sind eindeutig:

- Prognos (vgl. Prognos 2000) geht von einer Steigerung des Wachstums im Güterverkehr um ca. 40% von 1998 bis 2010 für die untersuchten Länder (17 westeuropäische Staaten sowie fünf mittel- und osteuropäische Länder) aus.

- In Deutschland selbst werden bis zum Jahr 2015 ca. 70% mehr Güter transportiert als 1997.

- Im Zeitraum von 01/1999 bis 06/2000 sind die Kosten alleine für Diesel um fast 70% gestiegen. Die Treibstoffkosten haben dabei einen Anteil von ca. 15-30% an den Gesamtkosten eines Transportunternehmens.

- Zusammen mit anderen negativen Effekten hat das Verkehrsgewerbe in diesem Zeitraum eine Kostensteigerung um fast 10-15% hinnehmen müssen.

- Durch die Einführung einer Straßenbenutzungsgebühr in Deutschland für LKW in 2003 mit zwischen DM 0,25 und DM 0,80 je Kilometer sowie vermutlich steigender Tendenz in den Folgejahren, entsteht ein zusätzlicher Kostenblock. Von einem weiteren Anstieg der Kraftstoffpreise, als Folgen von Rohölpreisentwicklung und Ökosteuer, ist ebenfalls auszugehen.

Echte Alternativen zu dem vorherrschenden Gütertransport auf der Straße sind in absehbarer Zeit allerdings nicht zu erwarten. Die Bahn hat ihre Bemühungen auf die Personenbeförderung konzentriert und dadurch versäumt, ihre Infrastruktur soweit zu modernisieren und zu erhalten, dass sie konkurrenzfähig am Markt auftreten kann. Den Forderungen des Marktes nach einer hohen Flexibilität und kurzen Reaktionszeit kann die Bahn zur Zeit nicht nachkommen. Unternehmen können derzeit auf den Straßengüterverkehr nicht verzichten. Daher ist es zunächst notwendig, durch eine engere Zusammenarbeit zwischen Verladern und Logistikdienstleistern, die Kapazitätsauslastung der Transporte zu steigern und so die Mehrkosten abzufangen. Das vorrangige Ziel für die Verlader muss jedoch sein, ihre logistischen Gesamtkosten zu senken. Die Potenziale ergeben sich auf dem Feld der Kooperation, Einzelkämpfer werden scheitern. Aus der konsequenten Umsetzung der resultierenden Rationalisierungspotenziale resultieren Möglichkeiten, aus dem Dilemma der Transportkostenexplosion zu entkommen. Neue Medien und e-Fulfillment stellen die wichtigen „enabler" dar.

2 Bausteine einer intelligenten Logistikstrategie

2.1 e-Fulfillment: e-Lösungen verketten

Zur Zeit werden eine Reihe von Konzepten in der Supply Chain diskutiert, die zur Lösung des Logistikinfarkts beitragen können (vgl. Abbildung 1). Sie unterstützen die Bündelung des Verkehrsaufkommens und fußen häufig auf moderner IT. Nachstehend erfolgt eine nähere Kennzeichnung dieser Ansätze.

- **Externes Lagerkonzept**: Bei dieser Variante wird ein externes Distributionslager errichtet. Dessen Bewirtschaftung obliegt zum Teil einem Dritten (zumeist einer Spedition). Zwischen Hersteller und Distributionslager ist ein Pendelverkehr einzurichten. Zur Senkung der Frachtkosten wird diese Variante zumeist über einen Milk Run gesteuert. Dadurch gelingt gleichzeitig eine Reduzierung der Umweltbelastung.

- **Transshipmentkonzept**: Unter einem Transshipment Point wird ein zentraler Umschlagplatz verstanden, der zur filialgerechten Kommissionierung beiträgt. Der Hersteller liefert seine Komplettladungen nicht länger direkt an den Kunden. Vielmehr erfolgt ein Aufbrechen dieser Warensendungen in dem zwischengeschalteten Umschlagpunkt. Dieses Verfahren wird auch als „Cross Docking" bezeichnet. Es findet zumeist im Handel Einsatz. Der Kunde wird nicht mehr durch große LKWs angefahren, sondern mit Hilfe kleiner Vans bedient. Dadurch ergibt sich eine Bestandsreduzierung beim Kunden.

- **Rendezvous-System**: Bei dem Rendezvous-System liefern verschiedene Produktionsstätten ihre Waren nicht an einen zentralen Umschlagplatz (vgl. Transshipmentkonzept). Es werden vielmehr unterschiedliche Terminals installiert, von denen aus eine bedarfsgerechte Distribution zu den Kunden vorzunehmen ist. Sonderfahrten werden von KEPs (Kurier-, Express- und Paketdiensten) realisiert. Dieses Verfahren findet vor allem im Versandhandel Anwendung.

- **Gebietsspediteurkonzept**: Mehrere Gebietsspediteure senden ihre Waren an ein zentralisiertes Lager. In diesem Umschlagpunkt erfolgt die kundengerechte Aufteilung der Sendungsgrößen. Mit Hilfe von LKW oder Bahn (zum Teil auch in Huckepack) sind die Güter an die jeweiligen Empfänger zu verteilen. Dieses Konzept eignet sich vor allem für den Autobau.

- **Güterverkehrszentren**: Schließlich sind bei Güterverkehrszentren logistische Knotenpunkte einzurichten. Es ist typisch für diese Variante, dass unterschiedliche Verkehrssysteme gemeinsam eine Zentrale bedienen. Beispielsweise können Belieferungen über die Straße, die Binnenschifffahrt, die Schiene und die Luft in ein gemeinsames Lager erfolgen.

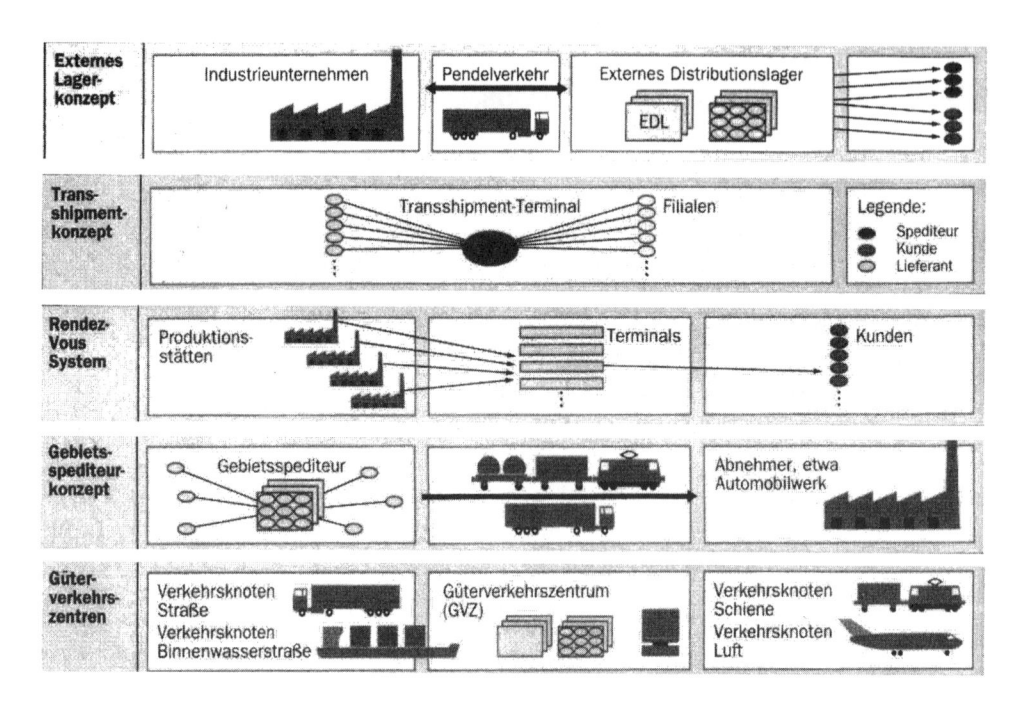

Abbildung 1: Alternative Distributionssysteme

2.2 Virtuelle Marktplätze

Zur Zeit werden die Möglichkeiten und die Grenzen virtueller Marktplätze (vgl. Abbildung 2) für die Distributionslogistik heftig diskutiert. Zum einen sind über elektronische Märkte häufig die Warenströme zu verdichten. Dadurch wird eine Kostendegression der Frachten gefördert, indem Skaleneffekte auszuschöpfen sind. Ein weiterer positiver Effekt besteht in der Entlastung unserer Umwelt. Zum andern müssen sich diese elektronischen Märkte erst etablieren. Eine Reihe von Unternehmen scheuen sich noch davor, ihre Informationen in einen Datenpool zu spielen, weil sie den Abfluss von Know-how befürchten. Aus Sicht der Distributionslogistik sind in diesem Zusammenhang insbesondere Frachtbörsen und Systeme zur Sendungsverfolgung von Interesse. Beide Ansätze werden im Folgenden näher beschrieben.

2.2.1 Frachtbörsen

Im internationalen Wettbewerb werden virtuelle Frachtbörsen bereits recht häufig eingesetzt. Das Ziel besteht insbesondere darin, die Transaktionskosten in der Distributionslogistik zu reduzieren, indem die Frachtaufträge gebündelt werden. Dadurch stellen sich in der Regel Kostensenkungspotenziale beim Kunden ein.

Doch virtuelle Frachtbörsen haben auch unterschiedliche Grenzen. Das Für und Wider von virtuellen Frachtbörsen unterstreichen nachstehende Punkte:

- Fast 30% der Lkws fahren völlig leer und auch beladene Fahrzeuge sind oftmals zu weniger als 60% ausgelastet.

- In Deutschland werden weniger als zwei Prozent des Gütervolumens über Frachtenbörsen abgewickelt.

- Eine technisch mögliche und ökonomisch wie ökologisch wünschenswerte Koordination der Ladungsmengen durch die zahlreichen Transportunternehmen in Europa ist nicht existent.

- Der scharfe Wettbewerb im Verkehrsgewerbe verhindert gleichfalls „Transportgemeinschaften", die eine Bündelung der anstehenden Transporte vornehmen könnten.

Ständig wird über die Gründung neuer Frachtenbörsen berichtet, die eine Internet-Plattform für die Vermittlung von Frachten bieten sollen und somit eigentlich einen Ausweg aus dem aufgezeigten Dilemma darstellen könnten. Leider entstehen auch hier derzeit wieder „Insellösungen" die nicht miteinander (d. h. mit weiteren Frachtenbörsen) kommunizieren und schwerpunktmäßig zunächst die Belange der Gründungsmitglieder bzw. Investoren berücksichtigen, also wieder zu einer suboptimalen (Mikrooptimierung) und nicht zu einer gesamtoptimalen Lösung (Makrooptimierung) führen.

Skepsis ist auch aus dem Blickwinkel „verladender Unternehmen" angebracht. Es ist zu erwarten, dass die Mehrzahl der Verlader jetzt und auch in der Zukunft keine Frachtaufträge in das System stellen wird, um dann auf einen möglicherweise geeigneten Anbieter für den auszuführenden Transport zu warten. Für die Prozesse in der „kontinuierlich verladenden Wirtschaft" sind solche Ansätze unrealistisch und nur für einige „Gelegenheitsverlader" nutzbar.

Neutrale und insgesamt **vernetzte Internet-Frachtenbörsen** für das Transportgewerbe selbst könnten dagegen zu einer Optimierung der Fahrzeugauslastung beitragen. Zu fordern ist eine Makrooptimierung, welche die Tourenplanungen einer Vielzahl von Transportunternehmen koordiniert.

2.2.2 Sendungsverfolgungssysteme

Zur **Sendungsverfolgung** werden Tracking und Tracing Systeme eingesetzt. Ein Tracking System informiert jederzeit über den aktuellen Standort einer Frachtsendung in Echtzeit. Das Tracing System dient zur Datenarchivierung, um den Sendungsverlauf der Ware retrospektiv festzustellen (vgl. Werner 2002).

Während der isolierten Nutzbarmachung von Frachtbörsen einige Nachteile immanent sind (vgl. Abschnitt 2.2.1), können virtuelle Frachtbörsen, in Kombination mit Sendungsverfolgungssystemen, möglicherweise doch noch den notwendigen Vertrauensschub bringen. Denn mit Hilfe des Internets ist es Herstellern und Kunden möglich, Informationen über den Fortschritt ihres Transportvorgangs einzuholen.

Leider erfolgt bei Transporten ex Lieferanten, aber auch bei Ausgangslieferungen an Kunden, trotz der aufgezeigten methodischen und technischen Alternativen oftmals keine Zusammenführung von Aufträgen mit übereinstimmenden logistischen Zeitfenstern. Nicht selten kommt es vor, dass Lieferanten, von denen mehrere Komponenten bezogen werden, an einem Tag nur eine Teillieferung leisten. Erst am nächsten Tag, mit einer separaten Nachlieferung, erfolgt die notwendige Komplettierung. Logistische Interaktionsprozesse bleiben bei der Disposition leider häufig unbeachtet.

Durch Absprachen mit Kunden und Lieferanten, Optimierung der Beschaffungs- und Kundenauftragssysteme und adäquater Bevorratung könnte hier ein nicht unbeträchtliches Einsparungspotenzial realisiert werden.

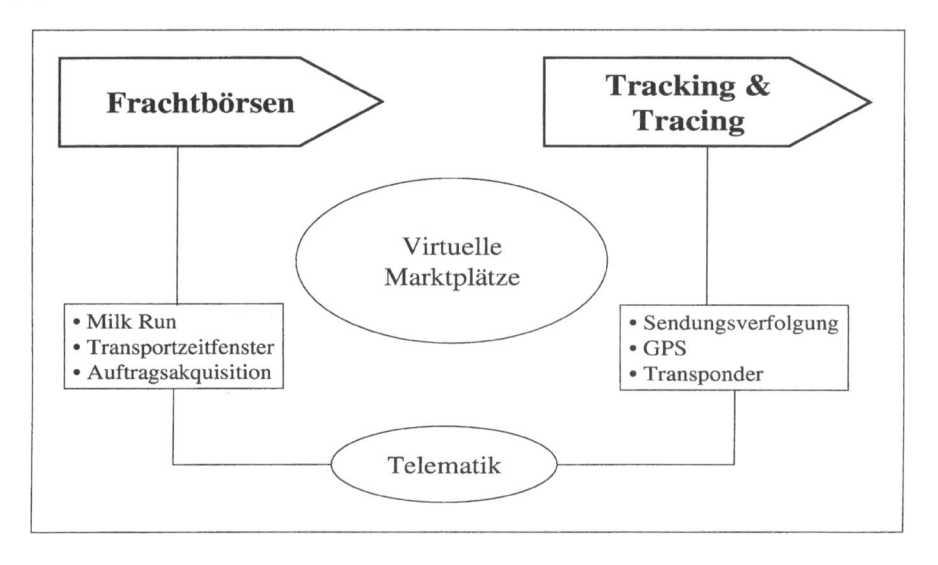

Abbildung 2: Komponenten virtuelle Marktplätze (vgl. Werner 2002).

2.3 e-Supply Chain Management: den Mehrwert erschließen

Wie aufgezeigt, erschließt der reine Austausch von Daten und Informationen nur zum geringen Teil Rationalisierungspotenzial. Erst wenn die ausgetauschten Daten sinnvoll als Steuerungselement und Basis für Entscheidungen genutzt werden, sind die vorhandenen Verbesserungsreserven auszuschöpfen. Aus dem Datenaustausch muss also ein Mehrwert geschaffen werden. Dieser Mehrwert kann über einen durchgängigen Datenfluss gewonnen werden. Eine mehrfach und crossfunktionale Datenverwendung ist ein notwendiger Baustein. Der Informationsfluss richtet sich nach den Prozessen innerhalb der Supply Chain aus, beginnend mit der Bestellannahme bis hin zur Statistikauswertung. **Mehrwertpotenziale** bieten beispielsweise:

- Bestellannahme,
- Auftragsbestätigung,
- Produktionsplanung und –steuerung,
- Lagerplanung im Auslieferlager,
- Bereitstellung der Waren,
- Information an den Transporteur mit Zeitfenster für die Abholung und Zustellung,
- Warenverfolgung,
- Lagerplanung im Empfangslager,
- Abrechnung der Frachtkosten sowie
- Statistiken.

Nach dieser Philosophie plant z. B. ein großer europäischer Hersteller im "Food-Bereich" die Reorganisation seiner gesamten Produktion. Die unterschiedlichen Produkte sollen nicht wie bisher an verschiedenen Standorten, sondern gebündelt an einer Zentralstelle produziert werden. Um die einzelnen Standorte kontinuierlich auszulasten, werden im Rahmen der Kapazitätsplanung die voraussichtlichen Verkaufszahlen mit den historischen Verkaufs- und Produktionszahlen abgeglichen und trendbereinigt. Anhand der tatsächlich eingehenden Bestellungen wird die Produktion gestartet (**Just in Sequence**). Aus den Produktionszahlen sind die Auslieferungen in das gesamte europäische Ausland für den kommenden Monat zu planen und permanent zu aktualisieren. Diese Vorschau schafft Dispositionsspielräume, die eine Transportkostenoptimierung ermöglicht.

Aber auch durch Informationen, die dem Logistikprozess nachgelagert sind, kann eine sinnvolle Steuerung der Prozesse erfolgen. So gewinnt Continental Teves alle Transportdaten aus dem bei dem Dienstleister Dalog betriebenen **Frachtgutschriftsystem** (vgl. Abbildung 3). Continental übermittelt täglich per Datenübertragung von allen Werken die frachtrelevanten Daten. Diese werden beim Dienstleister in einer Datenbank abgelegt. Die Vertragsspediteure von Continental Teves übermitteln nach durchgeführtem Transport ebenfalls per Datenübertragung eine Leistungsanforderung an den Dienstleister. Diese Leistungsanforderung wird geprüft. Ist die Anforderung fehlerfrei, ist sie für den Abgleich mit den Wareneingangs- und Warenausgangsdaten des Auftraggebers bereitzustellen. Danach werden die Frachtkosten maschinell ermittelt und den Vertragsspediteuren gutgeschrieben.

Die für die Finanzbuchhaltung notwendigen Daten werden vom Dienstleister elektronisch an Continental Teves übermittelt und dort weiterverarbeitet. Im Rahmen des internen Controlling werden beispielsweise die ermittelten Frachtkosten für alle Wareneingänge auf Sachkonten, Kostenstellen und ggf. auf Produkt-, Projekt- oder Inventarnummer aufgeteilt. Hierdurch wird die Kostentransparenz deutlich gesteigert. Der Mehrwert entsteht also über eine Erhöhung der

Transparenz in den Güterbewegungen, der Gewinnung aussagefähiger Statistikdaten und einer drastischen Reduzierung des administrativen Aufwandes.

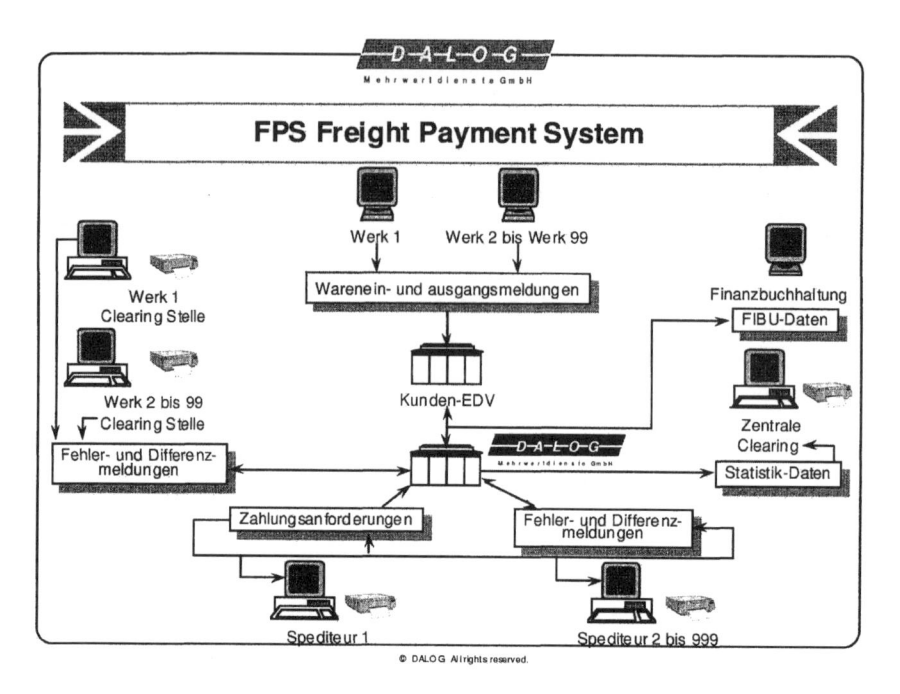

Abbildung 3: Freight Payment System (FPS)

2.4 Intelligente Verladestrategien

Handlungsbedarf zur Eindämmung der Transportkostenexplosion besteht auch im Handling der Verladung. Zunächst wird bei der Ermittlung von Sendungsgrößen eine tatsächlich ökonomische Einheit häufig nicht ermittelt, weil schlicht die Kostentransparenz fehlt. Bei der Organisation der Kommissionierung werden dann weitere Kosten durch überlange Standzeiten der LKWs und ungünstige Verpackungsmethoden produziert.

2.4.1 Ökonomisch orientierte Sendungsgrößen

Neben den üblichen prozessorientierten Losgrößen, können diese auch kostenorientiert ermittelt werden. Ziel eines Unternehmens muss es immer sein, die Gesamtkosten zu minimieren. Dies bedarf jedoch der genauen Kenntnis der Kostenentstehung. Ein Ansatz, Kosten in der Losgrößenermittlung einzubeziehen, ist es, die bestellfixen Kosten den Kapitalbindungskosten gegenüberzustellen (**U-Problematik**), d. h. die Losgröße zu wählen, bei der die beiden Kostenblöcke gleich hoch sind. Das Problem dieser Vorgehensweise ist die Ermittlung der bestellfixen Kosten, da viele Unternehmensbereiche einfließen und die Zuordnung der Tätigkeiten zu dem Bestellvorgang nicht immer eindeutig möglich ist (vgl. Schäfer 2000, S.35).

Insbesondere die in diesem Beitrag näher beleuchteten Frachtkosten „verschwinden" häufig im Bereich der Gemeinkosten und werden als entscheidungsrelevante Kennzahlen unzureichend berücksichtigt. Bestandsreduktion bei gleichzeitiger Vermeidung von Fehlbeständen sowie eine hohe und flexible Lieferbereitschaft sind die „populären" Zielsetzungen der Industrie. **Ökonomische Sendungsgrößen** in der Beschaffungs- und Distributionslogistik zur Reduzierung von Transportkosten verlaufen häufig gegenläufig zu Maßnahmen der Bestandsreduktion.

Eine detaillierte Bewertung der Transportkosten setzt voraus, dass mögliche Einsparungen der Frachten (Frachtdegressionen) mit Aktivitäten der Bestandreduzierung abgestimmt werden. Eine isolierte Betrachtung von Fracht- und Vorratskosten führt zur suboptimalen Lösung. Durch die Integration (zeitliche Parallelisierung) entsteht ein **gesamtoptimales Ergebnis**. Um dieses Ziel des Unternehmens zum handlungsrelevanten Resultat werden zu lassen, muss es vom Management und von den Mitarbeitern akzeptiert werden. Die Steuerung des Identifikationsprozesses mit dieser Denkweise stellt erfahrungsgemäß eine personalwirtschaftliche Daueraufgabe dar (vgl. Gottschalck 1993, S.63f.).

Einige Zahlen fordern diesbezüglich zum Umdenken auf:

- Die Logistikkosten in Industrie, Handel- und Dienstleistungssektor liegen bei durchschnittlich 15,2% der Gesamtkosten (vgl. Baumgarten 2000, S.12f.),

- die Transportkosten verursachen bereits heute zwischen 25% bis 50% der gesamten Logistikkosten und

- viele Unternehmen haben aktuell kaum einen Überblick über die Höhe der tatsächlich anfallenden Frachtkosten.

Die Kostensteigerungen für Transportabwicklungen könnten die von vielen Unternehmen erwartete Senkung der sonstigen Logistikkosten schnell aufheben bzw. sogar zu einem Anstieg der gesamten Logistikkosten führen (vgl. Baumgarten 2000, S.12f.). Erst eine deutliche Steigerung der Kostentransparenz wird eine Gesamtoptimierung auch praktisch ermöglichen.

2.4.2 Kostenreduzierende Kommissionierung

Lange Wartezeiten der LKWs zur Be- und Entladung sind noch immer häufig vorzufinden. Arbeitszeitverkürzung, nicht optimal gesteuerte Prozessabläufe, unvernünftige Zeitfenster und die Unsicherheiten der Fahrzeiten sind zumeist die Ursachen. Die Reduzierung dieser Wartezeiten ist aber dringend erforderlich, um die hiermit verbundenen Kosten zu vermeiden, die letztendlich kalkulatorischer Bestandteil der Frachtkosten sind. Wie aufgezeigt, sind Dispositionszeitfenster notwendig, die aufgrund von Vorlaufzeit und Entscheidungsspielraum eine Optimierung ermöglichen.

Ein weiterer Baustein ist die oft vernachlässigte Optimierung der **Verpackungsdichte**. Man sollte schlicht weniger „Luft" transportieren. Verpackungseinheiten werden oftmals nicht oder unzureichend nach Belangen der Transportdurchführung konzipiert. Die Konsequenz ist eine unzureichende Nutzung des verfügbaren Frachtraums. Dadurch steigen sowohl die Frachtraten wie auch die Anzahl der notwendigen Transportfahrten.

3 Zusammenfassung und Ausblick

Dieser Beitrag sollte intelligente Ansätze zur Bewältigung des sich anbahnenden Logistikinfarktes im Güterverkehr Europas aufzeigen. Echte Alternativen zu dem vorherrschenden Gütertransport auf der Straße sind in absehbarer Zeit nicht zu erwarten. Daher ist es notwendig, durch eine engere Zusammenarbeit der Supply-Chain-Mitglieder und eine konsequente Nutzung, sowohl technischer wie organisatorischer Maßnahmen, Rationalisierungspotenziale zu erschließen. Ansatzpunkte ergeben sich auf sehr unterschiedlichen Ebenen:

- Von strategischen Kooperationen zwischen Unternehmen,

- über alternative Distributionssysteme und virtuelle Marktplätze hin zu

- modernen Verladestrategien auf operativer Ebene.

Aufgrund der Rahmenbedingungen ist von einer Verschärfung des Verdrängungswettbewerbs in der Transportwirtschaft auszugehen. Erst ein Größenwachstum durch Zusammenschlüsse sowie Übernahmen führt zu einer Zunahme von Transportvolumen in einer Dispositionsverantwortung und somit zur Grundlage für Optimierungsmöglichkeiten in der Transportabwicklung. Ein alternativer Ansatz mit ähnlichem Potenzial ist in den Frachtbörsen zu sehen. Abzuwarten bleibt hier, ob durch qualitativ hochwertigen Service das notwendige Vertrauen aufgebaut werden kann.

Literatur:

Baumgarten, H.; Darkow, I.-L.; Walter, S. (2000): Die Zukunft der Logistik – Kundenintegration, globale Netzwerke und e-Business. In: Logistik. Jahrbuch 2000, hrsg. von Hosser, R., Düsseldorf 2000, S.12-23.
Gottschalck, J. (1993): Die Steuerung der Großserienfertigung mit reduzierten Kapazitätsreserven: - Das Kanban-B-System -, München 1993.
Heydt, A. v. d. (1999): Handbuch Efficient Consumer Response. Konzepte, Erfahrungen, Herausforderungen, München 1999.
o. V. (1999): Telematik bindet die Lastwagen enger an die Spedition. In: FAZ vom 07.06.1999, S.29.
o. V. (2001): Elektronischer Handel krempelt die Logistik um. In: FAZ vom 29.01.2001, S.29.

Prognos (2000): European Transport Report, London 2000.

Reisch, H.-P.; Stoll, M. (2000): Kommerzielle Internet-Anwendungen in der Logistik stoßen auf Widerstände. In: Logistik im E-Zeitalter, hrsg. von Baumgarten, H., Frankfurt 2000, S.61-65.

Rumpelt, T. (1998): Mit „Plus" in die Zukunft. Umfassende Logistikorganisation und wegweisendes Fabrikkonzept für die Produktion des Smart. In: Materialfluß, 01-02/(1998), S.26-31.

Schäfer, B. (2000): Entwicklung eines Modells zur Ermittlung der Losgrößen innerhalb der Beschaffungslogistik unter Einbeziehung der Transportkosten als Entscheidungskriterium; dargestellt anhand eines Unternehmens der Automobilzulieferindustrie, Gießen 2000.

Werner, H. (2002): E-Logistics. In: Internet-gestützte Betriebswirtschaft, hrsg. von Pepels, W., Verlag Neue Wirtschafts-Briefe, Herne, voraussichtlicher Veröffentlichungstermin Januar 2002.

Axel Dreher und Stefani Scherer

Supply Chain Controlling im e-Business

1 Einleitung
   1.1 Kennzeichnung der Unternehmung BorgWarner
   1.2 Herausforderungen für BorgWarner im Supply Chain Management

2 Kerninhalte zum Management der Supply Chain bei BorgWarner
   2.1 Management in den frühen Phasen
      2.1.1 Supply Chain Design
      2.1.2 Unterstützende Instrumente
   2.2 Management in der operativen Phase
      2.2.1 Informationslogistik und IT-Voraussetzungen
      2.2.2 Instrumente der operativen Phasen
   2.3 Messung der Erfolgswirksamkeit
      2.3.1 Economic Value Added (EVA)
      2.3.2 Balanced Scorecard

3 Ausblick

1 Einleitung

1.1 Kennzeichnung der Unternehmung BorgWarner

BorgWarner (BW) wurde 1928 durch vier Gesellschafter zur Foundation of BW Corporation gegründet. Heute hat BW seinen Hauptsitz in Chicago. Mit 22 Werken in Nordamerika, acht Werken in Europa und acht Werken in Asien erzielt der Konzern einen Jahresumsatz von knapp USD 3 Milliarden. BW bedient mit seinen Hochtechnologieprodukten, welche vornehmlich im Antriebsstrang von Automobilien Einsatz finden (Motor, Getriebe), alle namhaften Automobilhersteller. Im Bereich des Antriebsstranges verfolgt der Konzern die Produktführerschaft, welche durch den an alle Mitarbeiter kommunizierten Kernsatz „Customer rely on us because we know more about powertrain system than anyone else in the world" zum Ausdruck kommt. Innerhalb der fünf Divisionen des Konzernverbundes operieren die Werke weitgehend autonom. Diese dezentrale Struktur kombiniert die Vorteile eines weltweit agierenden Konzerns mit der Flexibilität und Agilität kleinerer unternehmerisch geprägten Einheiten. Vor dem Hintergrund globaler Beschaffungs- und Absatzmärkte kommt dem Supply Chain Management – auch im Rahmen der konzerninternen Verflechtungen – in Bezug auf die Ausschöpfung von Synergiepotenzialen eine immer größere Bedeutung zu.

1.2 Herausforderungen für BorgWarner im Supply Chain Management

Als global tätiges Unternehmung der Automobilzulieferindustrie sieht sich BW den vier bestimmenden Kräften Quality, Cost, Flexibility und Delivery des strategischen Viereckes ausgesetzt. Des Weiteren sind die Stakeholder, die Aktionäre (Shareholder), Kunden (Customer), Mitarbeiter (Employees) sowie Zulieferer (Supplier) von BW die primär prägenden Gruppen (vgl. Abbildung 1). Sie üben gemeinsam mit den Kräften des strategischen Viereckes nachhaltigen Einfluss auf das Management und Controlling der Supply Chain aus.

Die Ausprägung und die Dynamik der vier Größen des strategischen Vierecks stellen enorme Herausforderungen an das Management, die Ausgestaltung und die Steuerung der Supply Chain dar. Das Kundenportfolio der Automobilzulieferindustrie ist von den beherrschenden Merkmalen oligopoler Märkte geprägt. Wenige namhafte Kunden üben mit der ihnen immanenten Marktmacht enormen Einfluss auf Produkte, Preise und Prozesse in der Automobilzulieferindustrie aus.

Cost   Flexibility

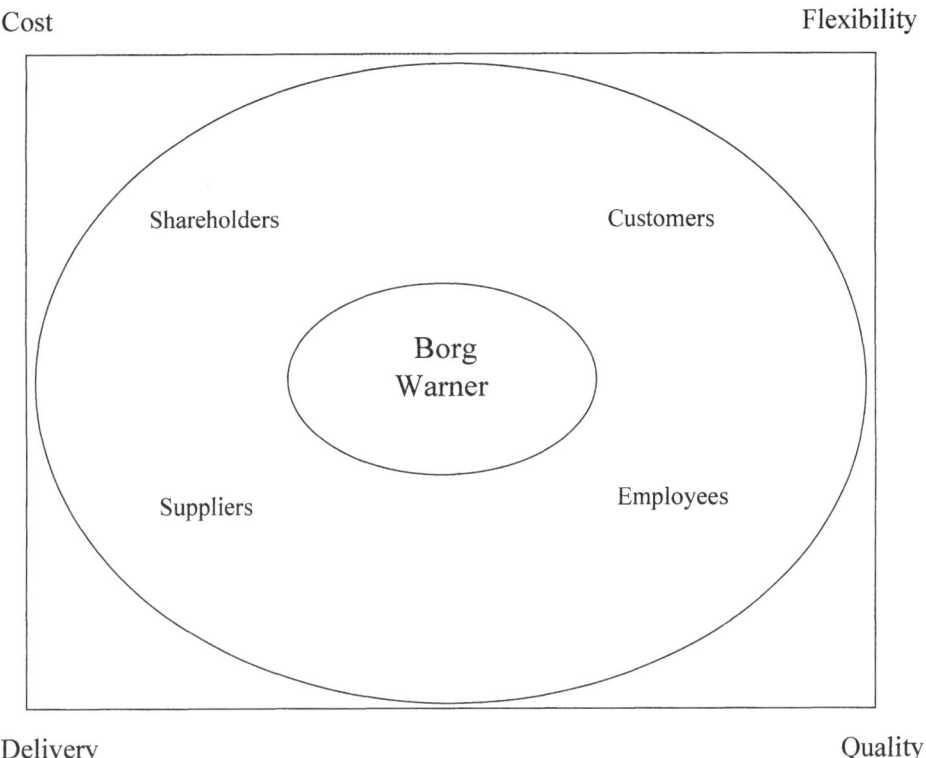

```
                    Shareholders          Customers

                              Borg
                              Warner

                    Suppliers             Employees
```

Delivery   Quality

Abbildung 1: Spannungsfeld des strategischen Vierecks

Die Struktur der Kosten (Cost) sowie deren Anpassungsfähigkeit bezüglich der operativen Bedarfsschwankungen der Kunden (verbunden mit den in der Automobilindustrie ausgeprägten konjunkturellen Zyklen) sind deshalb Faktoren die auch im Supply Chain Management eine wesentliche Rolle spielen. Ein schnelles, flexibles Gestalten und Steuern der Prozesse, von der Bedarfsübermittlung des Kunden bis zur Vereinnahmung des Verkaufserlöses, ist in diesem Zusammenhang ebenso als erfolgskritisch anzusehen, wie die als "Delivery" bezeichnete Liefertreue. Diese spielt angesichts der enormen logistischen Verflechtung innerhalb der Automobilindustrie eine wesentliche Rolle.

Bei den **OEM (Original Equipment Manufacturers**; den Automobilherstellern) werden teilweise nur äußerst begrenzte Lagerbestände vorgehalten. Bei einer Störung der Teileversorgung kann es daher in der Produktion der OEM sehr kurzfristig zu Störungen kommen. Die Zuverlässigkeit (genauer die zeitliche und inhaltliche Präzision der Belieferung) spielt auch nicht zuletzt aufgrund von Schadensersatzforderungen eine elementare Rolle.

Die Qualität (Quality) der gelieferten Produkte ist im Automobilbereich aufgrund von Sicherheitsaspekten von hoher Bedeutung. Darüber hinaus verursachen fehlerbehaftete Produkte innerhalb der Supply Chain enorme Kosten, welche sich beispielsweise durch Produktionsunterbrechungen, Rücksendungen der Waren, bis hin zur Rückabwicklung von Zahlungsvorgängen niederschlagen können.

Aus dem Kreis der Stakeholder möchten wir im Zusammenhang mit BW die Gruppe der Aktionäre besonders erwähnen. Als börsennotierte Unternehmung sieht sich BW der Steigerung des Unternehmungswertes in hohem Maße verpflichtet. Eine zufriedenstellende Verzinsung des von den Kapitalmärkten zur Verfügung gestellten Kapitals ist wesentliche Voraussetzung für die Überlebensfähigkeit der Unternehmung. Die Möglichkeit, Aktien zu Kursen zu emittieren, welche einen möglichst hohen Kapitalzufluss garantieren, ist für die Finanzierung des weiteren Wachstums von BW erfolgskritisch. Der ausgeprägte Fokus auf die Steigerung des Unternehmungswertes stellt somit eine weitere wesentliche Herausforderung dar, welche Ihre Bedeutung auch im Management und Controlling der Supply Chain wiederfindet.

2 Kerninhalte zum Management der Supply Chain bei BorgWarner

Die Notwendigkeit eines prozessorientierten Planungs-, Steuerungs- und Kontrollsystems, welches integrativ über die Grenzen der Unternehmung hinaus die gesamte Supply Chain in ihren Produkt-, Informations- und Zahlungsströmen abdeckt, ist im operativen Geschäft vieler Unternehmungen bereits ein wesentlicher Bestandteil. Das grundlegende Management einer Supply Chain wird in durch das Order-to-Payment-S (vgl. den Beitrag von Werner in diesem Buch) charakterisiert.

Die Supply Chain von BW unterteilt sich in drei Ebenen (vgl. Abbildung 2). Zunächst wird das Management in den frühen Phasen eingegliedert. Daran schließt sich das operative Management der Supply Chain. Im dritten Schritt wird der Erfolg der Aktivitäten gemessen. Die drei Ebenen des Supply Chain Managements von BW werden im Folgenden näher beschrieben.

2.1 Management der frühen Phasen

Abgeleitet aus der Erkenntnis, dass in den frühen Phasen des Produktentstehungsprozesses der Großteil der späteren Prozesskosten eines Produktes definiert wird, erstreckt sich das Supply Chain Controlling bei BW schon auf diese frühen Abschnitte. Im Folgenden werden die Voraussetzungen bei BW für ein erfolgreiches Supply Chain Design sowie die unterstützenden Instrumente des Controllings näher erläutert.

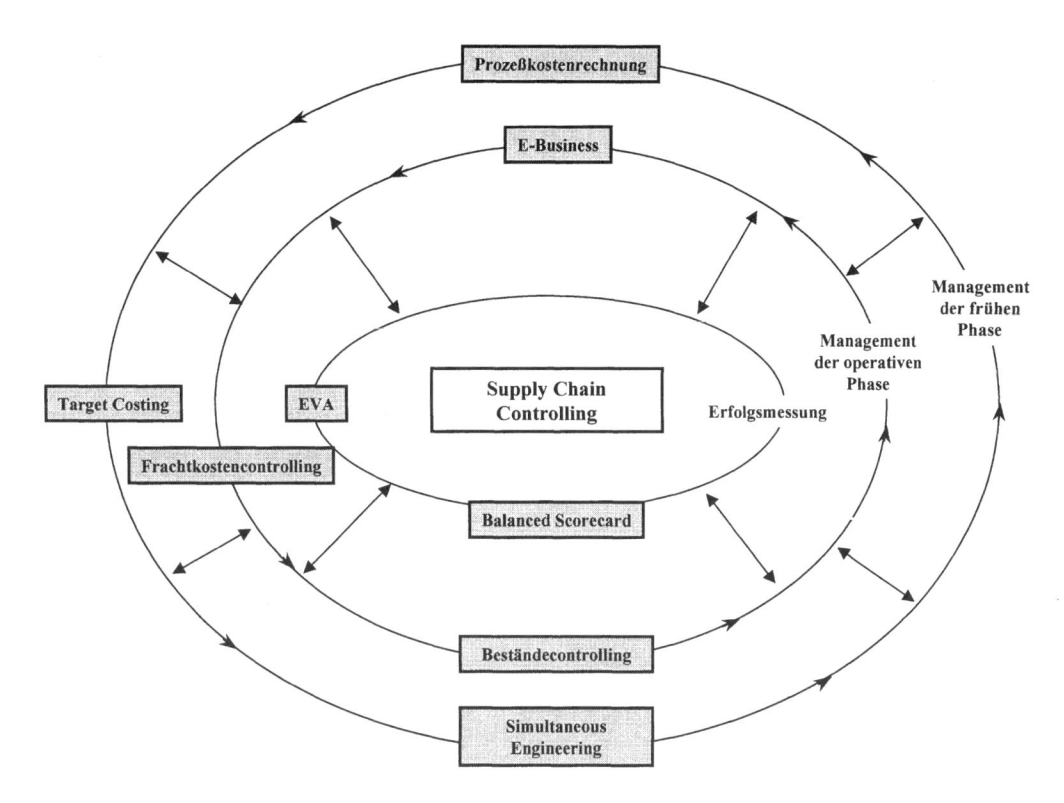

Abbildung 2: Supply Chain Controlling bei BorgWarner im Überblick

2.1.1 Supply Chain Design

Entwicklungsprojekte von größerer wirtschaftlicher oder technischer Bedeutung für BW werden durch Simultaneous-Engineering-Teams gemanagt und von diesen über alle Phasen des Produktenstehungsprozesses hinweg (bis zur Serieneinführung) begleitet. Die Spezialisierung der involvierten Mitarbeiter sowie die allgemein beschränkte Verfügbarkeit von Entwicklungsressourcen bedingt in aller Regel ein Arbeiten über Ländergrenzen, Kontinente und Zeitzonen hinweg. So arbeiten beispielsweise bei der Entwicklung eines neuen Getriebekonzeptes für Personenkraftwagen Mitarbeiter dreier nordamerikanischer Standorte eng mit in Frankreich und Deutschland agierenden Kollegen zusammen.

Ergänzt wird dieses globale Team durch eine im Rahmen einer Allianz eng mit BW verbundenen Engineering-Gesellschaft in Australien. In dieses Team sind üblicherweise auch Logistikexperten eingebunden. Sie stellen beispielsweise frühzeitig Zuliefereralternativen sicher. Mögliche Lieferquellen werden in einer Supplier-Matrix verglichen. In diese gehen sowohl kostenbezogene Informationen als auch die Kostentreiber je Bauteilgruppe ein. In diesem Rahmen wurden alternative Lieferanten für komplexe Blechumformteile in einer Supplier-Matrix verglichen anhand der Größen:

- Logistikkosten,
- Losgrößen/BW-Abrufmengen-Relation,
- durchschnittliches Bestandsniveau,
- Rüstzeiten oder
- Kapazitätssituation.

Diese Parameter wirken sich letztlich auf die Gesamtkosten der Supply Chain aus. Aus diesem Grunde ist es notwendig, technische Prozesse möglichst unternehmungsübergreifend aufeinander abzustimmen. Bei der integrativen Planung von technischen Prozessen spielen auch die systemseitigen Verknüpfungen eine erfolgskritische Rolle, da nur zeitnahe, transparente Daten die Feinabstimmung in der Lieferkette ermöglichen. Je größer die Abhängigkeiten und die finanziellen Auswirkungen bei Abweichungen vom geplanten Optimum sind, desto größer ist auch der Grad der IT-Verknüpfung zwischen den Unternehmungen.

Das e-Business spielt jedoch nicht nur in der Planung der Waren-, Informations- und Zahlungsströme eine Rolle. Es unterstützt auch in hohem Maße die Effektivität und Effizienz im Produktentstehungsprozess an sich. Die virtuellen, auf mehrere Kontinente verteilten Projektmitglieder arbeiten in einem Netzwerk standardisierter Softwaretools mit gemeinsam genutzten Datenbanken. Die hohe Datensicherheit des Intranets und dessen weltweite Verfügbarkeit ermöglichen die Unabhängigkeit vom jeweiligen Aufenthaltsort. Externe Projektmitglieder nutzen verschlüsselte Internetverbindungen zur Kommunikation. Technische Informationen (wie Zeichnungen, Materialspezifikationen oder Stücklisten) und Kosteninformationen können so von den Projektmitgliedern rund um die Welt eingegeben und weiterverarbeitet werden.

Die schnelle Informationsverfügbarkeit sowie die Nutzung einer gemeinsamen Datenbasis stellen wesentliche Vorteile dar. Der breitgestreute Einsatz von Kommunikationsinstrumenten trägt dem erhöhten Informationsaustausch der Projektmitglieder Rechnung und ergänzt die zur Verfügung gestellte Infrastruktur. Die Mitarbeiter der Projektteams haben neben der Verfügbarkeit von Audiosystemen und elektronischen Mails Zugriff auf Video-Konferenz-Systeme. Zahlreiche Arbeitsplätze verfügen auch über entsprechende Hard- und Softwarepakete (Netzkamera, Mikrofone etc.) mit deren Hilfe die gemeinsame Betrachtung von Dateien auf dem Bildschirm ebenso möglich ist wie die simultane Kommunikation via Videokonferenz.

Über die beschriebenen Instrumente lassen sich Supply Chain-relevante Aktivitäten (wie Global Sourcing, Benchmarking technischer Prozesse oder auch weltweite Kapazitätsabstimmungen) effektiv steuern. Die rasante Verbreitung und kontinuierliche Weiterentwicklung des e-Business und der Medien hat die beschriebenen organisatorischen Ansätze und Arbeitsweisen erst ermöglicht. Sicherlich ist auch die Verkürzung der Time-to-Market in zahlreichen Branchen auf die verbesserte Nutzung der Möglichkeiten des e-Business zurückzuführen. Die von

BW in Kernbereichen angestrebte übergreifende IT-Integration wird die strategisch bedeutsame Rolle des e-Business im Supply Chain Management weiter ausbauen. Fokus wird neben der Unterstützung des operativen Geschäftes weiterhin die Beschaffung von Informationen und deren Austausch bereits im Produktentstehungsprozess sein, um frühzeitig den Grundstein zur Optimierung der Supply Chain-Aktivitäten einzuleiten.

2.1.2 Unterstützende Instrumente

Das Controlling wird bereits in die frühen Phasen der Produktentwicklung eingebunden. Bei der Auswahl geeigneter Instrumente sind die Markt- und Prozessorientierung von BW entscheidende Parameter im Wettbewerb. Die Intensität des Wettbewerbes um Technologie- und Kostenführerschaft machen das **Target Costing** (vgl. Seidenschwarz 1993) zum bestimmenden Instrument der frühen Phasen von BW. Die Unternehmung setzt den in der Praxis vorherrschenden Ansatz „Market into Company" ein.

Das e-Business unterstützt den kritischen Aufbau der zur Marktpreisbestimmung notwendigen Market Intelligence. Die in der Unternehmung aufgrund von Marktkontakten vorhandenen Informationen, verbunden mit den über das Internet erfolgenden Marktrecherchen, bilden die Basis zur Bestimmung eines Marktpreises (oder einer Marktpreisspanne) für ein Produkt. Ergänzt um die vom Kunden geäußerten Preisvorstellungen, lässt sich der Marktpreis ableiten.

Dieser Ausgangspunkt des Target Costing ist jedoch keineswegs statisch. Während der Projektlaufzeit sind die Zielkosten stetig zu aktualisieren und zu überprüfen (Dynamisierung). Abgeleitet aus dem Marktpreis lassen sich retrograd durch Abzug des von BW erwarteten Target Profit - welcher primär zur Verzinsung des eingesetzten Eigen- und Fremdkapitals notwendig ist - die Allowable Cost (die maximal erlaubten Kosten) ableiten. Simultan werden mit Hilfe der Produktkostenrechnung progressiv die Standard Cost ermittelt. Diese stellen die aus heutiger Sicht ohne Änderungen anfallenden Kosten dar. Eine weitere Aufgabe besteht darin, die Innovationslücke zwischen den Allowable Cost und den Drifting Cost zu schließen. Dieses "Kneten" der Kosten wird beispielsweise durch reduzierte Einstandspreise oder die Verwendung neuer Materialien erreicht (vgl. Werner/Dreher 2000, S.165-190). Die folgende Abbildung 3 verdeutlicht das Grundprinzip des Target Costing.

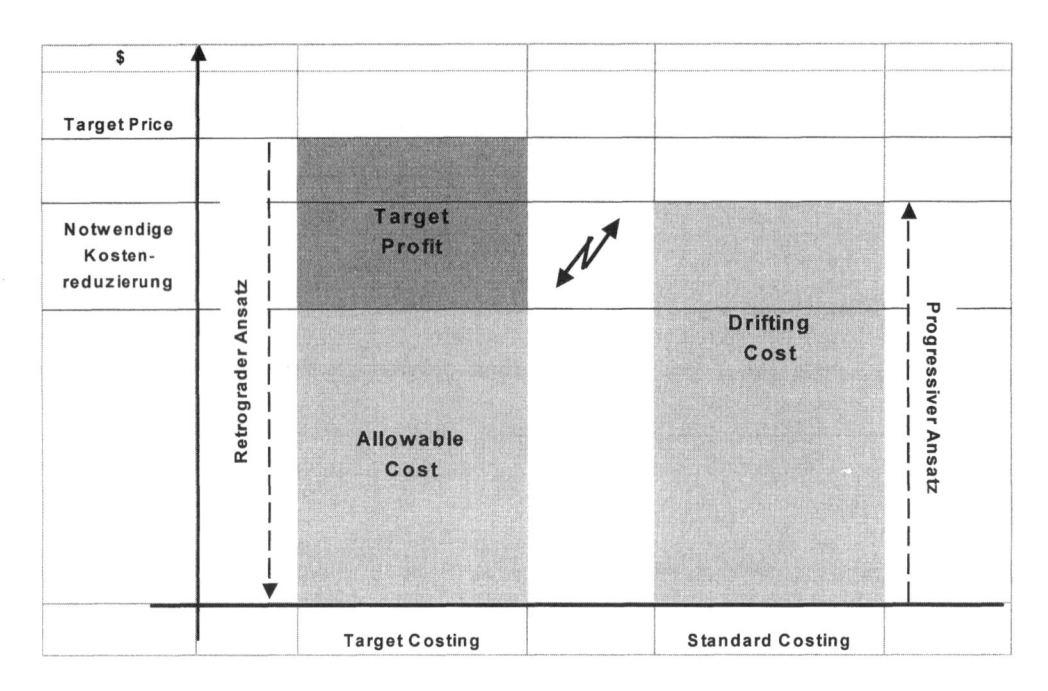

Abbildung 3: Grundprinzip des Target Costing

Um eine entsprechende Bearbeitung der Zielkosten zu ermöglichen, werden in der zweiten Phase des Target Costing die Kosten in Funktionen und Produktmerkmale heruntergebrochen. Diese Dekomposition führt auf die Ebene der Produktkomponenten und- teile (Getriebegehäuse, Kupplungslamellen, Schrauben etc.) und zu den von BW abzubildenden logistischen Prozessen. Die Dekomposition der Produktkomponenten ist ein entscheidender Schritt zur Reduzierung der Kosten in der Supply Chain. So werden beispielsweise Materialkosten für bezogene Komponenten in ihre Hauptbestandteile (Material, Lohn, Abschreibung, Gemeinkostenzuschläge, Transport etc.) aufgebrochen. Diese Einflussgrößen werden zwischen bedeutenden Zulieferern und BW detailliert analysiert, um Kostensenkungspotenziale in der Supply Chain zu nutzen. Der beschriebenen Vorgehensweise liegt die Anwendung der **Prozesskostenrechung** zu Grunde (vgl. Horváth/Mayer 1989, S.214-219). Mit ihrer Hilfe werden beispielsweise Make-or-Buy-Entscheidungen von BW getroffen, um zu ermitteln, ob das Outsourcing einer Logistikaktivität an einen externen Dienstleister wirtschaftlich vertretbar ist.

Supply Chain Controlling im e-Business

2.2 Management in der operativen Phase

2.2.1 Informationslogistik und IT-Voraussetzungen

In der operativen Phase sind in der Supply Chain Hilfsmittel der IT einzusetzen. Die Übersicht zeigt die für BW wichtigsten Instrumente auf (vgl. Abbildung 4). Sie finden Einsatz in drei unterschiedlichen Prozessen (Business to Business, Business to Customer oder innerhalb einer Unternehmung).

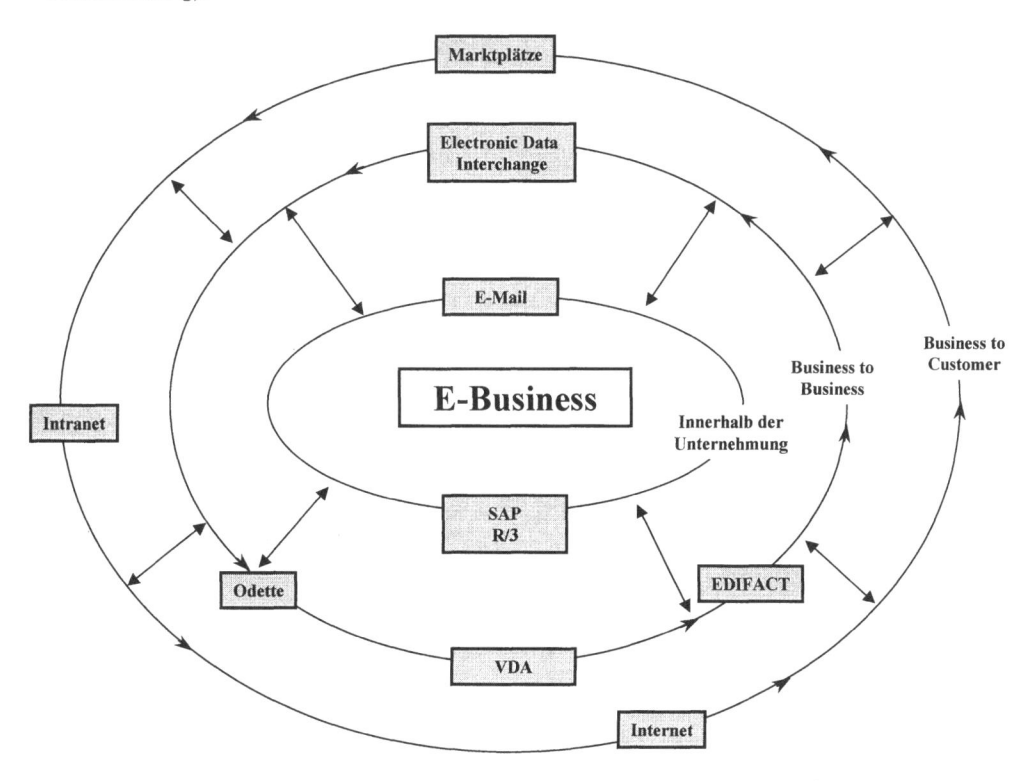

Abbildung 4: Hilfsmittel des e-Business von BorgWarner im Überblick

In der **Business to Customer**-Abwicklung werden bei BW in der Beschaffung die Aktivitäten vor allem über das Internet abgesichert. Dazu zählen Preisvergleiche oder die Einholung von Informationen über Lieferanten. Ebenso dient das Internet als Präsentationsplattform für BW.

Die **Business to Business**-Prozesse fußen insbesondere auf **Electronic Data Interchange (EDI)**. EDI wird als elektronischer Datenaustausch zwischen mindestens zwei Partnern verstanden (vgl. Zetees 1998). Diese Form des Datenaustauschs ist für regelmäßige Geschäftsbeziehungen geeignet. Eine Vielzahl von Daten und Informationen werden via EDI ausgetauscht. Dabei handelt es sich um eine institutionelle Geschäftsabwicklung zwischen Unternehmungen. Unabhängig von der Art des Geschäftsvorfalles werden standardisierte Daten formal verarbeitet. Um ein erfolgreiches Senden und Empfangen von Daten zu gewährleisten, müssen die beteiligten Partner identische Übertragungsformate besitzen. Die Standardisierung der Nachrichtenformate wird durch Konvertierungssysteme sichergestellt. Diese Plattformen stellen vor allem EDIFACT oder Odette dar.

BW benutzt EDI momentan ausschließlich zum Informations- und Datenaustausch mit Kunden. Die Möglichkeit der Interaktion zwischen Lieferanten und BW über EDI wird gerade geschaffen. Wichtige Nachrichteninhalte sind hier Aufträge, Rechnungen und Lieferscheine. Der Kunde leitet über EDI die Bedarfe ins Netz von BW. Die Aufträge (in Form von Liefer- und Feinabrufen) werden ins IT-System gespielt und sind unverändert zu verwenden. Beim Versenden der gewünschten Produkte werden Lieferscheine und Rechnungen via EDI zum Kunden übertragen. Somit hat der Kunde stets aktuelle Informationen über die jeweiligen Lieferungen. Der Vorteil von EDI ist, dass die Daten bei Kunden und Lieferanten identisch sind. Zusätzlich werden **ASNs (Advanced Shipping Notes)** zu speziellen Kunden per Fernübertragung gesendet. Die ASN ist ein Instrument zur termingerechten und sicheren Einsteuerung von Produktionsaufträgen in die Fertigung. Das Ziel besteht darin, die Vorräte Just in Time oder Just in Sequence anzuliefern. ASN ermöglicht eine maximale Transparenz der im Transit befindlichen Güter.

2.2.2 Instrumente in der operativen Phase

Der gesamte Prozess innerhalb der Supply Chain ist ständig zu überwachen. Die Aktivitäten erstrecken sich beispielsweise auf das Controlling von Beständen und Frachtkosten (in Verbindung mit e-Business Solutions). Die Prozessstruktur von BW bezieht sich auf interne und externe Fraktale. Besonders herausfordernd ist einerseits die Reduzierung, andererseits die Harmonisierung der Prozesse. Mit Hilfe des Beständecontrollings konnte BW diese Problemstellung in den Griff bekommen. Die Bestandshöhe ist eine stetige Gratwanderung für BW: Auf der einen Seite sichern hohe Bestände den Produktionsfortschritt. Auf der anderen Seite erwirken hohe Lagerbestände negative Effekte auf die Kapitalbindung (vgl. Werner 2000a, S.912). Just-in-Time-Lieferungen mindern ceteris paribus die Kapitalbindung. Diese werden bei BW aber nur bei einem sehr geringen Anteil durchgeführt. Rohmaterialien (wie Stahl oder Kunststoffkäfige) müssen zur Absicherung von Produktion und Kundenbelieferung ständig verfügbar sein.

Die momentanen Lieferzeiten für Bandstahl schwanken zwischen 150 bis 300 Tagen. Eine kurzfristige Beschaffung ist daher nicht zu realisieren. Durch die Normierung in der Rohmaterial- und Komponentenebene ist es BW jedoch gelungen, das Bestandsrisiko nachhaltig zu verringern und marktgerechte Lieferzeiten durchzusetzen. Die Automobilindustrie verlangt von ihren Lieferanten, dass sie kurzfristig eine Steigerung der Bauzahlen um bis zu 5% realisieren können. Im Mittelfristbereich (drei bis fünf Monate) muss der Lieferant der Automobilindustrie die Ausbringungsmenge sogar um ca. 10% erhöhen können.

Auf dieser Basis wird ein Sicherheitsbestand errechnet, um den Forderungen der OEM nachgeben zu können. Diese Maßnahme wirkt sich jedoch negativ auf die Bestände aus. Die Gesamtkosten der Lagerung (ermittelt u. a. aus Raum- und Lagerbewirtschaftungskosten) steigen. Dadurch verschlechtert sich die „Inventory Turn" (Umschlagshäufigkeit des Lagers). Zu den Gesamtkosten der Lagerung können auch die Fehlmengenkosten gerechnet werden. Fehlmengenkosten entstehen durch zu geringe Lagerbestände. Im schlimmsten Fall führen Fehlmengen zum Produktionsstillstand des Kunden. Für Fertigungsunterbrechungen berechnen die Kunden in der Automobilzulieferindustrie Kosten von bis zu DM 300.000 in der Stunde. Geringe Lagerbestände resultieren insbesondere aus Lieferverzögerungen oder einer inadäquaten Disposition. Die Lieferanten von BW werden bei rückständigen Positionen täglich gemahnt. Eine Auftragsbestätigung ist verpflichtend. Nur so kann der Einkäufer rechtzeitig reagieren, wenn der Anbieter in Lieferschwierigkeiten gerät und die Produktion bei BW umgestellt werden muss. Gegebenenfalls ist gar der Kunde hinsichtlich dieser Lieferverzögerungen zu informieren. Die Vermeidung von Fehlkosten muss ein ständiges Ziel von Einkauf und Logistik sein, um die eigene Produktion und die Kundenbelieferung zu sichern.

Eine weitere Notwendigkeit ist die vierteljährliche **Inventur** bei BW. Für die Disposition und die Logistik ist es von höchster Bedeutung, dass der physische Lagerbestand und die Vorratshöhe im IT-System übereinstimmen. Differenzen können zur Disposition führen. Bei gravierenden Abweichungen zwischen physischem Bestand und Systemvorrat sind Umstellungen in der Produktionsplanung quasi vorprogrammiert. Es kommt in der Supply Chain zu Umrüstungen in der Produktion. Außerdem ist ein kostenintensives Trouble Shooting einzuleiten. Dieses resultiert beispielsweise aus Sonderfahrten zu Kunden, wodurch die Frachtkosten erhöht werden.

Konsignationsläger sind heute in der Automobilindustrie typisch. Sie haben den Vorteil, dass die Ware solange im Eigentum des Lieferanten bleibt, bis der Kunde die Ware abnimmt oder eine vorher vereinbarte Frist abläuft. Die Konsignationsläger befinden sich häufig auf dem Werksgelände des Kunden oder in dessen unmittelbarer Nähe. Wichtige Gründe zur Errichtung eines Konsignationslagers sind die gesteigerte Versorgungssicherheit in der Fertigung und eine reduzierte Kapitalbindung. Außerdem sinken die Opportunitätskosten, indem die Ware erst bezahlt wird, wenn sie tatsächlich in die Produktion fließt (vgl. Werner 2000b, S.74-76). In der Automobilzulieferindustrie müssen Konsignationsläger daher häufig gebildet werden. Für die Zulieferer bedeutet die Konsignation jedoch eine Bestandserhöhung im eigenen Lager. Der OEM überwälzt einen Teil seiner Bestände auf den Zulieferer.

Eine **Durchlaufzeitenanalyse** wird mit Hilfe von Arbeitsplänen durchgeführt. Die totale Durchlaufzeit erstreckt sich von der Bereitstellung des Materials in der Produktion bis zur Endmontage der Ware. Die Arbeitspläne sind in einzelne Arbeitsschritte aufgesplittet. Sie enthalten die gesamte Folge der Produktion. Jeder Arbeitsplan beinhaltet Stellgrößen wie Bearbeitungszeit, Transport und Rüstzeit der einzelnen Arbeitsschritte. Der Arbeitsplan ist in Verbindung mit der Stückliste ein fester Bestandteil für die Materialbeschaffung und die Materialbedarfsplanung. Sie zeigen auf, wann Material beschafft werden muss, um fristgerecht zu liefern und welche Abläufe in der Produktion in welcher Reihenfolge zu tätigen sind (vgl. Werner 2000a, S.119). Die Logistik greift bei der Disposition der Rohmaterialien und der Produktion auf Arbeitspläne und Stücklisten zurück.

Ein weiteres Thema des Supply Chain Management ist das **Controlling der Frachtkosten**. In der Vergangenheit strebte BW das Ziel an, minimale Frachtkosten im Prozess zu verursachen. Anlieferungen wurden „frei Haus" und Versendungen „ab Werk" vereinbart. Die Überwälzung der Kosten spiegelte sich im Kauf- und Verkaufspreis wider. Dadurch verringerten sich die Frachtkosten, was zur Steigerung der Materialkosten führte. Bei Lohnbearbeitern nahm man in der Vergangenheit gesteigerte Frachtkosten aufgrund erhöhter Flexibilitätsziele in Kauf. Die forcierte Anzahl von Lohnbearbeitern hat bei BW dazu geführt, dieses Thema neu zu überdenken. Durch die Fertigung geringer Losgrößen erhöhten sich die Frachtkosten. Daher wurde die Lohnbearbeitung revidiert.

Zu niedrig berechnete Durchlaufzeiten wurden im Arbeitsplan an die tatsächliche Produktionsdauer angepasst. Die Disposition konnte somit eher die Freigabe zur Produktion geben. Allein der Verzicht auf Teillieferungen (welche notwendig waren, um den Endtermin des Kunden nicht zu gefährden) brachte eine Reduzierung der Fahrtkosten. Teile, die zur Auswärtsbearbeitung gehen, sind zu bündeln und erst am Tag der Versendung zu fertigen. Durch die Zusammenlegung der Fahrten reduzieren sich die Fahrtkosten. BW orientiert sich in diesem Zusammenhang an dem Prinzip **Milk Run**. Die Ausgangsfrachten werden von den Gebietsspediteuren zusammengefasst. Weitere Minderungen der Frachtkosten entstehen durch die Vereinheitlichung von Verpackungen. Eine zweckgerichtete Standardisierung der Verpackungen (auf Basis von Mehrwegverpackungen) ist allein schon aus Umweltgründen anzustreben.

Im Controlling der Supply Chain kommt die U-Problematik zwischen Beständen und Frachtkosten zum Tragen (vgl. Werner/Pfendt 1997, S.10-14). Die **U-Problematik** zeigt die Hebelwirkung auf, die bei der isolierten Betrachtung einer Komponente entsteht. Sie bedeutet, wenn eine Seite des Buchstaben U heruntergedrückt wird, schnellt die andere Seite des U hoch. Beispielsweise führt eine Reduzierung der Lagerbestände ceteris paribus zur Steigerung der Frachtkosten, indem sich die Anlieferfrequenzen erhöhen. Die OEM müssen in Verbindung mit einem Konsignationslager jedoch auf diese Problematik nicht eingehen. Die Vorteile liegen hier beim OEM, da seine Frachtkosten sinken. Nachteile hat hier der Zulieferer, da bei ihm im gleichen Zuge die Bestände steigen.

Als letztes Instrument der operativen Phase wird die **Nutzbarmachung des e-Business** beschrieben. Die gesamte Supply Chain richtet sich IT-gestützt aus. Zum einen finden e-Mail-Systeme bei der Kommunikation und Informationsweitergabe (intern wie extern) Einsatz. Zum anderen wird SAP R/3 für Materialbeschaffung, Auftragsabwicklung, Disposition, Produktion, Versand, Buchhaltung und Controlling genutzt. Für den Einkauf heißt das, Lieferpläne, Bestellungen und Anfragen IT-gestützt zu realisieren. Die Auftragsabwicklung empfängt durch EDI die Abrufe der Kunden, pflegt diese im System und gibt den Auftrag an die Disposition weiter. Die Disposition kann mit Hilfe von SAP R/3 die gesamte Produktion steuern und verwalten. Sie bestimmt, wann die Fertigungsaufträge für die Produktion freigegeben werden.

Außerdem steuert das System die Beschaffung des Materials. In der Produktion hilft SAP R/3 dabei, die Abläufe zu organisieren und eine Vorschau über die Produktion zu geben. Das System zeigt automatisch Kapazitätsengpässe auf und generiert Maschinenbelegungslisten. Die Versandabteilung schickt Lieferscheine und Rechnungen mit Hilfe von ASN zum Kunden. Das Finanzmanagement bei BW minimiert durch den gezielten Einsatz von Zahlungs- und Lieferkonditionen, sowie durch das aktive Management der Zahlungsströme, die Unterdeckung von Kundenforderungen und Lieferantenverbindlichkeiten durch eine möglichst starke Annäherung der Zahlungszeitpunkte.

2.3 Messung der Erfolgswirksamkeit

Um den Regelkreis des Controlling der Supply Chain zu schließen, setzt BW zur Messung der Erfolgswirksamkeit der Instrumente den Economic Value Added und die Balanced Scorecard ein.

2.3.1 Economic Value Added (EVA)

Bei BW wird das von Stern, Stewart & Co. (vgl. Stewart 1991) in den 90er Jahren entwickelte Konzept des Economic Value Added (EVA) seit 1998 als die leitende Finanzkennzahl angewendet. Der EVA kann als „betrieblicher Übergewinn" (vgl. Hostettler 1997) bezeichnet werden, welcher als „residual income left over from operating profits after the cost of capital has been subtracted" zu verstehen ist. Hierbei werden vom operativen Ergebnis nach Steuern die für das Eigen- und Fremdkapital anfallenden Kapitalkosten subtrahiert, um zum Economic Value Added einer Periode zu gelangen. Folgende Basisformel ist hierbei anzuwenden:

$$EVA = NOPAT - Capital * c$$

Legende:

EVA	=	Economic Value Added ("betrieblicher Übergewinn")
NOPAT	=	Net Operating Profit after Tax (Nettobetriebsergebnis nach Steuern)
Capital	=	Gesamtes im betrieblichen Prozess gebundenes Kapital
c	=	Gesamtkapitalkostensatz (basierend auf einer Zielbilanzstruktur)

Die Anwendung dieser Kennzahl bezieht sich insbesondere auf das Verständnis des EVA als Handlungsmaxime. Die Entscheidungsträger werden sich in Bezug auf das SCM immer wieder die Frage stellen, wie ihre Entscheidung den Economic Value Added von BW beeinflussen wird. Wichtig ist hierbei, dass die wesentlichen "Stellhebel" des EVA auch auf der operativen Ebene verstanden werden und als Zielgrößen akzeptiert sind.

Dies ist zum einen durch die Einbindung des EVA in das Managementvergütungssystem gewährleistet. Zum anderen sichert das Verständnis der wesentlichen Einflussfaktoren von EVA (Gewinn nach Ergebnissteuern und das als Capital bezeichnete operative Nettovermögen) diesen Anreiz. Die Anwendung des EVA in der betrieblichen Praxis wird anhand des folgenden Beispiels näher erörtert.

Im Rahmen der Errichtung eines neuen Standortes sind verschiedene logistische Optionen zu untersuchen. Als Handlungsalternativen stehen zur Verfügung:

- **Make-Alternative**: Abwicklung der Aktivitäten in Wareneingang und Warenausgang sowie Lagerverwaltung in Eigenregie.

- **Buy-Alternative**: Vergabe der oben beschriebenen Funktionen an einen Logistikdienstleister (welcher in der Nähe zum geplanten Standort ein Logistikzentrum unterhält).

Die Make-Option würde zu einem internen Personalbedarf von 15 Mitarbeitern für das Management in Wareneingang, Warenausgang und im Lager führen. Diese Mitarbeiter belasten das Nettobetriebsergebnis nach Steuern (NOPAT) mit ca. TDM 900 [(TDM 1.500 * (1 - Steuersatz von 40%)]. Darüber hinaus würde das operative Investment in Gebäude und Lagerequipment TDM 4.000 betragen.

Bei einem unterstellten Gesamtkapitalkostensatz von 15% wäre der Einfluss der Make-Alternative auf den EVA folgender:

$$EVA = TDM\,(900) - TDM\,4.000 * 0{,}15 = TDM\,(1.500)$$

Bei der Kalkulation der Buy-Alternative wurde auf Basis eines Mengengerüstes folgender Zusammenhang analysiert:

- Der Dienstleister hätte jährlich ca. 250.000 Ein- und Auslagerungsvorgänge sowie Kommissionieraktivitäten abzudecken, welche mit DM 8,00 je Vorgang belastet würden. Dadurch entstünde ein Effekt auf das Nettobetriebsergebnis nach Steuern von TDM (1.200) [TDM 2.000 *(1 - Steuersatz von 40%)].

- Die Vergabe der Logistikfunktionen an den externen Dienstleister reduzierte das notwendige operative Investment in Gebäude und lagertechnische Anlagen (aufgrund der Nutzung des Logistikzentrums des Dienstleisters) auf TDM 500.

Für die Buy-Option ergibt sich folgende Auswirkung auf den EVA:

$$EVA \;=\; TDM\,(1.200) \;*\; TDM\,500 \;*\; 0{,}15 \;=\; TDM\,(1.275)$$

Aus der Gegenüberstellung der beiden alternativen Optionen ergibt sich zusammenfassend ein Vorteil von TDM 225 zugunsten der Buy-Alternative, die Logistikaktivitäten werden „outgesourct".

2.3.2 Balanced Scorecard

Die **Balanced Scorecard** (BSC, vgl. Abbildung 5) hat ihren Ursprung Anfang der neunziger Jahre. Robert S. Kaplan und David P. Norton entwarfen ein leistungsfähiges Instrument, welches die Fokussierung auf wesentliche Führungsinformationen erreicht. Es entstand die Balanced Scorecard, ein ausgewogener oder multikriterieller Berichtsbogen. Diese Ausgewogenheit wird durch einige Konzeptmerkmale erreicht. In dem Berichtsbogen sind sowohl monetäre als auch nicht monetäre Kennzahlen, Unternehmungsleistungen aus externer und interner Sicht, nachlaufende sowie vorlaufende Zielgrößen aufzunehmen. Deutsche Unternehmungen wie Otelo, Deutsche Bahn, 3 M Deutschland und Lufthansa haben die BSC schon im Einsatz. Die Scorecard hat vier Hauptperspektiven: Finanzperspektive, Kundenperspektive, interne Perspektive und Lern- und Entwicklungsperspektive.

Innerhalb dieser Perspektiven werden Kennzahlen ermittelt, die für die Ziele der Unternehmung und die Überwachung der Supply Chain notwendig sind. Dadurch wird eine Beurteilung geschaffen, die nicht nur auf finanzielle Zielsetzungen eingeht, sondern um Leistungsperspektiven in Bezug auf Kunden, interne Prozesse und Lernen erweitert ist. Da sich die Supply Chain vom Lieferanten ("source of supply") bis zum Kunden ("point of consumption") erstreckt, wäre es von Vorteil, die BSC um eine fünfte Perspektive, die Lieferantendimension, zu erweitern. Kennzahlen wie Lieferantenzufriedenheit, -treue und Lieferservicegrad könnten hier ermittelt werden. Ein wichtiger Punkt nach der Festlegung der Kennzahlen ist die Bildung von Kausalketten. Die Verknüpfung sollte zum einen Ursachen-Wirkungsbeziehungen und zum anderen eine Mischung von Ergebniskennzahlen und Leistungstreibern beinhalten. BW stand vor der Frage, eine zweite BSC für die gesamten Aktivitäten der Supply Chain zu entwickeln oder die Ziele der Unternehmung für jede einzelne Perspektive neu zu überdenken. Man hat sich dafür entschieden, Unterziele zu formulieren, die für die Supply Chain von großer Bedeutung sind. Somit konnte eine gesamte BSC aufgebaut werden, die alle Ziele simultan beinhaltet.

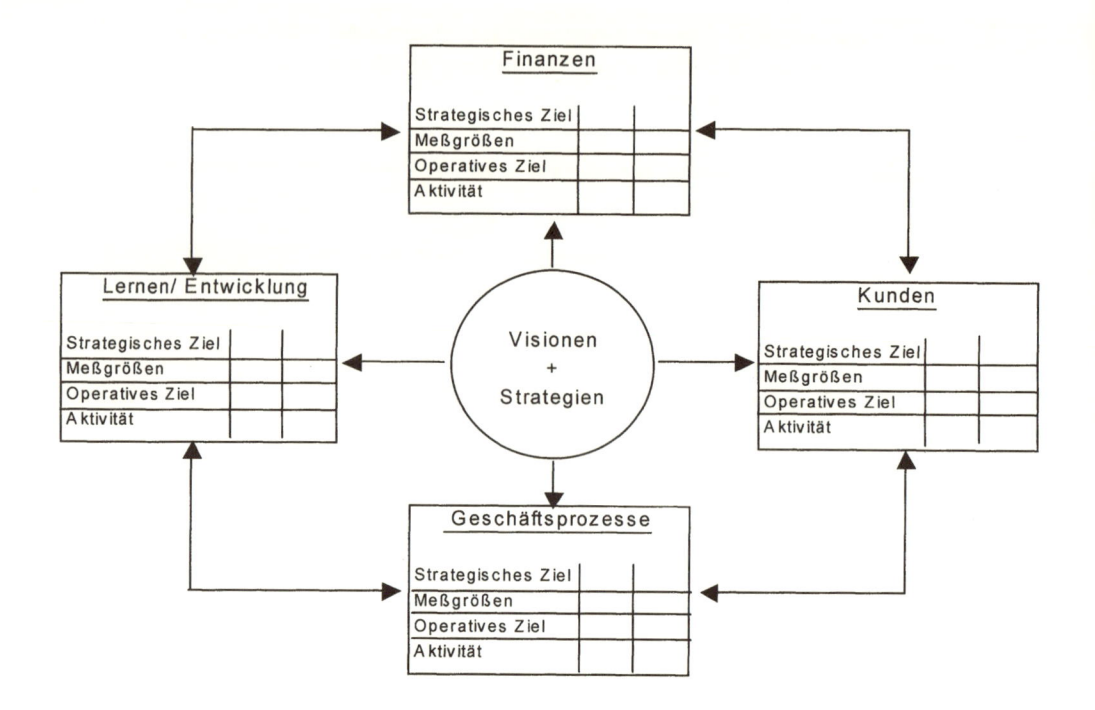

Abbildung 5: Dimensionen der Balanced Scorecard (vgl. Kaplan/Norton 1997)

3 Ausblick

Das Controlling der Supply Chain dient der Steigerung der Transparenz logistischer Aktivitäten in der Unternehmung. Dabei wird sich das Controlling zukünftig noch stärker moderner Hilfsmittel des e-Business bedienen.

Dazu zählen beispielsweise Data-Warehouse-Applikationen. Sie ermöglichen den Aufbau eines umfassenden Cost-Tracking-Systems und mindern die Gefahr von Datenredundanzen. Um die Informationen benutzergerecht aufzubereiten, werden im Data Warehouse Lösungen wie Data Marts und OLAPs (Online Analytical Processing) verwendet. Sie unterstützen vor allem das strategische Controlling.

Ein Controlling der Supply Chain wird sich in Zukunft verstärkt auf virtuelle Partnerschaften beziehen. Zum einen agieren Unternehmungen der gleichen Wertschöpfungsebene horizontal gemeinsam. Zum anderen integrieren die Hersteller ihre Lieferanten und ihre Kunden verstärkt in die eigenen Prozesse. Vor allem bei der Verzahnung mit kleineren Zulieferern dürfte der Einsatz von Web-EDI für das Controlling ein Medium der Zukunft sein.

Literatur:

Horváth, P.; Mayer, R. (1989): Prozeßkostenrechnung. Der Weg zu mehr Kostentransparenz und wirkungsvolleren Unternehmensstrategien. In: Controlling, 07-08/1998, S.214-219.

Hostettler, S. (1997): Das Konzept des Economic Value Added (EVA), Bern et al. 1997.

Kaplan, R. S.; Norton, D. P. (1997): Die Balanced Scorecard. Strategien erfolgreich umsetzen. Aus dem Amerikanischen von Horváth et al., Stuttgart 1997.

Seidenschwarz, W. (1993): Target Costing. Marktorientiertes Zielkostenmanagement, München 1993.

Stewart, G. B. (1991): The Quest for Value, New York 1991.

Werner, H. (2000a): Supply Chain Management, Wiesbaden 2000.

Werner, H. (2000b): Die Konsignation von Beständen. Dargestellt am Beispiel der Automobilzulieferindustrie. In: Logistik für Unternehmen 03/2000, S.74-76.

Werner, H.; Dreher, A. (2000): Das Controlling des New Business. In: Maier, P., Köln 2000, S.165-190.

Werner, H.; Pfendt, U. (1997): Kostensenkungspotentiale in der Distributionslogistik. In: Distribution 07-08/1999, S.10-14.

Supply Chain Solutions

in der chemischen Industrie

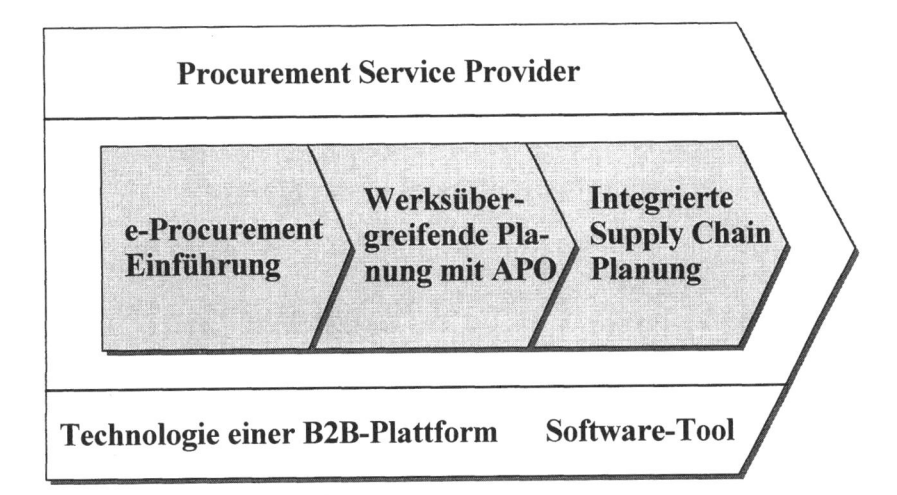

Procurement Service Provider

- e-Procurement Einführung
- Werksübergreifende Planung mit APO
- Integrierte Supply Chain Planung

Technologie einer B2B-Plattform   Software-Tool

Michael Freienstein, René Petri und René Müller

ICGCommerce – Die Entwicklung zum Procurement Service Provider

1 Einleitung

2 Hoechst Procurement International
   2.1 Zentraleinkauf der Hoechst AG
   2.2 Fokus der Hoechst Procurement International
   2.3 Externe Faktoren als Determinanten der hpi-Entwicklung
   2.4 Ergebnisse und Entwicklungspotenziale

3 ePValue
   3.1 Synthese von Internettechnologie und Beschaffungsexpertise
   3.2 Reaktion des Unternehmensumfeldes
   3.3 Resultate des ePValue-Modells

4 ICGCommerce
   4.1 Procurement Service Provider
   4.2 Verbindung der Geschäftsaktivitäten von ICGCommerce und ePV
   4.3 Value Proposition des Geschäftsmodells

5 Ausblick

1 Einleitung

Die Senkung der Materialkosten und die Lieferantenbündelung gewinnen gegenüber den klassischen Wertschöpfungshebeln von e-Procurement wie Prozesskostensenkung und C-Artikel-Management stetig an Bedeutung (vgl. KPMG 2001, S.5). Bei der Realisierung der materialwirtschaftlichen Potenziale scheinen die Schwierigkeiten jedoch im Detail zu stecken. „More than half of today´s leading B2B e-marketplaces focus on providing only short-term value to buyers" (McKinsey/CAPS 2000, S.3). Diese Aussage einer empirischen Studie spiegelt die Erfahrungen vieler Unternehmen bezüglich der Wertschöpfung von e-Procurement wider. Im Folgenden soll beispielhaft die Entwicklung eines Unternehmens beschrieben werden, das heute seinen Kunden eine **„long-term value proposition"** bietet.

Müsste man **ICGCommerce** mit einem Wort beschreiben, so sollte dies mit dem Terminus „Service" geschehen. Anders als viele derzeit operierende Anbieter von e-Procurement-Services, Marktplätzen oder anderen e-Dienstleistungen bietet ICGC einen wertschöpfungsorientierten Mix aus Einkaufsexpertise, Technologie und Beschaffungsberatung. Damit ist ICGCommerce ein, wenn nicht der einzige Anbieter einer so genannten End-to-End-Procurement-Solution (vgl. Aberdeen Group 2001, S.9). Entstanden aus dem im Jahre 1992 durch R. Berry aufgebauten Procurement Consulting Unternehmen PGI wurde durch die Übernahme der Gesellschaft in 1999 durch die Internet Capital Group ICGCommerce gegründet. Heute besitzt ICGCommerce Niederlassungen in den USA (Zentrale), Kanada, Frankreich, Großbritannien, Deutschland und Asien mit über 600 Mitarbeitern. Das Kernelement des Service-Angebotes von ICGCommerce in Europa bildet der ehemalige Zentraleinkauf der Hoechst AG, die **hpi**. Der nachfolgende Beitrag stellt die einzelnen Entwicklungsschritte (vgl. Abbildung 1) der integrierten Einkaufsorganisation, hin zu einem global tätigen Einkaufsdienstleister im Detail dar.

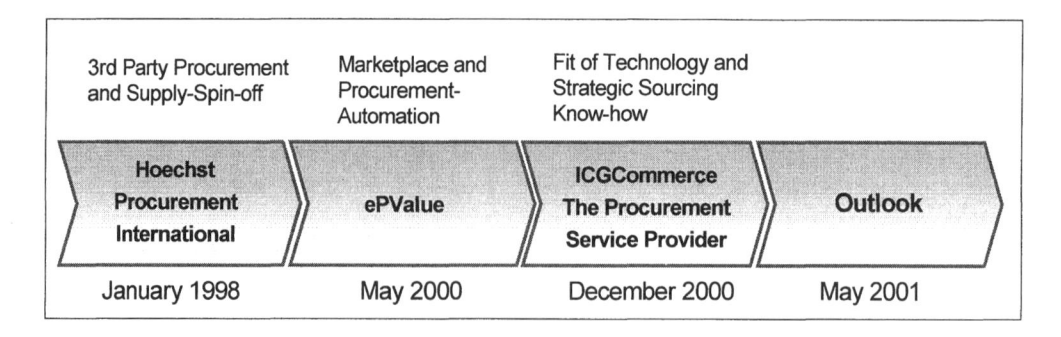

3rd Party Procurement and Supply-Spin-off	Marketplace and Procurement-Automation	Fit of Technology and Strategic Sourcing Know-how	
Hoechst Procurement International	ePValue	ICGCommerce The Procurement Service Provider	Outlook
January 1998	May 2000	December 2000	May 2001

Abbildung 1: Chronologie des Procurement Service Providers

2 Hoechst Procurement International

2.1 Zentraleinkauf der Hoechst AG

Die Hoechst Procurement International ist aus dem strategischen Einkauf der ehemaligen Hoechst AG hervorgegangen. Die Materialwirtschaft bei Hoechst, das **Service Center Materialwirtschaft**, war als Zentralfunktion mit ca. 4000 Mitarbeitern weltweit für die Aufgaben Materialdisposition, -beschaffung, -transport, -lagerung und -entsorgung zuständig. Die Materialbeschaffung gliederte sich in den operativen Einkauf von Rohstoffen, technischem Equipment und Dienstleistungen, Packmitteln sowie Distributionsleistungen. Zusätzlich wurden auch **strategische Beschaffungsaufgaben**, wie z. B. die Entwicklung von Beschaffungsstrategien, Beschaffungsmarktforschung, Standardisierung, Lieferantenmanagement sowie Bedarfsbündelung im Rahmen des Service Centers wahrgenommen (vgl. Mische/Buchholz 1999). Die strategische Beschaffung, die als eigene Organisationseinheit mit ca. 300 Mitarbeitern besetzt war (Zentraleinkauf), agierte im Spannungsfeld zwischen den Lieferanten und den internen Kunden, den Business Units der Hoechst AG. Der Zentraleinkauf war somit auch eine Informationsquelle für die Bedarfsträger, die nach neuen Zulieferern sowie Produktinnovationen suchten als auch für die Lieferanten, welche die hohen Bedarfe der Hoechst AG als Absatzpotenzial nutzen wollten. Innerhalb dieses Operationsrahmens entwickelte die strategische Beschaffungsorganisation beträchtliches Markt- und Produkt-Know-how, womit der Wertschöpfungsbeitrag des Zentraleinkaufs zum Unternehmenserfolg der Hoechst AG gesteigert werden konnte.

Durch die Umstrukturierung des Hoechst-Konzerns in einen Pharma- (heute Aventis S.A.) und einen Chemiebereich (heute Celanese AG) Ende der 90er Jahre, stand man vor der Entscheidung, die Aufgaben des Service Center Materialwirtschaft neu aufzuteilen (vgl. Hoechst AG 1999, S.2f.). Dabei wollte man die Vorteile einer zentralen Beschaffungsorganisation, insbesondere die hohe Bündelungs- und Marktkompetenz vor dem Hintergrund eigenständiger Einkaufsorganisationen in den neuen Gesellschaften nicht aufgeben. Die Entscheidung fiel zugunsten eines **Beschaffungs-Spin-Off**, in dem die operativen Beschaffungsaufgaben zum einen in die Einkaufsabteilungen der neuen Gesellschaften und zum anderen in eine am Standort operierende Infrastrukturgesellschaft (InfraServ Hoechst) überführt wurden. Die strategischen Beschaffungsaufgaben des ehemaligen Zentraleinkaufs, insbesondere die Bedarfsbündelung, wurden in einer neuen strategischen Einkaufsgesellschaft konzentriert.

2.2 Fokus der Hoechst Procurement International

Am 1. Januar 1998 wurde die **Hoechst Procurement International GmbH** (hpi) als 100-prozentige Tochtergesellschaft der Hoechst AG, später Celanese AG, gegründet. Die hpi, die sich aus 140 Mitarbeitern der strategischen Beschaffung des Zentraleinkaufs rekrutierte, sollte den Gesellschaften der Hoechst-Holding die Beschaffungskonditionen der Großchemie (Einkaufsvolumen ca. fünf bis sechs Mrd. DM) sowie World-Class Produkt- und Markt-Know-how zur Verfügung stellen. Da die guten Beschaffungskonditionen aber nur durch ein einheitliches Auftreten der nun selbstständigen Gesellschaften am Markt realisiert werden konnten, übernahm die hpi neben der Vertretung der einzelnen Einkaufsorganisationen in Verhandlungen auch das Bedarfsbündelungs-Management. Die hpi schloss im Namen und auf Rechnung der ehemaligen Hoechster Gesellschaften Rahmenverträge mit ausgewählten Lieferanten ab. Die operativen Abrufe hingegen führten die einzelnen Einkaufsorganisationen der Gesellschaften mit Bezug auf die hpi-Rahmenverträge eigenverantwortlich durch. Bei Gründung der hpi 1998 vertraten die Gesellschaften den Standpunkt, dass strategisches Beschaffungs-Know-how kurzfristig nicht für alle Einkaufsorganisationen vorhanden war und aus Kostengründen auch nicht separat aufgebaut werden sollte. Die hpi hatte durch ihre Kernkompetenz „Strategische Beschaffung" (vgl. Krüger/Rohm/Homp 1999, S.669) darüber hinaus den Vorteil einer steileren Lernkurve was neue Entwicklungen, wie z. B. das Outsourcing oder die Automatisierung der Beschaffung über das Internet anging.

Ein **Ziel** der hpi als eigenständige GmbH war es, mit Hilfe eines Key-Account-Management die bestehenden Kunden aus dem Umfeld der Hoechst AG (legacy clients) zu halten sowie neue Kunden mit einem eigens gegründeten Marketingteam zu akquirieren, um das Bündelungsvolumen und damit die Attraktivität des Spin-Off zu steigern. Parallel dazu wollte man neue IT-Technologien und Rationalisierungstools für die Beschaffung, wie z. B. ein Procurement Performance Tracking-Tool (PPT), entwickeln und erfolgreich am Markt platzieren. Die Notwendigkeit, die stark fragmentierte Datenlage der legacy clients zu verarbeiten, wurde durch eine massive Investition in die Entwicklung eines Data-Warehouse angegangen (vgl. dazu den Beitrag von Pfleghar/Decker, Erfolgsfaktor Data Warehousing). Dies hatte die Gründung einer eigenen IT-Abteilung zur Folge, gefolgt und damit komplettiert durch eine Partnerschaft mit der Unternehmensberatung Saracus Consulting GmbH. Da die hpi zu diesem Zeitpunkt nach wie vor als Cost Center der Hoechst AG aufgestellt war, wurde die Kostendeckung zum wichtigsten finanzpolitischen Ziel erklärt.

Das Geschäftsmodell der hpi sah dazu vor, dass man **Einnahmen** aus vier Quellen bezog. In erster Linie bezahlen die legacy clients für die Nutzung der Rahmenverträge einen pauschalen Betrag für den Zeitaufwand, den die Einkaufsspezialisten zur Erstellung und Verhandlung der Rahmenverträge aufwenden müssen (Leistungsvereinbarung). Die Verträge selbst werden den Kunden mit einem Contract-Management-Tool über das Internet zur Verfügung gestellt. Daneben ist die hpi prozentual an Einsparungen beteiligt (gainshare), die im Rahmen von Kostensenkungsprogrammen erzielt werden. Zusätzlich führt das Consulting-Team der hpi Kostensenkungs- und Einkaufsprojekte bei Kunden durch, die gegen einen Tagessatz verrechnet werden. Schließlich erzielt die hpi Einnahmen durch den Verkauf und die Implementierung von Tools, wie z. B. Data Warehouse, ASAP (strategische Lieferantenbewertung) oder PPT. Um die Aufgaben der strategischen Beschaffung optimal wahrnehmen zu können, gliedert sich die hpi **aufbauorganisatorisch** nach dem zu betreuenden Beschaffungsgebiet (lead buyer-Konzept), wie aus der folgenden Abbildung 2 zu entnehmen ist.

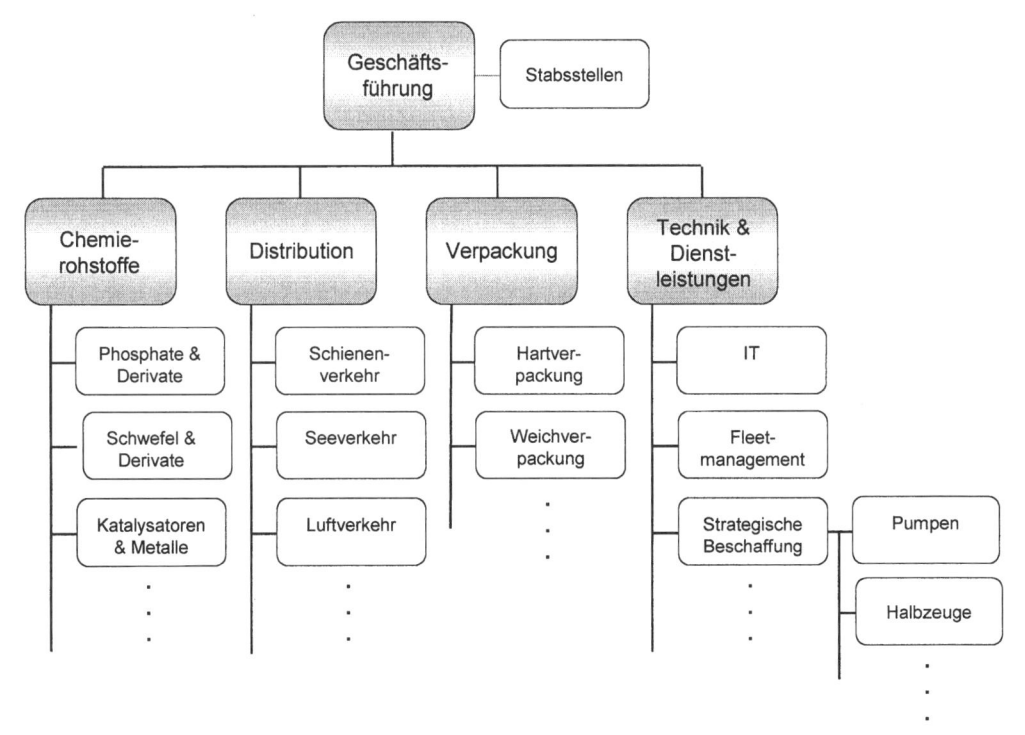

Abbildung 2: Aufbauorganisation der hpi 1998

2.3 Externe Faktoren als Determinanten der hpi-Entwicklung

Die zunehmend aktuelle Frage des Outsourcing von einzelnen Beschaffungsaktivitäten (Prozessschritte) oder ganzer Materialgruppen (z. B. C-Materialien) im Rahmen eines 3rd Party Buying-Ansatzes beschäftigte seit Gründung der hpi 1998 auch deren **Kunden**. Diese Frage wird damit zu einer Entscheidung für oder wider hpi. Das bestehende Klientel, die legacy clients, entschieden sich im Verlauf der Jahre 1998 bis 2001 dazu, große Teile der Beschaffung von chemischen Rohstoffen, die diese als A-Materialien betrachten, in eigener Verantwortung durchzuführen. Der primäre Grund dafür lag in einem gestiegenen Sicherheitsbedarf hinsichtlich „suppliability". Diese Entwicklung implizierte bei den Kunden die Notwendigkeit, eigene strategische Beschaffungsorganisationen aufzubauen.

Die bestehenden Kontakte zu **Lieferanten** wurden im Sinne der legacy clients von der hpi gezielt gepflegt und weiterentwickelt, indem sie sich als kompetenter Partner anbot, um in einem auseinanderbrechenden Hoechst-Konzern die Bedarfe der Gesellschaften mit den Angeboten der Lieferanten zu verknüpfen. Die hpi konsolidierte einerseits die Bedarfe, andererseits agierte sie als Verkaufskanal für die Lieferanten, ohne dabei selbst als Händler aufzutreten. In den Anfängen der hpi 1998 gab es nur wenige eigenständige Unternehmen, die sich mit dem Leistungsspektrum und dem Know-how des Procurement-Dienstleisters messen konnten (vgl. Schneider 1998, S.87-145). Zu den **Wettbewerbern** zählten die Einkaufsabteilungen der legacy clients und die strategischen Beschaffungsorganisationen von Großunternehmen wie z. B. Siemens oder GE.

2.4 Ergebnisse und Entwicklungspotenziale

Reflektiert man die Ziele der hpi gegen die geschäftliche Lage im Herbst 1999, lässt sich insgesamt konstatieren, dass das Ziel der Kostenneutralität erreicht wurde. In dieser Phase befanden sich die legacy clients jedoch in einem Stadium, in dem noch nicht abzusehen war, wie die Gesellschaften insgesamt und damit auch die jeweiligen Einkaufsorganisationen einem 3rd Party Buying gegenüberstehen. Die Frage eines Beschaffungs-Outsourcing über die hpi wurde damit, vor dem Hintergrund der Umstrukturierung der ehemals Hoechster Unternehmen und einer Reihe von Mergern mit anderen Chemie-Unternehmen, die eigene Einkaufsorganisationen mit einbrachten, zu einer politischen Frage. Dies hatte zur Folge, dass der hpi pro Jahr 5 bis 10 Prozent der legacy clients verloren gingen. Unabhängig davon konnte die hpi keine Neukunden außerhalb des Hoechst-Umfeldes akquirieren. Vor dem Hintergrund einer nahezu gleichbleibenden Kostensituation bei sinkenden Umsätzen mit den legacy clients und mangelnder Akquisition von Neukunden lag der Schluss nahe, dass das Erreichen der Verlustzone nur eine Frage der Zeit sei.

Demgegenüber waren erste Erfolge bei der Implementierung neuer, beschaffungsbezogener IT-Tools am Markt zu verzeichnen. Ein Data Warehouse, das die Aufbereitung einer Datenbasis für strategische Beschaffungsentscheidungen ermöglicht, konnte entwickelt und bei Kunden implementiert werden. Weiterhin war die Entwicklung des PPT, einem Softwaretool zur Leistungsmessung im Einkauf, ein wesentlicher Aspekt, um das Beschaffungs-Know-how der hpi bei den Kunden darzustellen.

Dahingegen wurden allgemeine Trends in der Beschaffung, wie beispielsweise B2B oder Auktionen zwar in Pilotprojekten schon 1998/99 erfolgreich getestet, aber nicht in ihrer Konsequenz für die Supply Chain und für das Geschäftsmodell der hpi erkannt. Als Projektbeispiele wären hier die Einführung eines automatisierten B2B-Prozesses, der auf vorverhandelten Katalogen für MRO-Materialgruppen basiert, bei dem Chemieunternehmen KOSA zu nennen sowie zwei Auktionen mit FreeMarkets für Stahlfässer und -platten. Die **Defizite**, mit denen sich die hpi auseinandersetzen musste, waren zusammengefasst:

- Mangelndes Verkaufs-Know-how,
- steigender Kostendruck und
- unzureichende Fokussierung auf e-Procurement-Technologien.

Um diese grundsätzlichen Schwächen der Organisation, die aus der Historie des Zentraleinkaufs stammen, auszugleichen, entschloss sich das Management der hpi, einen strategischen Partner zu suchen, da man keine Möglichkeiten sah, kurzfristig eigenes Know-how aufzubauen. Dabei hatte man verschiedene Optionen, von denen die Partnerschaft mit Accenture und Sun Microsystems am aussichtsreichsten erschien. Der Vorteil dieser Konstellation lag in der **Kombination** der Stärken des Accenture- und Sun-Know-hows auf den Gebieten IT sowie Verkauf mit dem materialwirtschaftlichen Content der hpi (vgl. Abbildung 3).

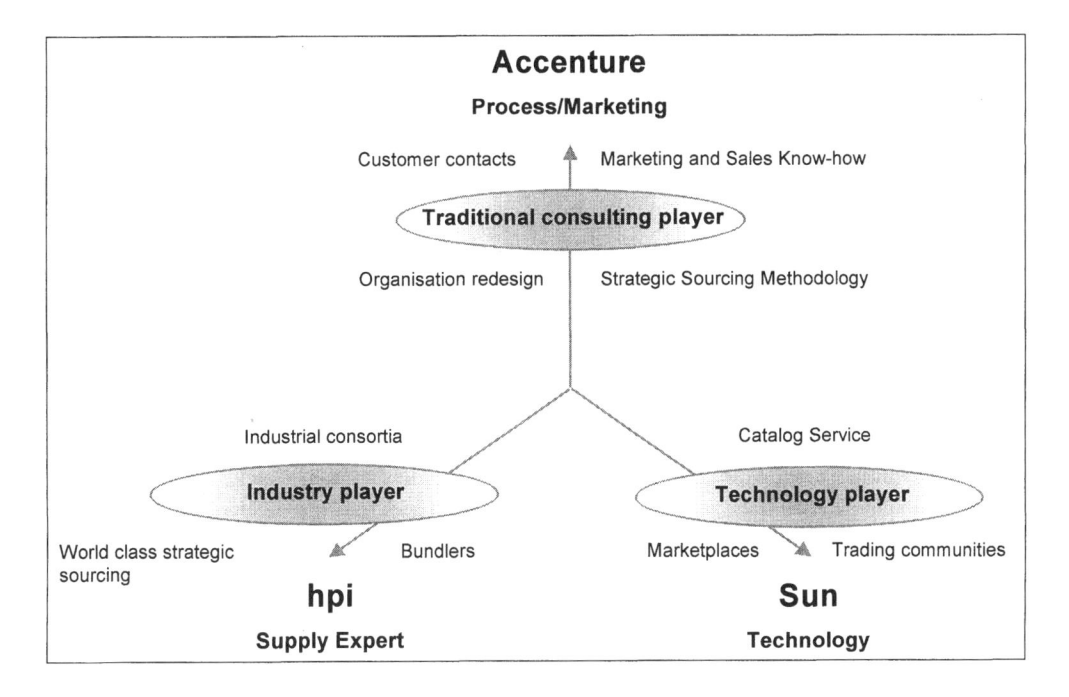

Abbildung 3: Kombination der Kernkompetenzen

3 ePValue

3.1 Synthese von Internettechnologie und Beschaffungsexpertise

ePValue (ePV) wurde im Mai 2000 von Andersen Consulting Venture (ACV) und Sun gegründet, um eine **Verbindung von strategischem Beschaffungs-Content** und **internetbasierter Technologie** herzustellen. Als strategischer Partner für die Software wurde Netscape (iPlanet) gewonnen. ePV war zu 51 Prozent an der hpi beteiligt, weitere 25 Prozent der hpi hielt die Celanese AG, die übrigen 24 Prozent verblieben beim Management der hpi (MBO). Die hpi, als Content-Quelle für ePV, war mit 140 Mitarbeitern der Kern des neuen Unternehmens. In Frankreich, Großbritannien und in den USA wurden im Laufe des Jahres 2000 weitere 80 Mitarbeiter eingestellt.

ePV hatte das primäre **Ziel**, ein internetbasiertes Geschäftsmodell auf Basis der Technologie von Sun und Netscape, der Beschaffungsexpertise von hpi sowie des Consulting-Know-hows von Accenture zu entwickeln und dieses am Markt erfolgreich zu implementieren. Dazu sollten die Partner ihre Kernkompetenzen auf den oben genannten Gebieten Technologie, Beschaffungsexpertise und Consulting zusammenführen und eine verkaufsfähige Dienstleistung für das „Outsourcing von indirektem Beschaffungsvolumen" entwickeln. Als „Mittel zum Zweck" sollte zur Durchführung dieser Dienstleistung ein Einkaufsportal programmiert werden. Mit dem Portal beabsichtigte man, den Kunden die Möglichkeit anzubieten, ihre kompletten Beschaffungsvorgänge unter Berücksichtigung der Gesamtversorgungskosten abwickeln zu können. Zusätzlich hatte die hpi im Rahmen von ePV das Ziel verfolgt, ihre legacy clients zu halten, um das attraktive Bündelungsvolumen und damit die günstigen Konditionen, die im Rahmen der abgeschlossenen Leistungsvereinbarungen für das bestehende Klientel erzielt wurden, auch potenziellen ePV-Kunden anbieten zu können. Entscheidend für die Kontinuität und Weiterentwicklung des ePV-Servicemodells war es, dass die hpi-Einkäufer in ihren Märkten präsent sind und bleiben, um die Kontakte mit Lieferanten pflegen zu können. Während somit den legacy clients die optimalen Konditionen und die Expertise der hpi-Einkäufer zuteil wurden, konnten neue Kunden an diesen Erfolgen, dem erworbenen Know-how und den daraus resultierenden Vorteilen partizipieren.

Das **Einkaufsportal** wurde in Denver von einem Team aus IT-Experten von Accenture, in Abstimmung mit den Content-Spezialisten der hpi, entwickelt. Das Tool sollte alle materialwirtschaftlichen Wertschöpfungspotenziale, wie z. B. Strategic Sourcing, vorverhandelte Kataloge auf Basis von Rahmenverträgen, automatische Bestellabwicklung, externe Marktplatz-Portale, Auktionen, Contract Management, Zugangskontrolle/Profile, Credit and Payment, Datentracking sowie integrierte Workflows ausschöpfen und leicht zu implementieren sein.

Das **Pricing** für die neue e-Procurement-Technologie sah einen fixen prozentualen service fee in Abhängigkeit des vom Kunden eingebrachten Beschaffungsvolumens für die Nutzung des ePV-Procurement-Know-hows und eine click fee, unabhängig vom eingebrachten Volumen, als Gebühr für die Nutzung der IT vor. Darüber hinaus wurde mit den Kunden vereinbart, dass sie einen Teil der Einsparungen mit ePV teilen (gainshare). Die legacy clients der hpi wurden nach wie vor durch Key-Account-Manager betreut und die Leistungen über pauschale Leistungsvereinbarungen für die zur Verfügung gestellten Rahmenverträge verrechnet.

3.2 Reaktion des Unternehmensumfeldes

Die legacy clients der hpi befanden sich immer noch in einer Umstrukturierungsphase, die geprägt war durch einen Wechsel der Eigentumsverhältnisse bzw. einer strategischen Neuausrichtung und Fokussierung auf das Kerngeschäft. Viele der **Kunden** akquirierten in diesem Zusammenhang andere Unternehmen, die sie zur Ergänzung ihrer Produktpalette in kurzer Zeit in das bestehende Geschäft integrieren mussten. Zusätzlich war die Beschaffung der legacy clients gefordert, die neuen Produktionsstandorte in ihr strategisches Versorgungskonzept einzubinden bzw. mit neuen Einkaufsorganisationen zusammenzuarbeiten. Das „Altgeschäft" der hpi mit den legacy clients, die Bündelung der Bedarfe der einzelnen Gesellschaften, wurde weiter nachgefragt – jedoch mit leicht sinkender Tendenz.

In einem auseinanderbrechenden Hoechst-Konzern sahen die meisten **Lieferanten** die hpi und damit ePV als Informationsquelle sowie Ansprechpartner, um den Kontakt zu den neu gegründeten Gesellschaften nicht zu verlieren. Zusätzlich wurden noch weitere Zulieferer, speziell für die Materialgruppen Office Supplies, Travel Services und Temporary Labour in das Netzwerk eingebunden, da man bei den indirekten Materialien ein Kerngebiet der zukünftigen Tätigkeit von ePV sah.

Durch den Börsenboom der NASDAQ bzw. des NEMAX von 1999 bis zum Frühjahr 2000 stieg die Anzahl der **Wettbewerber**, die analoge Strategien zu ePV verfolgten, sprunghaft an. Aufgrund der hohen Profitpotenziale für e-Procurement bzw. elektronische Marktplatzlösungen gab es eine regelrechte Welle von Startups. Der Großteil dieser Unternehmen, wie z. B. Intershop, CA Content oder e-Breviate, konzentrierten sich auf die Programmierung von Tools und hierbei auf sehr spezielle Anwendungsbereiche, die die Abwicklung von materialwirtschaftlichen Funktionen automatisieren sollten. Einen anderen Ansatz verfolgte IPS, die sich auf das Gebiet Content spezialisierten. Commerce One, Ariba und mySAP.com verfolgten Integrationsstrategien, die eine Einbindung von e-Procurement in vorhandene ERP-Systeme vorsah. Das Change Management und die Implementierungsprojekte wurden von Beratungsunternehmen, wie Cap Gemini, KPMG oder Accenture begleitet. Nur wenige Wettbewerber beschäftigen sich jedoch mit der Verbindung von Beschaffungs-Know-how, IT und Marketing wie es das ePV-Modell vorsah. Die zweite Generation von Marktplätzen, die im Frühjahr 2000 entstanden und an denen sich nun eine Vielzahl von Unternehmen der Old-Economy beteiligt hatten, waren meist Pilotprojekte mit zunächst wenig Geschäftsverkehr (vgl. Rayport/Wirtz 2001, S.30). Durch die entsprechenden Transaktionsvolumen der Marktplatzbetreiber stieg das Gewicht dieser Portale gegenüber den Plattformen der Startups stark an. Als Folge davon konsolidierte sich der Markt hin zu kostenorientierten Geschäftsmodellen mit Partnern der Old Economy (vgl. Schmidt 2001, S.29).

3.3 Resultate des ePValue-Modells

Bezogen auf die im Mai 2000 formulierten Ziele, lässt sich für den Herbst des Jahres folgendes **Resümee** ziehen: Das ePV-Einkaufsportal, das in Kooperation zwischen Accenture, Sun, Netscape und der hpi entwickelt werden sollte, konnte nicht fertig gestellt werden. Da man mit dem Portal eine High-end-Beschaffungslösung mit entsprechenden Funktionalitäten auf den Markt bringen wollte, entstand bereits bei der Definition des Lastenheftes eine schwer zu beherrschende Komplexität. Der Arbeitsaufwand an Programmierleistung überstieg dabei sowohl den zeitlichen als auch den finanziellen Planungsrahmen.

Die konzeptionelle Überlegung hinsichtlich des ePV-Marketings, dass Accenture über seine Beratungstätigkeit mehrere Referenzkunden für das Outsourcing von indirekten Bedarfen akquiriert, konnte nur teilweise realisiert werden. Der erste Kunde, der für den Aufbau einer automatisierten Beschaffungsabwicklung gewonnen werden konnte, war der globale Mischkonzern Sara Lee mit einem jährlichen Umsatz von 17,5 Mrd. $. Durch die Umstrukturierung der ehemaligen Hoechster Gesellschaften ist ein Teil dieses Geschäftes und damit auch Umsatz verloren gegangen, was nur durch eine Reduzierung der internen Kosten kompensiert werden konnte. Die Ziele, die mit der Gründung von ePV verfolgt wurden, konnten also nicht in vollem Umfang erfüllt werden. Die Hauptdefizite der hpi, die fehlende Technologie zur Automatisierung von Beschaffungsprozessen und das mangelnde Verkaufs-Know-how wurden somit nicht kompensiert. Darüber hinaus hat man in einem Markt, der mit hoher Geschwindigkeit neue Technologien, Beschaffungsmöglichkeiten sowie Wettbewerber hervorbringt, Zeit verloren.

4 ICGCommerce

4.1 Procurement Service Provider

Die zunehmende Integration von Internettechnologie in die Geschäftsprozesse bringt es mit sich, dass viele Unternehmen erkennen, dass sie auch ihre Beschaffungsorganisation in das Internetzeitalter überführen müssen – das Stichwort hierzu heißt **Change Management**. Neu entwickelte, internetbasierte Anwendungen, wie z. B. Reverse Auctions, Internet-Marktplätze mit dynamischer Preisfindung oder die Bestellabwicklung über Katalogsysteme, ermöglichen die Gestaltung schlanker und kostenreduzierter Beschaffungsprozesse. Damit ist die Beschaffung, nach dem Beitrag des Strategic Sourcing, in eine zweite Phase der Wertgenerierung für den Unternehmenserfolg eingetreten. Diese Phase, häufig als e-Procurement oder e-Sourcing bezeichnet, erfordert jedoch neben der intelligenten Nutzung der Internettechnologie auch die Integration des Strategic Sourcing-Ansatzes in die vorhandenen Beschaffungsstrukturen eines Unternehmens. Dies bedingt, dass sich die Nachfrager von e-Procurement-Lösungen mit der Restrukturierung der Prozesse sowie parallel dazu mit der Verbindung von Technologie und Content intensiv auseinander setzten. Im Gegensatz zu den Nachfragern, die innerhalb einer vertikalen Supply Chain agieren, stellt die Beschaffungsdienstleistung für die Anbieter einer solchen e-Procurement-Lösung (3rd Party Procurement oder Layer Player) ein eigenes Geschäftsmodell dar (vgl. Buchholz/Bach 2001, S.5).

Ein **Procurement Service Provider (PSP)**, der im Gegensatz zu den so genannten Application Service Provider (ASP) neben der Technologie als Plattform auch die Kompetenz und Expertise einer bestehenden Einkaufsorganisation offeriert, erleichtert den Unternehmen den Einstieg in die Erschließung von materialwirtschaftlichen Einsparpotenzialen der „zweiten Phase". Dies beinhaltet, dass die Investitionen oder Risiken einer Stand-alone-Variante nicht vom nachfragenden Unternehmen getragen werden müssen. Synonym für den Begriff PSP wird in neueren Veröffentlichungen auch **Supply Market Expert** genannt. Ein Supply Market Expert, der die Transaktionsautomatisierung (Effizienz der transaktionalen Beschaffung) mit der Bedarfsbündelung (Effektivität der strategischen Beschaffung) verbindet, stellt implizit für beide Bereiche die Beschaffungsexpertise einer eigenen Einkaufsorganisation zur Verfügung (vgl. Buchholz/Bach 2001, S.17). Der Nutzer eines PSPs oder Supply Market Experts erhält Zugang zu **Vorteilen**, die ihm sonst aufgrund seiner isolierten Stellung im Markt als single-player nicht zur Verfügung stehen würden, wie z. B.:

- Nutzung von Mengenkontraktkonditionen sowie Beschaffungsexpertise in B- und C-Artikelsortimenten (Non-direct-Materialgruppen),
- Umwandlung von Fixkosten in variable Kosten durch Zugang zu externen Ressourcen,
- Nutzung neuer Technologien auf Basis vorhandener und erprobter Expertise,
- Zugang zu Kunden- und Lieferantennetzwerken,
- Einsatz globaler Sourcing Strategien ohne Bindung eigener Ressourcen und
- projektbezogener Einsatz externer Ressourcen in Themengebiete, die für ein Unternehmen erhebliche Einsparpotenziale offerieren, jedoch aufgrund von fehlenden Ressourcen, Volumina oder Expertise in dieser Form nicht nutzbar sind.

4.2 Verbindung der Geschäftsaktivitäten von ICGCommerce und ePV

Die 1996 gegründete **Internet Capital Group (ICG)**, die derzeit an ca. 60 Unternehmen mit Schwerpunkt USA als Venture Capitalist beteiligt ist, fokussiert sich auf Geschäftsmodelle im Bereich e-Business (NASDAQ; ICGE). Neben Investitionen in den Branchen Logistics, Computers, Payment & Credit, Healthcare oder Food (vgl. Internet Capital Group 2001) engagierte sich ICG auch im Aufbau von Unternehmen, die eine betriebswirtschaftliche Kernfunktion als eigenständiges Geschäftsmodell ansehen, sogenannte Layer Player (vgl. Buchholz/Bach 2001 S.5).

ICGCommerce, die in der Kernfunktion Beschaffung ihren Geschäftsnutzen sieht, wurde 1999 durch eine Mehrheitsbeteiligung der ICG von 54 Prozent an der US-Beratungsgesellschaft Procurement Group Inc. gegründet. Durch die gute Lage an der NASDAQ 1999 war es ICG möglich, dem PSP ausreichende finanzielle Mittel zur Verfügung zu stellen. Daraufhin konnte ICGCommerce in kürzester Zeit eine internetbasierte Technologie auf Basis von Standardsoftware und eigenen Komponenten entwickeln, mit der man die Beschaffung automatisieren kann. Begleitend dazu wurde Beschaffungsexpertise in Form von erfahrenen Mitarbeitern akquiriert, um die Einsparungen in den Prozesskosten mit den vielfältigen Vorteilen der strategischen Beschaffung, wie Lieferantenmanagement, Bedarfsbündelung oder Standardisierung zu kombinieren. Durch diese Kombination von Technologie und Content konnte dem US-Markt erfolgreich eine neue Möglichkeit offeriert werden, e-Procurement nutzbringend zur nachhaltigen Wertschöpfung und in kürzester Zeit einzusetzen. Mitte 2000 verlangten jedoch einige Großkunden, die Beschaffungsdienstleistung auch auf Europa und Asien auszuweiten – dies konnte das Unternehmen mit eigenen Ressourcen nicht kurzfristig realisieren.

Parallel zu dieser erfolgreichen Entwicklung in den USA stand das europäische **ePV-Geschäftsmodell** und damit auch der Investor Accenture vor der Frage: Wie kann man die Defizite in den Bereichen Technologie und Verkauf kompensieren? Accenture trat deswegen mit ICGCommerce in Verbindung, um die Möglichkeiten einer Konsolidierung der Geschäfte abzuwägen.

Im Ergebnis erwarb ICGCommerce im Dezember 2000 100 Prozent der Anteile an ePV. Ziel dieses Mergers war die Erweiterung des geographischen Aktionsrahmens von ICGCommerce und die Beseitigung der Defizite des ePV-Modells.

4.3 Value Proposition des Geschäftsmodells

Aufgrund des allgemeinen Kostendrucks am Markt suchen viele Unternehmen nach materialwirtschaftlichen Lösungsansätzen, die eine „long-term value proposition" realisieren können. ICGCommerce, einer der ersten PSPs, hat es sich in diesem Sinne zum **Ziel** gesetzt, seinen Kunden nachhaltige Wertschöpfungspotenziale in der Beschaffung zu erschließen und zu sichern. Unter Wertschöpfungspotenzialen werden in diesem Zusammenhang signifikante Einsparungen bei den Beschaffungs- und Transaktionskosten verstanden. ICGCommerce möchte mit dem Geschäftsmodell: „Beschaffung als eigenständige Kernkompetenz" zum weltweit führenden Beschaffungsdienstleister werden.

Die **Strategie** zur Umsetzung dieses Zieles, die in Kapitel 4.1 schon grob skizziert wurde, sieht die Kombination von Internet-Technologie und Beschaffungsexpertise vor. Da diese Kombination ohne eine adäquate individuelle Anpassung (Customizing) und Implementierung beim Kunden nicht wertschöpfend ist, werden die beiden Bestandteile um eine dritte Determinante, die Beratung, komplettiert. Zur Realisierung der Einsparungen bei den Beschaffungs- und Transaktionskosten nutzt ICGCommerce drei **materialwirtschaftliche Hebel**:

- Die global verteilten Kundenbedarfe werden für eine Global Sourcing Strategie des Kunden auch global aggregiert. Sollte ein Kunde eine Supply-base innerhalb einer Region oder eines Landes bevorzugen, wird die Bedarfsbündelung auf diesen geographischen Aktionsradius konzentriert. Durch die Volumenbündelung und den Zugriff auf Rahmenverträge lassen sich optimale Beschaffungspreise erzielen.

- Der Kunde hat die Möglichkeit, den operativen Beschaffungsprozess von der Bedarfsmeldung bis zur Bezahlung über ICGCommerce abzuwickeln. Dieser transaktionale Aspekt wird sowohl durch strategic sourcing als auch durch supply chain experts unterstützt, was zu einer nachhaltigen Wertschöpfung führt. Darüber hinaus verfügt ICGCommerce über eine „best-in-class"-Supply-base.

- Bei der Abwicklung der Beschaffungsprozesse kann der Kunde auf die führenden internetbasierten Technologien zurückgreifen, die eine automatische, flexible, schlanke und kostenminimale Prozessabbildung garantieren (End-to-End-application).

Die Einzigartigkeit der Unternehmensstrategie liegt in der Kombination der drei Hebel und damit der Nutzung von Synergien. Dabei werden nach der Methodik des Baukastenprinzips für jeden Kunden individuell verschiedene materialwirtschaftliche Teillösungen, die **ICGCommerce-Service-Offerings**, zu einer optimalen „customized"-Gesamtlösung zusammengesetzt (vgl. ICGCommerce 2001). Die Service-Offerings, die ICGCommerce für ihre europäischen Kunden anbietet, können in Project Based Deliveries (Procurement Consulting Service) und Ongoing Service Deliveries (Category Management Service) unterteilt werden (vgl. dazu Abbildung 4).

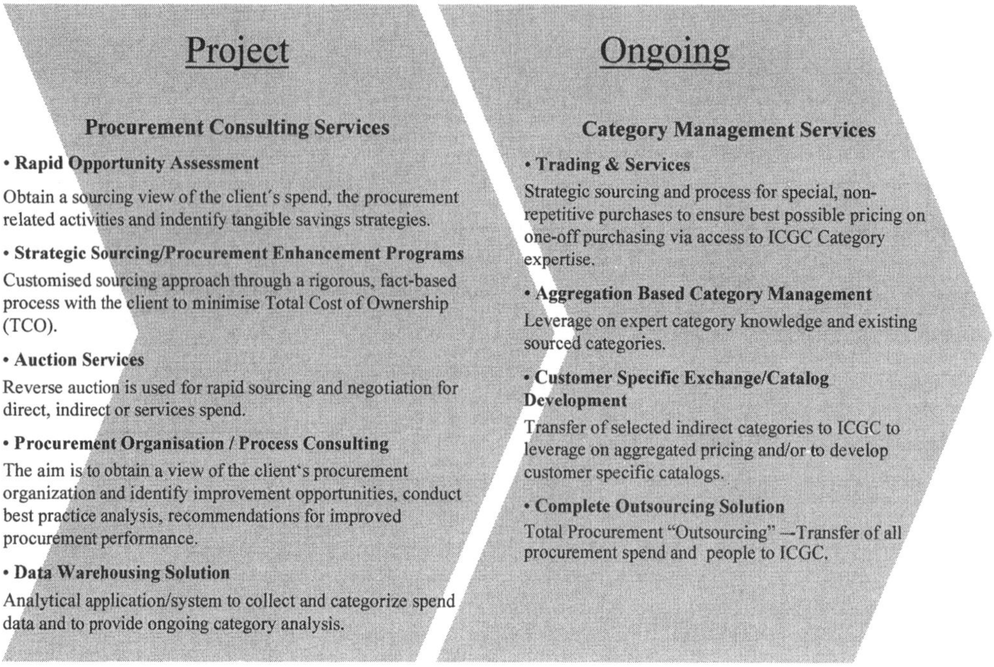

Project

Procurement Consulting Services

• **Rapid Opportunity Assessment**

Obtain a sourcing view of the client's spend, the procurement related activities and indentify tangible savings strategies.

• **Strategic Sourcing/Procurement Enhancement Programs**

Customised sourcing approach through a rigorous, fact-based process with the client to minimise Total Cost of Ownership (TCO).

• **Auction Services**

Reverse auction is used for rapid sourcing and negotiation for direct, indirect or services spend.

• **Procurement Organisation / Process Consulting**

The aim is to obtain a view of the client's procurement organization and identify improvement opportunities, conduct best practice analysis, recommendations for improved procurement performance.

• **Data Warehousing Solution**

Analytical application/system to collect and categorize spend data and to provide ongoing category analysis.

Ongoing

Category Management Services

• **Trading & Services**

Strategic sourcing and process for special, non-repetitive purchases to ensure best possible pricing on one-off purchasing via access to ICGC Category expertise.

• **Aggregation Based Category Management**

Leverage on expert category knowledge and existing sourced categories.

• **Customer Specific Exchange/Catalog Development**

Transfer of selected indirect categories to ICGC to leverage on aggregated pricing and/or to develop customer specific catalogs.

• **Complete Outsourcing Solution**

Total Procurement "Outsourcing" —Transfer of all procurement spend and people to ICGC.

Abbildung 4: ICGCommerce Service Offerings

Der Beitrag von Wildrich in diesem Buch geht explizit auf den Exchange-Service ein, der Beitrag von Pfleghar/Decker stellt darüber hinaus das Data Warehouse-Konzept vor. Die nachhaltige Wertschöpfung, die ICGCommerce seinen Kunden generiert, ist gleichzeitig die **Einnahmequelle** des PSPs. Dabei werden die Formen aufwandsbezogenes Entgelt oder Partizipation an den Einsparungen auf Basis einer mit dem Kunden festgelegten Grundlage (baseline) praktiziert.

Die value proposition eines PSPs stellt die Kompetenz und Motivation der **Beschaffungsexperten** dar – die Technologie ist in diesem Geschäftsmodell Mittel zum Zweck (Werkzeug). Dies ist das wichtigste differenzierende Element gegenüber anderen derzeit am Markt angebotenen Marktplatz- oder e-Procurement-Lösungen. Die Kombination der Mitarbeiter-Expertise mit den im Namen der Kunden gesteuerten Bedarfe und den dazugehörigen Kontakten erlaubt es ICGCommerce, sich als „world's first comprehensive, business to business e-Procurement service" zu bezeichnen. Die Grundlage der hpi-Mitarbeiterexpertise ist die Erfahrung der Einkaufsexperten, die sowohl im Umfeld der Hoechst AG erworben wurde, als auch in der mehr als 3-jährigen Geschichte als am Markt eigenständiges Unternehmen. Gerade Letzteres bedurfte besonderer Anstrengungen seitens der Einkaufsmanager, die fortan ihre Erfahrungen im Einkauf um Marketing-, CRM- sowie Sales-Erfahrungen ergänzen durften. Nicht zuletzt dabei wurde den Mitarbeitern ein Höchstmaß an Flexibilität und Adaptionsfähigkeit abverlangt.

Da ICGCommerce seinen Kunden eine optimale e-Procurement-Lösung offerieren will, legt man sich nicht auf eine spezielle Technologie bzw. einzelne Systemanbieter fest. So ist man in der Lage Systeme von Ariba, Commerce One, SAP, Oracle, Right Works, Requisite Technologies, Core Habour, Remedy, MOAI Technologies oder Peoplesoft zu implementieren. Die technische Implementierung der Systeme führen Partner wie Accenture, EDS oder Unisys durch.

5 Ausblick

Die Frage des **Quo Vadis ICGCommerce** wird weder die Frage nach der Festlegung auf eine spezifische technologische Lösung sein, noch nach der „ultimativen" Lösung aller offenen Punkte in der Beschaffung. Vielmehr wird es in nächster Zeit erforderlich sein, den Kunden damit vertraut zu machen, was ihm an Chancen, Herausforderungen und Vorteilen durch die existierenden Technologien und die verfügbare Expertise im Bereich Beschaffung und Consulting sowie aus der Kombination dieser Elemente bereits an die Hand gegeben ist. Die aufgezeigte Entwicklung des ehemaligen Zentraleinkaufs der Hoechst AG zu einem PSP macht deutlich, wie wichtig die Kombination von Expertise und Technologie ist. Das Internet und die damit verbundenen technologischen Möglichkeiten wirkten in den vergangenen drei Jahren als Katalysator im Sinne der Beschleunigung der materialwirtschaftlichen Entwicklung. Dabei wurde die seit Ende der 80er Jahre zunehmende Bedeutung des Material-Management, insbesondere der strategischen Beschaffung, für das Unternehmensergebnis mehr und mehr deutlich.

Sind es die elektronischen Marktplätze ohne **Value Added Services**, die in ihrer Summe sicherlich ihren Höhepunkt bereits überschritten haben (vgl. Schoen + Company 2000 und Kadet 2001), oder die Vielzahl der katalogbasierten e-Procurement-Lösungen, die über die Stufen des indirect-/direct materials bis hin zum Outsourcing den Nutzern maximale Einsparungen versprochen haben? Wurden die Lieferanten, die eine wesentliche Determinante des Strategic Sourcing und damit des Unternehmenserfolges sind, bei der Diskussion um das „e" in der Beschaffung nicht völlig vernachlässigt (vgl. O.V. 2001a)? In Summe ist zu sagen, dass keine der hochgelobten und weit über die Materialwirtschaft hinausgehenden Lösungen das gehalten hat, was in Aussicht gestellt wurde. Den „long-term" Nutzen zu demonstrieren, die Verbesserungen in der Supply Chain umzusetzen und auszunutzen, dafür ist ICGCommerce angetreten.

Die erzielten Erfolge bestätigen die Strategie und die Umsetzung des Konzepts (vgl. O.V. 2001b). Sie belohnen diejenigen, die auf diesen Pfad eingeschwenkt und bereit sind, die erforderlichen Maßnahmen mitzutragen sowie zu gestalten. Die Schnelligkeit, mit der es den PSPs gelingt, die Wertschöpfung für die Anwender nachhaltig zu generieren und zu demonstrieren, wird ausschlaggebend dafür sein, welchen Stellenwert die Beschaffung zukünftig in den Unternehmen einnimmt. Zeit in Verbindung mit dem richtigen Produkt, getrieben von der Beschaffungsexpertise, wird für alle Beteiligten der Schlüssel zum Erfolg sein.

Literatur:

AberdeenGroup (2001): Procurement Service Providers: Full-Service Procurement for Competitive Advantage, An Executive White Paper, February 2001, http://www.aberdeen.com/, S.1–16.

Buchholz, W.; Bach, N. (2001): The Evolution of Netsourcing business models – Learning from the Past and Exploiting Future Opportunities, Arbeitspapier der Professur BWL II, Prof. Dr. W. Krüger, Justus-Liebig-Universität Gießen 2001.

Hoechst AG (1999): Spaltungsbericht der Hoechst AG und der Celanese AG, Frankfurt 1999, S.1–7.

ICGCommerce (2001): The promise of e-Procurement made real, http://www.icgcommerce.Com.

Internet Capital Group (2001): Acquisition History, http://www.internetcapital.com /investors/ acquisitions.

Kadet, G. (2001): B2B Shakeout, http://www.computerworld.com/rckey52/story/0,1199, NAV63 STO59829,00.html.

KPMG Consulting AG (2001): Electronic Procurement in deutschen Unternehmen: Der Implementierungsschub steht noch bevor!, http://www.kpmg.de/services/consulting/ beschaffung /bin/studie_e-Procurement.pdf.

Krüger, W.; Rohm, C.; Homp, C. (1999): Beschaffung im Fokus des Kernkompetenz-Managements, in: Hahn, D.; Kaufmann, L. (Hrsg.), Handbuch Industrielles Beschaffungsmanagement, Wiesbaden 1999, S.657–673.

McKinsey & Company; CAPS Research (2000): Coming in to Focus using the Lens of Economic Value to clarify the Impact of B2B e-marketplaces, White Paper, Center for Advanced Purchasing Studies 2000, http://www.capsresearch.org, S.1–21.

Mische, J.; Buchholz; W. (1999): Hoechst Procurement International (hpi) – Neuausrichtung der strategischen Beschaffung bei Hoechst, in: Hahn, D.; Kaufmann, L. (Hrsg.), Handbuch Industrielles Beschaffungsmanagement, Wiesbaden 1999, S.640–656.

O.V. (2001a): Marktplätze müssen Herstellern und Lieferanten Vorteile bringen, in: FAZ v. 03.05.2001.

O.V. (2001b): Dienstleister für E-Marktplätze gesucht, in: FAZ v. 26.04.2001.

Rayport, J.; Wirtz, B. (2001): Vergessen wir das „E" und kehren zum Business zurück, um erfolgreich zu sein, in: FAZ v. 22.03.2001, S.30.

Schmidt, H. (2001): Nach der Begeisterung über Branchenplattformen konzentrieren sich die Unternehmen jetzt auf private Online-Marktplätze, in: FAZ v. 01.03.2001, S.29.

Schneider, H. (1998): Outsourcing von Beschaffungsprozessen - Beschaffungsdienstleister und ihre Konzepte, Gernsbach 1998.

Schoen + Company (2000): B2B-Marktplätze in der Industrie, http://www.competence-site.de/emarktplaetze.nsf/A1C2FF63086B8B8DC1256A3800357F70/$File/ b2bmarktplaetze_schoencompany.pdf.

Dietmar Roos und Jens Nettler

e-Procurement: Ein Praxisbericht

1 Problemstellung
    1.1 Im Einkauf liegt der Gewinn
    1.2 Begriffsklärung

2 Projektvorbereitung
    2.1 Ist- und Potenzialanalyse
        2.1.1 Datenerhebung
        2.1.2 Nutzenpotentiale
    2.2 Gründe der Zusammenarbeit

3 Projektverlauf
    3.1 Projektorganisation
    3.2 Zeitplan
    3.3 Strategiefestlegung
    3.4 Systemstruktur
    3.5 Prozessdarstellung
    3.6 Lieferantenauswahl
    3.7 Integrationskonzept
    3.8 Schulungskonzept

4 Bewertung und Ausblick

1 Problemstellung

1.1 Im Einkauf liegt der Gewinn

Der Einkauf hat in der Wertschöpfungskette eines Unternehmens eine sehr große Bedeutung. Mehr als 60 % des Umsatzes werden in vielen Unternehmen durch Zukauf von Gütern und Dienstleistungen wieder ausgegeben. Jede Einsparung in diesem Bereich hat direkte Auswirkungen auf den Gewinn. Durch die immer stärker voranschreitende Globalisierung und den damit verbundenen Wettbewerb, müssen die vorhandenen Ressourcen im kompletten Unternehmen, und damit auch im Einkauf, optimal eingesetzt werden. Hierbei sind die Gesamtversorgungskosten zu betrachten und nicht nur der Preis des einzelnen Gutes oder der Dienstleistung.

Mit dem Einsatz von **e-Procurement** ist es möglich, Beschaffungsprozesse wesentlich zu beschleunigen und damit auch günstiger abzuwickeln. Aus diesem Grund haben die Ticona GmbH und die Celanese Chemicals Europe GmbH, Tochtergesellschaften der Celanese AG mit Sitz in Kronberg, in einem Gemeinschaftsprojekt ein e-Procurement-System implementiert. Die Ticona GmbH produziert und vertreibt ein breites Spektrum an technischen Kunststoffen. Das Unternehmen hat weltweit etwa 2.400 Mitarbeiter und betreibt Produktions- und Kompoundierungsanlagen sowie Forschungseinrichtungen an Standorten in Deutschland, Großbritannien, den USA und Brasilien. Die Celanese Chemicals Europe GmbH ist ein weltweit führender Hersteller von organischen Basischemikalien für die industrielle Weiterverarbeitung. In Europa produziert das Unternehmen an den deutschen Standorten Frankfurt-Höchst, Knapsack und Oberhausen sowie in Tarragona (Spanien).

1.2 Begriffsklärung

Der Begriff **e-Commerce** subsummiert jede Art wirtschaftlicher Tätigkeit auf Basis elektronischer Verbindungen. Unter **e-Procurement** versteht man die Nutzung von Informations- und Kommunikationstechnologien für die elektronische Unterstützung und Integration von Beschaffungsprozessen.

2 Projektvorbereitung

2.1 Ist- und Potenzialanalyse

2.1.1 Datenerhebung

Die Ticona GmbH gab Ende 1999 eine Ist- und Potenzialanalyse bei der Triaton GmbH in Auftrag. Ziel war es, mögliche Einsparpotenziale, die sich mit der Einführung einer e-Procurement-Lösung und den damit verbundenen Änderungen der Beschaffungsprozesse erschließen lassen, aufzuzeigen. Sie diente also im Wesentlichen als **Entscheidungsgrundlage** für die Einführung von e-Procurement. Parallel dazu führte die KPMG eine Untersuchung mit dem gleichen Hintergrund bei der Celanese Chemicals Europe GmbH durch. Analysiert wurde die Beschaffung von **C-Materialien**, also von solchen Materialien, deren Bestellwert relativ gering ist; die aber durch die hohe Anzahl an Bestellungen doch erhebliche Beschaffungskosten generieren. Zu nennen wären hier exemplarisch Verbrauchsmaterialien wie Büro- und EDV-Bedarf sowie technisches Material für Reparaturen und den täglichen Gebrauch (z. B. Elektrokleinteile).

Neben einer reinen Auswertung der im Warenwirtschaftssystem R/3 hinterlegten Daten, unterstützten Mitarbeiter aus den Bereichen Einkauf, Wareneingang und Rechnungsprüfung durch ihre Informationen die Erhebung der Ist-Situation. Darüber hinaus wurden die Leistungsspektren und Lösungsansätze verschiedener Anbieter [z. B. Purchase Card von Lufthansa Airplus, Online-Store der InfraServ oder Business-to-Business Procurement (BPP) der SAP] für die neu zu organisierenden Prozesse gegenübergestellt und beurteilt.

2.1.2 Nutzenpotenziale

Mit der Einführung von e-Procurement sollen vor allem die Kosten für den gesamten Beschaffungsprozess drastisch gesenkt werden. Die wesentlichen Verbesserungspotenziale sind durch eine schlanke Freigabestrategie, die automatische Bestellerzeugung und den Wegfall der Sachkonten- und Rechnungsprüfung zu realisieren. Darüber hinaus profitieren die Anwender von verkürzten Beschaffungszeiten. Eine ausführliche Gegenüberstellung der alten und neuen Abläufe erfolgt in Kapitel 3. Weiterhin reduzieren sich durch die Berücksichtigung von ehemals lagerhaltigen Artikeln in den elektronischen Katalogen die Bestände. Gegebenenfalls zu entrichtende Lager- bzw. Beschaffungszuschläge in den Fällen, wo die Unternehmen als Kunde an einem Produktionsstandort auf Läger anderer Firmen zugreifen, können verringert werden oder sind gar zu vermeiden.

Durch die Bündelung des Einkaufvolumens der Celanese und der Ticona waren die Einstandspreise zu senken. Mit der Nutzung des Systems werden über die hinterlegten Kataloge definierte Standards (z. B. für Werkzeuge) automatisch eingehalten. Weiterhin schafft die Einführung von e-Procurement neue Freiräume zur Stärkung des strategischen Einkaufs. Durch den gesteigerten Automatisierungsgrad ist es möglich, ein höheres Beschaffungsvolumen abzuwickeln, ohne den Personalbestand auszubauen. Unabhängig von den beschriebenen Vorteilen ist davon auszugehen, dass der zukünftige Einsatz von e-Procurement-Lösungen (Marktplätze, Reverse Auctions etc.) eine Grundvoraussetzung des „daily business" und ein wesentliches Tool zum Erhalt der Wettbewerbsfähigkeit der Celanese und der Ticona sein wird.

2.2 Gründe der Zusammenarbeit

Bei einem Informationsaustausch zwischen den Einkaufsleitern der beiden Schwesterunternehmen Ticona GmbH und Celanese Chemicals Europe GmbH wurde schnell klar, dass man sich mit dem gleichen Thema beschäftigte. Die Gründe für eine gemeinsame Umsetzung des Projektes waren offensichtlich. Zunächst versprach man sich eine höhere Attraktivität aufgrund der **gebündelten Nachfrage**. Dies galt sowohl für die Verhandlungen mit den noch auszuwählenden Consultants als auch mit den Lieferanten der später abgebildeten Kataloge.

Weiterhin ermöglichte die gemeinsame Vorgehensweise einen **schnelleren Projektfortschritt**. Dies betraf den gemeinsamen Wissensaufbau sowie die Abarbeitung gleichartiger Aufgabenpakete bei der Vorbereitung und der Umsetzung des Projekts. Zu nennen wären hier die Schaffung einer Entscheidungsgrundlage für die Auswahl der zu verwendenden Software und Katalogstrategie oder die Information und Auswahl betroffener bzw. geeigneter Lieferanten. Zusätzlich wurde durch die Zusammenarbeit und die Schaffung einer homogenen Lieferantenstruktur wesentlichen Zielen und Vorgaben der Celanese AG vorgegriffen. Das Unternehmen ist derzeit bestrebt, mit mehreren Projekten auf AG-Ebene die von den Tochterunternehmen in Anspruch genommenen Leistungen zu vergleichen und zu bündeln.

3 Projektverlauf

3.1 Projektorganisation

Der grundlegende Ansatz, e-Procurement als Gemeinschaftsprojekt umzusetzen, spiegelt sich selbstverständlich auch in der in Abbildung 1 dargestellten Projektorganisation wider. So sind in allen Ebenen Mitarbeiter der beteiligten Unternehmen vertreten. Der **Lenkungsausschuss** setzte sich aus Vertretern der Geschäftsführung von Ticona und Celanese sowie deren Einkaufsleitern und dem Key Account der Triaton GmbH zusammen. Die **Projektleiter** der beiden Unternehmen und des Beratungshauses berichteten in regelmäßigen Abständen über den Projektfortschritt und anstehende Entscheidungen an den Lenkungsausschuss. Durch diese Vorgehensweise war die Geschäftsführung stets über die wesentlichen Projektinhalte informiert, was zu einer starken Unterstützung durch das Top Management führte.

Darüber hinaus waren in den **Projektteams** Mitarbeiter der betroffenen Abteilungen (u. a. IT, Wareneingang, Rechnungsprüfung, Auditing, Einkauf) vertreten. Je nach Bedarf wurden unternehmensübergreifend weitere Schritte festgelegt oder in Kleingruppen pro Unternehmen bestehende Aufgaben abgearbeitet. Die Rolle der **Key-User** wird im Rahmen des Schulungskonzepts (vgl. Abschnitt 3.8) näher erläutert.

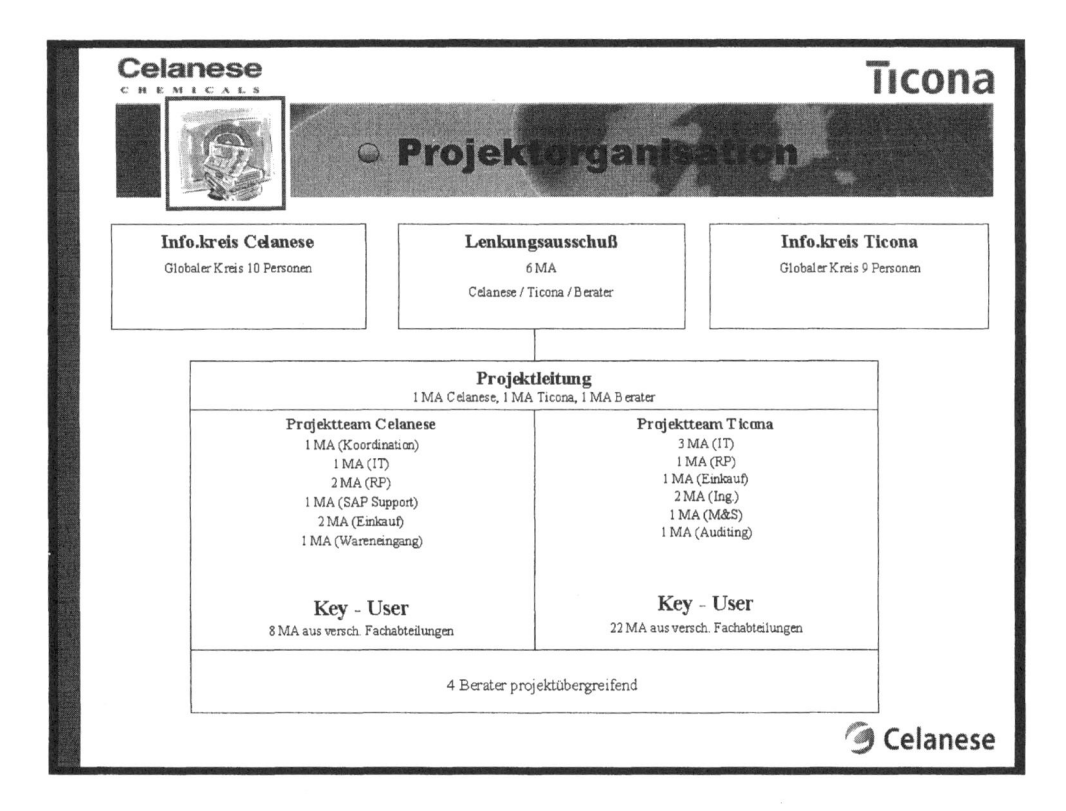

Abbildung 1: Projektorganisation

3.2 Zeitplan

Als Projektdauer wurden sechs Monate vorgesehen (vgl. Abbildung 2). Obwohl alle Teammitglieder zusätzlich zu dem laufenden Tagesgeschäft an dem Projekt mitgewirkt haben, wurde dieses ehrgeizige Ziel erreicht. Grundsätzlich war der Zeitplan in solche Teilaktivitäten aufgeteilt, die komplett gemeinsam abgearbeitet werden konnten und in solche, bei denen unternehmensspezifische Gegebenheiten die Arbeit in separierten Teams erforderten. Zu definierten

Milestones fand ein Abgleich dieser Aktivitäten zwischen Ticona und Celanese statt, um einen gleichmäßigen Projektfortschritt zu gewährleisten.

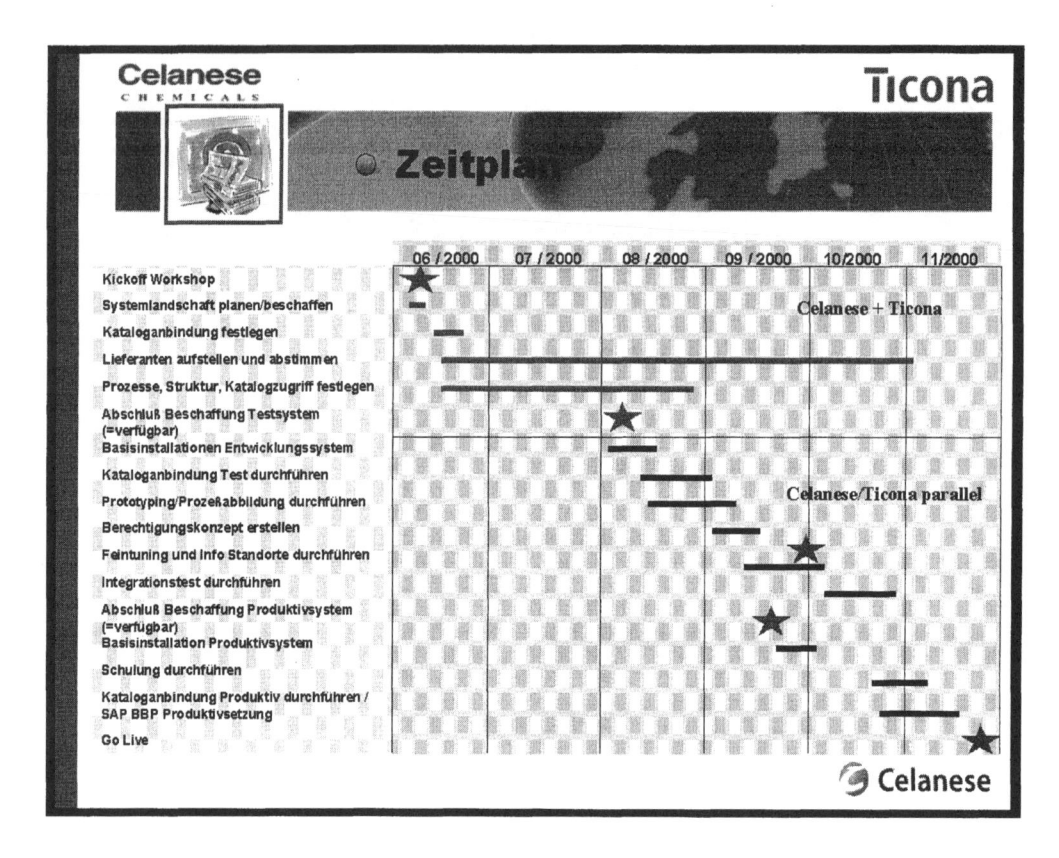

Abbildung 2: Zeitplan

Im Anschluss an den Kick-off mit dem gesamten Projektteam Anfang Juni 2000 wurde zunächst mit der Festlegung der Katalogstrategie und der Planung sowie Beschaffung der erforderlichen Systemlandschaft die Voraussetzung für den Fortgang des Projektes geschaffen. Aufgrund des zu diesem Zeitpunkt sehr angespannten Servermarktes erwies sich die Beschaffung der Hardware als besonders zeitkritisches Element. Auch die in Abschnitt 3.6 ausführlicher dargestellte Lieferantenauswahl war sehr zeitintensiv.

Nach der Definition der neuen Beschaffungsprozesse wurden diese im BBP (Business-to-Business Procurement) und im ERP- (Enterprise Resource Planning) System eingerichtet und mit Hilfe eines Testkatalogs verprobt. Nach Fertigstellung dieses Prototyps wurde dieser in mehreren Schritten verfeinert und letztendlich produktiv gesetzt. Parallel dazu fanden Integrationstests und Schulungen (vgl. Abschnitt 3.8) der zukünftigen User statt. Am 27.11.2000 wurden dann bei parallelen Veranstaltungen an den Standorten in Kelsterbach und Oberhausen vor eingeladenem Publikum die ersten Produktivbestellungen erzeugt.

3.3 Strategiefestlegung

Zu Beginn des Projektes war die wohl wichtigste Entscheidung zu treffen. Es galt festzulegen, in welcher Katalogengine die Lieferantendaten abgebildet werden sollten und an welcher Stelle diese zu hinterlegen bzw. zu pflegen sind.

Grundsätzlich gibt es dazu **drei Möglichkeiten**:

- Bleibt der Produktkatalog beim Anbieter selbst, so greift das beschaffende Unternehmen per Internet oder Extranet auf den elektronischen Katalog des Lieferanten zu. Dieser übernimmt auch die Pflege und Aktualisierung der Katalogdaten.

- Sollen die Geschäftsvorfälle in den Warenwirtschaftssystemen beider Geschäftspartner automatisch abgebildet werden, ist eine Integration der Systeme zwingend erforderlich. Bei Zusammenarbeit mit mehreren Lieferanten sind demzufolge auch unterschiedliche Systeme anzubinden. Die daraus möglicherweise resultierende Unübersichtlichkeit für die User und die mit einer solchen Lösung verbundenen Kosten wurden als zu hoch eingeschätzt.

- Alternativ können die Kataloge im System des Kunden hinterlegt und von diesem auch selbst gepflegt werden. Die Vorteile dieser Lösung sind in der vollen Kontrolle aller Daten und in der Systemsicherheit zu sehen. Allerdings hätte diese Lösung viel Arbeitskraft gebunden und den Aufbau von Know-how erfordert, das sicherlich nicht zu den Kernkompetenzen des Einkaufs zu zählen wäre.

Die Ticona und die Celanese haben sich dazu entschieden, mit einem so genannten Katalog Provider zusammenzuarbeiten. Die Wahl fiel hierbei auf das Unternehmen CaContent. Bei dieser Lösung stellt der Katalog Provider gegen eine geringe Transaktionsgebühr eine ausgereifte Katalogengine zur Verfügung und übernimmt die technische Bereitstellung der Daten. Eigentliche einkäuferische Tätigkeiten, wie Auswahl der abzubildenden Sortimente und Verhandlung der Konditionen, üben die Einkaufsabteilungen der Ticona und der Celanese aus. Die so verhandelten Kataloge sind in den Intranets der beiden Unternehmen hinterlegt. Mit dieser Alternative konnten die eher sekundären Funktionen der Katalogerstellung kostengünstig an einen Dienstleister ausgelagert und die Wahrung der einkäuferischen Kompetenz gesichert werden. Auch unter dem Aspekt der Systemsicherheit ist die gewählte Alternative positiv zu bewerten.

3.4 Systemstruktur

Sowohl die Ticona als auch die Celanese entschieden sich für die Einrichtung eines Testsystems und eines Produktivsystems. Dies war für die Tests der Einstellungen und für die Abstimmung zwischen der Katalogsoftware, dem BBP und dem R/3 vor dem Produktivstart genauso hilfreich wie es das bei zukünftigen Anpassungen, etwa aufgrund von Release-Wechseln, sein wird. Der Zugriff durch die User auf das BBP erfolgt im Intranet über einen so genannten Internet Transaction Server (vgl. Abbildung 3).

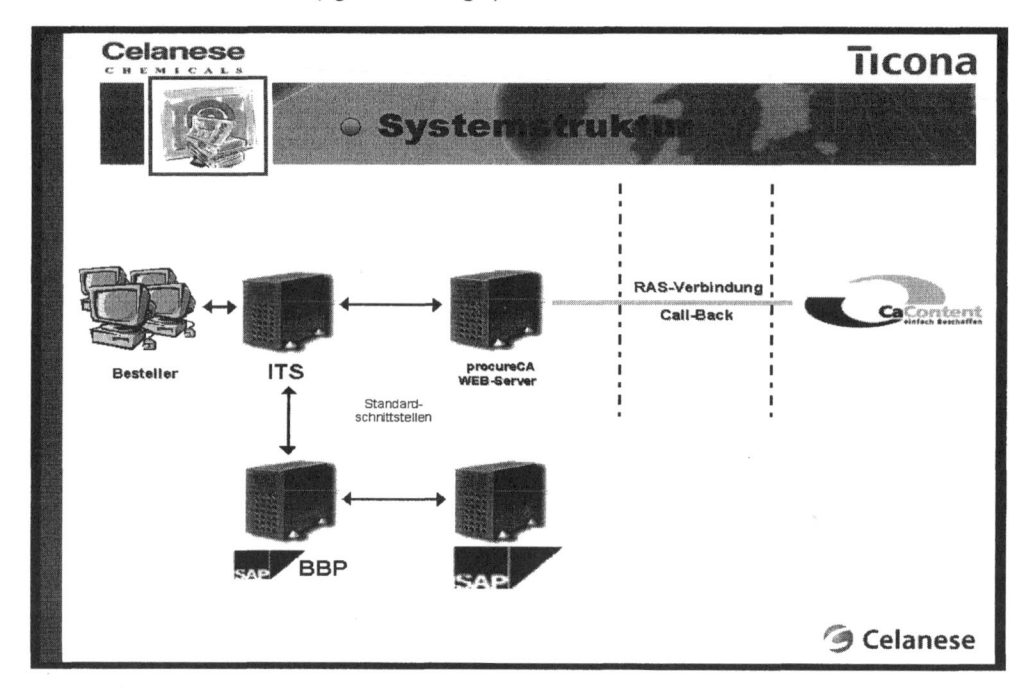

Abbildung 3: Systemstruktur

Auch die Verbindung zwischen dem BBP und dem Server, auf dem die Kataloge in der Katalogengine procureCA hinterlegt sind, erfolgt über den ITS-Server. Werden Daten aus den Katalogen in das BBP übernommen, wird nach nochmaliger Bestätigung automatisch eine Bestellung in dem Warenwirtschaftsystem R/3 erzeugt und an die jeweiligen Lieferanten versandt. Die BBP- und R/3-Systeme sind durch RFC- (Remote Function Call) Verbindungen miteinander verbunden. Der Zugriff des Katalog Providers erfolgt über eine RAS- (Remote Access Service) Verbindung. CaContent pflegt somit die entsprechenden Kataloge nur nach Freigabe der Einkaufsabteilungen bzw. nachdem die IT-Abteilungen den Zugriff technisch ermöglicht haben. So sind Preisupdates und andere Kataloganpassungen bei maximaler Systemsicherheit jederzeit möglich.

3.5 Prozessdarstellung

Die Anpassung bzw. Verbesserung der bestehenden Prozesse war sicherlich eine der Hauptaufgaben bei der Implementierung von e-Procurement. Dabei galt es vor allem die Genehmigungsverfahren und die Bestellauslösung durch den Bedarfsträger zu beschleunigen und zu vereinfachen. Ein weiteres erhebliches Optimierungspotenzial lag im Bereich des **Finanz- und Rechnungswesens**. Vor der Einführung von e-Procurement dauerte es ca. vier Arbeitstage bis die Bestellanforderung (BANF) durch den Bedarfsträger angelegt, die erforderlichen Freigaben durch die Vorgesetzten erteilt, im Rechnungswesen die Kontierung der BANF geprüft und nach endgültiger Freigabe im Einkauf eine Bestellung erzeugt wurde. Durch Umsetzen der neuen Möglichkeiten kann die Gesamtdauer dieses Teilprozesses auf ca. einen Tag und die reine Bearbeitungszeit um ca. 50% verkürzt werden.

Mit der Einführung von e-Procurement wurde für eine Vielzahl von Mitarbeitern die Bestellberechtigung erweitert, d. h. jeder auf das System zugelassene Mitarbeiter ist berechtigt, im BBP Warenkörbe bis zu einem Wert von 1.250 € zu erzeugen bzw. freizugeben. Erst bei Überschreitung dieses Wertes wird die Freigabe durch einen Vorgesetzten erforderlich. Da dieser Wert i.d.R. nicht überschritten wird, können die User nach der Einwahl in das System und der Auswahl der entsprechenden Artikel aus den elektronischen Katalogen mit wenigen Mausklicks eine Bestellung im ERP-System erzeugen.

Dabei erhalten Sie durch eine intelligente Schlagwortsuche sowie durch Text- und Bildinformationen Unterstützung. Sollte ein gesuchter Artikel nicht in den Katalogen enthalten sein, besteht die Möglichkeit, über eine Freitextangabe eine BANF zu erzeugen, die vom Einkauf weiterbearbeitet wird. Auf diesem Wege erhält der Einkauf auch Informationen darüber, welche Produkte bei einem Update der bestehenden Kataloge ggf. zusätzlich zu berücksichtigen sind. Bei dem Wert von 5.000 € wurde im ERP-System eine weitere Freigabegrenze hinterlegt, um eventuell fehlerhafte Bestellungen, beispielsweise Großbestellungen aufgrund falscher Mengeneingaben, zu vermeiden. Bei Überschreitung dieser zweiten Grenze wird eine Freigabe durch den Einkauf erforderlich. Tabelle 1 zeigt ein solches Szenario für die Beschaffung.

Nr.	Tätigkeit	*Vorher*		*Nachher*	
		Lauf-zeit/min	Bearbeitungs-dauer/min	Lauf-zeit/min	Bearbeitungs-dauer/min
1	Materialien auswählen	5	5	5	5
2	Bestellanforderung erstellen bzw. Einkaufskorb erstellen	10	10	10	10
3	Bestellanforderung mit Freigabecode 00 freigeben	720	5	-	-
4	Genehmigung der Bedarfsanforderung durch den Vorgesetzten	1440	5	1440	5
5	Genehmigung der Bedarfsanforderung durch die Vorkontierungsgruppe	1440	5	-	-
6	Eventuell Rücksprache mit dem Bedarfsträger	360	5	-	-
7	Erfassen der Bestellung mit Bezug zur Banf	1440	10	-	-
8	Bestellung wird vom Geschäftssystem aus direkt an den Lieferanten gesandt	10	-	10	-
Summe		5425	45	1465	20

Tabelle 1: Szenario der Beschaffung

Die bestehenden Abläufe des Wareneingangs wurden im Wesentlichen beibehalten. Lediglich im Bereich der Büromaterialien werden nun die Wareneingänge automatisch über ein Batch-Programm verbucht. Diese Neuerung ist vor dem Hintergrund zu sehen, dass die Büromaterialen nicht über die zentralen Wareneingangsstellen angeliefert werden, sondern direkt den Bedarfsträgern der jeweiligen Kostenstellen zuzustellen sind. Bei der Vielzahl der angelieferten Artikel und Warenempfänger ist die Gefahr relativ hoch, dass nicht alle Wareneingänge ordnungsgemäß gebucht werden. Der Aufwand, diese Vorgänge zu verfolgen, schien zu hoch. Die Prüfung der tatsächlichen Anlieferung erfolgt stichprobenartig durch das Finanz- und Rechnungswesen. Die übrigen Wareneingänge werden wie bisher im ERP-System gebucht.

Eine weitere wesentliche Verbesserung stellt der Einsatz des **Gutschriftsverfahrens** dar. Da die Preise und Mengen über die Kataloge bzw. Bestellungen eindeutig definiert sind, kann auf dieser Grundlage eine Zahlung an die betreffenden Lieferanten erfolgen, sobald ein Wareneingang im ERP-System verbucht ist. Die Lieferanten erstellen keine Rechnungen mehr, sondern sie erhalten automatisch generierte Gutschriftsbelege (vgl. das Szenario in Tabelle 2). Folglich entfällt bei der Ticona die aufwendige Rechnungsprüfung für eine Vielzahl von Kleinstbestellungen, was zu einer Halbierung der durchschnittlichen Laufzeit und der reinen Bearbeitungsdauer führt. Ein weiterer positiver Aspekt ist die höhere Transparenz, da mit dieser Lösung zu jeder Bestellung eine Rechnung bzw. ein Gutschriftsbeleg bei den Kunden und den Lieferanten existiert.

Nr.	Tätigkeit	Vorher		Nachher	
		Lauf-zeit/min	Bearbeitungs-dauer/min	Lauf-zeit/min	Bearbeitungs-dauer/min
1	Erfassen der Rechnung zur Bestellung	760	10	-	-
2	Freigabe der erfassten Rechnung / Kontrolle der Gutschriftsliste	-	5	380	5
3	Bereitstellung der geprüften Rechnung zur Zahlung	-	-	-	-
Summe		760	15	380	5

Tabelle 2: Szenario der Rechnungsprüfung

3.6 Lieferantenauswahl

Nachdem sich Ticona und Celanese auf der Grundlage der durchgeführten Ist- und Potenzialanalysen für die Implementierung von Katalogen der Warengruppen „Büro- und EDV-Verbrauchsmaterial", „Werkzeuge", „Laborchemikalien" sowie „Elektrokleinteile" entschieden hatten, wurden die Lieferanten dieser Warengruppen mit den höchsten Transaktionsvolumina angeschrieben und gebeten, einen Fragebogen zu dem vorhandenen Sortiment und der Existenz elektronischer Katalogdaten sowie deren Qualität und Format zu beantworten.

Von 59 angeschriebenen Lieferanten wurden, basierend auf den Ergebnissen der Umfrage, zunächst 21 Lieferanten ausgewählt, deren Produktdaten der Katalog Provider CaContent in das standardisierte Katalogformat **BMEcat** umwandelte. Die so generierten Testkataloge wurden dann von den Einkaufsabteilungen in Zusammenarbeit mit den betroffenen Fachabteilungen geprüft. Die Einsicht in die Kataloge erfolgte dabei online über einen abgeschirmten Bereich der Homepage von CaContent. Nach Abschluss der Verhandlungen gingen von den insgesamt 21 aufbereiteten Katalogen nur sechs Kataloge mit insgesamt ca. 100.000 Artikeln ins Netz. Für das Jahr 2001 ist die Implementierung von Katalogen für weitere Warengruppen vorgesehen.

3.7 Integrationskonzept

Die Integration der Mitarbeiter ist bei der Einführung der e-Procurement-Lösung von entscheidender Bedeutung gewesen. Eine besondere Herausforderung war hierbei, dass nicht ein isolierter Unternehmensbereich, sondern Mitarbeiter zweier Unternehmen unterschiedlichster Standorte und Fachabteilungen einzubinden waren. Diesem Aspekt wurde zunächst mit der Projektorganisation, die bereits in Abschnitt 3.1 kurz dargestellt wurde, Rechnung getragen. Mit der Berücksichtigung von Mitarbeitern aller Standorte und verschiedener Fachabteilungen in die Projektorganisation wurde auch gleichzeitig ein „Gremium" geschaffen, in dem vorab Bedenken und Probleme kommuniziert werden konnten. Wesentliche Anforderungen an das zu implementierende System konnten so frühzeitig berücksichtigt und festgelegt werden. Als Beispiel sei hier die automatische Zusteuerung der richtigen Sachkonten aus den Katalogen als eine wesentliche Forderung des Finanz- und Rechnungswesens genannt. In einer gemeinsamen Kick-off-Veranstaltung wurden mit den Teammitgliedern die wesentlichen Ziele und der wirtschaftliche Nutzen diskutiert. Basis waren die vorangegangenen Analysen, die den wirtschaftlichen Vorteil der durch e-Procurement optimierten Beschaffungsprozesse aufgezeigt hatten.

Ein weiterer wichtiger Agendapunkt dieser Veranstaltung war die Live-Demonstration eines BBP-Testsystems durch Triaton. So wurde ein erster Eindruck des Leistungsspektrums und der Benutzerfreundlichkeit der angestrebten Lösung vermittelt. Als Repräsentant der Geschäftsleitung beider Unternehmen unterstrich Herr Görtz, Geschäftsführer der Ticona GmbH, einerseits die Bedeutung dieses Projektes für die Umsetzung der Celanese AG Strategie und machte weiterhin klar, dass dieses Projekt die volle Unterstützung der Geschäftsleitung habe. Gerade dieses Commitment war eine wichtige Voraussetzung für den Projekterfolg.

Projektbegleitend wurden alle Mitarbeiter beider Unternehmen in regelmäßigen Abständen über den Fortschritt und aktuelle Entwicklungen des Projektes informiert. Dies erfolgte bei der Celanese Chemicals Europe GmbH über die Homepage des Einkaufs, die sogar einen direkten Zugriff auf den Testkatalog bei CaContent ermöglichte. So konnten sich die interessierten Mitarbeiter interaktiv mit dem Tool auseinandersetzen und über weitere Inhalte der Website zusätzliche Informationen zu den Milestones des Projektes abrufen. Der Einkauf der Ticona GmbH nutzte für diese Information das schon länger etablierte Medium der Procurement News, einem Organ, mit dem der Einkauf per e-Mail aktuelle Themen der Beschaffung aufgreift und weitere nützliche Hinweise für alle Mitarbeiter gibt.

Darüber hinaus veranstaltete die Ticona an allen deutschen Standorten eine „Roadshow", in der über die gesamten e-Business-Aktivitäten der Ticona GmbH informiert wurde. Dabei referierte Herr Roos, Einkaufsleiter der Ticona, über e-Procurement und die notwendige Standardisierung von Prozessen. Ergänzend informierten die Abteilungen der internen Kommunikation über die Entwicklungen. Ein weiteres Element der Mitarbeiterintegration war die frühzeitige Einbindung der betroffenen Fachabteilungen in die Lieferantenauswahl und Sortimentsbeurteilung. Beispielhaft sei hier die gemeinsame Bewertung der angebotenen Kataloge für Werkzeuge genannt. Gerade in diesen Bereichen gibt es einerseits Vorlieben der Mitarbeiter für bestimmte Herstellerfabrikate. Andererseits existieren feste Vorschriften und Normen, welche Werkzeuge zum Einsatz kommen dürfen. Diese galt es zu berücksichtigen.

3.8 Schulungskonzept

Grundsätzlich hat bei der Einführung neuer Systeme ein gutes Schulungskonzept höchste Priorität. Dabei kam den in der Projektorganisation bereits vorgestellten Key-Usern eine zentrale Rolle zu. Diese wurden in Abstimmung mit den betreffenden Vorgesetzten bewusst ausgewählt und zeitlich vor den übrigen Usern speziell geschult. Nach einer Vorstellung des Projekts mit seiner Ausgangssituation, den Zielen und der Darstellung der durch e-Procurement veränderten Prozesse sowie der Systemstruktur, erhielten diese User eine PC-Schulung. Zusätzlich zu den detaillierten Schulungsunterlagen konnten sie Beschaffungsvorgänge im Testsystem üben bzw. nachvollziehen. Ziel dieser Veranstaltungen war einerseits, diesen Personen den Komfort des neuen Systems „live" nahe zu bringen. Andererseits erhielt man so weitere wertvolle Hinweise zur Verbesserung des e-Procurement, die sich aus der Sicht der zukünftigen Anwender ergaben. Darüber hinaus standen diese User nach dem Go Live als Ansprechpartner bei Problemen der übrigen User zur Verfügung.

Für alle weiteren User wurden an den jeweiligen Standorten Schulungen in Form einer Beamer-Show angeboten. Wieder gab es einen einleitenden Teil, der von den Projektleitern vorgetragen wurde. Die eigentliche Vorstellung des Systems erfolgte bei der Ticona durch einen Triaton-Berater und bei der Celanese durch einen Mitarbeiter des Einkaufs.

In dem einleitenden Teil wurde explizit auf die Vorteile für die User hingewiesen. Teilweise ergaben sich auch bei den Beamer-Shows rege Diskussionen mit wertvollen Hinweisen. Zusammenfassend kann man sagen, dass das Schulungskonzept gerade aus Sicht der Mitarbeiterintegration ein voller Erfolg war. Dies zeigt sich auch in der weitgehenden Akzeptanz des Systems, die sich eindrucksvoll in der sich schon nach fünf Monaten abzeichnenden Bestellentwicklung beider Unternehmen widerspiegelt.

4 Bewertung und Ausblick

Erfolg und Misserfolg bei der Implementierung von e-Procurement liegen dicht beieinander. Erfolgsentscheidend sind die Vernetzung der Beschaffungsprozesse über die gesamte Wertschöpfungskette und die einfache Nutzung des Systems durch die internen User. Neben den verbesserten innerbetrieblichen Abläufen wird das Zusammenspiel mit den Lieferanten optimiert. Seit Einführung von SAP-BBP und der damit verbunden Einbindung von elektronischen Katalogen sind fünf Monate vergangen. Die Mehrzahl der internen User hat das System akzeptiert. Zuerst eingebundene Kataloge können als Pilot zur Überprüfung der Prozesse sowie der Akzeptanz angesehen werden. Zu dem Zeitpunkt der Festlegung der Katalogstrategie für den Piloten, war keiner der potenziellen Marktplatzanbieter in der Lage, eine überzeugende Lösung anzubieten. Die Pressemitteilungen und sonstigen Veröffentlichung versprachen mehr als die angebotenen Systeme halten konnten, angekündigte Zeitpläne und Termine wurden nicht eingehalten. Diese Situation hat sich in den letzten Monaten wesentlich verbessert. Bedingt durch den Zusammenschluss von cc-markets und chemplorer entsteht ein durchaus überlebensfähiger Marktplatz mit der notwendigen kritischen Masse und einer sehr weit verbreiteten technologischen Grundlage. Ein weiterer Vorteil ist die vertikale Ausrichtung auf das Chemiegeschäft.

Gemeinsam mit der Celanese Chemicals evaluiert die Ticona die Marktplatzanbieter. Hierbei ist nicht nur die vorhandene Produktpalette entscheidend, sondern auch die einfache Integration in existierende Systeme und die Möglichkeit eines globalen Roll-Out, insbesondere für Standorte in den USA. e-Procurement ist nur ein Baustein der verfolgten e-Sourcing-Strategie. Weitere Elemente sind e-Auctions und die direkte Lieferantenanbindung. Bei einer im Jahr 2000 erfolgreich durchgeführten **e-Auction** für allgemeines Verbrauchsmaterial, stand der Test der am Markt vorhandenen Tools und Anbieter im Vordergrund. Im Jahr 2001 sind e-Auctions für unkritische und nicht hoch spezifizierte Rohstoffe geplant. Das Auktionstool wird in Zukunft ein „Standard-Handwerkszeug" für Einkäufer sein.

Bei der weitaus komplizierteren und aufwendigeren direkten Anbindung der A-Lieferanten treffen neben unterschiedlichen Systemen auch differenzierte Planungsprozesse aufeinander. Um diese Abläufe zu optimieren, ist eine Konzentration auf wenige strategische Lieferanten erforderlich. Letztlich werden die gewinnen, die neben einem attraktiven Preis bereit sind, den Beschaffungsprozess den Vorstellungen der Ticona entsprechend zu gestalten und zu unterstützen. e-Commerce ist im Einkauf schon fast zu einem festen Bestandteil geworden und kann von niemandem mehr aufgehalten werden. Doch im Zeichen von „e" verändern sich die Systeme und Prozesse immer schneller. Folgerichtig ist e-Commerce nur ein Schritt auf dem Weg zu **m-Commerce**. Es bleibt spannend im Einkauf!

Literatur:

Albers, S.; Clement, M.; Peters, K.; Skiera, B. (Hrsg.) (1999): e-Commerce – Einstieg, Strategie und Umsetzung im Unternehmen, Frankfurt am Main 1999.

Volker Stockrahm, Kai-Oliver Schocke und Matthias Lautenschläger

Werksübergreifende Planung und Optimierung mit SAP APO

1 Einleitung
   1.1 Röhm GmbH & Co. KG
   1.2 Informationstechnische Basis: SAP

2 Einsatz von Planungs- und Optimierungssystemen in der PLEXIGLAS GS-Produktion

3 Einsatz von SAP APO
   3.1 Kleine Schritte
   3.2 Pilotprojekt zur Produktionsplanung mit SAP APO
   3.3 Werksübergreifende Planung mit SAP APO
   3.4 Collaborative Planning mit SAP APO

4 Zusammenfassung

1 Einleitung

Die Zeiten der aufwendigen manuellen Planung in der Supply Chain der Röhm GmbH & Co. KG neigen sich ihrem Ende zu. Erste erfolgreiche Pilotprojekte und Prototypenentwicklungen signalisieren den Beginn einer neuen Ära des Supply Chain Management bei dem weltweit führenden Acrylglasspezialisten.

1.1 Röhm GmbH & Co. KG

Produkte der Methacrylatchemie bilden das Kerngeschäft der Röhm GmbH & Co. KG, die zur Unternehmensgruppe der Degussa AG gehört. Rund eine Milliarde Euro Umsatz kennzeichnen Größe und marktführende Bedeutung des Methacrylat-Spezialisten, der über 4.400 Mitarbeiter beschäftigt und ein dichtes Netz internationaler Vertriebsniederlassungen unterhält. Über 50.000 Produkte verdeutlichen die Breite des Leistungsportfolios, für das Monomere, PLEXIGLAS® Formmassen und Platten ebenso beispielhaft stehen wie Öladditive, Reaktionsharze und Lackrohstoffe.

1.2 Informationstechnische Basis: SAP

Informationstechnisch stützt sich der Konzern auf SAP-Software. 50 Standorte in Europa, USA und Asien arbeiten in einem technisch und logisch gemeinsamen SAP-System. Mit der 1998/99 per „Big Bang" realisierten Einführung von R/3 hat Röhm die Voraussetzungen für erfolgreiches Agieren im Zeitalter von e-Business geschaffen. Allerdings blieb eine funktionale Lücke offen: Für die hohen Anforderungen an eine zeitnahe, schnelle und flexible Planung innerhalb der Supply Chain fehlte ein integriertes System. Alle Planungsprozesse mussten manuell koordiniert werden, was insbesondere auf Betriebsebene umfangreiche herkömmliche Maschinenbelegungsplanungen mit einem hohen Änderungsaufwand bei unvorhergesehenen Ereignissen notwendig machte. Eine schnelle Reaktion auf geänderte Kundenwünsche war damit ebenso schwierig wie eine betriebsübergreifende Koordination des Produktionsverbundes.

2 Einsatz von Planungs- und Optimierungssystemen in der PLEXIGLAS GS-Produktion

Erfahrungen mit rechnergestützten Planungsinstrumenten sammelt Röhm bereits seit 1995 in einem Produktionsbetrieb für gegossene PLEXIGLAS® Platten. Im Rahmen einer Ablaufoptimierung wurde der gesamte Produktionsplanungsprozess der PLEXIGLAS® Produktion neu gestaltet. Im Mittelpunkt dieses Prozesses steht eine streng hierarchische, mehrstufige Planung auf verschiedenen Entscheidungsebenen. Die übergeordneten Entscheidungsebenen legen dabei verbindliche Planungsdaten für die untergeordneten Entscheidungsebenen fest. Im Gegensatz zu herkömmlichen Fertigungsleitständen werden jedoch Änderungen auf untergeordneter Ebene zurückgemeldet und für neue Entscheidungen herangezogen. Wichtigstes Auswahlkriterium für einen Leitstand war daher, diese Planungsebenen abzubilden sowie problembezogene Lösungsverfahren zur rechnergestützten Produktionsplanung zu integrieren.

Da 1995 auf dem Markt keine geeignete Softwarelösung gefunden werden konnte, SAP APO befand sich dieser Zeit erst in der Entwicklung, wurde die aconis GmbH mit der Neuentwicklung eines Fertigungsleitstandes für die PLEXIGLAS® Produktion beauftragt. Kern des Fertigungsleitstands ist ein speziell für die PLEXIGLAS® Produktion entwickelter Optimierer, der alle Ressourcen (und vor allem Restriktionen der Produktion bei der Planung) berücksichtigen kann.

Das implementierte Optimierungsverfahren gilt als das zur Zeit weltweit beste Lösungsverfahren für diese Aufgabenstellungen (vgl. Schocke 2000). Die Entwicklung und der Einsatz eines solchen Fertigungsleitstandes lässt sich nur begründen, wenn dadurch erhebliche **betriebswirtschaftliche Verbesserungen** erzielt werden können (vgl. Schocke/Stockrahm 1999). Die praktischen Erfahrungen sprechen aber für sich:

- Die Produktivität der PLEXIGLAS® Produktion konnte durch den Fertigungsleitstand um durchschnittlich 13,5% gesteigert werden,

- das Produktionsprogramm ist nicht mehr für vier Wochen auf einer manuell geführten Plantafel festgeschrieben. Änderungen können für den Folgetag vorgenommen werden. Röhm ist somit heute in der Lage, schnell und flexibel auf Kundenanfragen zu reagieren – in der heutigen Zeit ein wichtiger Wettbewerbsfaktor,

- der manuelle Planungsaufwand wurde um über 80% reduziert und

- betrachtet man den Einsatz dieses Fertigungsleitstandes und der Planungsverfahren aus ökologischer Sicht, kann weiterhin unter anderem folgende Verbesserung aufgezeigt werden: Die eingesetzten Planungsverfahren ermöglichen eine effizientere Nutzung der Rohstoffe. Dadurch, dass bei der Reihenfolgeplanung der Nutzungsgrad der Rohstoffe explizit berücksichtigt wird, konnten die Abfälle um ca. 35% reduziert werden.

3 Einsatz von SAP APO

Mit diesen positiven Erfahrungen und den erzielten Ergebnissen war der Grundstein für den „röhmweiten" Einsatz von Planungs- und Optimierungssystemen gelegt. Aufgrund der vielfältigen Planungsaufgaben in den einzelnen Betrieben sowie dem aufkommenden Verständnis für Supply Chain Management wurde für zukünftige Projekte eine geeignete Standardsoftware gesucht. Auf dem Markt waren inzwischen leistungsfähige Planungssysteme verfügbar, die sowohl die Planung und Optimierung von Produktionsprozessen im Einzelnen betreiben, als auch die Koordination über ganze Netzwerke ermöglichen. In einer umfassenden Studie wurden von der Firma aconis GmbH verschiedene „**Advanced Planning and Scheduling Systeme (APS)**" auf ihre Eignung für den Röhm Produktionsverbund untersucht. Ausschlaggebend für die Auswahl von **SAP APO (Advanced Planner and Optimizer)** war vor allem die hohe Integration in das bestehende R/3-Umfeld.

3.1 Kleine Schritte

Zu Beginn der APO-Implementierung bei Röhm stand das APO Release 2.0 zur Verfügung. Praktische Erfahrungen mit dem Einsatz von APO in der Prozessindustrie gab es Ende 1999 noch nicht. Aber nicht nur technische Schwierigkeiten waren zu erwarten, sondern auch die Skepsis der zukünftigen Anwender gegenüber den neuen IT-Systemen. Aus diesen Gründen wurden bei der Einführung von SAP APO zwei Wege parallel verfolgt. Mit einem ersten konkreten Implementierungsprojekt sollte die Einsatzfähigkeit des APO zur Planung und Optimierung von Produktionsabläufen in einem Produktionsbetrieb gezeigt werden. Parallel dazu wurden verschiedene Prototypen entwickelt, um die Möglichkeiten und Grenzen von APO als verbundübergreifendes Planungsinstrument detailliert zu untersuchen.

3.2 Pilotprojekt zur Produktionsplanung mit SAP APO

Entgegen dem allgemeinen Trend, zuerst die APO-Module zur werksübergreifenden Planung SNP (Supply Network Planning) oder zur Bedarfsprognose DP (Demand Planning) einzuführen, wurde als erstes Pilotprojekt mit der Einführung des APO-Feinplanungsmoduls **PP/DS (Production Planning and Detailed Scheduling)** in einem Produktionsbetrieb begonnen. In dem Produktionsbetrieb wird farbloses PLEXIGLAS® Granulat eingefärbt. Dieses findet beispielsweise in PKW-Rückleuchten, DVDs und vielen anderen Kunststoffprodukten Verwendung. Hierzu wird farbloses Granulat aufgeschmolzen, mit Farbstoffen und anderen Zusatzstoffen vermischt und zu Granulat verarbeitet. Das eingefärbte Granulat ist anschließend automatisch oder manuell in unterschiedliche Gebindeeinheiten abzufüllen (vgl. Abbildung 1).

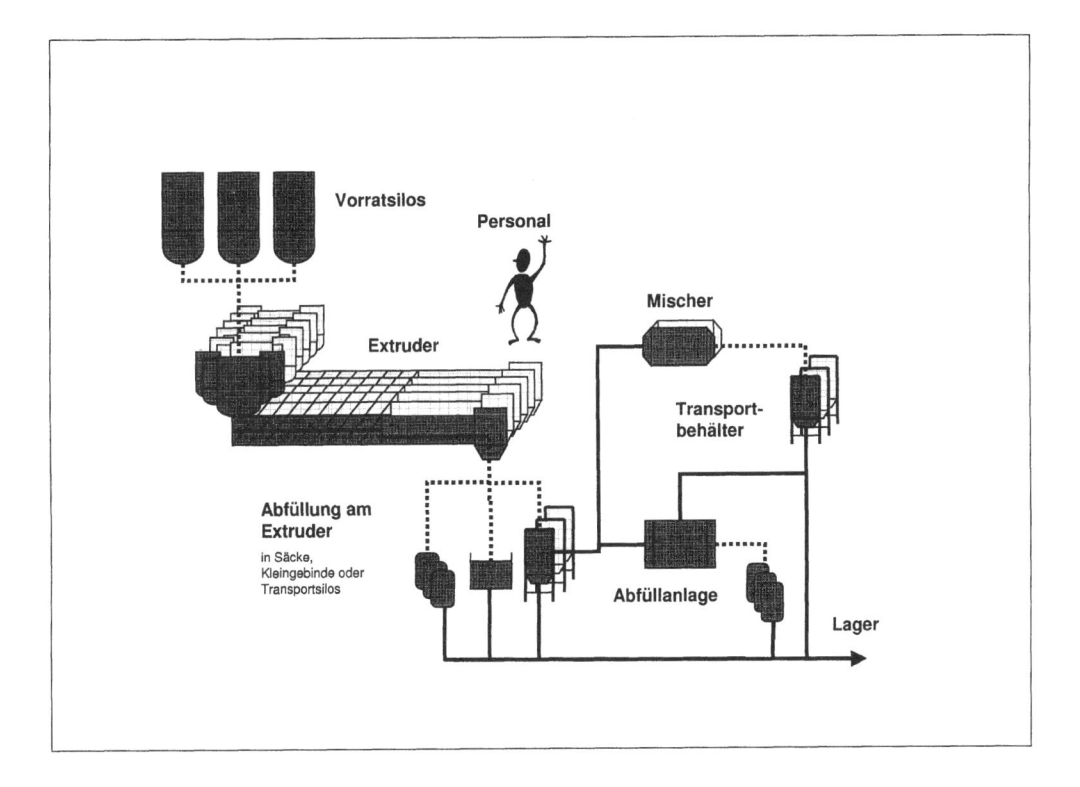

Abbildung 1: Granulateinfärbung

Kern der zu lösenden Planungsaufgabe ist die Reihenfolgeplanung der Aufträge auf den verschiedenen Ressourcen (vgl. Richter/Stockrahm 2000). Die Komplexität dieser Aufgabe resultiert vor allem aus der hohen Anzahl von Produkten. Die Produktpalette umfasst mehrere Tausend Produkte mit vollkommen unterschiedlichen chemischen und physikalischen Eigenschaften. Diese Produkteigenschaften führen zu stark reihenfolgeabhängigen **Rüstzeiten**. So liegen die Rüstzeiten bei einem Produktwechsel auf den Extrudern zwischen wenigen Minuten bis hin zu Stillständen von mehreren Tagen für aufwendige Reinigungsarbeiten. Die reihenfolgeabhängigen Rüstzeiten treten auf allen Stufen des Produktionsprozesses auf. Neben der Rüstzeitproblematik müssen bei der Produktionsplanung je nach Produktionsprogramm auch wechselnde Engpassressourcen sowie die Verfügbarkeit von Mitarbeitern unterschiedlicher Qualifikationen berücksichtigt werden.

Die Beplanung der Ressourcen war aufgrund der vielfältigen produktspezifischen und technischen Restriktionen bisher nur mit einem enormen zeitlichen und personellen Aufwand zu leisten. Unbestritten ist, dass trotz der "manuellen" Vorgehensweise gute Planungsergebnisse erzielt wurden. Aber die Planungskomplexität erschwerte die rasche und flexible Reaktion auf Ausnahmesituationen, beispielsweise bei kurzfristigen Änderungen der Auftragsdaten oder bei

Ausfall von Fertigungsressourcen. Alles in allem sah sich der Betrieb vor der Einführung des Feinplanungsmoduls von APO mit mehreren gleichzeitig zu lösenden Planungsproblemen konfrontiert. Mit dem APO Modul PP/DS sollte nun eine Lösung geschaffen werden, welche die Disponenten bei der Planung der Produktion sinnvoll unterstützt.

Bereits zu Projektbeginn stand fest, dass die Berücksichtigung der reihenfolgeabhängigen Rüstzeiten bei der Produktionsplanung der entscheidende Schlüssel zum Erfolg und zur Akzeptanz des APO-Systems sein sollte. Es musste ein Weg gefunden werden, der es erlaubt, die Rüstzeitproblematik sauber im APO-System abzubilden. Reihenfolgeabhängige Rüstzeiten sind generell für Planungssysteme und Planungsalgorithmen ein schwer zu lösendes Planungsproblem. Falsche Rüstzeiten führen bei der Optimierung und Planung zu schlechten oder sogar zu nicht durchführbaren **Produktionsplänen**. Im diesem Fall mussten bei der Produktionsplanung die Rüstübergänge zwischen sämtlichen Produkten beachtet werden. Bei einem Spektrum von mehreren Tausend Produkten waren mehrere Millionen Rüstübergänge zu pflegen. Ein Aufwand, der manuell nicht zu leisten ist.

Um den Aufwand für die Generierung und die Pflege der im APO notwendigen Rüsttabellen möglichst gering zu halten, wurde in dem Pilotprojekt eine APO-Systemerweiterung entwickelt, die es ermöglicht, Rüstzeiten automatisch zu generieren und zu pflegen. Die Rüstzeiten in der PLEXIGLAS® Granulat-Produktion setzen sich aus verschiedenen **Komponenten** zusammen. Neben dem Granulattyp und den verwendeten Additiven ist die Granulatfarbe die maßgebliche, rüstzeitbestimmende Komponente. Zur Bestimmung der "farblichen" Rüstzeiten werden die Koordinaten der Granulate innerhalb eines Farbkoordinatensystems ausgenutzt. Aus den Produktmerkmalen Farbtyp, Farbsättigung und Helligkeit können mit Hilfe eines mathematischen Algorithmus die Unterschiede zwischen den Granulatfarben in einen zeitlichen Rüst- bzw. Reinigungsaufwand umgerechnet werden. Die eher "theoretisch" errechneten Werte stimmen erstaunlich gut mit den "praktischen" Erfahrungswerten in der Produktion überein. Bei dieser Vorgehensweise handelt es sich um eine generische Lösung, die auch für eine Vielzahl anderer, prinzipiell ähnlich gelagerter Problemstellungen, geeignet ist.

APO zeichnet sich durch eine sehr enge Verzahnung mit dem SAP R/3 Basissystem aus. Die Schnittstelle zwischen den Systemen wurde im Rahmen des **Pilotprojektes** individuell erweitert, um die aus dem R/3 an APO übertragenen Daten durch weitere, nicht im R/3-System vorliegende planungsrelevante Informationen zu ergänzen. Für die Produktionsplanung werden die im R/3-System erfassten Kundenaufträge an das APO Feinplanungsmodul übertragen. Dort erfolgt eine simultane Stücklistenauflösung und Ressourceneinsatzplanung unter Berücksichtigung der verfügbaren Kapazitäten und der reihenfolgeabhängigen Rüstzeiten. Es werden für eingehende Kundenbedarfe nach Berücksichtigung des Lagerbestands und der bereits bestehenden Plan- und Prozessaufträge Orders eingespeist, die nach den im Produktstamm hinterlegten Losgrößenregeln gebildet werden. Die so erzeugten und terminierten Planaufträge werden zur Umsetzung in Prozessaufträge unverzüglich wieder an das R/3-System zurückgegeben. Die aktualisierten Planungsdaten stehen den Disponenten sofort wieder zur Verfügung. Auf die gleiche Weise werden die aktualisierten Produktionspläne nach einem Optimierungslauf an das R/3-System übergeben und machen so die manuelle Anpassung der Prozessdaten im R/3-System überflüssig. Von der R/3-Seite waren praktisch keine programmtechnischen Anpassung notwendig. Letztendlich konnten durch diese enge Integration von R/3 und APO der Zeitaufwand und die Kosten für die Einführung gering gehalten werden. Vom ersten Kickoff-Meeting bis zur Livesetzung des PP/DS-Moduls vergingen nur zehn Monate. Bereits kurz nach der Einführung von APO als Planungsinstrument konnten in dem Pilotbetrieb signifikante zeitliche Reduzierungen der Planungstätigkeiten nachgewiesen werden. Die verbesserten Planungs- und Prozessabläufe, geringere Rüstzeiten sowie die erzielte Produktionsflexibilität überzeugen hinsichtlich der Einsatzmöglichkeiten und der Potenziale eines solchen Systems.

3.3 Werksübergreifende Planung mit SAP APO

Parallel zu dem oben beschriebenen Pilotprojekt wurden verschiedene **Prototypen** mit anderen APO-Modulen entwickelt. Zweck der Prototypenentwicklung war die Bestimmung konkreter Aussagen über die Realisierbarkeit, die Potenziale aber auch die Grenzen der werksübergreifenden Planung mit SAP APO. Wie bereits oben erwähnt, lagen zum Zeitpunkt der ersten Projekte bei Röhm noch wenig Erfahrungen mit SAP APO in der Prozessindustrie vor. Letztendlich musste mit den Prototypen der Beweis erbracht werden, dass APO sehr wohl als werksübergreifendes Planungsinstrument in diesem Industriezweig eingesetzt werden kann.

Die Produktionsabläufe bei Röhm sind, wie in der Prozessindustrie üblich, durch eine Reihe von Besonderheiten charakterisiert, die in anderen Branchen unbekannt sind. So liegen die Unterschiede in den Produkten selbst, hauptsächlich jedoch in den zu ihrer Herstellung erforderlichen Produktionsprozessen begründet. Im Gegensatz zu einer diskreten Fertigung handelt es sich bei den Produktionsprozessen der chemischen Industrie in der Regel um kontinuierlich ablaufende, nicht unterbrechbare Produktionsprozesse. Die einzelnen Produktionsprozesse und Produktionsabläufe sind darüber hinaus eng miteinander vernetzt, so dass sie nicht unabhängig voneinander geplant werden können.

Auch für Röhm ist die **divergierende Produktstruktur** charakteristisches Merkmal für ein Unternehmen der Prozessindustrie. Divergierende Produktstruktur bedeutet, dass aus wenigen Grundstoffen eine große Vielfalt verwandter und technologisch miteinander verbundener Produkte bzw. Zwischenprodukte hergestellt wird. Nicht selten werden die Produkte in sehr ähnlichen Produktionsprozessen auf den gleichen Fertigungsressourcen hergestellt. Die aus den spezifischen Anforderungen resultierenden Planungsprobleme sind eine Herausforderung für jede Planungssoftware, so auch für SAP APO. Verantwortlich für die werksübergreifende Planung mit SAP APO ist das Modul SNP (**Supply Network Planning**). Der SNP-Prototyp wurde schrittweise in enger Zusammenarbeit mit den potenziellen Nutzern eines solchen Moduls entwickelt. Ausgehend von einem idealisierten Modell des Röhm Produktionsverbundes (vgl. Abbildung 2) wurde der Prototyp sukzessiv um planungsrelevante Aufgabenstellungen erweitert.

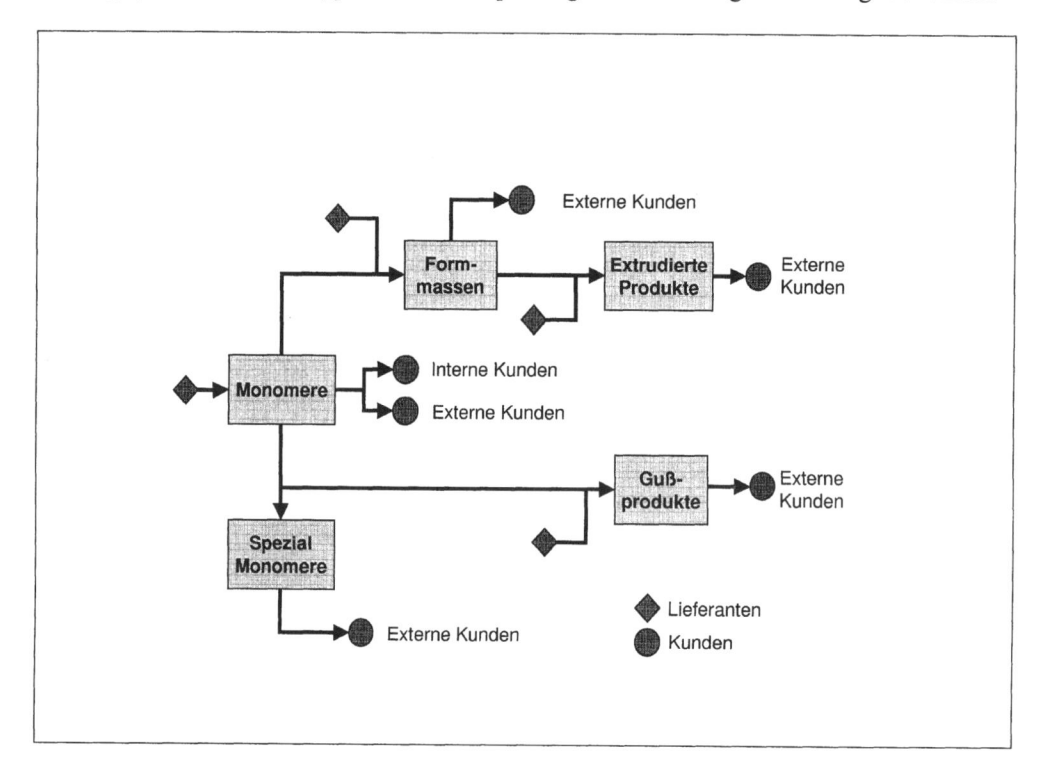

Abbildung 2: Produktionsverbund bei Röhm

Zunächst galt es nur, aggregierte Produktgruppen in den einzelnen Produktionsstandorten planen zu können. Modelliert wurden die wichtigsten Rohstoffe, Vor-, Zwischen- und Endprodukte einschließlich ihrer produktspezifischen und materialflusstechnischen Verknüpfungen. Die Planungsaufgabe für APO war in dieser Phase lediglich die Bestimmung der Produktionsmengen in den einzelnen Betrieben unter Berücksichtigung von Produktionskapazitäten.

In einem weiteren Modellierungsschritt wurden die **Transportbeziehungen** zwischen den Produktionsstandorten verfeinert. Von nun an mussten bei der Planung auch die Transportmittel (Schiff, LKW, Pipeline) sowie die Transportlosgrößen bestimmt werden. Als planungsrelevante Restriktionen wurden Transportkapazitäten, Transportdauern sowie Transportkosten in Abhängigkeit des gewählten Transportmittels und der Entfernung modelliert. Die letzte Ausbaustufe des SNP-Prototyps enthielt alle für die mittelfristige Planung des Produktionsverbundes relevanten Restriktionen und Kosteninformationen, z. B.:

- Beschaffung
  - Beschaffungskosten je nach Lieferant
- Lagerung
  - Lagerkosten
  - begrenzte Lagerkapazität
  - Ziellagerreichweite
- Produktion
  - Produktionskosten
  - begrenzte Produktionskapazität
  - Produktionslose
- Handling
  - Wareneingangs- und Warenausgangszeiten
- Transport
  - Transportkosten
  - Transportkapazität (Pipeline)
  - Transportdauer
  - Transportlosgrößen

Im Anschluss an die Prototypenentwicklung wurden intensive Tests der Planungsfunktionalitäten sowie der Planungsgüte durchgeführt. In den **Testszenarien** galt es mehrere Tausend reale Kundenaufträge für End- und Zwischenprodukte mit verschiedenen Zeitrastern und zeitlichen Aggregationen zu beplanen. Dabei unterlagen die Auftragsverläufe unterschiedlichen Trend- und Saisonverläufen.

Es war die Fragestellung zu lösen, inwieweit SAP APO die planungsrelevanten Restriktionen simultan in einem Planungs- und Optimierungslauf berücksichtigen kann. Schrittweise wurden die zu berücksichtigenden Planungsrestriktionen in die Planung und Optimierung einbezogen.

Mit diesen Tests konnten eindrucksvoll die Möglichkeiten, aber auch die Grenzen des APO-Prototyps nachgewiesen werden. Aus den Erfahrungen ließen sich geeignete Mechanismen zur Aggregation der Produkte zu Produktgruppen und der Ressourcen zu Ressourcengruppen ableiten. Ebenso konnten Aussagen über eine sinnvolle zeitliche Unterteilung des Planungshorizontes und den notwendigen Detaillierungsgrad des Planungsmodells gemacht werden. Die Prototypenentwicklung wurde von einer, vom Fachgebiet für Fertigungs- und Materialwirtschaft der

Technischen Universität Darmstadt betreuten wissenschaftlichen Studie, begleitet. In dieser Studie wurden die speziellen **Planungsprobleme** in den einzelnen Produktionsbereichen sowie ihre geeignete Abbildbarkeit in APO untersucht, wie zum Beispiel die Losgrößen- oder Kampagnenplanung.

Mit dieser Studie konnte aufgezeigt werden, dass, obwohl APO die prinzipiellen Bedürfnisse der Prozessfertigung abdeckt, in einigen Betrieben des Produktionsverbundes Aufgabenstellungen und Optimierungsbedarfe bestehen, die über die verfügbaren APO Funktionalitäten hinaus gehen. Aus diesen Erkenntnissen konnten direkte Anforderungen zur individuellen Erweiterung der APO Planungsfunktionalitäten abgeleitet werden, die bei einer späteren Implementierung zu entwickeln sind. Hierfür bietet die Firma ILOG die so genannte **Cartridge-Technologie** an. Dabei handelt es sich um eine Entwicklungsumgebung zur Erstellung eines branchen- oder unternehmensspezifischen Optimierungsmoduls, welches sich - im übertragenen Sinn - wie eine Steckkarte (Cartridge) an APO andocken lässt. Das Cartridge-Modul wird von einem sowohl branchen- als auch entwicklungserfahrenen Beratungsunternehmen entwickelt und angepasst, das die Aufgabenstellung in ein Optimierungsmodell übersetzt und somit weitreichende Erfahrungen in den Bereichen Optimierung und APO-Einführung mitbringen muss. Der Nutzen für den Anwender dieser Technologie ist offensichtlich: APO kann durch diese Erweiterungen auch die spezifischen Aufgabenstellungen bei Röhm abdecken.

Mit dem Prototyp sowie der begleitenden Studie konnte die prinzipielle Einsatzmöglichkeit von APO als werksübergreifendes Planungsinstrument nachgewiesen werden. Potenziale und Grenzen von APO im Fall des untersuchten Produktionsverbundes sind bereits heute bekannt und konnten bei der Erstellung der konkreten Einführungsstrategie angemessen berücksichtigt werden. Die Ergebnisse des Prototypen und der Studie bildeten die Entscheidungsgrundlage der Röhm Geschäftsleitung zur Einführung von SAP APO als werksübergreifendes Planungsinstrument.

3.4 Collaborative Planning mit SAP APO

Ein Grundgedanke des Supply Chain Managements ist die planerische Kopplung von rechtlich selbständigen Unternehmen. Ein Baustein dazu ist der Austausch von Informationen zwischen Kunden und Lieferanten über die zu erwartenden Bedarfsmengen. Eine Realisierungsmöglichkeit für diesen Transfer ist das **Collaborative Planning (CLP)**. Collaborative Planning ermöglicht den Austausch von Planungsdaten zwischen Geschäftspartnern über das Internet. Typischerweise wird das Collaborative Planning zur Steuerung der Lieferbeziehung zwischen unterschiedlichen Unternehmen verwendet. Es findet jedoch auch zur Abstimmung zwischen mehreren Bereichen eines einzigen Unternehmens Einsatz, insbesondere wenn diese nicht über ein gemeinsames Planungssystem verfügen.

Collaborative Planning ist Teil des SAP APO und kann damit vollständig in den Planungsprozess der beteiligten Unternehmen integriert werden. Die Erzeugung der Planungsmappen im Internet erfolgt über den **Internet Transaction Server (ITS)** von SAP, der voll mit APO gekoppelt ist. Änderungen in den Planungsmappen werden durch den ITS direkt zu APO zurückgemeldet und umgekehrt. Die zwischen Lieferant und Kunden über das CLP vereinbarten Bedarfe werden direkt Teil der Bestellungen im System des Lieferanten, wodurch entsprechende Lieferungen auszulösen sind. Durch die gemeinsame Abstimmung und Bekanntgabe von Bedarfen wird eine höhere Genauigkeit der Bedarfsprognosen auf Seiten des Lieferanten erreicht. Dadurch sind geringere Sicherheitsbestände nötig, wodurch Kosteneinsparungen erreicht werden. Zusätzlich wird die Kommunikation durch Standardisierung erleichtert und sind die Ergebnisse der Abstimmung direkt mit dem Bestellsystem zu verbinden. Der grundsätzliche Ablauf der Planung ist in Abbildung 3 dargestellt.

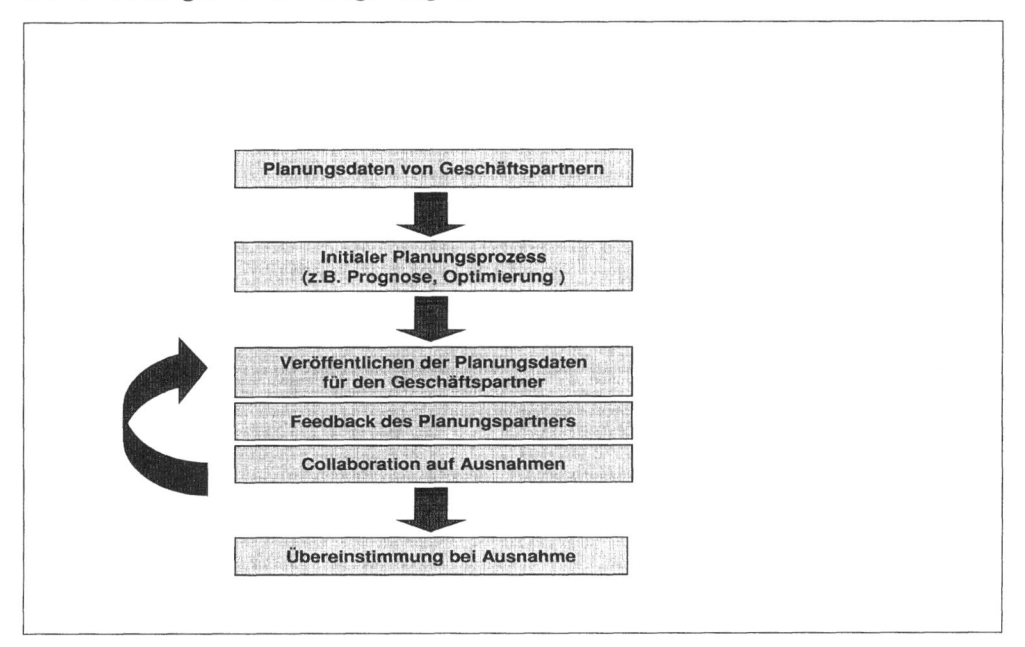

Abbildung 3: Ablauf des Collaborative Planning

Ausgehend von einer Übergabe der Planungsdaten für die zu erwartenden Bedarfsmengen wird eine erste Planung durchgeführt. Diese Planung wird mit standardisierten Verfahren der Prognoserechnung oder Optimierungsverfahren unterstützt. Nach Veröffentlichung dieser Planung startet der **Abstimmungsprozess** zwischen den Partnern. Die Partner erhalten die Möglichkeit, Korrekturen der Vorschläge des anderen Partners vorzunehmen. Durch das Generieren von Warnungen werden die Planer auf kritische Informationen hingewiesen, z. B. auf Überschreitungen der Kapazitäten oder auf nicht rechtzeitig verfügbare Bestände. Auf solche Schwierigkeiten kann in einer weiteren Planungsrunde eingegangen und mit veränderten Daten zwischen den beteiligten Unternehmen eine Lösung abgestimmt werden.

Zur Nutzung der mit dem Collaborative Planning verbundenen Vorteile wurden bei Röhm verschiedene Standorte und Produkte untersucht. Nach Analyse der Eigenschaften der Lieferbeziehungen und der Nutzenpotenziale wurden verschiedene Projekte gestartet. Eines dieser Projekte beinhaltet die Anbindung eines großen Lackherstellers an Röhm. Röhm erstellt in dem ausgewählten Geschäftsbereich Additive für die Farben- und Lackherstellung. Einer der großen Abnehmer für diese Produkte hat ein von Röhm geführtes **Konsignationslager**. Zwischen den Standorten finden regelmäßige LKW-Transporte zur Beschickung des Konsignationslagers statt (vgl. Abbildung 4).

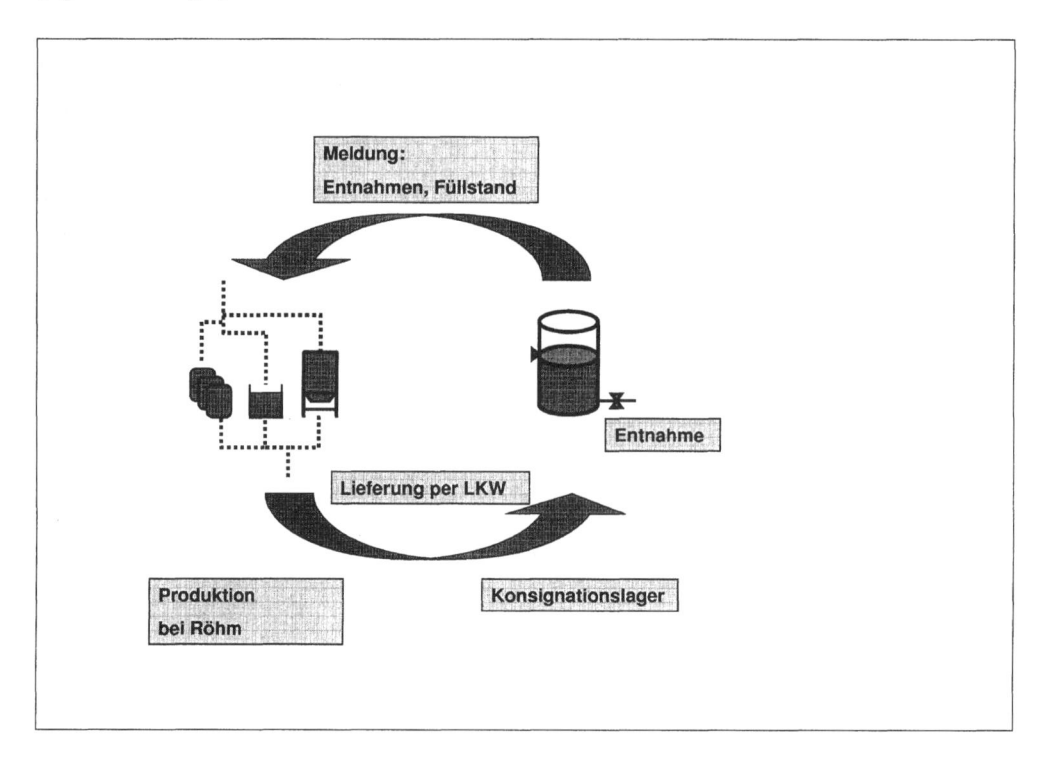

Abbildung 4: Belieferung des Konsignationslagers

Die Abstimmung der Nachfrage sowie der Lagerbeschickung zwischen Röhm und dem Kunden erfolgt in zwei Stufen im Collaborative Planning Prozess. Auf der Basis eines vereinbarten Jahreskontingents werden in einem monatlichen Prozess die erwarteten Verbrauchsmengen festgelegt und den tatsächlichen Absätzen gegenübergestellt. Von diesen Mengen ausgehend wird eine tägliche Lagerüberwachung durchgeführt, bei der die Beschickung des Konsignationslagers mit einzelnen Lieferungen geplant wird. Nach Freigabe der monatlichen Verbrauchsmengen werden bei Röhm, unter Berücksichtigung der vorhandenen Bestände, Planaufträge der herzustellenden Mengen festgelegt. Unter Verwendung der detaillierteren Informationen aus der täglichen Lagerüberwachung erfolgen die Erzeugung der Prozessaufträge und die Umsetzung in der Fertigung.

APO stellt im Collaborative Planning **internetbasierte Planungsmappen** zur Verfügung, mit der die Planer bei Röhm und beim Kunden gemeinsam arbeiten können. Unter Verwendung eines Internet-Browsers stellen die beteiligten Planer mit Hilfe persönlicher Planungsmappen ihre Daten dem jeweiligen Partner zur Verfügung. In den Planungsmappen werden die tatsächlichen Entnahmen der Vergangenheit und die prognostizierten Bedarfe für alle Beteiligten sichtbar. Zusätzliche Informationen über den maximalen Füllstand sowie den einzuhaltenden Sicherheitsbestand ergänzen die Darstellung. Das System unterstützt die Arbeit der Planer, indem es Vorschläge für Konsignationsbestellungen generieren kann. Durch Ausführen eines Makros wird zu allen Zeitpunkten, bei denen der Meldebestand erreicht wird, eine Konsignationsbestellung ausgelöst. Diese Vorschläge können anschließend von den Planern modifiziert werden. Nach Übereinstimmung zwischen den Planern sind die Bestellungen zu verarbeiten und entsprechende Lieferungen auszulösen.

Durch die Kooperation können die zur Planung zur Verfügung stehende Informationsmenge erhöht und die Planungsgüte verbessert werden. Durch die Übermittlung von geplanten Entnahmen von Seiten des Kunden wird die Prognosegenauigkeit verbessert. Dadurch kann derselbe **Servicegrad** mit geringeren Lagerbeständen erreicht werden. Durch die frühe Berücksichtigung von Planaufträgen auf Kundenseite sind zukünftige Lieferungen frühzeitig einzuplanen und zuzusagen, wodurch die Versorgungssicherheit steigt und Engpasssituationen auf Zulieferseite vermieden werden.

4 Zusammenfassung

Mit der Installation von APO zur Durchführung der Feinplanung mit dem Modul PP/DS und der mittelfristigen Planung mit dem Modul SNP nimmt Röhm eine **Vorreiterrolle** in der chemischen Industrie ein. Schwierige Aufgaben, wie die effiziente Abbildung großer Mengen reihenfolgeabhängiger Rüstzeiten, wurden erstmalig im APO realisiert. Die Disponenten in der Produktion verfügen heute über ein leistungsstarkes Planungs-, Optimierungs- und Visualisierungssystem, das ihnen die tägliche Arbeit erleichtert und übersichtlicher gestaltet. Bei der Planung der Granulateinfärbung wurden mit APO die Planungsflexibilität und Planungseffizienz deutlich erhöht. Somit ist es heute in der Plexiglas®-Granulat Produktion möglich, schnell auf Kundenwünsche oder ungeplante Produktionsereignisse zu reagieren. Nach dem Erfolg des Pilotprojektes, den Erfahrungen mit dem Prototyp sowie des CLP-Projektes steht der weiteren

APO-Einführung bei Röhm nichts mehr im Wege. Es ist geplant, in weiteren Produktionsbetrieben das Feinplanungsmodul von APO produktiv einzuführen. Parallel dazu erfolgen Projekte zur Einführung des SNP-Moduls als Instrument der mittelfristigen werksübergreifenden Planung sowie Projekte zur Einführung der Module zum Demand Planning und Collaborative Planning mit internen und externen Kunden.

Literatur:

Richter, M.; Stockrahm, V. (2000): Scheduling of Synthetic Granulate: Stadtler, H.; Kilger, C. (Hrsg.), Supply Chain Management and Advanced Planning, Berlin 2000, S.251-265.

Schocke, K.-O. (2000): Maschinenbelegungsplanung mehrstufiger Fließfertigungen, Wiesbaden 2000.

Schocke, K.-O.; Stockrahm, V. (1999): Mehrstufige Chargenproduktion mit reihenfolgeabhängigen Rüstzeiten - Vom Modell zum Fertigungsleitstand für die Chemische Industrie, in: Haasis, H.-D. et al. (Hrsg.), Innovation in der Produktionssteuerung, Marburg 1999, S.161-178.

Angela Stieglitz, Jürgen Pisczor, Andreas Steckel und Jürgen Kraft

Herausforderungen einer integrierten Supply Chain Planung in der chemischen Industrie

1 Problemstellung und Unternehmenshintergrund

2 Rahmenbedingungen des Supply Chain Management
    2.1 Eigenschaften der Absatz- und Beschaffungsmärkte
    2.2 Produkteigenschaften
    2.3 Produktionstechnische Besonderheiten

3 Elemente einer integrierten Supply Chain Planung
    3.1 Das integrierte Planungsmodell
    3.2 Absatzplanung als Teil der integrierten SC-Planung
    3.3 Distributionsplanung als integrierte Netzwerkplanung
    3.4 Integration von Planung und Execution
    3.5 Supply Chain Steuerung über Feedback
    3.6 Systemintegration, Datenintegrität und -aktualität

4 e-enabled Integration
    4.1 System-zu-System-Lösungen
    4.2 Portale und Extranet
    4.3 Elektronische Marktplätze

1 Problemstellung und Unternehmenshintergrund

Die effiziente Gestaltung industrieller Wertschöpfungsketten hat niemals zuvor eine so große Rolle für dem Markterfolg von Unternehmen gespielt wie heute. Dies gilt auch und in besonderem Maße für die chemische Industrie. Der internationale Wettbewerb, der durch Fusionen und Übernahmen beschleunigt wird, verändert die geographischen Strukturen der Chemiemärkte. Ehemalige Heimatmärkte stagnieren, Abnehmerbranchen verlagern ihre Produktionsstandorte, Wachstums- und Ertragschancen ergeben sich in neuen Regionen. Damit müssen chemische Wertschöpfungsketten in zunehmendem Maße darauf ausgerichtet sein, komplexe Warenströme in einem globalen Beschaffungs-, Produktions- und Distributionsnetzwerk effizient zu beherrschen. Die vielfältigen Formen des electronic Business schaffen nicht nur neue Vertriebskanäle sowie -reichweiten und erhöhen Markttransparenz wie -geschwindigkeit, sondern eröffnen auch neue Formen der unternehmensübergreifenden Zusammenarbeit. Informations- und Kommunikationsbarrieren sinken. Als Folge steigen Kundenanforderungen im Hinblick auf Service-, Liefer- und Auskunftsfähigkeiten.

In diesem Markt- und Wettbewerbsfeld bewegt sich auch die BASF als mittlerweile größtes Chemieunternehmen der Welt. Im Kern besteht die BASF aus der BASF Aktiengesellschaft sowie aus weiteren über 100 Tochter- und Beteiligungsgesellschaften und mehr als 100.000 Mitarbeitern. Die den Kunden gebotene Produktpalette umfasst hochveredelte Chemikalien, Kunststoffe, Farbstoffe und Pigmente, Dispersionen, Fahrzeug- und Industrielacke, Pflanzenschutzmittel, Feinchemikalien sowie Öl und Gas. Wichtige Abnehmergruppen sind die Automobil-, Elektro- und Baubranche, die Textil- und Lederindustrie sowie die Nahrungsmittel- und Gesundheitsbranche. Lokale und regionale Vertriebsgesellschaften unterhalten Geschäftsbeziehungen zu Kunden in 170 Ländern der Erde, die von Produktionsstätten in 39 Ländern weltweit versorgt werden (vgl. Abbildung 1). Auf der Grundlage dieser Strukturen bilden sich die Anforderungen an das BASF Supply Chain Management, die kundennahe und individuelle Marktbearbeitung durch eine adäquate Handhabung komplexer Versorgungs- und Lieferketten zu unterstützen.

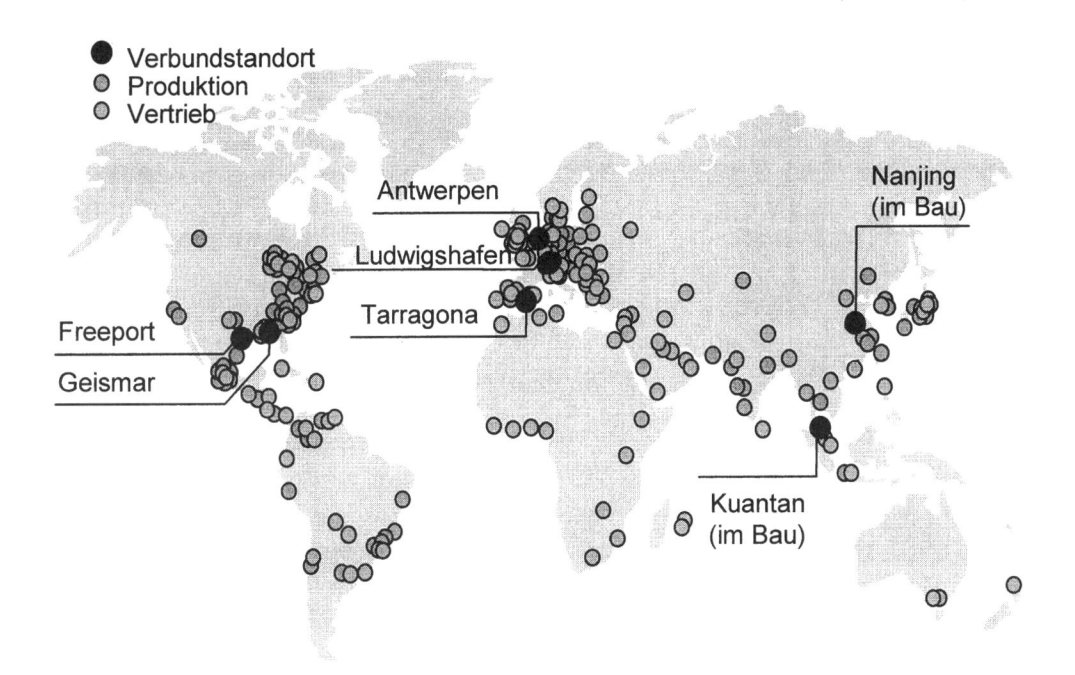

Abbildung 1: Weltweite Produktions- und Vertriebsstandorte der BASF-Gruppe

2 Rahmenbedingungen des Supply Chain Management in der Chemieindustrie

Supply Chain Management bedeutet für die BASF, die Prozessketten ausgehend vom Kunden über die verschiedenen Stufen der Distribution und Produktion bis hin zur Beschaffung optimal miteinander zu verknüpfen. Allein diese integrative Betrachtung führt zu einer effizienten Planung und Steuerung von Warenströmen, mit dem Ziel, Kundenbedarfe bestmöglich und kostenoptimal zu befriedigen. Dabei steht die effiziente Planung und Steuerung chemischer Supply Chains vor einigen Herausforderungen, die durch die Anforderungen des Marktes, der Produkteigenschaften sowie der produktionswirtschaftlichen Besonderheiten bedingt sind.

2.1 Eigenschaften der Absatz- und Beschaffungsmärkte

Aufgrund der vielfältigen Verarbeitungstechnologien und Verwendungseigenschaften von chemischen Grundprodukten variieren die Einsatzgebiete und damit die Absatzmärkte sowie Kundensegmente erheblich. Erzeugnisse der Feinchemie finden beispielsweise ebenso in der Landwirtschaft Einsatz wie in der Kosmetikindustrie. Daraus ergeben sich völlig **heterogene**

Nachfragemuster (Konjunktur, Saison, Mode, etc.) und Marktstrukturen in den einzelnen Geschäftseinheiten, die Prognosen über zukünftige Bedarfe erschweren. Auch innerhalb eines Marktes sind differierende Kundenanforderungen zu berücksichtigen. Neben kontinuierlich anfallenden Bedarfen an Standardqualitäten sind ebenso kundenspezifische Auftragsproduktionen erforderlich. Auf der Beschaffungsseite werden in der Regel wenige chemische Rohstoffe in großen Mengen benötigt, die oftmals global gehandelt und beschafft werden, so dass Börsenpreise, globale konjunkturelle Entwicklungen, strategische Überlegungen hinsichtlich der Versorgungssicherheit und viele weitere Einflussfaktoren das Beschaffungskalkül dominieren.

2.2 Produkteigenschaften

Chemische Produkte stellen in den Fällen hohe Anforderungen an ihre Handhabung, in denen es sich um temperaturempfindliche, gefährliche oder verderbliche Güter handelt. Gerade im Hinblick auf eine globale Planung und Steuerung muss die Verfügbarkeit der erforderlichen technischen Standards im gesamten Lager- und Transportnetz gewährleistet sein. Im Rahmen von **„Responsible Care"** - einer freiwilligen weltweiten Initiative der chemischen Industrie zur Verbesserung der Leistungen auf den Gebieten Sicherheit und Umweltschutz - haben sich die Chemieunternehmen im Bereich Distribution zur Wahrung strenger Grundsätze bei Transport, Umschlag und Lagerhaltung selbst verpflichtet.

Weiterhin sind **länderspezifische Regularien** wie Produktmarkierungen, Etikettenbeschriftungen, Herkunftsbezeichnungen usw. zu berücksichtigen. Dies führt dazu, dass einmal abgefüllte und etikettierte Produktionen zu national dedizierten Beständen werden. Damit kommt der Prognosequalität der lokalen Nachfrage eine entscheidende Bedeutung in der Planung einer Supply Chain zu, denn Redistributionen in einem überregionalen Netz sind teilweise nur durch aufwendige Umfüll- und Umpackvorgänge möglich.

2.3 Produktionstechnische Besonderheiten

Bei vielen chemischen Produkten handelt es sich um Basisstoffe oder Commodities, die aus wenigen Einsatzstoffen, im Idealfall kostengünstig in großtechnischen Anlagen, hergestellt werden. Der technische Fortschritt hat die optimale Größe von Produktionsanlagen ansteigen lassen, so dass aus Kostengründen eine Konsolidierung der Produktionskapazitäten auf wenige Standorte - im Extremfall ein einziges Werk mit world-scale-Maßstab - sinnvoll ist. Diese Standorte übernehmen dann weltweit die Zulieferung weiterer Produktionsstandorte und die Versorgung der Kunden. Um dies erfolgreich bewältigen zu können, sind umfangreiche Koordinationsprozesse zur Planung der zentralen Produktionskapazitäten, der dezentralen Distributionsknoten sowie der lokalen Kundenversorgung notwendig. Gleichzeitig müssen Durchlaufzeiten und interregionale Marktkonkurrenzen berücksichtigt werden.

Darüber hinaus ist die Chemiebranche durch die Besonderheiten der Prozessindustrie gekennzeichnet, die eine konsequent **nachfragegetriebene Produktionsplanung und -steuerung** und damit die Flexibilität der Supply Chain einschränken. So weisen chemische Produktionsprozesse durch Stoffströme und Energieaustausch intensiv miteinander verflochtene Produktionsstufen auf, bei der Zwischen- und Kuppelprodukte entstehen, die wiederum die Einsatzstoffe für andere Produkte und Produktionsstufen sind und die Grundlage zur Ausschöpfung von Verbundvorteilen bilden.

Das Verbundprinzip ist eine der tragenden Stärken der BASF und im Laufe der historischen Entwicklung zu einem Leitprinzip der Unternehmensentwicklung geworden: Es sichert dem Unternehmen Kostenführerschaft und damit langfristig entscheidende Wettbewerbsvorteile. An einem integrierten Produktions- bzw. Verbundstandort werden ausgehend von wenigen chemischen Basisrohstoffen über mehrere Wertschöpfungsstufen zunächst 200 wichtige chemische Grund- und Zwischenprodukte hergestellt. Diese bilden die Basis für die Erzeugung der rund 8.000 Verkaufsprodukte der BASF. Dieses Verbundprinzip führt aber auch zu einem engen internen produktionswirtschaftlichen Kunde-Lieferant-Verhältnis mit erheblichen planerischen Abhängigkeiten im Prozessnetz.

Darüber hinaus existieren eine Vielzahl von **verschiedenen Produktionsverfahren**, die Auswirkungen auf die Gewichtung der Optimierungsparameter in der Supply Chain haben. So dominiert bei kontinuierlichen Produktionsverfahren in großtechnischen Anlagen die Zielsetzung einer hohen Kapazitätsauslastung zur Senkung der Produktionsstückkosten sowie eine weitgehende Vermeidung von Anlagenstillständen. Ähnliches gilt bei Chargenproduktion, bei der möglichst große Lose unter Minimierung von Rüst- und Sortenwechselkosten angestrebt werden. Ziele, die sich restriktiv auf die Optimierung von Beständen und die Berücksichtigung von Marktschwankungen (vor allem bei langen Prozesszeiten) aber auch kurzfristigen Kundenwünschen auswirken. Zur Prüfung der Produktspezifikation verlangen Kunden in vielen Fällen vorab Chargenmuster, die dann mit der gelieferten Ware absolut übereinstimmen müssen. Dies sollte bei der Nachfragesteuerung sowie beim Auftrags- und Materialmanagement berücksichtigt werden.

Aufgrund des engen Leistungsverbundes in der Produktion, die zu einem intensiven Beziehungsgeflecht zwischen internen und externen Lieferanten und Kunden führt sowie der veränderten globalen Arbeitsteilung in chemischen Netzwerken kommt der effizienten Beherrschung der Logistikkette generell eine große Bedeutung zur Unterstützung der Verbundvorteile zu. Diese Beherrschung ist nur durch eine integrierte Planung und Steuerung der Supply Chain zu erreichen.

3 Elemente einer integrierten Supply Chain Planung

3.1 Das integrierte Planungsmodell

Aufgrund dieser Anforderungen global integrierter Prozessketten ist ein durchgängiges Planungsmodell zu entwickeln, welches alle relevanten Knoten im Netz abbildet und eine Verzahnung von Planung und Steuerung ermöglicht (vgl. Abbildung 2). Die Integrationsebenen sind dabei hinsichtlich folgender Aspekte zu differenzieren:

- Geographische Dimensionen (Netzwerke einzelner Geschäftseinheiten),
- Vernetzung von Geschäftseinheiten in Sinne eines Kunden-Lieferanten-Verhältnisses und
- Verbindung der lang-, mittel- sowie kurzfristigen Planung mit der Steuerungsebene.

Aufgrund der oftmals transregionalen Dimension der geschäftsspezifischen Supply Chains ist die Prozessintegration durch eine Harmonisierung der jeweils in den Regionen eingesetzten ERP-Systeme bzw. Systemversionen zu unterstützen. Denn diese Harmonisierung bildet die Basis für:

- Die Verbesserung der Kommunikationsmöglichkeiten zwischen den Regionen und Netzknoten auf der Basis einheitlicher Stammdaten,
- eine Optimierung logistischer Abläufe durch Definition abgestimmter Ablaufregeln und
- die Schaffung von Transparenz über Bestände, Bedarfe und Aufträge.

Wesentlicher Kernpunkt eines integrierten Planungsmodells ist die Gesamtbetrachtung und Optimierung der Prozessplanung. Mit anderen Worten: die Ermittlung und Zusammenführung der Sub-Optima von Sub-Planungen des Marktes, des Distributionsnetzes oder eines Produktionsstandortes können nicht zielführend sein.

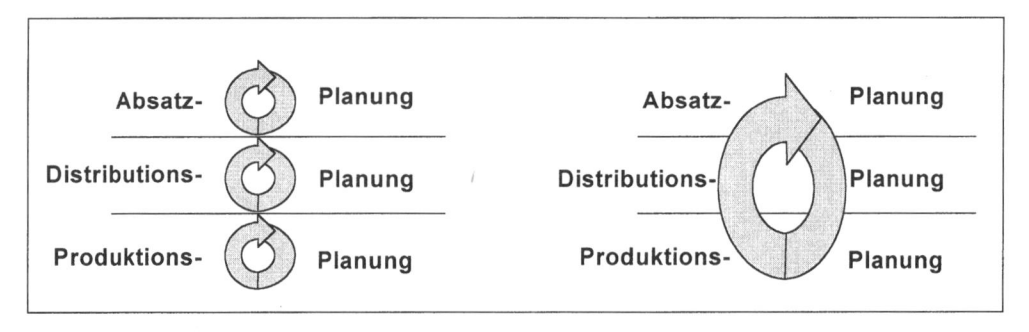

Abbildung 2: Integration der Teilplanungen in einem vertikalen Supply Chain Planungslauf

Das Ergebnis der Planung wird je nach betrachtetem Zeithorizont zwar unterschiedlich genutzt, insgesamt müssen die Planungen jedoch miteinander verzahnt sein.

Strategische Planung (i.d.R. langfristig rollierender Zeithorizont):
Diese dient zur Überprüfung der Marktentwicklung gegenüber den vorhandenen Produktionskapazitäten und ggf. zur Ableitung von Investitionsentscheidungen. Die hierfür ermittelten Absatzbedarfe werden i.d.R. auf Produkte oder Produktfamilien aggregiert. Das Ergebnis der strategischen Absatzplanung dient vor allem der Budgetierung und nicht der mengenorientierten SC-Planung. Im Sinne einer integrierten Geschäftsplanung muss eine Verzahnung und damit ein sinnvoller Abgleich zwischen Budget und SC-Planung erfolgen.

Mittelfristige Planung (i.d.R. mittelfristig rollierender Zeithorizont auf monatlicher Basis):
Sie dient der mengenorientierten SC-Planung. Die ermittelten Kundenbedarfe bilden die Planungsgrundlage für den dispositiven Bestandsverlauf und die Vorplanung der Produktion.

Operative Planung (i.d.R. kurzfristig rollierender Zeithorizont):
Die operative Planung dient zur Ermittlung der Mengenströme für die Lagerergänzung oder der Einlastung von Kundenbedarfen/Aufträgen in die Produktion. Der Übergang zum operativen Tagesgeschäft ist hier fließend.

3.2 Absatzplanung als Teil der integrierten SC-Planung

Ziel der Absatzplanung ist es, Kundenbedarfe zu ermitteln, welche die Grundlage für die Bedarfsweiterreichung in der Supply Chain bilden (vgl. Abbildung 3). Damit stellt die Absatzplanung den eigentlichen Ausgangspunkt jeder bedarfsorientierten Planung innerhalb eines Unternehmens dar. In der BASF wird hauptsächlich eine vertriebsgestützte Absatzplanung eingesetzt. Die Qualität der Prognosen durch die Kundenbetreuer ist qualitativ besser als eine statistische Prognose auf Basis von Vergangenheitszeitreihen. Die ermittelten Bedarfszahlen beschreiben innerhalb einer Supply Chain eine Kunden-Lieferanten Beziehung. Für die Bedarfsermittlung zwischen Kunde und Lieferant gibt es im Wesentlichen drei Möglichkeiten:

- Ein Kunde gibt seine Bedarfe an den Lieferanten weiter,

- der Lieferant erzeugt sich aus seinen eigenen Markterfahrungen und/oder aus den kundenspezifischen Bedarfswerten der Vergangenheit die Absatzplanzahlen selbst und

- bei der unternehmensübergreifenden Kooperation („Collaborative Planning") stimmen Kunden und Lieferanten nach bestimmten Regeln die Bedarfsermittlung ab.

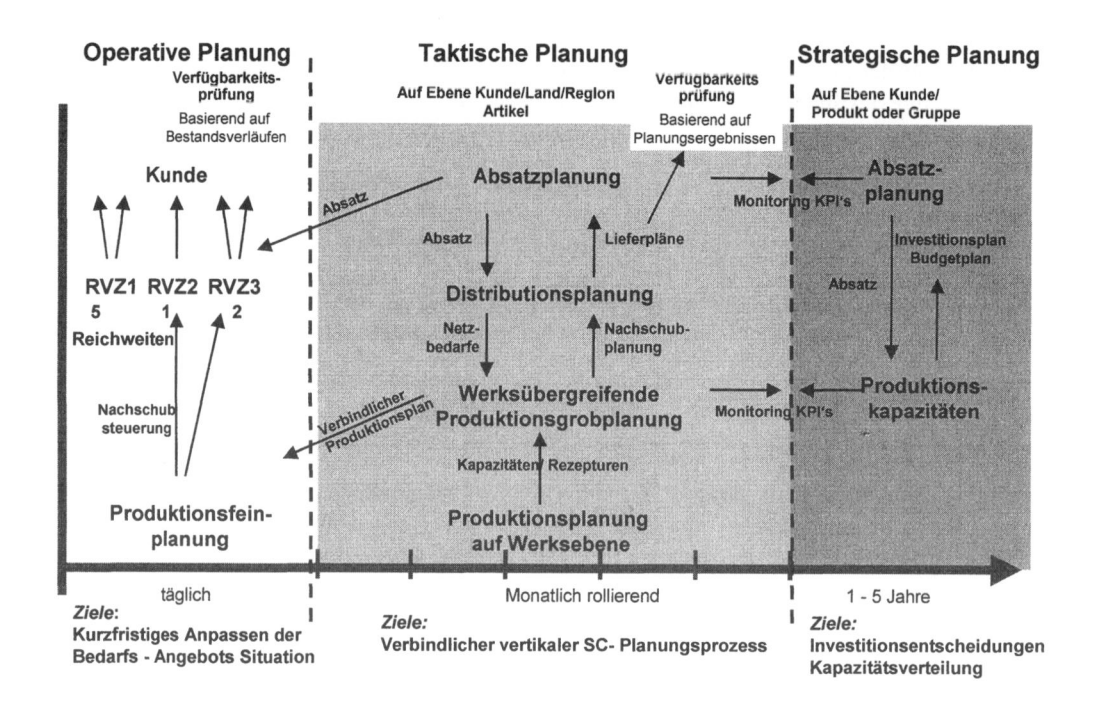

Abbildung 3: Absatzplanung als Teil der integrierten Supply Chain Planung

Die Absatzplanung ist ein Teil der integrierten Supply Chain Planung (**integrierte Absatzplanung**). Um deren Umfang zu bestimmen, muss zuerst analysiert werden, welche Produkte, Artikel, Kunden und Lieferanten zu einer Supply Chain gehören. Für diese Supply Chain werden die Rahmenbedingungen festgelegt. Dazu gehören ein einheitlicher Planungshorizont, definierte Planungszyklen, abgestimmte Planungsstrategien und festgelegte organisatorische Zuständigkeiten und Verantwortlichkeiten auch über organisatorische Grenzen hinweg. Für die Absatzplanung bedeutet dies:

- Festlegen der Kunden-/Artikel-Beziehungen in der Absatzplanung,
- der Planungshorizont gibt die Wertigkeit der rollierenden Planzahlen vor,
- gemäß festgelegtem Planungszyklus erfolgt die Verifizierung der Absatzplanzahlen,
- Definition der Planungsstrategie (Anwendung von Pull-Prinzipien zur Ermittlung des Produktionsbedarfes, oder Verwendung von Push-Strategien zur Festlegung, welcher Markt oder Kunde mit welcher Menge aus einer Gesamtproduktionsmenge bedient wird),
- Integration von Sonderbeziehungen, wie z. B. Vendor Managed Inventory-Kunden,
- Festlegen der beteiligten regionalen/organisatorischen Einheiten und deren Rollen sowie
- Bestimmen der Bedarfsweitergabe von der Absatzplanung in die Distributionsplanung, die Produktionsplanung oder die Beschaffung sowie den Weg der Bedarfsdeckung zurück über die Generierung von Lieferplänen oder Kontingenten.

3.3 Distributionsplanung als integrierte Netzwerkplanung

Inhalt der Distributionsplanung ist neben der Nettobedarfsrechnung für die einzelnen Netzknoten auch die Bestätigung der Absatzplanung, d. h. die Rückmeldung an die originär bedarfsplanenden Einheiten im Vertrieb/Marketing, ob und inwieweit ihre Bedarfsvorhersagen mengen- und termingerecht eingehalten werden können. Dies führt zu einer Erstellung von Lieferplänen und Festlegung der **Available-to-Promise (ATP)-Mengen**. Darüber hinaus findet mit fortschreitender zeitlicher Verfeinerung ein Übergang der Planung in die operative Nachschubsteuerung statt, in der schließlich eine wöchentliche/tägliche Überprüfung und gegebenenfalls Anpassung und Änderung tatsächlicher Lieferaufträge stattfindet (vgl. Abbildung 4). An dieser Nahtstelle zeigt sich auch die Notwendigkeit einer Integration von Planungs- und operativen (ERP-) Systemen, da letztlich die Planung in Produktions-, Umlager-, Nachschub- oder Kundenaufträge umgesetzt werden muss.

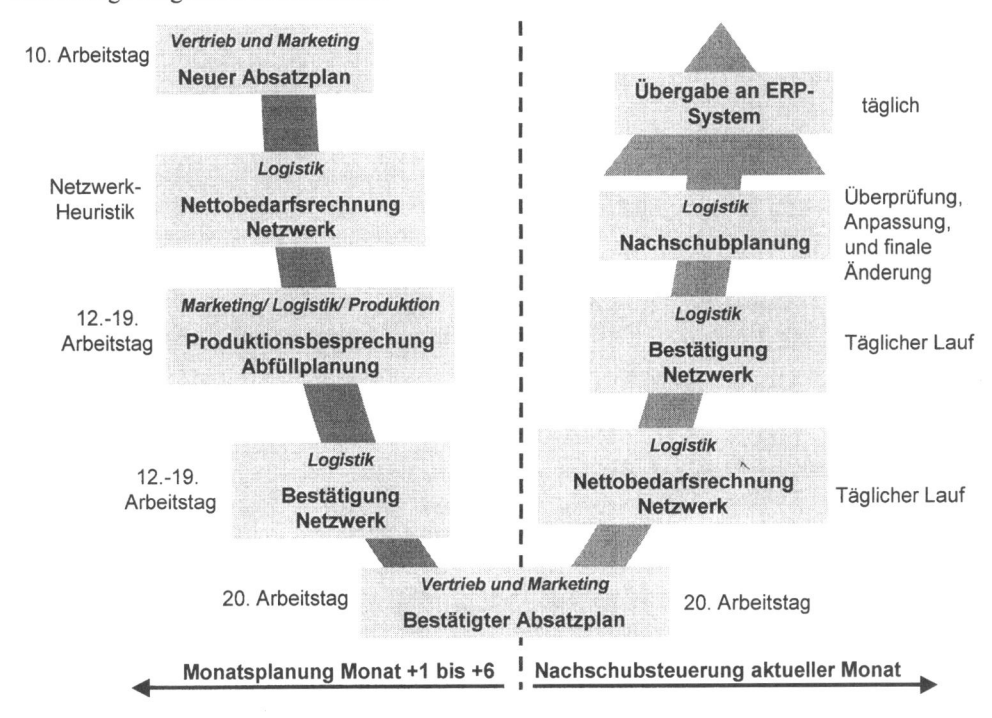

Abbildung 4: Beispiel einer Distributionsplanung: Inhalte, Zeittaktung, Rollen und Übergang in die operative Steuerung

Die Distributionsplanung ist analog zur Absatzplanung als Element der integrierten Supply Chain aufzubauen (**integrierte Distributionsplanung**). Auch hier muss über eine Analyse festgelegt werden, welche Produkte, Artikel, Lager oder Distributionszentren Bestandteil der

Distributionsplanung sind. Zusätzlich sind die Bedarfe der Absatzplanung auf die definierten Netzknoten zuzuordnen. Der Planungshorizont, die Planungszyklen und Planungsstrategien müssen mit der Absatzplanung und der Bedarfsweiterreichung an die Produktionsplanung in Einklang gebracht werden. Für die Distributionsplanung bedeutet dies:

- Festlegen der **S**tock-**K**eeping-**U**nit (Artikel/Distributionsknoten) im Distributionsnetzwerk,
- Fixierung des Planungshorizonts und der Planungszyklen,
- Definition der Planungsstrategien (Pull- vs. Push-Strategien, Strategien für Warenmangelsituationen),
- Festlegung der Transportbeziehungen, Lagerkapazitäten, Sicherheitsbestände usw. pro Knoten,
- Bestimmung der Abhängigkeiten der Knoten untereinander,
- Fixierung der Bedarfsweitergabe von der Distributionsplanung an die Produktionsplanung,
- Festlegen der Sonderbeziehungen bzgl. der Integration von Fremdlager, Kundenlager oder Weiterfertigung/Veredelungsstufen sowie
- Bestimmung der Kommunikationsroutinen über Warenverfügbarkeit aus der Distributionsplanung zur Erzeugung der Lieferpläne an die Absatzplanung.

3.4 Integration von Planung und Execution

Eine wesentliche Säule der Effizienz im Supply Chain Management stellt die **Integration von Planungs- und Ausführungs-Prozessen** dar. Wie dargestellt, sind im Rahmen der monatlich rollierenden Planung der ermittelte Kundenbedarf und die darauf basierenden globalen Distributions- und Produktionspläne im kurzfristigen Horizont immer weiter zu verfeinern und unter Berücksichtigung der tatsächlichen Bedarfssituation vom Soll- in den Ist-Zustand zu überführen.

Am Beispiel der Kundenauftragsbestätigung kann gezeigt werden, welcher Integrationsgrad zwischen der Planung und der Kundenauftragserfüllung erforderlich ist, um den Kundenauftrag unter Berücksichtigung des optimierten Supply Chain Plans und der daraus abgeleiteten Liefermengenzusagen gegenüber dem Vertrieb in Einklang zu bringen. Letztlich ist es Ziel der Anstrengung, dem Kunden einen hohen Lieferservice zu bieten. Dies bedeutet im operativen Prozess, dem Kunden den Auftrag zum Wunschliefertermin umgehend bestätigen zu können und diese zugesagten Termine und Mengen einzuhalten: „**Planning meets Execution**".

- **Bedarfsmengenzusagen**

Wird die Absatzplanung der Kunden oder Regionen im Rahmen der monatlich rollierenden Planung durch die Supply Chain bestätigt, ist daraufhin im Fulfillment-Prozess sicherzustellen, dass die Liefermengenzusagen eingehalten werden können.

Dies ist insbesondere dann von Bedeutung, falls der ursprünglich vorhergesagte Marktbedarf infolge von Ressourcen-Engpässen in der Supply Chain nicht vollständig bestätigt werden konnte, d. h. Produktionsmengen kunden- und/oder regionsspezifisch zu kontingentieren sind.

- **Lieferpläne/ATP-Mengen**

In Fällen von Multi-Sourcing, d. h. der Markt/die Region kann aufgrund der Geschäftsstrategie durch unterschiedliche Lieferquellen (Regionale Verteilzentren, Produktionswerke) beliefert werden, ist sicherzustellen, dass die bestätigten Lieferpläne der Lieferquellen nicht überschritten werden. Denn in den vorangegangenen Planungsläufen erfolgte eine integrierte und damit auch standortübergreifende Abstimmung der Distributions- und Produktionspläne. Diese restriktive Einhaltung von Liefermengenzusagen ist insbesondere bei Engpasssituationen erforderlich, und sie beinhaltet auch Elemente zur qualitativen Disziplinierung der originären Bedarfsvorhersagen: Sowohl Bedarfsprognosen als auch rückgemeldete, ressourcenabgestimmte Lieferpläne gewinnen Verbindlichkeit entlang der gesamten Supply Chain.

- **Aktuelle Angebots-/Bedarfssituation**

Im Rahmen der Kundenauftragsbestätigung ist neben der Planung insbesondere die aktuelle Bedarfs-/Angebots-Situation in der Supply Chain von Bedeutung (vgl. Abbildung 5). Aufgrund von kurzfristigen Bedarfs- bzw. Angebotsänderungen ist sowohl die aktuelle Angebotssituation an Verkaufsartikeln zu prüfen als auch die Fähigkeit, den Artikel aufgrund der Kundenanfrage zu fertigen (**Capable-to-Promise**).

Abbildung 5: Tripel-P der Kundenauftragserfüllung

In Fällen von Multi-Sourcing spielt vor allem die **lieferquellen-übergreifende Verfügbarkeitsprüfung** eine wesentliche Rolle. Die geschäftsspezifischen Supply Chains müssen unter Berücksichtigung geographischer, verpackungs-/mengenabhängiger und produktbezogener Aspekte die relevanten Lieferquellen, in denen eine Verfügbarkeitsprüfung durchzuführen ist, definieren, um letztlich eine Kundenauftragsbestätigung zu erreichen. Voraussetzung hierfür ist, dass alle Daten, welche die Bedarfs- und Bestandssituation und die Ressourcenverfügbarkeit zum Zeitpunkt der Prüfung widerspiegeln, transparent in Echtzeit vorhanden sind. Dies kann nur durch eine Integration der elektronischen Abwicklungs- (ERP-) und der Planungssysteme erreicht werden. In Konsequenz wird es dadurch ebenfalls möglich, Kundenauftragsbestätigungen online, z. B. über e-Business Plattformen durchzuführen.

3.5 Supply Chain Steuerung über Feedback

Neben Planung und Execution ist die Integration (des Supply Chain-Monitoring) und die Analyse der Lieferkette anhand von Kennzahlen in die Prozesskette entscheidend. Das **Monitoring** und die **Analyse der Kennzahlen** bildet sowohl die Grundlage der Justierungsschleifen zwischen den Planungsebenen als auch die Basis des Controllings der operativen Prozesse. Analog zum Integrationsansatz innerhalb der Planungskaskaden (strategisch vs. taktisch/operativ) ist auch beim Controlling das nahtlose Ineinandergreifen von Kennzahlen verschiedener Management-Ebenen von großer Bedeutung (vgl. Abbildung 6).

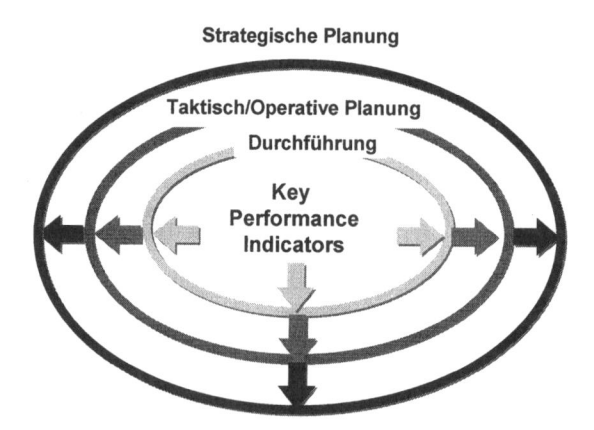

Abbildung 6: Kennzahlen als Grundlage für Frühwarnung und Feedback

Eingebettet in die **Balanced Scorecard** der BASF sind im Supply Chain Management auf strategischer Ebene die relevanten Abhängigkeiten zur Finanz-, Markt- sowie Prozessebene abgebildet und in operationale Supply Chain-Kennzahlen überführt. Insbesondere die Interdependenz von Logistik- und Bestandskosten vs. Logistikservice wird in diesem Zusammenhang abgebildet.

Generelles Ziel ist es, das sequentielle Durchlaufen der Phasen Planung, Durchführung und Analyse zu durchbrechen, um bereits in den unterschiedlichen Planungsebenen Analysen der zu erwartenden Supply Chain-Performance und gegebenenfalls erforderliche Feedback-Schleifen durchführen zu können.

3.6 Systemintegration, Datenintegrität und -aktualität

Integrierte Prozesse setzen Transparenz und Informationsverfügbarkeit voraus, die nur durch adäquate EDV-Unterstützung geschaffen werden können. Informationsverluste, häufig hervorgerufen durch Systembrüche, führen zu ineffizienten Prozessen. So kann beispielsweise eine Supply Chain Planung, durchgeführt auf einem **(APS-) Advanced Planning Tool** einen kostenoptimalen Produktionsplan erstellen. Kann dieser dann nicht automatisch in das Transaktions- (ERP-) System für den Fulfillment-Prozess übernommen werden, gehen Planungsinformationen verloren, und der Nutzen sowie die Akzeptanz der Planungsprozesse bei den Anwendern wird gemindert. Bei der Auswahl von Applikationen für die Abbildung von Planungs-, Fulfillment- und Analyseprozessen findet i.d.R. ein „trade-off" statt, hinsichtlich der Funktionalität von isolierten „best of breed"-Paketen und der vollständigen Integration von unternehmensweiten Applikationen. Insbesondere bei global agierenden Unternehmen wie der BASF muss ein funktional orientierter „best of breed"-Ansatz aufgrund der unterschiedlichen Anforderungen der Geschäftsbereiche intensiv geprüft werden. Im Vordergrund steht die Abwägung zwischen den hohen Anforderungen bezüglich der Integration an konzerninterne Prozessabläufe sowie den Anforderungen der heterogenen Marktbedingungen.

Entscheidend für eine systemübergreifende Abbildung von Prozessabläufen ist die **Sicherstellung der Datenintegrität**. Bei einer globalen Planung und Analyse ist eine regionenübergreifende Datenharmonisierung aller relevanten Material-, Kunden- und Lieferantenstammdaten grundlegend für die Planungsqualität. Damit ist die systemübergreifende Kommunikation ohne umfangreiches Mapping der Stamm- und Bewegungsdaten sichergestellt.

In Abhängigkeit vom Wirkungsrahmen (strategisch, taktisch, operativ) der Supply Chain Prozesse existieren unterschiedliche Anforderung hinsichtlich der Datenaktualität. Während sich die strategischen Entscheidungen weitestgehend auf Basis von aggregierten historischen Daten treffen lassen, sind sowohl für taktische als auch operative Entscheidungen genaue Informationen über die aktuelle Situation von Bedeutung. An die Planungsapplikation für taktische und operative Entscheidungen sind daher ERP-Daten in „Realtime" zu übertragen. Dies bedeutet, dass jede Bedarfs- und Angebotsänderung im Planungssystem berücksichtigt werden kann. Dadurch wird ebenfalls gewährleistet, dass beim Einsatz mehrerer ERP-Systeme in unterschiedlichen Regionen systemübergreifend die vollständige Transparenz über die Bedarfs- und Angebotssituation erzielt werden kann.

4 e-enabled Integration

e-Commerce verändert die Prozesse der chemischen Industrie in der Beschaffung und in der Produktion ebenso wie die Beziehungen zu den Kunden. BASF definiert e-Commerce als die Abwicklung von Geschäftsprozessen auf elektronischem Weg und nimmt in der chemischen Industrie eine führende Rolle bei der Weiterentwicklung ihres bereits bestehenden Angebots an e-Commerce-Funktionalitäten ein. Folgende wesentlichen Vorteile erzielt die BASF mit der konsequenten Verfolgung von e-Commerce Strategien:

- Erhöhung der Kundenzufriedenheit, Ausbau bestehender Kundenbeziehungen sowie Gewinnung neuer Kunden durch BASF-spezifische, für den Kunden maßgeschneiderte Lösungen,
- Senkung der Transaktionskosten für Kunden und BASF durch eine höhere Effizienz der Abläufe sowie
- Optimierung der Beschaffung durch die Gewinnung neuer Lieferanten.

Insbesondere für das Supply Chain Management werden sich durch e-Commerce Möglichkeiten zur Prozessoptimierung ergeben. Die wichtigsten Ansätze stellen die elektronisch gestützte Integration von unternehmensübergreifenden Transaktions- und Planungsprozessen dar. Dabei konzentriert sich die BASF im Wesentlichen auf drei Bereiche: System-zu-System-Lösungen, Portal-/Extranet-Angebote und elektronische Marktplätze. Grundvoraussetzung zur Realisierung der angestrebten Nutzen des e-Commerce ist die unternehmensinterne „e-Readiness". e-Readiness bedeutet nicht nur die Schaffung der technischen Voraussetzungen zur Anbindung der (ERP- und APS-) Systeme im Hinblick auf Infrastruktur und Applikationen an Internet- bzw. Plattform-Modelle. Den eigentlichen Ausgangspunkt bildet die Entwicklung geschäftsspezifischer e-Commerce Strategien zur zielgerichteten Unterstützung der Gesamtgeschäftsstrategie. Aus dieser strategischen Positionierung, die in der BASF für alle Geschäftsbereiche individuell bestimmt ist, werden auch für die Supply Chain-relevanten Prozesse entsprechende Process Reengineerings abgeleitet, die sowohl die netzwerkinternen als auch die unternehmensübergreifenden Prozesse des Order Management und der Supply Chain Planung betreffen. Gleichzeit wird zur Wahrung von Verbundeffekten ein Set von Kern-Systemfunktionalitäten und -prozessen in allen drei Bereichen aufgebaut.

4.1 System-zu-System-Lösungen

System-zu-System-Lösungen werden auch in den nächsten Jahren den größten Anteil an der elektronischen Vermarktung ausmachen. Darunter sind die 1:1-Verbindungen zwischen den ERP-Systemen zweier Unternehmen bzw. Geschäftspartnern zu subsummieren. Hier betreibt die BASF bereits seit Jahren über **EDI-Datenaustausch** die Integration zu ihren Kunden. Neben der Auftragsabwicklung von der Auftragseingabe bis zur Rechnungsstellung und dem Austausch von Auftragsinformationen (order status) sind hier auch Lösungen zur Unterstützung der unternehmensübergreifenden Planung der Supply Chain im Einsatz. Zwei Formen werden im Wesentlichen unterschieden:

- Der Kunden übermittelt dem Lieferanten logistikrelevante Plandaten, z. B. artikelbezogene Verbräuche, Lagerbestände oder eigene Verbrauchsprognosen. Bei dieser Form des **Collaborative Planning** verbleibt der initiale Planungsimpuls der Supply Chain beim Kunden.

- Weitergehende Formen der Integration übertragen dem Lieferanten die Planung und Nachschubsteuerung des Kunden unter festgelegten Spielregeln. Damit erhält der Lieferant Zugriff auf die Supply-Chain-relevanten Planungsdaten – i.d.R. Bestandsmengen – beim Kunden. Auch diese **Vendor Managed Inventory-Lösungen** werden mittlerweile breit eingesetzt.

Neben EDI-basierten Lösungen treibt die BASF zusammen mit anderen Unternehmen die Entwicklung von **XML** voran und ist mittlerweile Vorreiter beim Einsatz des Chem e-Standard^{TM} als XML-Standard. Dieser wird zukünftig auch für den Datentransfer im Rahmen von Portal- und Marktplatz-Lösungen eingesetzt.

4.2 Portale und Extranet

Die Kundenintegration erfolgt entweder direkt über das Internet oder auf Basis eines firmeneigenen, geschützten Extranets. Mittlerweile sind die regional vorhandenen Extranet-/Portal-Ansätze zu einer weltweit einheitlichen Anwendung, dem **BASF WorldAccount** zusammengeführt worden. Die wesentlichen Supply Chain-relevanten Funktionalitäten umfassen zur Zeit neben Produktkatalogen und -informationen vor allem Order Management Applikationen (order entry, change and cancellation) sowie den Abruf umfassender Auftragsinformationen (Status, Analysenzertifikate, Rechnungshistorie, Lieferdetails, u. a.). Das Leistungsangebot im Extranet kann auf die Bedürfnisse der jeweiligen Kunden speziell zugeschnitten werden, und es ist vor allem für die Anbindung kleiner und mittelgroßer Kunden interessant.

4.3 Elektronische Marktplätze

Internet-Marktplätze ermöglichen den elektronisch gestützten Informationsaustausch und die Kommunikation zwischen einer Vielzahl von Geschäftspartnern mittels einer neutralen Plattform. Neben der bereits intensiven Nutzung von Auktionsforen besitzt für die BASF die Integration von Lieferanten und Kunden im Kontraktgeschäft eine hohe Priorität bei der Ausschöpfung von Marktplatz-Potenzialen. So hat die BASF bereits frühzeitig Investitionen in geeignete geschäftsrelevante Marktplatz-Initiativen getätigt: Sie ist z. B. Gründungsmitglied bei ELEMICA, dem weltgrößten Online-Marktplatz für die Beschaffung und den Vertrieb von Chemieprodukten. Gleiches gilt für das globale Joint Venture cc-chemplorer, einem Marktplatz für Technische Güter und Dienstleistungen. Auch hier steht analog zu den Extranet-Aktivitäten zunächst die Realisierung der ERP-Anbindungen im Vordergrund, welche die Basis zur Realisierung der Transaktionskostensenkung im Order Management schafft. Als eines der ersten Unternehmen hat die BASF bereits vollintegrierte Bestellvorgänge mit globalen Großkunden in Europa und den USA über ELEMICA abgewickelt.

Weitere Applikationsversionen im Marktplatzumfeld sind auf zusätzliche Verbesserungspotenziale der Supply Chain gerichtet. Dabei umfassen die Supply Chain Planungs-Lösungen die gesamte Bandbreite der Ansätze von Replenishment Planning und Collaborative Forecasting über Vendor Manged Inventory bis hin zum Supply Chain Modeling.

Thomas Wildrich

ICGC-Exchange - Technologische Plattform für einen B2B-Marketmaker

1　Einleitung

2　Leistungsangebot und Geschäftsmodell von ICGCommerce
　　2.1　Das Unternehmen ICGCommerce (ICGC)
　　2.2　Leistungsangebot
　　2.3　Geschäftsmodell

3　Technologie als Enabler für ein internet-basiertes Geschäftsmodell

4　Der Einsatz von Internettechnologie bei ICGC
　　4.1　ICGC-Exchange im Geschäftsfeld e-Procurement
　　　　4.1.1　Darstellung der ICGC-Exchange
　　　　4.1.2　Ausblick
　　4.2　Internet-Tools im Geschäftsfeld Auktionen
　　　　4.2.1　Darstellung des ICGC-Auktionsprozesses
　　　　4.2.2　Tools
　　　　4.2.3　Ausblick

5　Zusammenfassung

1 Einleitung

Dieser Beitrag beschäftigt sich im Wesentlichen mit der Beschreibung der Technologie, die von dem **B2B-Market Maker** ICG-Commerce (ICGC) eingesetzt wird, um einen umfassenden Service im Bereich des **e-Procurement** anbieten zu können.

Im folgenden Kapitel wird das Leistungsangebot und das Geschäftsmodell von ICGC näher beleuchtet und aufgezeigt, wie es mit der Internettechnologie verwoben ist. In Kapitel 3 werden die Merkmale der Internettechnologie im Allgemeinen herausgearbeitet und beschrieben, warum diese Technologie zur Zeit so interessant für die Abbildung von Geschäftsprozessen zwischen Unternehmen ist. Die Darstellung der ICGC-Exchange bildet anschließend den Hauptteil. Ziel dieses Beitrags ist es, einen Eindruck darüber zu vermitteln, wie die Internettechnologie die Basis für neue Geschäftsmodelle (wie das eines B2B-Marketmaker) darstellen kann. Diese Technologie und das Internet im Allgemeinen wird aber nur in Kombination mit wertsteigernden Dienstleistungen und geschicktem Einsatz von geschäftsspezifischem Know-how einen echten Mehrwert für den Kunden erbringen.

2 Leistungsangebot und Geschäftsmodell von ICG-Commerce

2.1 Das Unternehmen ICG-Commerce (ICGC)

ICG-Commerce (ICGC) bezeichnet sich selbst als „First comprehensive, business-to-business e-Procurement service provider". Das Unternehmen wurde 1999 aus einer kleinen Beratungsgesellschaft in den USA gegründet, indem die Internet Capital Group (NASDAQ: ICGE) als Venture Capitalist in das Unternehmen einstieg, um das e-Procurement auszubauen. Mit Hilfe des von ICGE beigesteuerten Kapitals wurde in kurzer Zeit auf Basis von Standardsoftware-Komponenten und Eigenentwicklungen eine e-Procurement Lösung generiert. Diese ermöglichte zunächst mittelständigen Unternehmen in den USA den einfachen und kostengünstigen Zugang zu elektronischen Katalogen der Lieferanten. Da sich sowohl das e-Procurement als auch die Einkaufskompetenz der Mitarbeiter weitgehend auf den amerikanischen Markt beschränkte, war die Möglichkeit multinationale Konzerne zu bedienen, ausgeschlossen. Anfang des Jahres 2000 gründete Accenture zusammen mit SUN Microsystems das Unternehmen EpValue, welches ein nahezu identisches Leistungsangebot hatte, sich aber genau auf diese Klientel fokussierte und unter anderem durch die Akquisition der Hoechst Procurement International eine starke Einkaufsmannschaft in Europa besaß. Ende 2000 beschlossen ICGC und Accenture, die Aktivitäten zu konsolidieren. Seit Januar 2001 ist die Geschäftstätigkeit unter dem Namen ICG-Commerce zusammengeführt, und das Angebot steht Kunden mit den regionalen Schwerpunkten USA und Europa zur Verfügung.

2.2 Leistungsangebot

Als so genannter „Layer Player" (vgl. hierzu auch Bresser et al. 2000 sowie Evans/Wurster 2000) fokussiert ICGC sein Angebot völlig auf die Kernkompetenz „Einkauf". Das Angebot teilt sich auf in:

- Consulting,
- Auktionen und
- e-Procurement.

Im Bereich **Consulting** werden Projekte zur Ermittlung von Einsparpotenzialen, Aufbau bzw. Restrukturierung von Einkaufsorganisationen und deren Prozesse durchgeführt. Bei **Auktionen** handelt es sich um Projekte, die sich mit der Vorbereitung und Durchführung von „**Reverse Auctions**" beschäftigen. ICGC bietet Unterstützung bei der Auswahl der geeigneten Commodities, adäquater Lieferanten bis hin zur administrativen Durchführung der eigentlichen Auktion (vgl. zu Auktionen den Beitrag von Buchholz).

e-Procurement umfasst das Angebot rund um den internetbasierten Einkauf. ICGC bietet kleinen und mittleren Unternehmen den Zugriff auf eine gehostete Einkaufssoftware, sowie auf Kataloge, die von Einkaufsprofis vorverhandelte Konditionen enthalten. Darüber hinaus unterstützt die Software auch Gelegenheitskäufe, so genannte „Spotbuys". Große Unternehmen haben nicht nur die Möglichkeit eigene Kataloge mit einzubinden, sondern können sogar die verwendete Internet-Einkaufssoftware, wie z. B. ARIBA® selbst definieren. Identisch ist jedoch, dass ICGC den gesamten Einkaufsprozess von der Bedarfsmeldung bis hin zur Lieferantenrechnung für die Kunden übernimmt und darüber hinaus die Einkaufsprofis in den USA und Europa die Bedarfe der Kunden aggregiert am Markt vertreten.

2.3 Geschäftsmodell

Das Geschäftsmodell der ICGC lässt sich in die Klassifizierung von „Netsourcing business models" (vgl. Buchholz/Bach 2001) einordnen und baut auf vier Komponenten auf:

- Value generation for multiple participants,
- Revenue generation for each individual participating firm,
- Internet-based transactions that enable netmarket business und
- Specific netmarket business processes.

ICGC generiert dabei „Added Value" und Umsatz sowohl für Kunden als auch Lieferanten. Die **Kunden** erhalten signifikante Einsparungen beim Bezug von Waren und Dienstleistungen über ICGC durch reduzierte Einstandspreise und optimierte, internetbasierende Beschaffungsprozesse. Den **Lieferanten** eröffnet ICGC einen weiteren Vertriebskanal und Zugang zu einer neuen und breiteren Kundenbasis. Das gesamte Leistungsangebot wird durch den Einsatz von internetgestützter Technologie gefördert, bzw. das Leistungsangebot und das Geschäftsmodell werden durch den Einsatz dieser Technologie überhaupt erst möglich. Auf die Bedeutung der Technologie wird in den folgenden Kapiteln noch genauer eingegangen. Der vierten Komponente eines „Netsourcing Business models" – den spezifischen Geschäftsprozessen – kommt jedoch mindestens die gleiche Bedeutung zu wie der eingesetzten Technologie. Erst das Zusammenwirken von optimal auf die Technologie abgestimmten Geschäftsprozessen und dem Einsatz oben aufgeführter Internet-Technologien führt zu einer signifikanten Reduzierung der Beschaffungskomplexität und damit zur Generierung von Mehrwert für alle beteiligten Unternehmen.

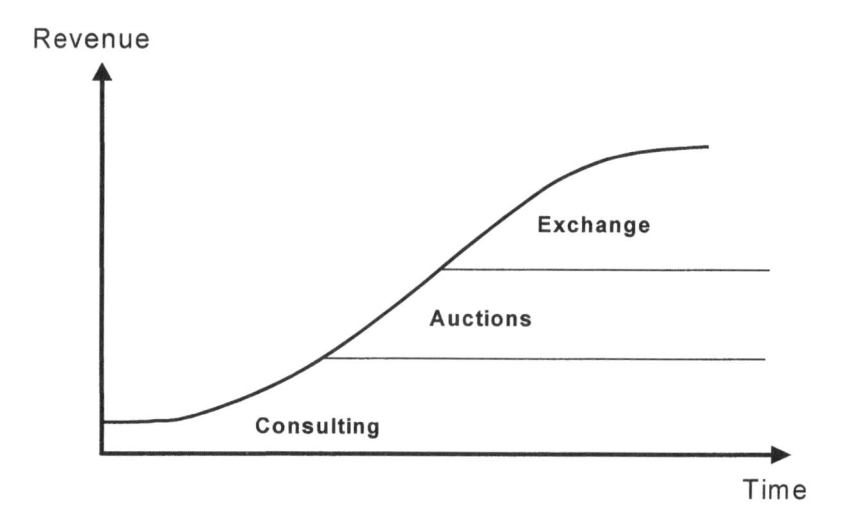

Abbildung 1: Verlauf des Umsatzbeitrags der einzelnen ICGC Business Units

ICGC nutzt die oben genannten individuellen Leistungen, Consulting und Auktionen, um einerseits den Kunden langsam in das e-Procurement Geschäft zu leiten. Andererseits, um gleichzeitig weitere Einnahmequellen zu haben, welche die Liquidität in dieser oftmals langen Übergangsperiode sichern sollen (vgl. Abbildung 1).

3 Technologie als Enabler für ein internet-basiertes Geschäftsmodell

Wie schon erwähnt, ist der Einsatz von internet-basierter Technologie eine entscheidende Komponente für Unternehmen, die nach einem „Netsourcing business model" arbeiten. Im vorliegenden Kapitel soll eine Definition für die „Internettechnologie" vorgestellt und die Attraktivität dieser Technologie für Unternehmen hervorgehoben werden.

Mit dem Internet wird in der Regel das World Wide Web „WWW" gleichgesetzt, obwohl das Internet weit mehr Dienste umfasst. Die Entwickler des WWW definierten einerseits mehrere Protokolle der Anwendungsschicht und andererseits einen Standard für die Veröffentlichung von Dokumenten. Die drei Schlüsselkonzepte sind URL, HTML und HTTP. **URLs** sind so genannte einheitliche Ressourcenzeiger **(Uniform Ressource Locators)**, die in erster Linie Erweiterungen eines vollständigen Pfadnamens für ein Datenobjekt innerhalb des Internets darstellen. Damit lässt sich das Datenobjekt in einer Welt, die aus der Gesamtheit aller Internet-Hosts besteht, eindeutig identifizieren. **HTML (Hyper Text Markup Language)** nennt sich die Spezifikation der Hypertext-Verknüpfungssprache, die ein WWW-Dokument inhaltlich beschreibt. Das **HTTP (Hyper Text Transport Protocol)** beschreibt schließlich das Transportprotokoll, das für den Zugriff auf weit entfernte WWW-Dokumente benötigt wird (vgl. Jasnoch 1999).

Die WWW-Seiten werden mit einem Client-Programm betrachtet, das man **Browser** nennt. Netscape Navigator und Microsoft Internet Explorer sind die populärsten Browser. Ein Browser lädt die angeforderte Seite von einem **WWW-Server**, interpretiert den Text sowie die beinhalteten Formatierungskommandos und zeigt die Seite „sauber formatiert" auf dem Bildschirm an (vgl. Jasnoch 1999).

Programmiersprachen, wie JAVA, sowie die Erweiterungen des HTML-Standards um feste Begriffe aus der Wirtschaft, wie „Order No." zur **XML (Extended Markup Language)**, haben es möglich gemacht, im WWW nicht nur Dokumente anzuzeigen, sondern auch komplexe Programme in einem Browser laufen zu lassen. Und das, ohne eine Software auf den Client-PC installieren zu müssen.

Der Einsatz von Internettechnologie ist mit einer Reihe von Vorteilen verbunden, die es für Unternehmen sehr attraktiv macht, diese Technologie für die Abbildung von Geschäftsprozessen innerhalb des Unternehmens, aber auch für unternehmensübergreifende Geschäftsprozesse, zu nutzen. Nachfolgend sind einige dieser **Vorteile** genannt.

Das Internet ist faktisch von jedem Punkt der Erde zu jeder Zeit erreichbar. Im Allgemeinen benötigt man heute nur einen Telefonanschluss und einen PC mit einem Browser. Immer stärker kommen aber auch heute schon drahtlose Geräte, wie z. B. Mobiltelefone und PDAs (Personal Digital Assistent), zum Einsatz. Die aufwendige Verteilung von Client Software auf lokale PCs entfällt völlig. Weitere positive Merkmale von Internet-Anwendungen sind die hohe Anwenderfreundlichkeit durch die Beschränkung auf das Wesentliche (sonst sind die Übertragungszeiten zu lang) und der intensive Einsatz von grafischen Elementen. Darüber hinaus gehört der Umgang mit dem Internet heute schon fast zum Allgemeinwissen bei einer immer noch explodierenden Zahl von Internet-Nutzern. Ein besonderer Vorteil für Unternehmen ist die Existenz von Standards, welche die elektronische Kommunikation im Vergleich zu EDI (Electronic Data Interchange) wesentlich vereinfacht. Im Gegensatz zu EDI-Lösungen, bei denen zwischen Geschäftspartnern immer 1:1-Beziehungen aufgebaut wurden, ist es mit der Internettechnologie wesentlich einfacher, n:m-Beziehungen aufzubauen (Web-EDI). Auch wenn in der Vergangenheit z. B. ein großer Automobilkonzern mehrere EDI-Verbindungen zu unterschiedlichen Zulieferern unterhielt, waren es doch immer Einzel-Verbindungen, die von der Übertragungsleitung bis hin zum eigentlichen Geschäftsvorfall individuell gestaltet wurden.

4 Der Einsatz von Internettechnologie bei ICGC

Die ICGC-Exchange ist die Transaktionsplattform auf der alle operativen Einkaufsvorgänge abgebildet sind und das Kernstück des Geschäftsfeldes e-Procurement. Im Geschäftsfeld Auktionen kommen weitere Internet-Werkzeuge zum Einsatz, die aber nicht mit der Exchange verbunden sind. Im Folgenden wird zunächst die Exchange näher beschrieben. Danach sind die zusätzlichen Werkzeuge für den Bereich der Auktionen vorzustellen.

4.1 ICGC-Exchange im Geschäftsfeld e-Procurement

4.1.1 Darstellung der ICGC Exchange

Die **Exchange** ermöglicht die Abbildung von Einkaufsvorgängen für katalogfähige Waren und Dienstleistungen sowie so genannte „Spotbuys". Der Geschäftsprozess wird dabei komplett von der Bedarfsmeldung bis zur Bezahlung der Rechnung abgebildet. Unter **katalogfähigen Waren und Dienstleistungen** versteht man hoch standardisierte Güter, die einfach zu beschreiben sind. Beispiele sind Büroartikel, Ersatzteile, Schutzkleidung, etc. **Nichtkatalogfähige Materialien** sind z. B. konfigurierbare Waren wie PCs, Autos, Maschinen. Außerdem zählen dazu Individualanfertigungen, wie z. B. technische Anlagen. Unter **„Spotbuys"** versteht ICGC Freiform-Bestellungen, in denen der Bedarfsträger seinen Bedarf frei definiert und ein Mitarbeiter von ICGC als „Human interface" diese Bestellung an einen Lieferanten übermittelt.

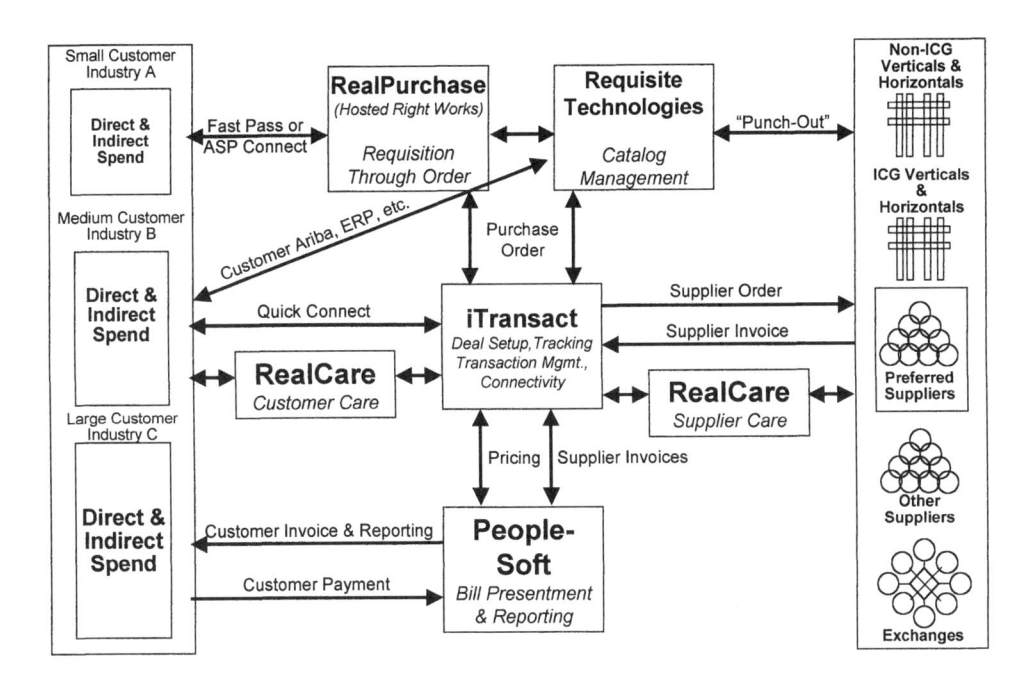

Abbildung 2: Schematische Darstellung der ICGC Exchange

Die Exchange baut zwar größtenteils auf Standardsoftware-Komponenten auf, jedoch musste ein wesentliches Element - **ITransact** - im eigenen Hause entwickelt werden, da am Markt keine nutzbare Lösung gefunden werden konnte. Die Kernfunktion von ITransact ist der Austausch elektronischer Dokumente zwischen den einzelnen Softwarekomponenten bei ICGC, Kunden und Lieferanten sowie der Abgleich unterschiedlicher Stati in diesen Dokumenten. Auf die Komplexität dieser Funktion wird später noch einmal eingegangen.

In Abbildung 2 sind die einzelnen Komponenten der Lösung sowie die Kommunikationswege dazwischen schematisch dargestellt. Im Folgenden werden diese Komponenten, deren Funktionen sowie die unterschiedlichen Angebote die Exchange zu nutzen näher beschrieben. Für kleinere und mittelgroße Unternehmen steht mit FASTPASS® und ASPConnect® ein Komplettangebot zur Verfügung, das nur einen Internetzugang erfordert. Großunternehmen, die aufwendige ERP-Systeme betreiben bzw. bereits selbst in e-Procurement-Lösungen investiert haben, steht darüber hinaus noch das Angebot QuickConnect® zur Verfügung.

RealPurchase ist ein Programm, das ICGC-Kunden auf ihrem Internetbrowser finden, wenn sie z. B. Büromaterial über ICGC bestellen möchten. Die auf der Standardsoftware **RightWorks**® basierende Lösung vermittelt dem Kunden eine Art „Amazon.com-Erlebnis" bei der Bestellung. Über eine einfache, intuitive Oberfläche gelangt der Kunde in die Lieferanten-

Kataloge, die speziell dafür freigeschaltet wurden. RealPurchase bildet den Prozessabschnitt von der Bedarfsfindung bis zur Bestellung (Requistion to Purchase Order) ab (vgl. auch Abbildung 2). Der Unterschied der beiden Varianten FASTPASS® und ASPConnect ist, dass **FASTPASS®** keine Integration der Kundensysteme und keine Anpassung des Workflows benötigt, ähnlich wie bei vielen anderen B2C-Lösungen, wie z. B. Amazon.com. Die Zahlungsabwicklung erfolgt in diesem Fall auch ausschließlich über Credit- bzw. Purchasing Cards.

ASPConnect® ermöglicht darüber hinaus kundenindividuelle Workflows und eine automatisierte Zahlungsabwicklung. Es können, je nach Kategorie, unterschiedliche Freigaberegelungen für die Orders eingestellt werden. Beispielsweise sind Büromaterial-Bestellungen bis zu einem Gesamtwert von 500 USD ohne weitere Prüfung an den Lieferanten weiterzuleiten, während alle Bestellungen von EDV-Hardware von der IT-Abteilung des Kunden freigegeben werden müssen. ASPConnect® integriert sich auch insofern mit dem Kunden-ERP-System, dass z. B. Kostenstellen pro User und Warengruppe abgeglichen und der Ware sowie der Rechnung mitgegeben werden.

Neben diesen beiden komplett von ICGC „gehosteten" Lösungen, gibt es auch noch einen dritten Weg, an die vorverhandelten Preise heranzukommen. **QuickConnect®** ermöglicht es den Kunden, die bereits eine e-Procurement-Lösung im Einsatz haben (z. B. ARIBA® oder Commerce One®), direkt aus ihrem ERP-System (z. B. SAP R/3) auf die Kataloge und vorverhandelten Preise zuzugreifen. QuickConnect® spricht damit mehr die Großkunden an, die einerseits volle Kontrolle über die eigene Software hinter der eigenen Firewall haben möchten und andererseits attraktive Preise auf dem Marktplatz wünschen. Bei QuickConnect® ist der gesamte Belegfluss zwischen Kunden und ICGC elektronifiziert, d. h. alle Belege von der Bestellanforderung bis zur Bezahlung laufen elektronisch zwischen den Unternehmen.

Allen drei Lösungen - FASTPASS®, ASPConnect® und QuickConnect® - ist die Katalog-Engine von Requisite Technologies gemeinsam. **Requisite Technologies** liefert zum einen eine Suchmaschine, welche die Schlagwortsuche unterstützt (beispielsweise sind Informationen über Produkteigenschaften erhältlich). Zum anderen bietet Requisite eine Katalog-Management-Software, die ICGC und die Lieferanten dabei unterstützt, elektronische Kataloge aufzubauen und zu verwalten. Über variable Workflows werden z. B. die Prozesse zur Preisänderung oder zum Löschen eines Artikels abgebildet. ICGC nutzt Requisite auch als Dienstleister für den Aufbau elektronischer Kataloge. Viele Lieferanten sind heute noch nicht in der Lage, alle notwendigen Daten für einen elektronischen Katalog zu generieren. Requisite konvertiert dann die Daten (z. B. Papier-Kataloge) in die entsprechende elektronische Form.

Das Katalog-Management ist ein wesentlicher Bestandteil des Content-Management bei allen B2B-Lösungen. Bei vielen B2B-Projekten wird der Aufwand für das Content- bzw. Katalog-Management weit unterschätzt. Dabei ist es ein kritischer Erfolgsfaktor, der zur Akzeptanz einer Lösung beiträgt. Findet ein Anwender nicht schnell genug einen Suchbegriff, sind die Informationen falsch oder die Preise zu hoch, so wird er die Lösung nicht mehr nutzen.

RealCare, eine Lösung auf Basis der Standard-CRM-Software Remedy®, dient dem Kundendienst und der Lieferantenbetreuung. Die Kundendienstabteilung hat direkten Zugriff auf alle Kunden- bzw. Lieferanteninformationen, sämtliche aktuellen Vorgänge und Probleme der Geschäftspartner. Diese Transparenz ermöglicht der Kundendienstabteilung schnell auf Problemmeldungen zu reagieren, Anfragen selbst zu lösen oder weiterzuleiten. Kunden und Lieferanten haben so eine zentrale Anlaufstelle für Problemmeldungen aller Art, von rein technischen Problemstellungen bis hin zu komplexen Anfragen nach bestimmten Waren und Dienstleistungen. Über eine Statistik-Funktion können die Anfragen ausgewertet und proaktiv Maßnahmen ergriffen werden, um das Angebot entsprechend anzupassen. Neben den klassischen Wegen der Call-Annahme über Telefon, Fax und e-Mail, gibt es sowohl für Kunden als auch Lieferanten ein Self-Service Angebot im Internet. Hier findet der Anwender nicht nur Antworten auf die zehn häufigst gestellten Fragen, sondern kann den Status einer Bestellung bzw. eines Auftrages erfragen. Darüber hinaus gibt es eine Trainingsumgebung, die es Anwendern beim Kunden jederzeit ermöglicht, den Umgang mit dem System zu üben, ohne eine echte Bestellung auszulösen. Lieferanten, die keine großen Auftragsabwicklungssysteme haben, können über den Self-Service Orders abgeben, Auftragsbestätigungen übermitteln und sogar Lieferscheine und Rechnungen erstellen.

Das Standard-ERP-System von **Peoplesoft** ist für die Finanzbuchhaltung, Debitoren- und Kreditorenbuchhaltung verantwortlich. Alle Zahlungsvorgänge in Richtung Lieferant oder Kunde werden von diesem System gesteuert und registriert. Jedoch bleibt das System sowohl für Kunden als auch Lieferanten weitgehend unsichtbar. Diejenigen Geschäftspartner, welche auch ihre Zahlungsabwicklung automatisiert über ICGC abwickeln, haben Standardschnittstellen, die im Hintergrund diesen Belegfluss abbilden.

Wie oben bereits erwähnt, bildet die Eigenentwicklung **ITransact** das Kernstück der ICGC-Exchange (vgl. Abbildung 2). ITransact stellt nicht nur die Kommunikation zwischen den einzelnen Standardsoftware-Komponenten sicher, sondern ermöglicht auch die Kommunikation zwischen den Systemen der Geschäftspartner. Es splittet Orders aus Real Purchase oder einem Kundensystem in Bestellungen an die Lieferanten auf und konsolidiert alle Belege von den Lieferanten (z. B. Auftragsbestätigungen, Lieferscheine) auf die jeweilige Kundenbestellung. Kunden haben somit über eine einzige Schnittstelle Zugriff auf eine Vielzahl an Lieferanten und umgekehrt. Man kann ITransact als Market Maker Engine bezeichnen, da der gesamte Belegfluss des Einkaufsprozesses, inklusive aller Stati, über sämtliche Geschäftspartner abgebildet ist. ITransact wird über ein flexibles Regelwerk gesteuert, d. h. Änderungen im Belegfluss oder das Hinzufügen neuer Geschäftspartner müssen nicht neu programmiert werden, sie sind über so genannte Business Rules zu erfassen. Die Basistechnologie von ITransact ist MQ-Series von IBM.

4.1.2 Ausblick

Wie oben bereits erwähnt, bildet die ICGC-Exchange zur Zeit nur Beschaffungsvorgänge für katalogisierbares Material und Dienstleistungen sowie Spotbuys ab. Diese stehen jedoch nur für ca. 5% bis 10% des gesamten Einkaufsvolumens (direkt und indirekt) eines Unternehmens. Die restlichen 90% bis 95% des Beschaffungvolumens fallen in die Kategorien:

- Einzelanfertigungen (z. B. Rohstoffe, schlüsselfertige Anlagen),
- Konfigurierbare Produkte (z. B. Computer),
- Komplexe Dienstleistungen (z. B. Handwerksleistungen, Softwareengineering) und
- Utilities (z. B. Strom, Gas, Wasser).

Für viele Teilbereiche dieser Kategorien gibt es schon heute Speziallösungen am Markt, die entweder von hochspezialisierten Drittanbietern erstellt oder direkt mit der eigentlichen Leistung vom Lieferanten angeboten werden. Beispiele für einen Drittanbieter sind Uwork und PrintCafe. **Uwork** bietet eine „gehostete" Lösung für die Beschaffung und Abrechnung komplexer Dienstleistungen an. **PrintCafe** ist ein Anbieter, der eine Lösung für die Produktion und Beschaffung von Werbedrucksachen entwickelt hat. Ein typisches Beispiel für eine Lieferantenlösung ist **FedEx**. Neben dem Kurierdienst bietet FedEx auch eine Lösung im Internet an, mit der man den Kurierdienst beauftragen, den Status des Auftrages verfolgen und später die Bezahlung abwickeln kann. Die Herausforderung für ICGC ist es, solche Lösungen in sein Portfolio zu übernehmen und mit ITransact in der Form zu integrieren, dass nicht zwingend eine 1:1-Implementierung zwischen Kunden und Lieferanten notwendig ist, sondern auch hier die Kommunikation und der Belegfluss über ITransact abgewickelt wird.

Außerdem ist es notwendig, dass diese Lösungen für den Kunden aus einem Guss erscheinen. Es ist nicht zumutbar, wenn ein Anwender beim Kunden zwischen vier oder fünf unterschiedlichen Anwendungen differenzieren muss, um seinen täglichen Bedarf zu decken. Alle Applikationen müssen eine einheitliche Anwenderpräsentation aufweisen, indem die Benutzeroberflächen individuell konfigurierbar sind. Zusätzlich muss ein Regelwerk den User bei der Auswahl der richtigen Anwendung unterstützen. Hierzu ist ein intelligentes Einkaufsportal notwendig, das den gelegentlichen User z. B. auf die Frage „Ich möchte eine Dienstreise nach New York buchen" zur richtigen Anwendung und zum richtigen Lieferanten führt.

4.2 Internet-Tools im Geschäftsfeld Auktionen

4.2.1 Darstellung des ICGC-Auktionsprozesses

Im Gegensatz zum Geschäftsfeld e-Procurement wird im Geschäftsfeld Auktionen die Internet-Technologie überwiegend als Werkzeug für die ICGC-Berater im Bereich des strategischen Einkaufs eingesetzt. Im Rahmen von Beratungsprojekten beim Kunden wird das Einkaufsvolumen detailliert untersucht, sind Einsparpotenziale zu ermitteln und Produkte bzw. Warengruppen zu identifizieren, bei denen mit Hilfe von so genannten „Reverse Auctions" schnell große Einsparungen realisiert werden können.

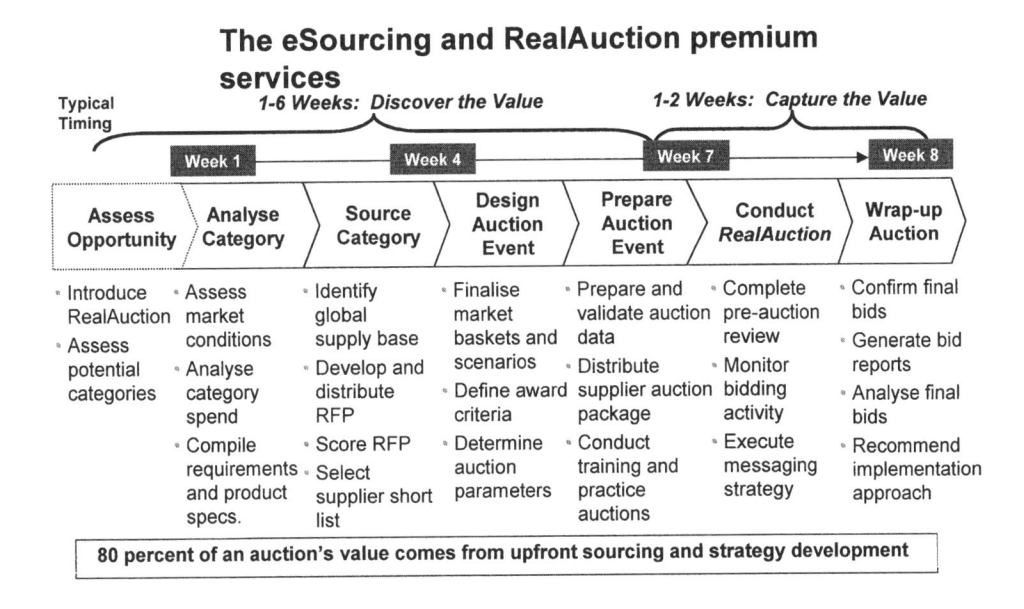

The eSourcing and RealAuction premium services

Typical Timing	1-6 Weeks: Discover the Value				1-2 Weeks: Capture the Value	
Week 1		Week 4		Week 7		Week 8
Assess Opportunity	**Analyse Category**	**Source Category**	**Design Auction Event**	**Prepare Auction Event**	**Conduct RealAuction**	**Wrap-up Auction**
• Introduce RealAuction • Assess potential categories	• Assess market conditions • Analyse category spend • Compile requirements and product specs.	• Identify global supply base • Develop and distribute RFP • Score RFP • Select supplier short list	• Finalise market baskets and scenarios • Define award criteria • Determine auction parameters	• Prepare and validate auction data • Distribute supplier auction package • Conduct training and practice auctions	• Complete pre-auction review • Monitor bidding activity • Execute messaging strategy	• Confirm final bids • Generate bid reports • Analyse final bids • Recommend implementation approach

80 percent of an auction's value comes from upfront sourcing and strategy development

Abbildung 3: „Real Auction" Prozess

"Reverse Auctions" sind Auktionen, bei denen Lieferanten eingeladen werden, um in einem festgelegten Zeitraum auf eine Ausschreibung Angebote abzugeben. Bei ICGC werden in dem in Abbildung 3 dargestellten Prozess die geeignetsten Produkte und Lieferanten ausgewählt und zu einem „Reverse Auctions Event" eingeladen. Während dieses Prozesses werden alle Auswahlkriterien für einen Lieferanten bereinigt, so dass in der Regel der Angebotspreis das ausschlaggebende Kriterium ist. Das Ergebnis eines solchen Auktions-Projektes ist entweder ein Rahmenvertrag oder eine einzelne Bestellung (z. B. über die Lieferung einer Anlage). Grob unterteilt ICGC ein Auktionsprojekt also in 3 Phasen:

- Selektion geeigneter Produkte bzw. Warengruppen beim Kunden,
- Finden und Qualifikation geeigneter Lieferanten und
- Durchführung der eigentlichen Auktion.

4.2.2 Tools

Das Ziel für die Auswahl der geeigneten Werkzeuge zur Unterstützung in den Auktionsprojekten ist, möglichst rasch den eigentlichen „Auktionsevent" durchführen zu können - und damit, so schnell wie möglich, messbare Einsparungen für den Kunden zu erreichen. Daher musste einerseits eine „Internet-Auktions-Software" gefunden werden, die sowohl für den Lieferanten als auch für den Einkäufer leicht zu verstehen und zu bedienen war. Andererseits waren Tools aufzubauen, die halfen geeignete Produkte beim Kunden zu selektieren und die Vorauswahl bzw. Qualifikation der Lieferanten zu unterstützen. Da auch hier keine umfassende Standardsoftware-Lösung zu realisieren war, setzt man, wie bei der Exchange, auf eine Mischung aus Eigenentwicklungen und Standardsoftwarekomponenten, um den Auktionsprozess möglichst vollständig zu unterstützen.

Wie oben bereits angedeutet, handelt es sich um einen „Werkzeugkasten", bestehend aus Internettechnologien, der einzelne Abschnitte eines Auktionsprojektes unterstützt (vgl. dazu Abbildung 4).

Category selection, eRFPs, and dynamic auction technologies are robust and easy-to-use

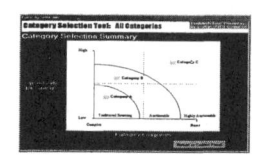

Category Selection Tool
- Facilitates category selection and prioritisation
- Provides eSourcing and Online Auction strategy insight
- Enables self-paced learning

Online Request For Proposal (eRFP)
- Accelerates collection of supplier qualifications
- Streamlines supplier communication
- Automates data analysis

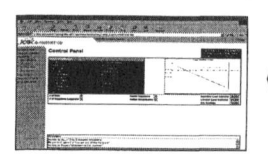

Dynamic Auctions
- Requires no software or upfront investment
- Enables dynamic, real-time, online bidding with automatic screen refresh
- Provides lot and item level bid analysis, instant messaging, dynamic price graphs, and bid extensions

Abbildung 4: „Real Auction" Technologie

Mit Hilfe des **AuctionPrep Selection Tools** werden einkaufspezifische Daten aus der Rechnungsprüfung des Kunden genutzt, um das Einkaufsvolumen zu analysieren und zu kategorisieren. Das Ziel ist, die Produkte oder Dienstleistungen zu identifizieren, bei denen sich eine Auktion lohnt. Geeignete Produkte sind eindeutig zu spezifizieren, bringen ein ausreichendes Einkaufsvolumen mit und lassen sich über mehrere potenzielle Lieferanten beziehen. Die ICGC-Berater selektieren vor Ort beim Kunden die notwendigen Daten aus dessen ERP-System, laden sie per File Transfer (FTP) in das Kategorisierungs-Tool und können direkt mit den Einkäufern des Kunden die Daten analysieren. Dazu ist beim Kunden keine Installation einer Software notwendig, und durch die einfache WEB-Oberfläche versteht der Kunde schnell, mit der Software umzugehen (um im Team mit dem ICGC-Berater schnell geeignete Produkte zu finden).

Im nächsten Schritt werden über das **eRFP-Verfahren** (electronic Request for Proposal) Anfragen erstellt und entweder an eine geschlossene Bietergruppe versendet oder öffentlich ins Internet gestellt. Die Anfragen werden über eine WEB-Oberfläche erstellt und zentral auf einer Datenbank gespeichert. Über e-Mail werden die Bieter informiert und können über den Internetbrowser auf der zentralen Datenbank ein Angebot abgeben. Anlagen zur Anfrage bzw. zum Angebot, wie z. B. technische Zeichnungen, können als Attachements in allgemein üblichen Dateiformaten angehängt werden. Wenn alle Angebote vorliegen, sind die Angebote auf Knopfdruck auszuwerten und zu analysieren.

Diese zwei Tools – das Auction Prep Selection Tool und das eRFP – sind Eigenentwicklungen von ICGC. Für den eigentlichen Auction-Event kommt eine Standardsoftware von **MOAI Technologies** zum Zuge. Das Produkt „**Live Exchange 3.5**" wurde auf die besonderen Anforderungen von ICGC angepasst und fügt sich nahtlos in die Technologie von ICGC ein. Ähnlich wie beim eRFP-Verfahren werden die Lieferanten per e-Mail zur Auktion eingeladen. Während der Auktion können die Lieferanten ihre Preise in Echtzeit über den Internet-Browser für die ausgeschriebenen Produkte abgeben. Sie können sofort sehen, ob sie das günstigste Angebot abgegeben haben bzw. wie die anderen Mitanbieter stehen. Die Anbieter sind alle anonymisiert, so dass sie nicht wissen, wer hinter den Konkurrenzangeboten steht. Wird in den letzten Minuten eines Events noch ein Angebot abgegeben, besteht für den Auktionator die Möglichkeit, die Auktion in fünf bzw. zehn Minutenschritten zu verlängern. Über ein Instant Messaging System kann er die Anbieter einzeln und gesamt zu weiteren Angeboten „ansporren". Die Anbieter geben in der Regel ihre Preise auf Positionsebene ab. Es ist aber auch möglich, dass sie eine ganze Reihe einzelner Produkte komplett prozentual reduzieren. Sehr umfangreiche Auktionen können in so genannte „Lots" unterteilt werden, die nacheinander versteigert werden. Der Auktionator kann über verschiedene grafische und tabellarische Ansichten den Event verfolgen (z. B. nach Warengruppe, Produkt oder Lieferant). Bezogen auf die Ausgangslage beim Kunden können schon während des Events die Einsparungen beim Kunden kalkuliert und grafisch dargestellt werden. Der Auktionator hat neben dem Instant Messaging System weitere Möglichkeiten auf den Event Einfluss zu nehmen, indem er die Auktion kurzzeitig unterbrechen und unsachliche Angebote (z. B. Dumping) löschen kann oder sogar Lieferanten komplett sperrt.

Abbildung 5 zeigt einen Screenshot des Control Panels, wie es dem Auktionator während einer Auktion zur Verfügung steht. Die Software von MOAI unterstützt mehrere Sprachen und unterschiedliche Währungen. Die gesamte Kommunikation wird während einer Auktion verschlüsselt, so dass sie gegen Hackerangriffe weitestgehend geschützt ist.

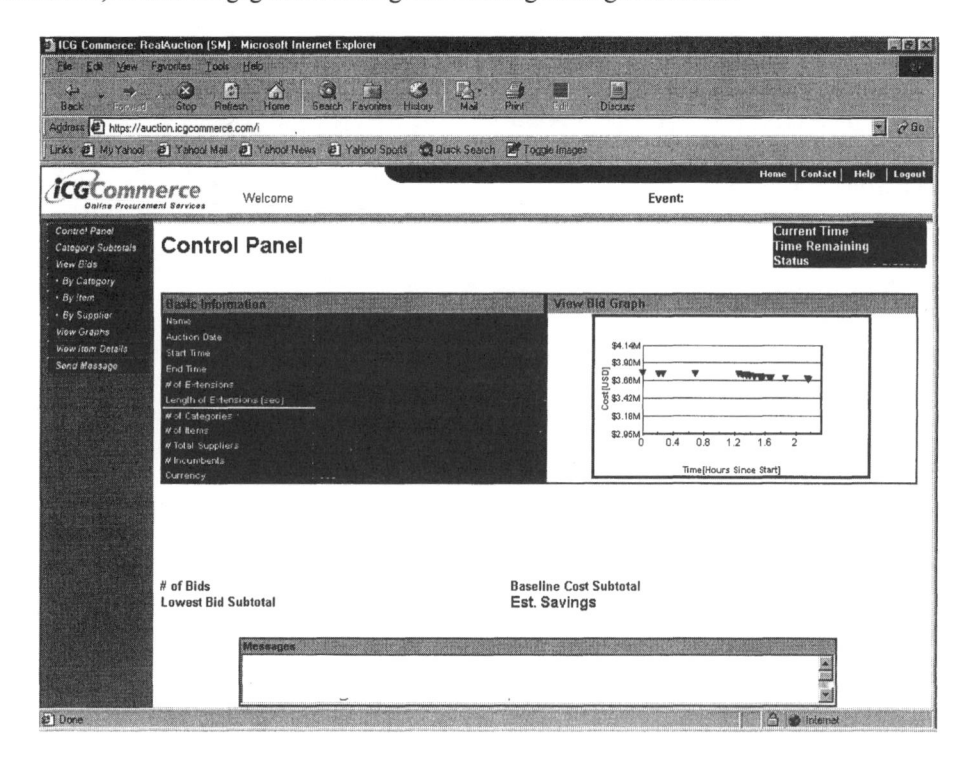

Abbildung 5: Screenshot des Auction Control Panels

4.2.3 Ausblick

Im Laufe des Jahres 2001 wird die Funktionalität der Auktionssoftware noch dahingehend erweitert, dass es möglich wird, nicht allein auf den Preis zu bieten, sondern auch andere Parameter - wie z. B. Frachtkosten, Garantiezeiten etc. - während der Auktion flexibel zu ändern. Darüber hinaus erhalten die Lieferanten die Möglichkeit, innerhalb eines Events in unterschiedlichen Währungen zu bieten. Somit kann der Lieferant in seiner ihm vertrauten Heimatwährung bieten, ohne jedes Gebot auf die Auktionswährung umrechnen zu müssen.

5 Zusammenfassung

Das Geschäftsmodell von ICGC – umfassende Einkaufsdienstleistungen anzubieten – wird durch den Einsatz der oben beschriebenen Internettechnologie insofern ermöglicht, dass der Kunde auf das Ergebnis der Dienstleistung (günstigere Einkaufskonditionen) einfach zugreifen kann, ohne aufwendige Prozess-, Reengineering- sowie Software-Implemetierungs-Projekte durchführen zu müssen. Gewisse Anpassungen der Abläufe beim Kunden sind natürlich notwendig und auch beabsichtigt, um die Einsparungspotenziale möglichst weitgehend auszuschöpfen. Doch beschränkt sich der Software-Implementierungsaufwand auf das Customizing der erforderlichen Schnittstellen.

Im Prinzip stößt der Kunde einen Beschaffungsvorgang über ein Fenster im Internet an, sei es eine einfache Bestellung aus einem Katalog oder eine aufwendige Ausschreibung. Der eigentliche Beschaffungsprozess läuft außerhalb seiner Unternehmensgrenzen bei ICGC. Die Internettechnologie dient dabei als Werkzeug sowohl für den Kunden, um den Prozess anzustoßen und zu überwachen, als auch für die Mitarbeiter von ICGC, um ihn so effizient wie möglich abwickeln zu können. Erfahrungen bei ICGC in den USA und in Europa zeigen deutlich, dass die Dienstleistung im Geschäftsmodell klar im Vordergrund steht, aber die Internettechnologie unverzichtbar ist, um die Dienstleistung in einer für den Kunden umsetzbarer Form anzubieten. Das reine Bündeln von Bedarfen über mehrere Kunden und Verhandeln von ausgezeichneten Verträgen stellt den Kunden vor die Herausforderung, seinen Mitarbeitern diese Verträge zugänglich zu machen. Diese Hürde wird von ICGC genommen, indem ICGC den Anwendern beim Kunden ein einfaches und benutzerfreundliches Werkzeug zur Verfügung stellt. Die beste Internettechnologie ist wertlos, wenn der Anwender nicht das findet, was er benötigt oder was er woanders günstiger bekommt.

Literatur:

Bresser, R.K.F.; Heuskel, D.; Nixon, R.D. (2000): The Deconstruction of Integrated Value Chains: Practical and Conceptual Challenges, in: Winning Strategies in a Deconstructing World, Ed. Bresser, R.K.F.; Hitt, M.A.; Heuskel, D.; Nixon, R.D., New York 2000, S.1-21.
Buchholz, W.; Bach, N. (2001): The Evolution of Netsourcing business models – Learning from the Past and Exploiting Future Opportunities, Arbeitspapier der Professur BWL II, Prof. Dr. W. Krüger, Justus-Liebig-Universität Gießen 2001.
Evans, P.; Wurster T.S. (2000): Web Attack – Strategien für die Internet Revolution, München Wien, 2000.
Jasnoch, U. (1999): Vorlesung Internet – Technologie und Anwendungen, Kapitel 6: WWW – Historie und Grundlagen, http://www.igd.fhg.de/~jasnoch/fh-vorlesung/kap6.htm, 1999.

Erland Feigenbutz

Entwicklung eines Softwaretools für das Supply Chain Management

1 Ausgangslage

2 Vorgehensweise
   2.1 Fachliche Anforderungen
   2.2 Datenmodell
   2.3 Schnittstellen zu den Datenquellen
   2.4 Benutzeroberfläche
      2.4.1 Hinzufügen der Datenquelle
      2.4.2 Hinzufügen der Datenquelle „Reichweitenanalyse"
      2.4.3 Pflege der Reportattribute
      2.4.4 Definition der Ausgabestruktur
      2.4.5 Erstellen des ABAP/4 Quellprogramms
      2.4.6 Definition der Parameter
      2.4.7 Ausführen des Reports „Reichweitenanalyse"
   2.5 Batcheinplanung

3 Zusammenfassung und Ausblick

1 Ausgangslage

Nach erfolgreicher SAP R/3 Einführung bei Merz + Co. in den Bereichen Finanzen, Controlling, Anlagenwirtschaft, Vertrieb, Materialwirtschaft und Produktion ist ein Schwerpunkt der Informationsstrategie, die Datenfülle an Abwicklungsinformationen, die im SAP R/3 System hinterlegt sind, zur Vorbereitung betriebswirtschaftlicher Entscheidungen nutzbar zu machen.

Das **SAP R/3 System** beinhaltet eine Vielzahl von vordefinierten Informationsstrukturen, die durch dialogorientierte Kennzahlensysteme aufbereitet werden. Die Vielfältigkeit der Kennzahlen ist beeindruckend, doch die SAP-User bei Merz + Co., insbesondere im Bereich Logistik, finden sich nur eingeschränkt wieder. Ein Grund liegt in der Individualität der jeweils vorhandenen Entscheidungssituation. So wurde bei einer Analyse der Anforderungen erkennbar, dass der Informationsgehalt und dessen Aufbereitung durch die letztlich zu erstellenden Reports auf die jeweiligen Geschäftspartner und deren Verhandlungsgegenstand abgestimmt sind. Für derartige Adhoc-Abfragen neue SAP R/3 Informationsstrukturen einzurichten oder bestehende zu erweitern, ist nur mit unvertretbar hohem Aufwand realisierbar. Die Mehrzahl solcher potenziellen SAP Add Ons kommen aus dem Bereich File Transfer, d. h. Übergabe von R/3-Daten an die Tabellenkalkulation Microsoft (MS) Excel.

Aus dieser Situation heraus entstand die Idee (vgl. Abbildung 1), das Softwaretool **TabBrowser** zu entwickeln, das so genannte Key-User in die Lage versetzt, individuelle Reports zu erstellen, um sich damit eigenständig mit Entscheidungsinformationen zu versorgen.

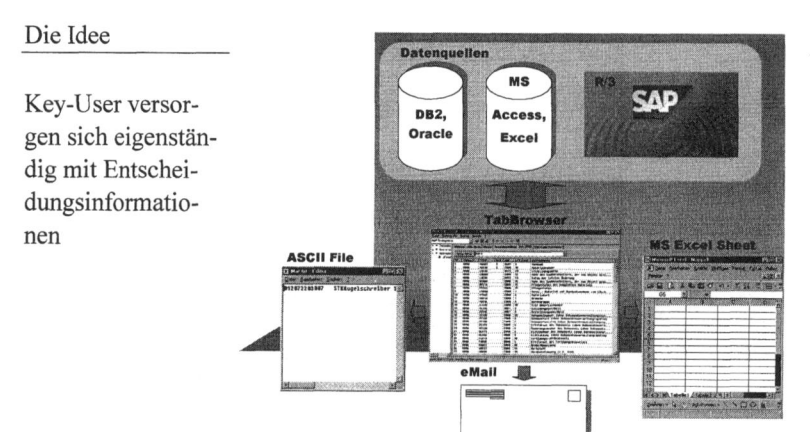

Die Idee

Key-User versorgen sich eigenständig mit Entscheidungsinformationen

Die Aufgabe

Erzeugen von MS Excel Spreadsheets aus unterschiedlichsten Datenquellen

Abbildung 1: Idee und Aufgabe

Die Anforderungsanalyse ergab, dass ein reiner Transfer von R/3-Daten an die Tabellenkalkulation **MS Excel** in Form eines ASCII-Files unzureichend ist. Das MS Excel Sheet sollte direkt erzeugt und per e-Mail an Informations-User versendet werden können. Ferner sollte das Softwaretool in der Lage sein, auch andere Datenquellen zu verarbeiten, z. B. Datenquellen auf der Basis von ORACLE, DB2, MS Access oder MS Excel.

2 Vorgehensweise

2.1 Fachliche Anforderungen

Es gilt, kein weiteres Management Informationssystem zu entwickeln. Vielmehr sollen Standardsoftwarepakete gekoppelt werden: SAP R/3 als primärer Lieferant von Entscheidungsinformationen und MS Excel als Tool zur Datenaufbereitung und -bewertung.

Die Zielgruppe des Softwaresystems sind **Key-User**, mit der Fähigkeit, SQL-Abfragen zu formulieren und einfache in der SAP Sprache ABAP/4 geschriebene Programme zu erstellen. Aufgrund der Zielsetzung sind Schnittstellen zu SAP R/3 sowie Anwendungen auf der Basis von MS Excel, MS Access, DB2 oder ORACEL zu berücksichtigen. Die Unternehmensstrategie gibt Windows NT 4.0 bzw. Windows 2000 als Betriebssystem vor. Die Benutzeroberfläche des Tools soll analog zu dem Graphical User Interface (GUI) Windows von Microsoft sein. Damit ist sichergestellt, dass aufgrund des gewohnten visuellen Erscheinungsbilds das Erlernen des Dialogsystems keine allzu große Mühe bereitet.

Die Anzahl der Reports eines Key-Users liegt bei maximal zweihundert. Bei dieser Datenmenge ist MS Access als Datenhaltungssystem ausreichend. Folgende Arbeitsabläufe sollen unterstützt werden:

- Definition einer Datenquelle

Arbeitsablauf: Definition einer Datenquelle	
Key-User	Programm
Datenquelle Hinzufügen	Definition einer Datenquelle durch Typ, Bezeichnung und Login-String
Datenquelle Ändern	Ändern der Bezeichnung und des Login-Strings
Datenquelle Löschen	Datenquelle ohne Reports muss löschbar sein

- Erstellung eines Reports

Arbeitsablauf: Erstellung eines Reports	
Key-User	**Programm**
Report Hinzufügen	Definition eines Reports durch Zuordnung zu einer Datenquelle und zu einer Reportgruppe
Report Pflegen	- Erfassung der Reportattribute: Transfereigenschaften, e-Mail-Kommunikation, Batch-Steuerung - Erfassen Quellcode - Definition Aus-/Eingabestruktur - Anzeige Tabellenstrukturen der aktuellen Datenquelle mit Feldübernahme in die Aus-/Eingabestruktur (SAP) - Erfassen Parameter
Report Drucken	Drucken Reportattribute, Quellcode, Aus-/Eingabestruktur
Report Löschen	Löschen eines Reports
Report Kopieren	Kopieren eines Reports nach gleichem Datenquellentyp

- Ausführen eines Reports

Arbeitsablauf: Ausführen eines Reports	
Key-User	**Programm**
Report Ausführen – Dialog	Report im Dialog ausführen
Report Ausführen – Batch	Report über eine Warteschlange im Hintergrund ausführen lassen (Scheduler)

2.2 Datenmodell

Die im Rahmen der obigen Arbeitsabläufe anstehenden Aufgaben werden vom jeweiligen Key-User durchgeführt, er ist daher der alleinige Akteur des Softwaresystems. Der zentrale Geschäftsprozess befasst sich mit der Erstellung und Ausführung eines Reports.

Ein Report ist genau einer Datenquelle zugeordnet. Er kann aus mehreren Zeilen eines Quellcode bestehen. Im Quellcode können verschiedene frei definierbare Parameter enthalten sein, (z. B. aktuelles Datum oder Datum des letzten Batchlaufs) die zur Laufzeit durch ihre aktuellen Werte ersetzt werden. Die Ergebnismenge eines Reports ist durch die so genannte Aus-/Eingabestruktur zu definieren. Das Ergebnis eines Reports kann ein ASCII-File oder ein MS Excel Sheet sein, das an unterschiedliche e-Mail-User versendet wird. Das Datenmodell ist in Abbildung 2 veranschaulicht.

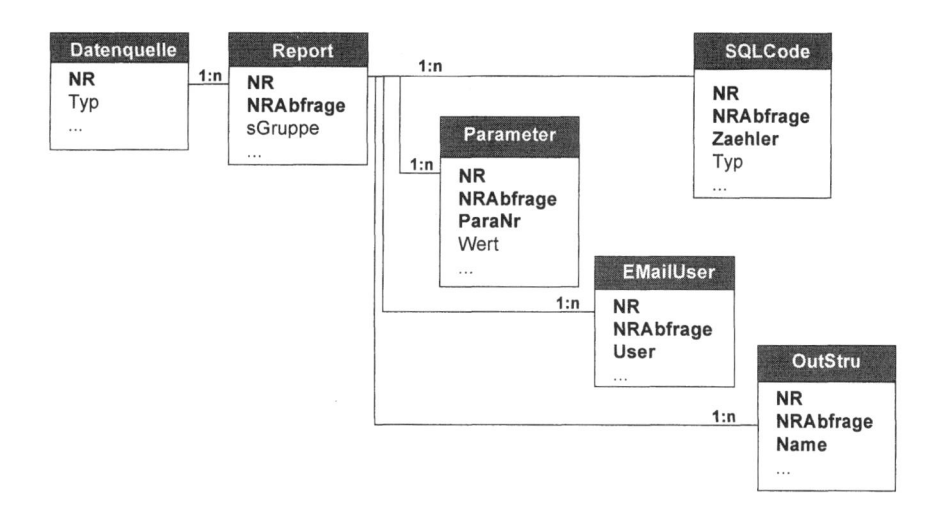

Datenquelle		Report					SQLCode
NR	1:n	NR					NR
Typ		NRAbfrage		Parameter			NRAbfrage
...		sGruppe	1:n	NR			Zaehler
		...		NRAbfrage			Typ
				ParaNr			...
				Wert	EMailUser		
				...	NR		
				1:n	NRAbfrage		OutStru
					User		NR
					...	1:n	NRAbfrage
							Name
							...

Abbildung 2: Datenmodell

Für die Datenhaltung wird MS Access eingesetzt. Die Kommunikation zwischen dem Softwaretool TabBrowser und MS Access erfolgt über Open Database Connectivity (ODBC) in Form einer flexiblen Drei-Schichten-Architektur: Die GUI-, Fachkonzept- und Datenhaltungsklassen werden strikt voneinander getrennt, doch aus den GUI-Klassen heraus sind direkte Zugriffe auf die Datenhaltungsklassen zulässig.

2.3 Schnittstellen zu den Datenquellen

Für die technische Realisierung der Schnittstellen muss zwischen der Schnittstelle zu einem SAP R/3 System und anderen Datenquellen, im Folgenden als ODBC-Datenquellen bezeichnet, unterschieden werden.

Eine **ODBC-Datenquelle** wird mittels Funktionen des Open Database Connectivity (ODBC) Application Programming Interface (API) von Microsoft bearbeitet. Von der ODBC-API werden zwei wesentliche Dienste genutzt:

- Installieren, Einrichten und Entfernen einer ODBC-Datenquelle mittels des ODBC-Datenquellen-Administrators: In einer ODBC-Systemdatentabelle werden Informationen unter einem Data Source Namen (DSN) darüber gespeichert, wie eine Verbindung zu einem Datenprovider hergestellt wird. Der Bezug zur DSN wird bei der Definition der Datenquelle im TabBrowser hergestellt.

- Steuerung der Kommunikation zwischen TabBrower und Datenprovider: Der Datenaustausch zwischen TabBrowser und dem Datenprovider erfolgt über SQL-Anweisungen. Ein TabBrowser sendet SQL-Anweisungen, die durch das Datenbanksystem ausgeführt und als Ergebniszeilen zurückgegeben werden.

Die Tabelle eines SAP R/3 Systems entspricht nicht unbedingt einer realen Datenbanktabelle. SAP Tabellen sind, von Ausnahmen abgesehen, nur über das SAP Data Dictionary zugänglich. Die Schnittstelle zu einem SAP R/3 System ist daher über den eigenentwickelten **SAP Funktionsbaustein Z_QUERY**, der durch das Tool TabBrowser remote aufgerufen wird, realisiert. Eine Remote-Verbindung zu einem SAP R/3 System wird über das von SAP zur Verfügung gestellte Remote Function Call (RFC) Software Development Kit (SDK) aufgebaut. Von der RFC-SDK werden zwei wesentliche Dienste eingesetzt:

- SAP Logon: Bevor der Funktionsbaustein Z_QUERY ausgeführt werden kann, muss eine Verbindung zu einem SAP Applikationsserver hergestellt werden. Bei Anlage einer SAP R/3 Datenquelle im TabBrowser werden die Logon-Parameter als Login-Zeichenkette erfasst.

- Ausführen des Funktionsbausteins Z_QUERY: Der Datenaustausch zwischen einem SAP R/3 System und TabBrowser erfolgt über den ABAP/4 Programmcode. Ein TabBrowser übergibt dem Funktionsbaustein Z_QUERY Programmcode, dieser generiert daraus eine temporäre ABAP/4 Programmfunktion, führt diese aus und gibt das Ergebnis an den TabBrowser zurück.

2.4 Benutzeroberfläche

Das Hauptfenster des Tools TabBrowser (vgl. Abbildung 3) ist zweigeteilt. Die linke Seite ist eine Strukturansicht aller Reports zur aktuellen Datenquelle. Sie dient der Navigation, welcher Report auf der rechten Seite bearbeitet werden kann. Die rechte Seite ist ein ganzseitiges Register, wobei jede Seite des Registers eine grundlegende Funktion der Reportbearbeitung abbildet. Im Kopf befinden sich eine Menü- und Toolbar-Leiste. Systemmeldungen werden als Popup oder in der Statuszeile angezeigt. Die Menü-Leiste ist objektorientiert aufgebaut, d. h. Benutzer wählen das Objekt „Report" aus und dann die Funktion „Hinzufügen", „Löschen" oder „Kopieren". Die Toolbar-Leiste enthält ein Feld zur Auswahl der aktuellen Datenquelle und Icons zur Ausführung bzw. Bearbeitung eines in der Strukturansicht ausgewählten Reports. Die Funktionalität wird nun beispielhaft anhand des Reports „**Reichweitenanalyse**" dargestellt.

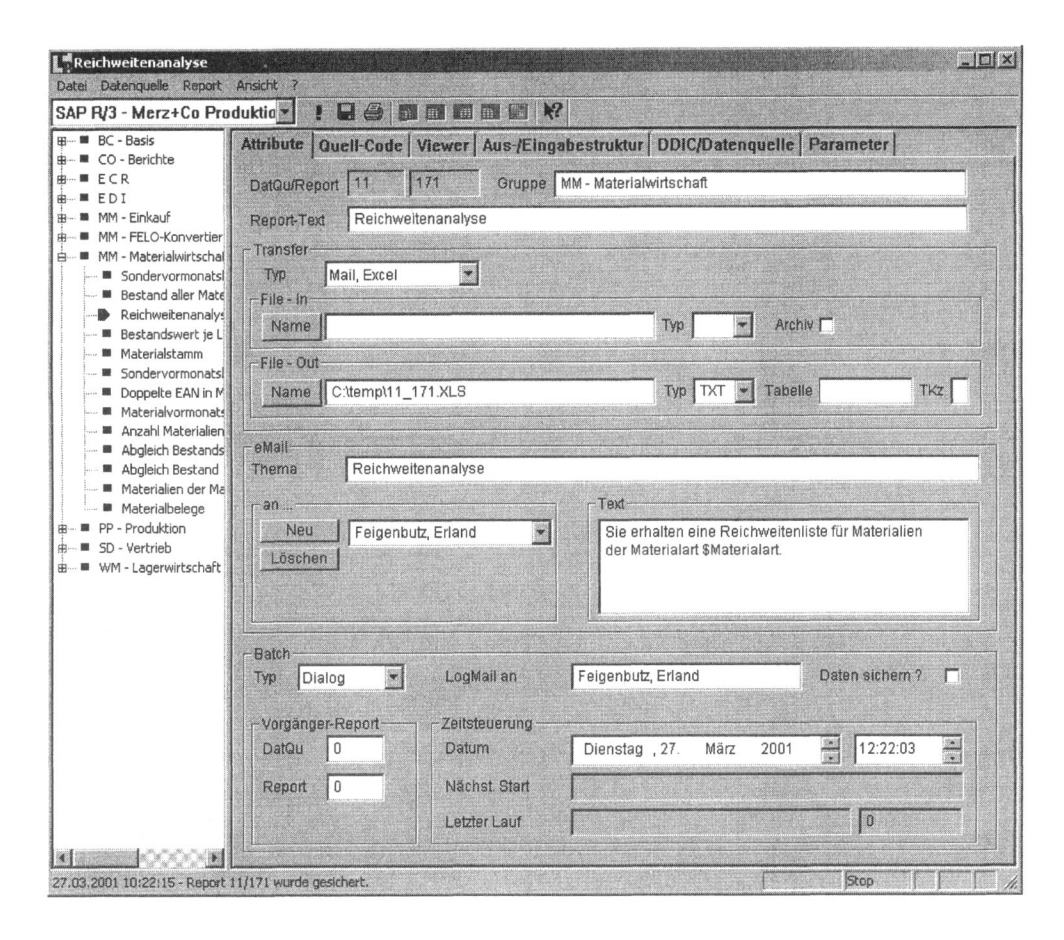

Abbildung 3: Hauptfenster

2.4.1 Hinzufügen der Datenquelle

Zunächst muss eine Datenquelle definiert werden (vgl. Abbildung 4). Jede Datenquelle ist durch eine eindeutige Nummer und einen Kurztext festgelegt. Zwei unterschiedlichen Typen von Datenquellen werden unterschieden:

- SAP, d. h. die Datenquelle ist ein SAP R/3 System und
- ODBC, d. h. der Datenprovider stellt eine ODBC-Schnittstelle zur Verfügung.

Die Login-Zeichenkette ist abhängig vom Typ der Datenquelle. Bei einem SAP R/3 System setzt sich die Zeichenkette aus Destination, Client, User, Password, Anmeldesprache, Applikationsserver, Systemnummer, Gateway, Gatewayservice, Trace-Funktion und Name des Funktionsbausteins zusammen. Bei einer ODBC-Datenquelle besteht die Zeichenkette im Wesentlichen aus dem DSN-Namen.

```
Hinzufügen Datenquelle
  Nr/Bez.  16        SAP R/3
  Typ      SAP
  Login    DES=?;MND=?;USR=?;PWD=?;SPR=?;HST=?;SYS=?;GWH=?;GWS=?;
    OK      Abbrechen
```

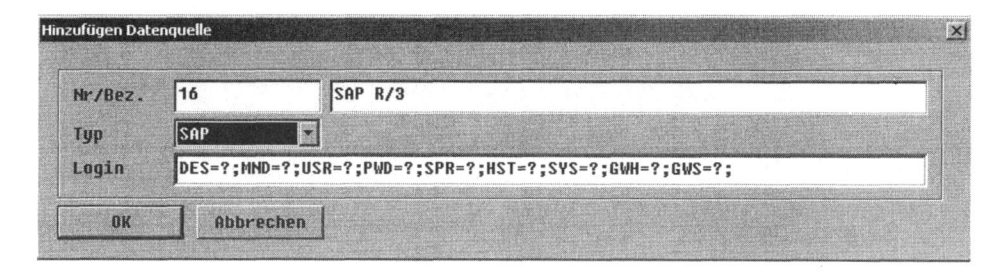

Abbildung 4: Hinzufügen einer Datenquelle

Für unser Beispiel werden die Bestands- und Verbrauchsdaten, die zur Berechnung der Reichweiten erforderlich sind, aus einem SAP R/3 System gewonnen. Es handelt sich folglich um eine Datenquelle des Typs „SAP". Dementsprechend ist die Login-Zeichenkette zu pflegen.

2.4.2   Hinzufügen des Reports „Reichweitenanalyse"

Im nächsten Schritt wird der Report „Reichweitenanalyse" zur zuvor definierten SAP R/3 Datenquelle unter der Gruppe „ MM Materialwirtschaft" hinzugefügt (vgl. Abbildung 5).

```
Hinzufügen Report
  Datenquelle  11
  Report-Nr    171
  Gruppe       MM - Materialwirtschaft
  Text         Reichweitenanalyse
    OK      Abbrechen
```

Abbildung 5: Hinzufügen eines Reports

Die eindeutige Report-Identifikation erfolgt über die Zugehörigkeit zu einer Datenquelle und einer Report-Nummer. Nach diesem Schritt wird der neue Report in die Strukturansicht eingehängt und kann nun bearbeitet werden.

2.4.3 Pflege der Reportattribute

In diesem Schritt werden die wesentlichen Report-Eigenschaften (vgl. Abbildung 6) festgelegt. Im Folgenden wird nur auf die Inhalte eingegangen, die für unser Beispiel erforderlich sind.

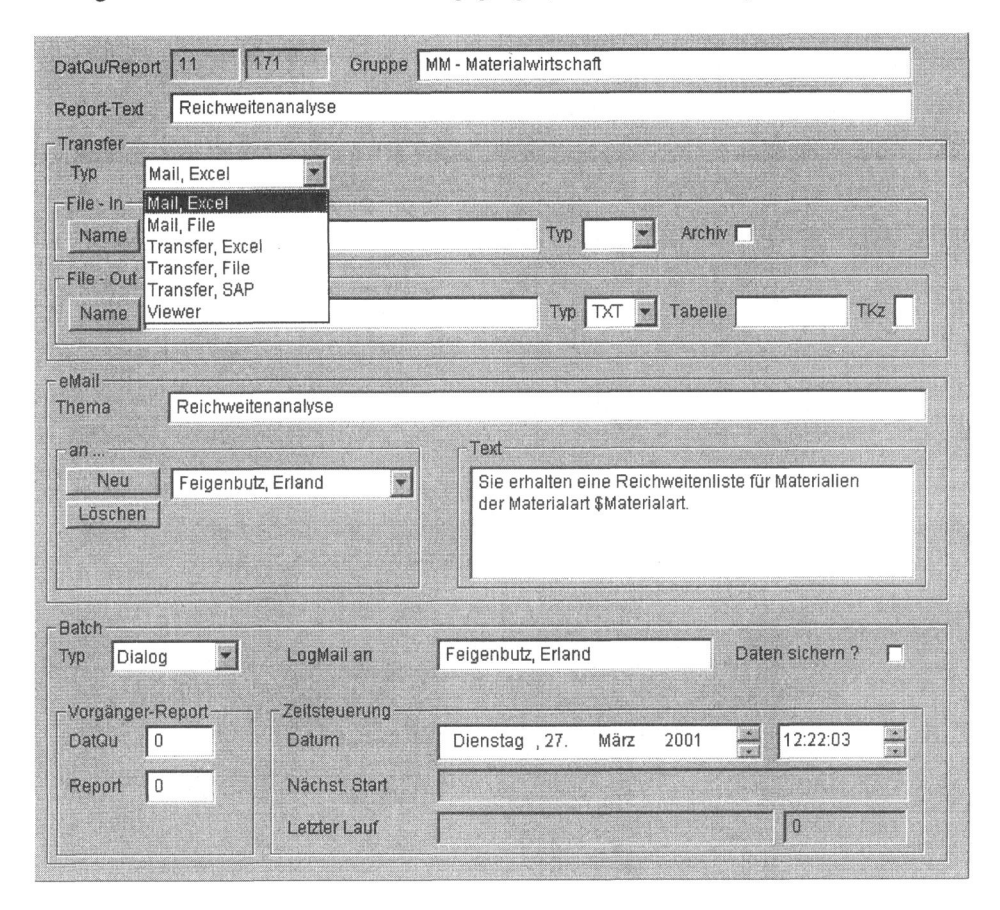

Abbildung 6: Reportattribute

Der Transfer-Typ legt fest, was mit der Ergebnismenge geschehen soll. Zur Zeit sind folgende Alternativen möglich:

- Transfer, File: Die Ergebnismenge wird in ein ASCII-File geschrieben,
- Transfer, Excel: aus der Ergebnismenge wird ein MS Excel Sheet erzeugt,
- Mail, File: aus der Ergebnismenge wird ein ASCII-File erzeugt, das per e-Mail versendet wird,

- Mail, Excel: aus der Ergebnismenge wird ein MS Excel Sheet erzeugt, das per e-Mail zu versenden ist,
- Transfer, SAP: Upload eines ASCII Files in ein SAP R/3 System sowie
- Viewer: Ausgabe der Ergebnismenge in das Registerblatt Viewer.

Für unser Beispiel wird der Transfertyp „Mail, Excel" gewählt. Auf eine Batcheinplanung wird verzichtet.

2.4.4 Definition der Ausgabestruktur

Der SAP R/3 Funktionsbaustein Z_QUERY übergibt die angeforderte Ergebnismenge mittels einer zweidimensionalen Tabelle an das Tool TabBrowser. Jede Spalte der Tabelle besitzt einen Namen und den Datentyp eines SAP Tabellenfeldes. Diese Ausgabestruktur ist nun im folgenden Schritt zu definieren (vgl. Abbildung 7).

In unserem Beispiel soll die Ergebnismenge aus den Spalten Materialnummer, Materialkurztext, Bestand, Verbrauch pro Monat und Reichweite in Monaten bestehen. Der TabBrowser stellt hierfür im Register DDIC/Datenquelle eine Schnittstelle zum SAP Data Dictionary zur Verfügung. Durch Auswahl einer SAP Tabelle und das Markieren der relevanten Zeile kann mittels eines speziellen Icons das SAP Tabellenfeld in die Ausgabestruktur übernommen werden.

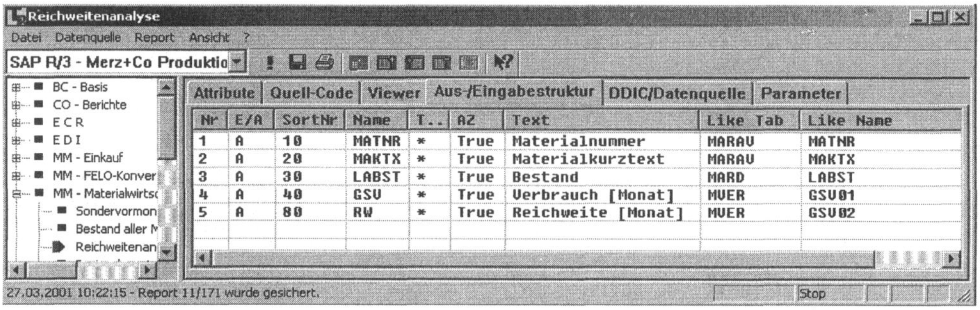

Abbildung 7: Definition der Aus-/Eingabestruktur

2.4.5 Erstellen des ABAP/4 Quellprogramms

Nach Definition der Ausgabestruktur muss der ABAP/4 Quellcode, der die Ergebnismenge erzeugt, geschrieben werden (vgl. Abbildung 8). Bis auf wenige Ausnahmen ist der komplette ABAP/4 Sprachumfang zulässig.

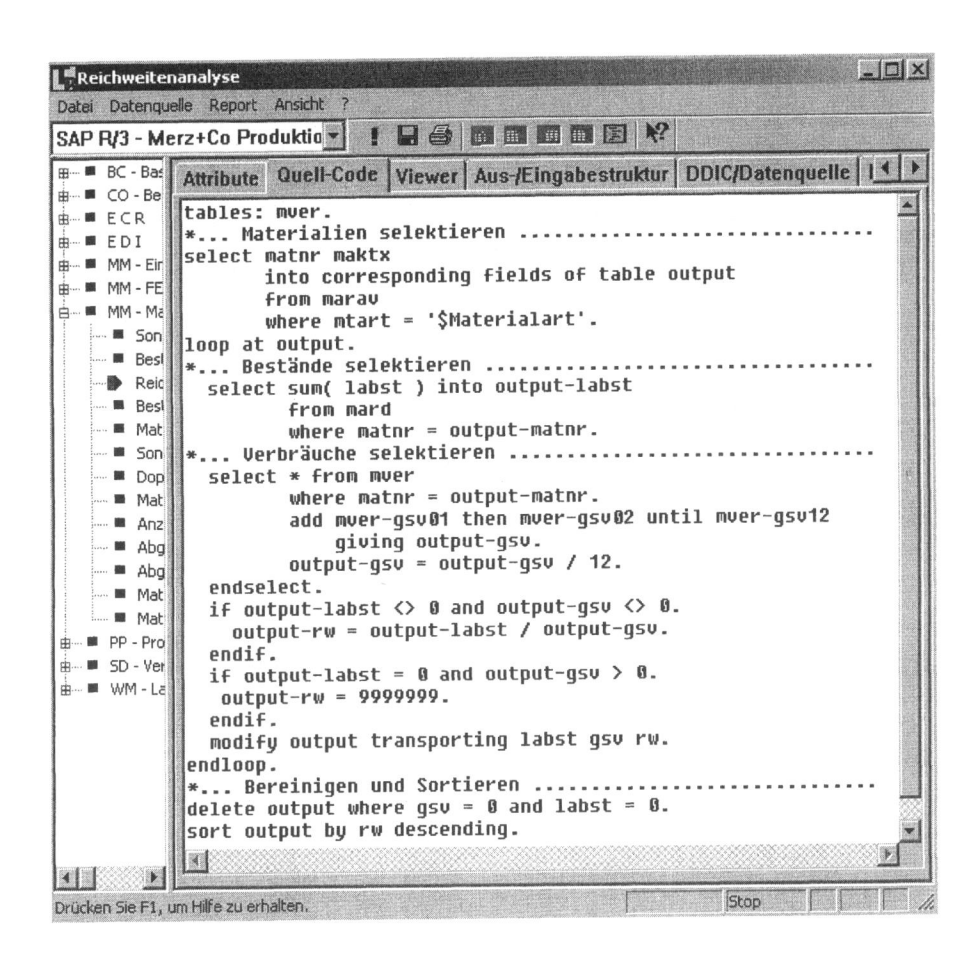

Entwicklung eines Softwaretools für das Supply Chain Management 317

```
tables: mver.
*... Materialien selektieren .............................
select matnr maktx
       into corresponding fields of table output
       from marav
       where mtart = '$Materialart'.
loop at output.
*... Bestände selektieren .............................
  select sum( labst ) into output-labst
         from mard
         where matnr = output-matnr.
*... Verbräuche selektieren .............................
  select * from mver
         where matnr = output-matnr.
         add mver-gsv01 then mver-gsv02 until mver-gsv12
             giving output-gsv.
         output-gsv = output-gsv / 12.
  endselect.
  if output-labst <> 0 and output-gsv <> 0.
     output-rw = output-labst / output-gsv.
  endif.
  if output-labst = 0 and output-gsv > 0.
     output-rw = 9999999.
  endif.
  modify output transporting labst gsv rw.
endloop.
*... Bereinigen und Sortieren .............................
delete output where gsv = 0 and labst = 0.
sort output by rw descending.
```

Abbildung 8: ABAP/4 Quellcode

Der Funktionsbaustein Z_QUERY generiert eine interne Programmtabelle, die über den Strukturnamen „Output" ansprechbar ist. Im ersten Programmschritt werden die relevanten Materialien mittels einer SQL-Anweisung in die interne Tabelle Output geschrieben. Im zweiten Schritt sind Bestände und Materialverbräuche hinzuzulesen und die Reichweite je Material zu ermitteln. Im letzten Schritt werden nicht relevante Materialien eliminiert und das Ergebnis nach Reichweiten absteigend sortiert.

Zur ABAP/4 Syntaxprüfung stellt TabBrowser eine spezielle Funktion zur Verfügung. Im Fehlerfall wird im Register Viewer der Quellcode inklusive einer detaillierten Fehlermeldung ausgegeben.

2.4.6 Definition der Parameter

Möchte der Key-User vor dem Ausführen des Reports die Ergebnismenge einschränken, kann er Parameter definieren, die zur Laufzeit durch die eigentlichen Werte ersetzt werden (vgl. Abbildung 9).

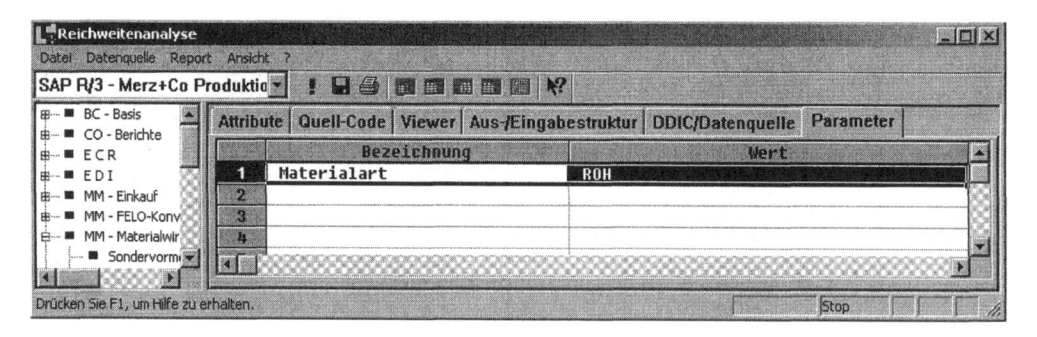

Abbildung 9: Quellcode Parameter

In unserem Beispiel wird der Parameter „$Materialart" (vgl. Abbildung 8, erster Programmschritt) zur Laufzeit durch den Wert „Roh" ersetzt, d. h. die Ergebnismenge ist auf Rohstoffe eingeschränkt. Die gleichen Parameter können bei der Pflege der e-Mail-Attribute (vgl. Abbildung 6) genutzt werden. Damit besteht die Möglichkeit, den e-Mail-Text flexibel zu gestalten.

2.4.7 Ausführen des Reports „Reichweitenanalyse"

Die Ausgabestruktur und der ABAP/4 Programmcode werden als Parameter an den SAP Funktionsbaustein Z_QUERY übergeben. Dieser führt eine Berechtigungsprüfung durch, generiert eine temporäre ABAP/4 Programmfunktion, die eine Ergebnismenge erzeugt und gibt diese in gepackter Form an TabBrowser zurück. TabBrowser entpackt die Ergebnismenge, erzeugt aus dieser das MS Excel Sheet (vgl. Abbildung 10) und versendet dieses per e-Mail.

Die Kommunikation zwischen MS Excel und TabBrowser erfolgt über die COM-basierte Technologie „Automatisierung". Automatisierung - früher als OLE-Automatisierung bezeichnet - ermöglicht einer Anwendung, Objekte zu bearbeiten, die in einer anderen Anwendung implementiert wurden, oder Objekte so "offenzulegen", dass sie bearbeitet werden können. Mit Hilfe der Automatisierung bedient sich TabBrowser der MS Excel Objekte und ihrer Eigenschaften und Methoden zur Erzeugung, Formatierung und Speicherung eines MS Excel Sheets.

Entwicklung eines Softwaretools für das Supply Chain Management 319

Abbildung 10: MS Excel Sheet

Das e-Mail wird mit Hilfe des Messaging Applications Programming Interface (MAPI) erzeugt (vgl. Abbildung 11).

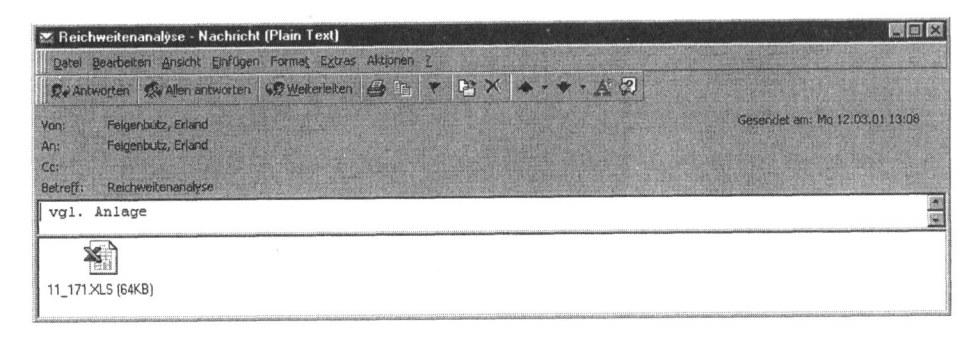

Abbildung 11: e-Mail

MAPI besteht aus einem Satz von Funktionen, die von Anwendungen mit e-Mail Unterstützung verwendet werden: um e-Mails zu erstellen, zu bearbeiten, zu übertragen und zu speichern. Die Schnittstelle stellt Werkzeuge bereit, mit denen Zweck und Inhalt von Nachrichten definiert werden und ermöglicht die flexible Verwaltung der gespeicherten Nachrichten. MAPI bietet darüber hinaus eine gemeinsame Entwicklungsschnittstelle, um Anwendungen mit e-Mail-Unterstützung unabhängig vom zu Grunde liegenden Nachrichtensystem zu erstellen.

Das obige Beispiel „Reichweitenanalyse" hat als Datenquelle ein SAP R/3 System. Wählt man für seinen Report eine ODBC-Datenquelle, ist der Ablauf analog. Folgende Unterschiede sind zu beachten:

- Bei einer ODBC-Datenquelle erfolgt der Datenaustausch über SQL-Anweisungen in dem jeweiligen Dialekt des Datenproviders und nicht über Programmcode wie bei einer SAP R/3 Datenquelle.

- Die Aus-/Eingabestruktur muss bei einer ODBC-Datenquelle nicht definiert werden, da sie implizit über die SQL-Anweisung festgelegt und über die ODBC-API zugänglich ist. Ihr Aufbau wird daher im Register Aus-/Eingabestruktur nur angezeigt und kann nicht bearbeitet werden.

2.5 Batcheinplanung

Bei dem Tool TabBrowser handelt es sich um eine in C++ geschriebene MFC-Anwendung. Die Möglichkeit einen Report als Batchprozess einzuplanen (vgl. Abbildung 12) ist durch Multithreading realisiert.

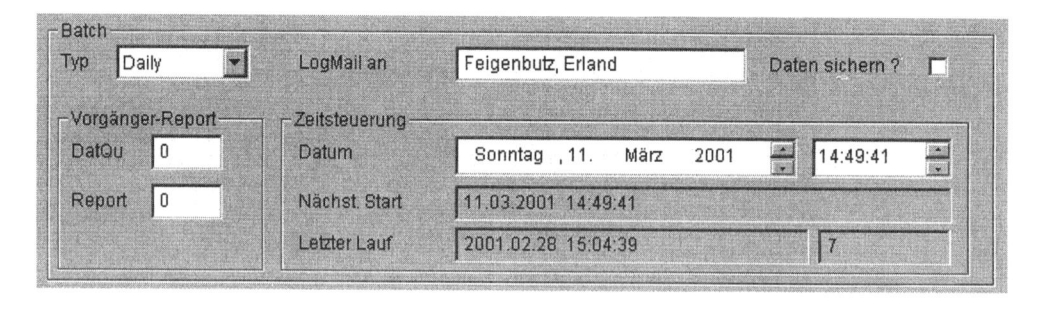

Abbildung 12: Batchattribute

Über einen Timer wird ein Arbeitsthread aktiviert, der zunächst in Abhängigkeit des Batch-Typs den nächsten Starttermin ermittelt und bei Fälligkeit den Report ausführt. Mit jedem Batchlauf kann ein Protokoll erzeugt und per e-Mail versendet werden. Datum des letzten Laufs sowie die Anzahl der erfolgreichen Batchläufe werden ebenfalls festgehalten. Bei bestimmten Reports ist es erforderlich, dass ein Vorgänger-Report gestartet und erfolgreich beendet wird. Diese Technik kann bei einem Upload in ein SAP R/3 System eingesetzt werden. Ein Beispiel: Report A selektiert Materialstämme aus einer DB2-Datenquelle, die Report B per SAP Business-API (BAPI) in ein SAP R/3 Zielsystem hinzufügt.

3 Zusammenfassung und Ausblick

Das Softwaresystem **TabBrowser** ist ein Tool, das Key-User in die Lage versetzt, sich mit Entscheidungsinformationen aus unterschiedlichen Datenquellen zu versorgen. Als Datenquellen kommen Datenprovider, die eine ODBC-Schnittstelle zur Verfügung stellen, sowie SAP R/3 Systeme in Frage. Der Datenaustausch zwischen dem Tool TabBrowser und der Datenquelle erfolgt über einen Quellcode in Form von SQL-Anweisungen (für eine ODBC-Datenquelle) bzw. in Form von ABAP/4 Programmcode (im Falle eines SAP R/3 Systems). Damit ist ein hohes Maß an Flexibilität bei der Reporterstellung sichergestellt. Der Prozess der Reporterstellung wird zusätzlich durch einfache Data Dictionary Funktionalität, d. h. welche Tabellen besitzt eine Datenquelle und aus welchen Spalten besteht eine Tabelle, unterstützt. Das Ausführen eines Reports kann durch Batcheinplanung automatisiert werden.

Die Ergebnismenge mündet zur Zeit als Download in ein ASCII-File oder in ein MS Excel Sheet, das als e-Mail versendet werden kann. Ein nächster Schritt wird sein, einen geregelten Upload in eine Datenquelle zu realisieren. Ein Anfang ist schon mit einem Upload in ein SAP R/3 System (vgl. Tansfer-Typ „Transfer, SAP") gemacht. Das gleiche gilt für die Zusammenführung von Ergebnismengen aus unterschiedlichen Datenquellen. Hier gibt es bereits die Möglichkeit, einfache Jobketten zu bilden.

Das Tool TabBrowser wird seit kurzer Zeit durch ausgesuchte **Key-User** bei Merz+Co. getestet. Erste Erfahrungen liegen vor:

- Das Erstellen eines Report wird als einfach empfunden. Die Problematik liegt in der geeigneten Wahl der Tabellen bzw. Tabellenfelder. Dies gilt insbesondere dann, wenn es sich bei der Datenquelle um ein SAP R/3 System handelt.

- Die SQL-Anweisung bzw. der ABAP/4 Quellcode folgt i.d.R. nach dem gleichen Muster. Es wird daher darüber nachgedacht, aus der Eingabe-/Ausgabestruktur ein Programmgerüst automatisch zu generieren.

- Oftmals besitzen externe Geschäftspartner kein MS Excel. Um sie dennoch mit Entscheidungsinformationen zu versorgen, wird in naher Zukunft die Ausgabe der Ergebnismenge als HTML-Seite realisiert.

Die Möglichkeit, sich selbst mit Entscheidungsinformationen versorgen zu können, nutzten die ausgesuchten Key-User und erstellten eine große Anzahl individueller Reports, die in der gleichen Zeit durch den Softwareentwicklungsbereich nicht hätten realisiert werden können.

Wolfgang Buchholz und Hartmut Werner

Supply Chain Solutions – Which way to go?

1 "Supply Chain + Internet = Supply Net!"

"Die Grundidee bei der Integration von e-Business und Supply Chain Management ist die Kopplung der APS Systeme der Partner in der Supply Chain über das Internet, um die aus den APS-Systemen stammenden Informationen über Material, Menge, Preis und Datum schnell, asynchron, IT-fähig und in flexiblen Adressierungsmodi, die auf die jeweiligen Prozesse zugeschnitten sind, bereitzustellen" (Kilger 2000, S.75). In dieser Definition werden in sehr prägnanter Art und Weise die wesentlichen Punkte eines **e-Supply Chain Management** zusammengefasst. Aber kann man in diesem Fall überhaupt noch von einer Supply Chain sprechen, oder bewegen wir uns nicht analog zum Terminus „Internet" auch in einem **Supply Net** bzw. in einem **Supply Web** (vgl. Abbildung 1)?

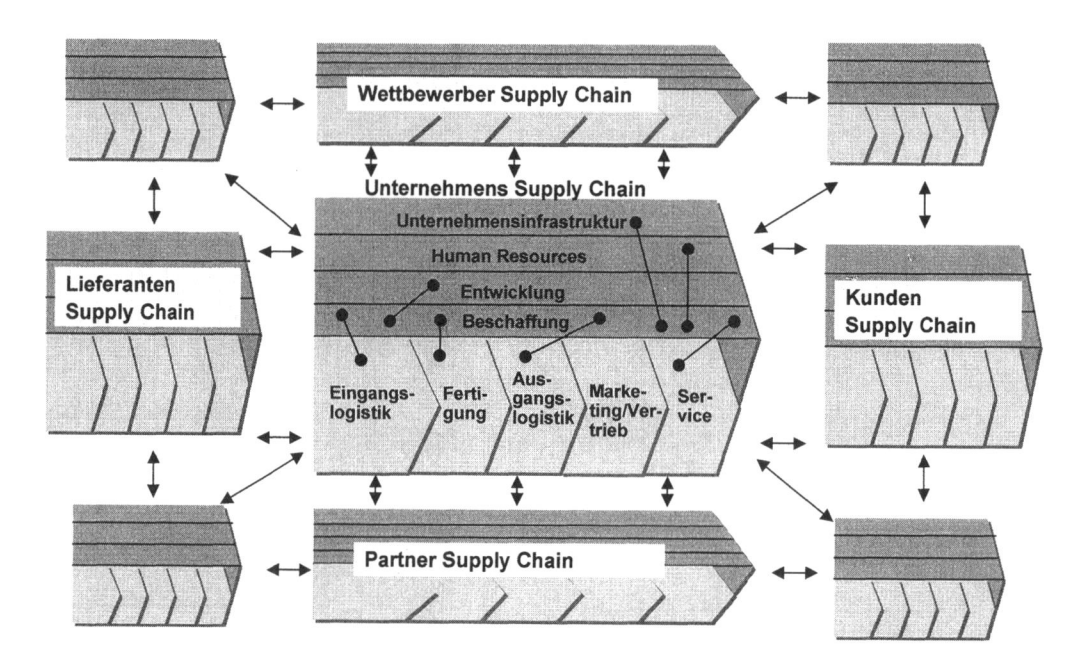

Abbildung 1: Von der Supply Chain zum Supply Net

Lineare, sequentielle Planungs- und Informationsprozesse zwischen zwei Partnern – was schwer genug zu realisieren ist – können über das Internet auf eine Vielzahl von beteiligten Partnern ausgedehnt werden. Eingesetzt werden solche Systeme heute schon häufig innerhalb eines Unternehmensverbundes, eine tatsächlich über Unternehmensgrenzen gehende Optimierung, d. h. die kollaborative interorganisationale Zusammenarbeit auf der Basis eines abgestimmten Informationsaustausches, steckt vielfach noch in den Anfängen. Verwiesen sei in diesem Zusammenhang auf das **CPFR-Konzept** (Collaborative Planning, Forecasting and

Replenishment), das einen vielversprechenden Ansatz in dieser Richtung darstellt (vgl. Busch/Rüther 2001, S.264ff.). Die Realisierung von Supply Nets verspricht weitere Möglichkeiten für die Eliminierung bzw. Straffung von Geschäftsprozessen, was für alle Beteiligte wiederum Leistungsverbesserungen bzw. Kosteneinsparungen bedeutet (vgl. Zadek 2001, S.334f.).

2 "King without a Crown!"

In den meisten Beiträgen zum Supply Chain Management wird vehement eine Pull-ausgerichtete Steuerung der Lieferketten gefordert. Nach dem Motto „der Kunde ist der König" werden die Aktivitäten innerhalb von Supply Chains erst dann eingeleitet, wenn der Abnehmer eine Warenbestellung getätigt hat (Market-Based-View). Gegen dieses Vorgehen ist grundsätzlich nichts einzuwenden. Gelingt es doch den Unternehmen dadurch, Langsamdreher in den Regalen zu vermeiden. Sie stellen nur das her, was der Kunde verlangt und reduzieren somit ihre Flopraten.

Bei näherer Betrachtung fällt jedoch auf, dass diejenigen Unternehmen, die sich ausschließlich auf die Wünsche der Kunden beziehen, an Innovationskraft einbüßen können. Sie hecheln permanent den Anforderungen der Abnehmer hinterher. Dadurch nutzen die Unternehmen ihre eigenen Fähigkeiten zu wenig. Ein modernes Supply Chain Management sollte die Stärken eines Unternehmens nutzen, eine Sichtweise, die als Resource-Based-View bezeichnet wird. Selbst wenn es nämlich den Unternehmen gelingt, die Wünsche der Kunden richtig einzuschätzen, verstreicht zwischen dem Zeitpunkt des Erkennens und einer späteren Realisierung einige Zeit. Während dieser Zeitspanne können sich jedoch die Anforderungen der Nachfrager schon wieder geändert haben. Diese Erfahrungen machen zum Beispiel Unternehmen, deren Geschäft nachhaltig von Modetrends beeinflusst wird.

Ein Management der Supply Chain darf sich nicht isoliert für einen der beiden oben skizzierten Ansätze entscheiden. Es muss vielmehr eine Kombination der Konzepte erfolgen. Market-Based-View und Resource-Based-View verschmelzen in modernen Lieferketten. Besonders trickreich kann an dieser Stelle eine Verbindung mit **Mass Customization** sein. Ausgehend von den Wünschen der Kunden (Market-Based-View) baut der Hersteller seine Produkte aus standardisierten Modulen zusammen. Die einzelnen Produkte unterscheiden sich nicht in ihrem grundsätzlichen Aufbau, sondern lediglich in ihrer jeweiligen Konfiguration. Sie werden in Masse produziert, wodurch der Anbieter Skaleneffekte ausnutzt. Für den Hersteller kann es besonders interessant sein, wenn er den Kunden Produkte anbietet, die hoch innovativ sind. Darunter sind Leistungen zu verstehen, die der Abnehmer am Produkt nicht voraussetzt, weil sie neu am Markt platziert werden. Diese Innovationsleistungen kann der Hersteller dem Kunden nur bieten, wenn er über entsprechende Kompetenzen auf diesem Gebiet verfügt (Resource-Based-View).

3 "At the height of the Fighting!"

„Eine Supply Chain ist so gut wie das schwächste Glied in ihrer Kette. Der Erfolg der Supply Chain hängt wesentlich von den Fähigkeiten des Supply Chain Leaders ab, Leistungslücken und Schwächen sind aufzudecken" (Marbacher 2001, S.349). Dieser heroischen Zielsetzung von Marbacher ist zwar durchaus zuzustimmen. Wie gelingt es aber, die Besten und die Schwächsten innerhalb der Lieferketten zu identifizieren? Welche Benchmarks sind in den Supply Chains zu setzen, um auf der „Höhe des Gefechts" zu sein? Und wie kann die Performance der beteiligten Partner gesteigert werden? Die Antwort auf diese Fragen liegt in einem modernen Controlling der Supply Chains. Zum einen muss ein Controlling der e-Supply Chains weiterhin dazu dienen, die Bestände, Frachtkosten oder Durchlaufzeiten in den Versorgungsketten in den Griff zu bekommen, sprich die Transparenz in den logistischen Abläufen zu erhöhen. Zum andern sollte es aber auch eine Ausformulierung von Wettbewerbsstrategien unterstützen. Dazu bauen immer mehr Unternehmen Balanced Scorecards für ihre Supply Chains auf. Um den Mitarbeitern die gewünschten Ziele näher zu bringen, entwickeln erste Wettbewerber ihre Balanced Scorecards zu **Strategy Maps** (vgl. Kaplan/Norton 2000). In diesen Strategiemappen werden Leistungsanforderungen gegenüber dem eigenen Unternehmen sowie ausgewählten Lieferanten gesetzt. Außerdem ist einer Strategy Map der anvisierte Umgang mit den Kunden zu entnehmen. Auf den Punkt gebracht, fördert eine Strategy Map das Beziehungsmanagement der Zukunft innerhalb der Supply Chains.

4 "Ubiquitous Computing – Digitalize the real world!"

Als mit das größte Problem der Informationsverarbeitung werden Medienbrüche gesehen. Beispielsweise müssen Daten eines Auftrages mehrfach in Informationssysteme eingegeben werden, Doppelarbeiten und Fehlerquellen sind an der Tagesordnung. Dieses Problem lässt sich durch Ubiquitous Computing lösen, einem Ansatz der die Lücke zwischen den bisher voneinander abgegrenzte Welten „Physical - vs. digital world" schließen will. **Ubiquitous Computing** (UC) ist die Fähigkeit Dinge des täglichen Lebens „unsichtbar" mit Informationstechnologie zu versehen. Dies ermöglicht diesem Objekt direkt das Sammeln, Verarbeiten, Senden und Empfangen von Informationen (**Intelligente Dinge**). Dabei setzen sich solche Objekte aus einem physischen und einem datenverarbeitenden Bestandteil zusammen. Ein Beispiel hierfür ist der Autoreifen, der meldet, wenn sein Luftdruck abnimmt.

UC lässt sich hervorragend für Supply Chain Solutions nutzen, da die Kommunikation hier nicht mehr über die mittelbaren Kanäle, d. h. Endgeräte zur Informationsübermittlung (**Intelligente Geräte**) betrieben wird, sondern das Objekt der Information an sich auch gleichzeitig Informationsübermittler ist (vgl. Abbildung 2). Dadurch wird die Informationsübermittlung unabhängig von menschlicher Intervention, die Mehrfachdateneingabe findet nicht mehr statt. Intelligente Dinge tauschen in Echtzeit mit APS- oder ERP-Systemen Informationen aus.

Durch den zunehmenden technischen Fortschritt in Bezug auf Miniaturisierung und Spezialisierung können zukünftig auch B- und C-Teile bzw. Ressourcen im Rahmen von vertretbaren Kosten zu intelligenten Teilen umgerüstet werden. Während sich die Verwendung von e-Business-Systemen auf die Steigerung der **Integrationsreichweite** bezieht, geht es beim Ubiquitous Computing um die Erhöhung der **Integrationstiefe**. Durch UC besteht also die Möglichkeit die vollautomatische Integration der realen Welt mit der informatorischen Welt zu erreichen. Die reale Welt wird übersetzt in die digitale Welt der Informationen. Die Entwicklungen zu diesem Thema stecken noch in den Kinderschuhen, nichtsdestotrotz werden die Potenziale gerade auch für die Optimierung von Supply Chains durch die Kommunikation zwischen intelligenten Objekten als extrem vielversprechend eingestuft (vgl. zum Thema Ubiquitous Computing Fleisch 2001).

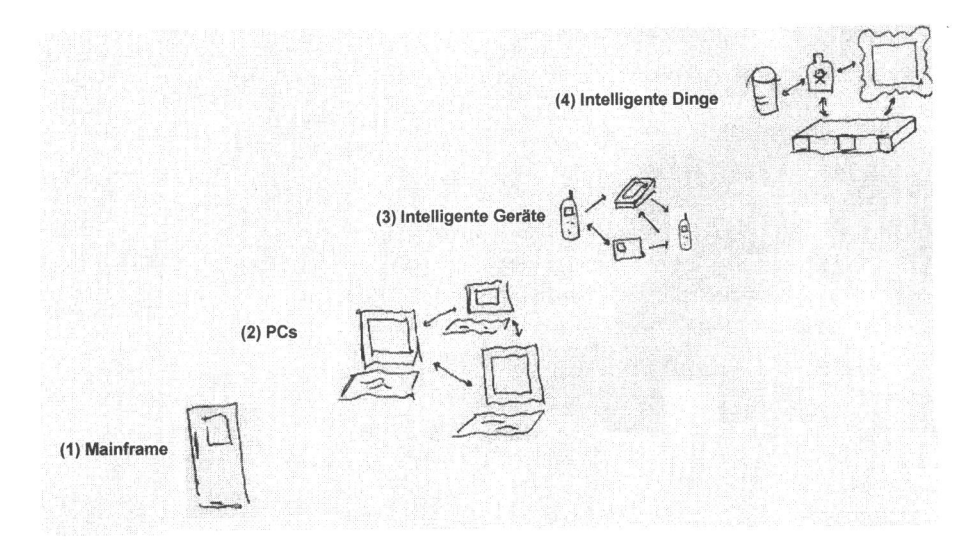

Abbildung 2: Entwicklungsphasen der Informationsverarbeitung (Quelle: Fleisch 2001)

5 „From Transaction to Collaboration!"

Die Bandbreite der B2B-Optimierungsansätze reicht von einer ausschließlichen Optimierung der Beschaffungstransaktion bis hin zur hochkomplexen und heiklen Zusammenarbeit in der Produktentwicklung („Collaborative Development"). Die ersten Erfahrungen der elektronischen Marktplätze zeigen in jedem Fall, dass die herausragenden Optimierungspotenziale nicht in der reinen Unterstützung von Transaktionen liegen, sondern durch die Verfügbarmachung von Informationen realisiert werden. „The primary benefits will come from their ability to speed up the flow of information and to make it available more widely" (Agrawal/Pak 2001, S.22). Zwischen den beiden genannten Extremen lassen sich fünf Zielsetzungen von B2B-Lösungen unterscheiden (vgl. Abbildung 3), die auch die Basis für Geschäftsmodelle elektronischer Marktplätze darstellen (vgl. Buchholz/Bach 2001, S.14ff.; ähnlich auch Drefs 2001, S. 32ff.). Während die ersten drei Varianten primär auf die Optimierung von Beschaffungsprozessen ausgerichtet sind, bezieht sich Variante vier (**Collaborative Planning**) auf die schon unter Punkt 1 diskutierte Konzeption des Supply Net. Ein Beispiel für die weitreichende Zielsetzung eines **Collaborative Development** liefert der von führenden Automobilzulieferern gegründete Marktplatz „SupplyOn" (vgl. hierzu den Beitrag von Scherer/Werner). Mit diesem e-Market sollen Änderungen von Produktanforderungen durch den Automobilproduzenten in allen Stufen der Lieferantenkette, also im Extremfall bis zum Schraubenhersteller, zeitgleich zur Verfügung stehen. Auch die automobilherstellerdominierte Einkaufsplattform „Covisint" oder der Marktplatz für Maschinen- und Anlagenbauer „ec4ec" verfolgen diesen weitreichenden Anspruch, eine Prozessunterstützung bis hin zur Produktentwicklung anzubieten.

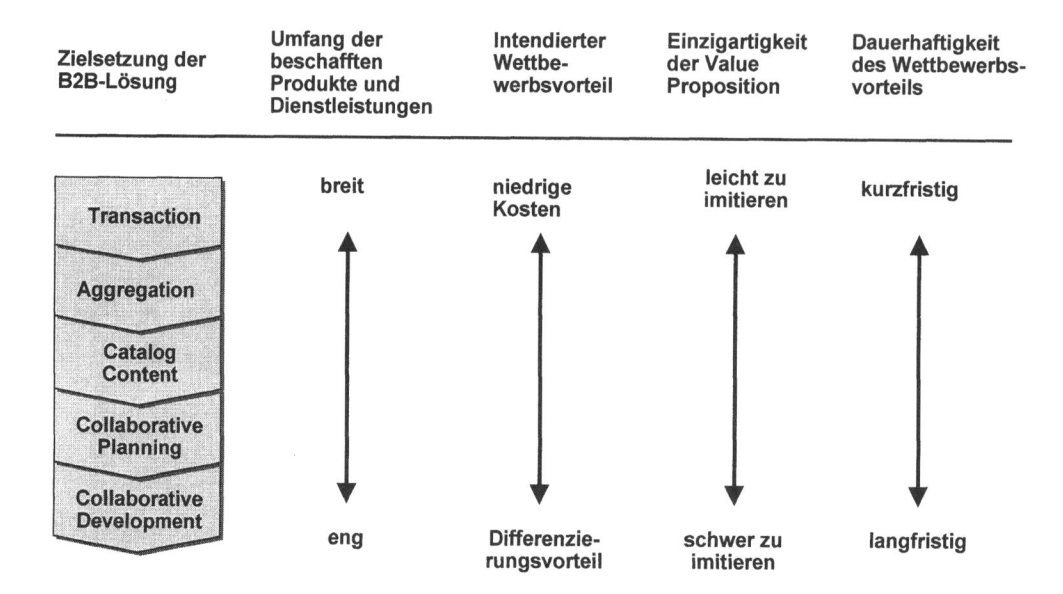

Zielsetzung der B2B-Lösung	Umfang der beschafften Produkte und Dienstleistungen	Intendierter Wettbewerbsvorteil	Einzigartigkeit der Value Proposition	Dauerhaftigkeit des Wettbewerbsvorteils
Transaction	breit	niedrige Kosten	leicht zu imitieren	kurzfristig
Aggregation	↕	↕	↕	↕
Catalog Content				
Collaborative Planning				
Collaborative Development	eng	Differenzierungsvorteil	schwer zu imitieren	langfristig

Abbildung 3: Zielsetzungen elektronischer B2B-Lösungen

Dabei umfasst die jeweils angestrebte Lösung in der Regel die Funktionalitäten der vorgelagerten Stufe, es handelt sich also um aufeinander aufbauende Konzeptionen. Je weitreichender die Dienstleistungen sind, die über eine solche elektronische Plattform abgewickelt werden können, umso besser ist auch die Chance sich in dem momentan stattfinden gnadenlosen Wettbewerb zu behaupten. Nur so lassen sich dauerhafte Wettbewerbsvorteile aufbauen und nur so ist man vor den schnell auf dem Plan stehenden Nachahmern geschützt. Dies wird auch von einer

Studie von McKinsey und der Stanford University bestätigt. Danach bieten 100 % der Top-Performer (Top-quartile-participants) ausschließlich Collaborative Services an, wohingegen der Stichprobendurchschnitt jeweils zu 50 % Transaction und Collaborative Services anbieten (vgl. Chappuis et al. 2001). Während sich die beiden ersten Lösungen (Transaction und Aggregation) insbesondere für leicht standardisierbare indirekte Materialien und Dienstleistungen eignen, können Collaborative Planning und -Development für spezifische direkte Fertigungsmaterialien genutzt werden. Diese stärkere Einbindung von direkten Gütern wird allerdings auch als größte Herausforderung für die weitere Entwicklung von virtuellen Marktplätzen angesehen. (vgl. Kafka 2000, S.3; Arthur Andersen 2001, S.8).

6 „B2B exchanges dying off fast!"

„The dinosaurs got to rule the planet for 160 million years before they disappeared. The mighty B2B exchanges got about two years" (Kirby 2001). So lautet die Aussage eines Artikels im San Francisco Chronicle im Mai 2001. Heißt das, das ganze Gerede um e-Markets war ein großer Schwindel? Bricht nach den Börsenwerten ein weiteres Kartenhaus zusammen? Haben die Unternehmen wieder Milliarden für eine Schimäre in den Sand gesetzt? Wie bei jeder ökonomischen Aktivität wird sich der Spreu vom Weizen trennen, und auch im e-Business gelten nach wie vor die ökonomischen Gesetzmäßigkeiten – auch wenn lange Zeit etwas anderes behauptet wurde. War aber diese Entwicklung nicht vorauszusehen? Bereits im April 2000 veröffentlicht die Gardner Group einen e-Business-Lebenszyklus, der bisher durchaus der Realität entspricht (vgl. Abbildung 4).

Eine Studie der Boston Consulting Group (BCG) prognostiziert zwar nach wie vor ein exponentielles Wachstum beim Handelsvolumen (in Deutschland 100 Mrd. Euro in 2003, in den USA 1600 Mrd. USD), jedoch auch einen gnadenlosen Konkurrenzkampf und eine rigorose Konsolidierungswelle (vgl. o.V. 2000). Die BCG sieht für den deutschen Markt eine Überlebenschance für 50 bis 60 Marktplätze, wobei die Auslese vom Wunsch der Kunden nach hohem Handelsvolumen und breitem Leistungsspektrum beeinflusst wird. Danach wird es für jede Branche einen großen vertikalen Marktplatz geben, die über wenige horizontale Marktplätze miteinander verknüpft sind.

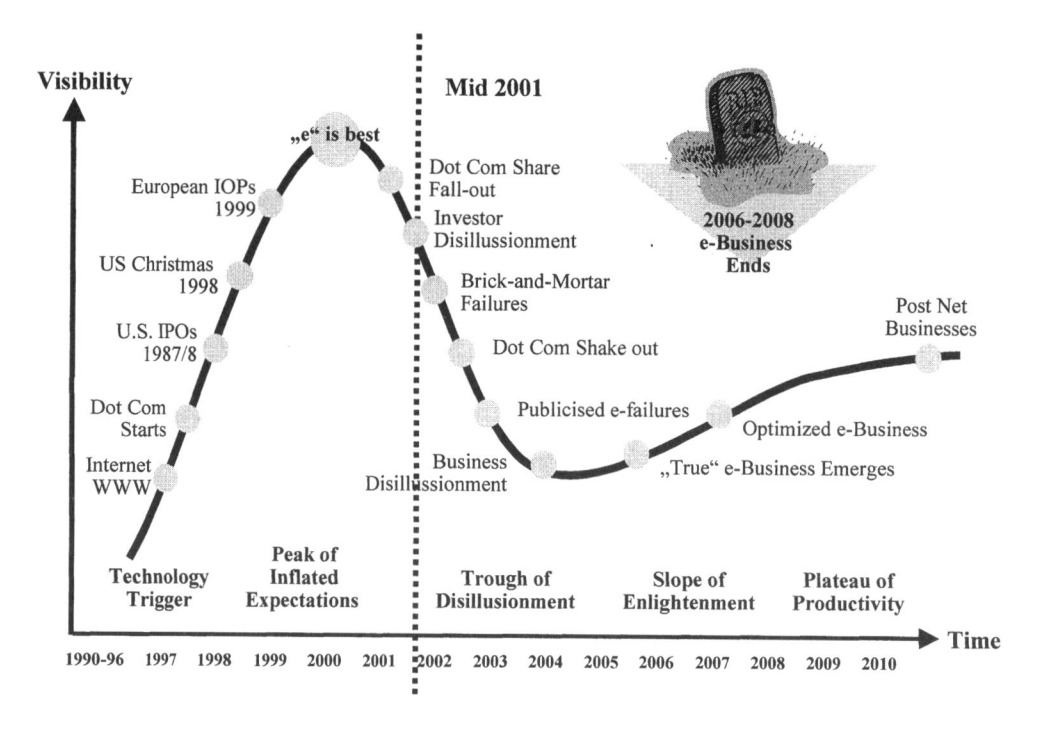

Abbildung 4: e-Business-Lebenszyklus (Quelle: Gardner-Group)

Die Einschätzung der Experten geht aber auch in die Richtung, dass sich die Unternehmen eher zu **privaten Marktplätzen** orientieren. Hierzu noch einmal die bildreiche Sprache des San Francisco Chronicle: „What is killing these exchanges. Giant asteroid? Major climate change? Actually, most blame a bigger, better species that came along... The new beasts are industry consortia, partnerships created by the companies doing the buying and selling" (Kirby 2001). Nur 10% des prognostizierten Investitionsbudgets wird nach einer Prognose zukünftig auf öffentliche Marktplätze entfallen (vgl. Schmidt 2001a). Ein Grund ist der hohe technische Aufwand, bedingt durch die aufwendige Verknüpfung der IT-Systeme einer Vielzahl von Lieferanten und Kunden. Auch für die unter Punkt 5 angesprochene Entwicklung in Richtung direkter Materialien werden eher geschlossene Marktplatzlösungen präferiert, da hier Kooperation und Vertrauen zwischen den Beteiligten eine besonders wichtige Rolle spielen (vgl. Schmidt 2001b). Die Funktion der öffentlichen Marktplätze wird in erster Linie im Schaffen von Standards gesehen.

7 "A fool with a tool is still a fool!"

Nach einer weiteren Studie der Unternehmensberatung BCG hat z. B. nur jedes fünfte e-Procurement-Projekt die gesteckten Ziele erreicht (o.V. 2001). Die Gründe werden in der oft halbherzigen Umsetzung gesehen, da die notwendigen organisatorischen Veränderungen oft nicht angegangen werden. Die Einführung von e-Procurement kann nur der erste Teil einer umfassenden e-Supply Chain bzw. e-Business Ausrichtung sein. Die Konzentration auf eine funktionierende Technologie reicht nicht aus. Die richtige Strategie ist auch hier der Knackpunkt (vgl. Porter 2001). Auf den Punkt gebracht heißt die Devise: „Erst denken, dann handeln." Dies klingt zwar wie eine Binsenweisheit, wird aber erschreckender Weise öfter als man meinen sollte nicht praktiziert. Eine Studie von Bain & Company in Kooperation mit dem Manager Magazin ermittelt die sieben Todsünden innerhalb von e-Business-Projekten. Als Kardinalfehler wurden dabei in deutschen Unternehmen eine fehlende klare Zielsetzung sowie keine nachvollziehbare Strategie ermittelt (vgl. Müller 2001, S.109).

- Was sind die Kundenbedürfnisse?
- Wie lautet die „Value proposition"?
- Wie gelingt es tatsächlich Wert auf der Basis des Internets zu schaffen?
- Welche quantifizierbaren Vorgaben müssen erreicht werden?

Nur wer diese Fragen beantworten kann, hat Aussicht auf Erfolg (vgl. Rayport/Wirtz 2001). Aufbauend auf einer eindeutigen strategischen Ausrichtung sind schließlich auch Organisation und Human Resources entsprechend zu gestalten. Man kann es nicht oft genug wiederholen, internetbasierte Geschäftsprozesse sind nur zu einem geringeren Teil ein IT-Problem. Da nach der angesprochenen BCG-Studie zukünftig 80 % der Unternehmen das Internet auch zum Management der Supply Chain nutzen wollen (vgl. o.V. 2001), ist der Rat sich vorher intensiv über die richtige Strategie Gedanken zu machen, wohl mehr als angebracht.

8 "Networkability necessary!"

Vernetzung heißt das Zauberwort, das die vielfältigen Optimierungspotenziale im Unternehmen aber insbesondere zwischen Unternehmen realisieren soll. Aber Vernetzung funktioniert nicht automatisch. Notwendig ist die Fähigkeit und auch der tatsächliche Wille eines Unternehmens mit Partnern in einem Netzwerk zusammenzuarbeiten, das Unternehmen muss also über „**Networkability**" verfügen (vgl. zum Begriff ähnlich Österle et al. 2000, S.22f.). Networkability lässt sich dabei in vier Kategorien unterscheiden:

- Strategic Networking,
- Organizational Networking,
- Personal Networking und
- Technical Networking.

Der Entwicklungsstand in diesen vier Kategorien sieht jedoch sehr unterschiedlich aus. Während die Bereiche strategisches und technisches Networking in den Unternehmen relativ gut ausgeprägt sind, gibt es in Bezug auf persönliches und organisatorisches Networking noch Handlungsbedarf (vgl. Abbildung 5).

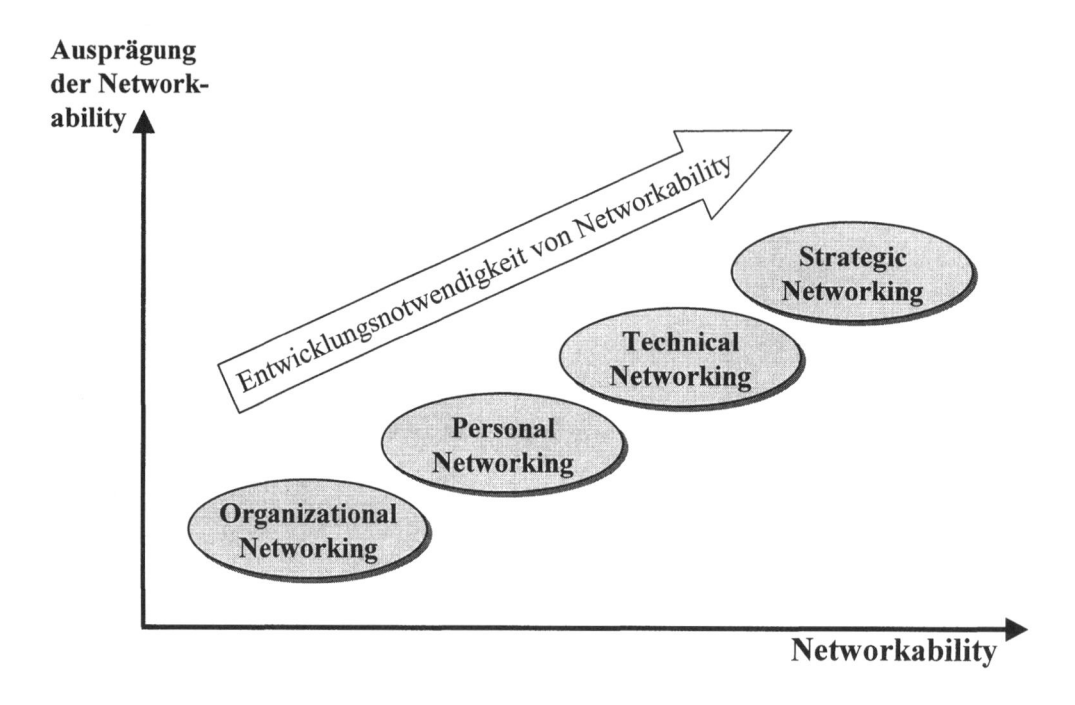

Abbildung 5: Entwicklungsstadien der Networkability

Unter **Strategic Networking** sind zielführende Konzepte zu subsumieren, die sich den Vernetzungsgedanken zu eigen machen und darauf aufbauend Vorschläge für die Neuausrichtung von Unternehmen bereithalten. Es handelt sich vereinfacht gesprochen um die „Blaupausen für ein Netzwerk". Diesbezüglich dürfte der Vernetzungsgedanke am fortgeschrittensten sein. Gute Ideen, überzeugende Studien und einleuchtende Beschreibungen der Vorteile liegen vor und sind natürlich auch die Ursache dafür, dass dieses Thema so attraktiv erscheint. Doch wie immer ist mit einem plausiblen und guten Konzept noch nicht die erfolgreiche Umsetzung gewährleistet – und dies gilt auch ganz besonders für die Vernetzung von Unternehmen.

Die Grundlage für die **technologische Vernetzung (Technical Networking)** von Supply Chains stellen XML und Java dar. Mit Hilfe dieser Basistechnologien lassen sich die ggf. mit ERP-Systemen und lokalen Datenbanken verknüpften APS-Systeme der Partner verbinden (vgl. Kilger 2000, S.85f.). Zwar stellt die technologische Vernetzung über das Internet ein sehr aufwendiges Unterfangen dar, ist aber ein vom Grundsatz her zu lösendes Problem. Die zentrale Frage an dieser Stelle wird die nach der schnellen Etablierung von Standards sein.

Vernetzung wird natürlich in erster Linie durch die handelnden Personen umgesetzt (**Personal Networking**). Persönliche Netzwerke beeinflussen sehr stark die unternehmerischen Aktivitäten. So ist es beispielsweise kein Geheimnis, dass die Deutsche Post sehr stark von ehemaligen McKinsey-Seilschaften geprägt wird, oder auch das „Old Boys Network" von ehemaligen Studien- oder Arbeitskollegen kann die Basis einer Kooperation sein. Doch das entscheidende Merkmal dieser persönlichen Netzwerke ist, dass sie langfristig gewachsen sind und auf engen persönlichen Kontakten beruhen. Geradezu kontraproduktiv kann dann auch „Personal Networking" bei kurzfristig anberaumten Unternehmensverbindungen wirken. Machtspiele, persönliche Eitelkeiten und nicht miteinander harmonierende Führungsstile sind Facetten dieses Problemfeldes. Da Vernetzung einem Geben und Nehmen gleichkommt und Menschen sich mit dem ersten Punkt häufig schwer tut, sind Konfliktsituationen vorprogrammiert. Wer in hierarchischen Strukturen großgeworden ist, hat verständlicherweise Probleme mit den lockeren Bindungen die virtuelle Strukturen zusammenhalten sollen.

„Competitors aren't used to working together" (Kirby 2001). Der größte Handlungsbedarf in Bezug auf Networkability besteht im Hinblick auf die **organisatorische Vernetzung (Organizational Networking)**. Hierunter ist die Bereitschaft von Organisationseinheiten (unternehmensbezogen oder unternehmensübergreifend) zu verstehen in einem Netzwerk mit Partnern zusammenzuarbeiten. So ermittelt eine empirische Untersuchung der TU Ilmenau zum Thema e-Supply Chain Management, dass knapp zwei Drittel der befragten Unternehmen nach wie vor funktional organisiert sind (vgl. Braßler/Schneider 2001, S.148). Dies ist ein Ergebnis, dass zehn Jahre nach dem Business Reengineering-Boom doch etwas überrascht. Die Vorteile von Netzwerken liegen hauptsächlich in der gemeinsamen Nutzung von Informationen. Dies gelingt aber nur, wenn die beteiligten Unternehmen im Netzwerk auch bereit sind, Informationen den anderen Partnern verfügbar zu machen. Es herrscht hier allerdings weitgehend noch die Vorstellung der alleinige Zugriff auf Informationen schafft die entscheidenden Vorsprünge (vgl. Agraval/Pak 2001, S.23f.). Prozessorientierung im Unternehmen und insbesondere auch über Unternehmensgrenzen hinweg sind notwendig, um die organisatorischen Voraussetzungen für Networking zu liefern. Auch der Konkurrenzbegriff ist in einer vernetzten Welt plötzlich völlig anders belegt. Wer wird zukünftig überhaupt der Wettbewerb sein? Dominiert zukünftig die Konkurrenz zwischen Unternehmen oder wird es den Wettbewerb zwischen Supply Nets geben?

„Strategy has always been about finding the right position in a chain of value-creating activities – a position that gives you rather than your competitors control over the flow of profits. That hasn´t changed. What has changed is the nature of the value chain itself. Increasingly, it takes the form of a network." (Sawhney/Parikh 2001, S.86).

Literatur:

Agrawal, M.K.; Pak, M.H. (2001): Getting smart about Supply Chain Management, in: The McKinsey Quarterly, 2/2001, S.22-25.

Arthur Andersen (2001): eProcurement – Elektronische Beschaffung in der deutschen Industrie – Status und Trends, White Paper 2001.

Braßler, A.; Schneider, H. (2001): Stand und Entwicklungstendenzen des electronic Supply Chain Management, in: Zeitschrift Führung und Organisation, Heft 3, 20001, S.143-150.

Buchholz, W.; Bach, N. (2001): The Evolution of Netsourcing business models – Learning from the Past and Exploiting Future Opportunities, Arbeitspapier der Professur BWL II, Prof. Dr. W. Krüger, Justus-Liebig-Universität Giessen 2001.

Busch, A.; Rüther, M. (2001): SCM zwischen intra- und interorganisationaler Optimierung, in: Dangelmaier et al. [Hrsg.] (2001), S.257-270.

Chappuis, B.; Lemmens, R.; Mendelson, H.; Villars, D. (2001): A performance index for B2B-marketplaces, in: McKinsey Quarterly 3/2001.

Dangelmaier, W.; Pape, U.; Rüther, M. [Hrsg.] (2001): Die Supply Chain im Zeitalter von E-Business und Global Sourcing, Paderborn 2001.

Drefs, M. (2001): Vom Internet Marktplatz zur Internet Supply Chain – Erfolgsfaktor B2B, in: Dangelmaier et al. [Hrsg.] (2001), S.31-35.

Fleisch, E. (2001): Betriebswirtschaftliche Perspektiven des Ubiquitous Computing, Paper des Instituts für Wirtschaftsinformatik, Universität St. Gallen 2001.

Kafka, S.J. (2000): The eMarketplace Shakeout, Forrester Research Inc. White Paper 2000, http://www.forrester.com.

Kaplan, R.S.; Norton, D.P. (2000): Having Trouble with your Strategy? Then Map it, in: Harvard Business Review, 9-10/2000, S.167-185.

Kilger, C. (2000): Supply-based eBusiness: Integration von eBusiness und Supply Chain Management, in: ALB/HNI-Band 4, Das reagible Unternehmen, 2000, S.73-88.

Kirby, C. (2001): B2B exchanges dying off fast, in: San Francisco Chronicle v. 21.05.2001.

Marbacher, A. (2001): Demand & Supply Chain Management, Bern et al. 2001.

Müller, E. (2001): Trip durch die Hölle – Trends e-Business, in: Manager Magazin 8/2001, S.104-131.

Österle, H.; Fleisch, E.; Alt, R. (2000): Business Networking – Shaping Enterprise Relationships on the Internet, Berlin et al. 2000.

O.V. (2000): Die Konsolidierung unter Internet-Marktplätzen hat bereits begonnen, in: FAZ v. 07.09.2000.

O.V. (2001): Vor dem Erfolg im E-Business steht harte Arbeit, in: FAZ v. 07.06.2001.

Porter, M. (2001): Strategy and the Internet, in: Harvard Business Review March 2001, S.63-78.

Rayport, J.F.; Wirtz, B.W. (2001): Vergessen wir das ‚E' und kehren zum Business zurück, um erfolgreich zu sein, in: FAZ v. 22.03.2001.

Sawhney, M.; Parikh, D. (2001): Where Value lives in a Networked World, in: Harvard Business Review January 2001, S.79-86.

Schmidt, H. (2000), Unternehmen sparen mit Marktplätzen im Internet viele Milliarden DM, in: FAZ v. 18.05.2000.

Schmidt, H. (2001a), Nach der Begeisterung über Branchenplattformen konzentrieren sich die Unternehmen jetzt auf private Online-Marktplätze, in: FAZ v. 01.03.2001.

Schmidt, H. (2001b), Nach erfolgreichen Tests folgt nun die heiße Phase der elektronischen Beschaffung im Internet, in: FAZ v. 21.06.2001.

Zadek, H. (2001): E-Supply Chain Management in der Automobilindustrie, in: Dangelmaier et al. [Hrsg.] (2001), S.325-338.

Autorenverzeichnis

Dr. Norbert Bach

Dr. Norbert Bach ist wissenschaftlicher Assistent am Fachbereich Wirtschaftswissenschaften der Justus-Liebig-Universität Gießen und Gründungsgesellschafter der Beratungsgesellschaft eic-partner. Im Anschluss an seine Studien des Wirtschaftsingenieurwesens (TU Darmstadt) und der Mathematik (Trinity College Dublin) promovierte er zum Thema „Mentale Modelle als Basis von Implementierungsstrategien". Nach seiner Promotion arbeitete er als Projektleiter und Strategieberater bei der CSC Ploenzke AG. Zu seinen aktuellen Forschungsgebieten zählt neben dem Strategischen Management die Nahtstelle zwischen Organisation und Personalmanagement.
@-mail: *Norbert.Bach@wirtschaft.uni-giessen.de*

Dr. Wolfgang Buchholz

Dr. Wolfgang Buchholz ist Gründungsgesellschafter und Managementberater bei eic-partner (www.eic-partner.de). Daneben begleitet er Lehraufträge an der Fachhochschule Wiesbaden und der Fern Fachhochschule Hamburg jeweils im Bereich Unternehmensführung. Seine Beratungsschwerpunkte liegen in den Themenfeldern Supply Chain Management, strategische Beschaffung, Management Systeme sowie Organizational Change. Nach seiner Promotion zum Thema „Time-to-Market-Management" arbeitete er zuvor vier Jahre lang als Managementberater bei der Hoechst Procurement International GmbH (hpi) sowie der CSC Ploenzke AG.
@-mail: *wbuchholz@eic-partner.de*

Dipl.-Ing. Wilfried Decker

Dipl.-Ing. Wilfried Decker schloss seine Berufsausbildung als Physikalisch Technischer Assistent 1991 erfolgreich ab. Im Anschluss daran nahm er sein Studium der Physikalischen Technik mit dem Schwerpunkt Sensor- und Systemtechnik an der Märkischen Fachhochschule Iserlohn auf und beendete dies 1996 als Dipl.-Ing. Von 1997 bis 1999 war er als Berater bei der

SAPHIR arcus Unternehmensberatung in Münster tätig. Im Jahr 2000 wechselte er zur Unternehmensberatung Mummert & Partner in Hamburg. Während seiner Beratertätigkeit leitete er in unterschiedlichen Firmen Projekte zur Implementierung von Data Warehouse- und Data Mart Anwendungen. Seit 2000 ist Wilfried Decker Senior Manager Information Solutions bei der ICGCommerce Europe in Frankfurt und verantwortlich für die Leitung des Bereiches Informationssysteme / Data Warehouse.
@-mail: *wilfried.decker@eu.icgcommerce.com*

Dipl.-Betrw. Axel Dreher MBA

Dipl.-Betrw. Axel Dreher MBA, Jahrgang 1965, studierte Betriebswirtschaftslehre an der Fachhochschule Pforzheim. Von 1992 bis 1994 absolvierte er ein Graduiertenstudium Business Administration an der Indiana University, Bloomington / Indiana und der University of Pittsburgh, Pittsburgh / Pennsylvania. Von 1994 bis 1995 war er bei der Rockwell International GmbH, Frankfurt als Project Controller beschäftigt. 1995 wechselte Axel Dreher zur ITT Automotive Europe GmbH als Finance Manager R&D. Ab 1998 leitete er das Rechnungswesen und Controlling der BorgWarner Automotive GmbH, Zweigniederlassung Ketsch und operierte als Controller für automatisierte Getriebekonzepte im BorgWarner Konzern. Seit Oktober 2001 ist Axel Dreher Vorstand für Finanzen und Personal bei der FAG Austria AG, Berndorf / Österreich.
@-mail: *axeldreher@gmx.net*

Dipl.-Kfm. Erland Feigenbutz

Dipl.-Kfm. Erland Feigenbutz schloss sein Studium der Betriebswirtschaftslehre an der Universität Mannheim mit den Schwerpunkten Unternehmensforschung, Industriebetriebslehre und Statistik im Jahr 1985 ab. Von 1985 bis 1995 war er Leiter Informationslogistik im Bereich Informationssysteme bei der Röhm GmbH, Chemische Fabrik, in Darmstadt. 1996 wechselte er zu ITT Automotive Europe GmbH in Frankfurt und leitete die Informationslogistik im Bereich Materials Management. Seit 1997 ist Erland Feigenbutz Projektleiter im IT-Bereich bei Merz & Co, Frankfurt. Sein Tätigkeitsgebiet umfaßt die Implementierung, Basisentwicklung und Betreuung von SAP R/3 im Bereich Logistik sowie die Entwicklung von Software-Schnittstellen.
@-mail: *Erland.Feigenbutz@merz.de*

Dipl.-Betrw. Michael Freienstein

Dipl.-Betrw. Michael Freienstein ist seit 1998 Geschäftsführer der hpi GmbH. Seit April 2001 ist er zusätzlich Chief Operating Officer der ICGCommerce Europe. Der studierte Betriebswirt war nach einigen Auslandsaufenthalten (Australien, Frankreich) 1997 von seiner Vertriebstätigkeit bei der damaligen Hoechst Tochter Kalle Nalo zur hpi GmbH zurückgekehrt. Michael Freienstein verfügt über fundierte Kenntnisse im Bereich der Materialwirtschaft und leitete bereits vor 1994 den Einkauf Rohstoffe (Anorganische Chemikalien) der Hoechst AG.
@-mail: *michael.freienstein@eu.icgcommerce.com*

Prof. Dr. Hansjörg Fromm

Prof. Dr. Hansjörg Fromm studierte und promovierte im Fach Informatik an der Universität Erlangen-Nürnberg (1982). Nach einem Forschungsaufenthalt am IBM Thomas J. Watson Research Center, Yorktown Heights, New York ging er 1983 zu IBM Deutschland. Dort hatte er verschiedene Positionen in der Software-Entwicklung, Qualitätssicherung und Produktionsforschung inne. Heute ist er für die Strategie in den Geschäftsfeldern Supply Chain Management, e-Procurement und e-Marketplaces verantwortlich. Prof. Dr. Fromm ist Mitglied der IBM Academy of Technology und Honorarprofessor an der Universität Erlangen-Nürnberg.
@-mail: *fromm@de.ibm.com*

Dr. Andreas Froschmayer

Dr. Andreas Froschmayer studierte Betriebswirtschaftslehre mit den Schwerpunkten Strategie, Unternehmensentwicklung, Konzernmanagement und Marketing an der Ludwig-Maximilian-Universität in München. Als Abteilungsleiter Controlling in der Touristikbranche baute er ein neues Controllingsystems (SAP, MIS) zur strategischen Geschäftsfeldplanung für Veranstalter- und Vermittlergeschäfte in der Touristik auf. Er promovierte am Institut für „Strategische Unternehmensführung" bei Prof. Dr. Dres. h.c. W. Kirsch an der Universität München. Seine Dissertation „Konzepte für die strategische Führung von Unternehmensverbindungen" beinhaltet insbesondere die Themenschwerpunkte: Konzernmanagement, Internationalisierung, Supply Chain Management. Bevor er 2001 in den Vorstand der eCHAIN Logistics AG München berufen wurde, war er Bereichsleiter Unternehmensentwicklung und Prokurist bei der Firma DACHSER GmbH & Co. KG. Dort erarbeitete er Rahmenkonzepte für den Gesamtkonzern zu den Themengebieten Supply Chain Management und e-Business.
@-mail: *andreas.froschmeyer@echainlogistics.com*

Dr. Andreas Füßler

Dr. Andreas Füßler ist als Senior-Projektmanager im Bereich EAN-Standards der Centrale für Coorganisation GmbH (CCG), Köln, insbesondere für Entwicklungsarbeiten auf dem Gebiet neuer AutoID-Technologien zuständig. Andreas Füßler ist Dipl.-Wirtsch.-Ing. (Universität Kaiserslautern). Während der Promotion am Fachbereich Sozial- und Wirtschaftswissenschaften arbeitete er als wissenschaftlicher Mitarbeiter am Lehrstuhl für Zivil- und Wirtschaftsrecht und war zudem Mitglied des Senats der Universität Kaiserslautern. In diese Zeit fallen u. a. Lehraufträge im Rahmen des European Masters Program in TQM an der Universität Kaiserslautern sowie des MBA-Studienganges an der Sacred Heart University, Luxemburg.
@-mail: *fuessler@ccg.de*

Dr. Jürgen K.A. Gottschalck

Dr. Jürgen K.A. Gottschalck, Jahrgang 1957, ist Dipl.-Wirtsch.-Ing. (TH Darmstadt). Er startete seine berufliche Laufbahn als Betriebsorganisator bei den Michelin Reifenwerken KGaA und promovierte zum Thema "Das Kanban-B System – Die Steuerung der Großserienfertigung mit reduzierten Kapazitätsreserven". Nach fünf Jahren Praxiserfahrung wechselte er im Jahr 1992 zur KPMG Consulting GmbH, wo sein Tätigkeitsspektrum insbesondere die Organisationsberatung, Fabrikplanung, Produktion und Logistik umfaßte. Als Prokurist und Gutachter war er schwerpunktmäßig zuständig für Sonderprojekte zur Aufdeckung und Vermeidung von Wirtschaftskriminalität. Er nimmt die Funktion als Entwicklungsleiter für Methoden der Prozessanalyse im Rahmen der Jahresabschlussprüfung (insbesondere vor dem Hintergrund der Umsetzung von KonTraG) sowie die als Projektleiter bei der Einführung von Risikomanagementsystemen wahr. Daneben begleitet er Lehraufträge in den Bereichen Unternehmensorganisation, Logistik, Beschaffung und Produktion an der FH Wiesbaden und für den REFA Verband.
@-mail: *jgottschalck@kpmg.com*

Dipl.-Ing. Rainer Härtner

Dipl.-Ing. Rainer Härtner, geb. 1944, studierte Maschinenbau und Betriebswirtschaft. Danach arbeitete er in den Funktionen Organisations-, Logistik- und Materialwirtschaft leitend in diversen Maschinenbauunternehmen. Seit 1985 ist er bei CSC PLOENZKE tätig. Dort war er Leiter des Competence Center ERP sowie des Business Solution Centers. Aktuell ist er verantwortlich für den Aufbau und die Leitung der Practice Supply Chain Management. In diesen Zusammenhang baute er auch das Executive Solution Development Centers (XSDC) bei CSC PLOENZKE auf.
@-mail: *rhaertne@csc.com*

Dipl.-Betrw. René Kartberg

Dipl.-Betrw. René Kartberg ist als Managementberater und Projektmanager in der Supply Chain Management Practice der CSC Ploenzke AG tätig. Er ist zuständig für die Bereiche Customer Relationship Management und Change Management. Nach seiner Ausbildung zum Industriekaufmann in einer Unternehmung der Feuerfest Industrie arbeitete er im Verkauf der Sparte Glasindustrie. Im Anschluss an sein Studium der Betriebswirtschaftslehre mit den Schwerpunkten Wirtschaftsinformatik/Controlling war er als Assistent des geschäftsführenden Gesellschafters eines Franchiseunternehmens tätig. Bis 1996 war er Franchiseberater und Kaufmännischer Leiter. 1997 wechselte René Kartberg zu CSC Ploenzke. Er war u. a. als Prozessberater tätig und hat internationale Projekte im Bereich Knowledge Management geleitet.
@-mail: *rkartber@csc.com*

Prof. Dr. Wilfried Krüger

Prof. Dr. Wilfried Krüger ist Inhaber des Lehrstuhls für Organisation, Unternehmungsführung und Personalwirtschaft an der Justus-Liebig-Universität Gießen. Nach Promotion und Habilitation an der Universität Freiburg i.Br. hatte er von 1978-1985 einen Lehrstuhl an der Universität Dortmund inne, bevor er 1985 den Ruf nach Gießen annahm. Neben seiner Tätigkeit in Forschung und Lehre ist Prof. Krüger Direktor des Institut für Unternehmungsplanung (Gießen) und Gründungsgesellschafter der Beratungsgesellschaft eic-partner. Seine Arbeitsschwerpunkte liegen im Bereich des Strategischen Management, des Management des Unternehmungswandels und des Kernkompetenz-Management.
@-mail: *wilfried.krueger@wirtschaft.uni-giessen.de*

Dipl.-Wirtsch.-Ing. Michael Kopetzki

Dipl.-Wirtsch.-Ing. Michael Kopetzki, Jahrgang 1966, studierte an der TH Darmstadt Wirtschaftsingenieurwesen mit dem Schwerpunkt Logistik. Studienbegleitend arbeitete er bei der Deutschen Gesellschaft für Logistik. Anschließend trat er in die Thyssen Haniel Logistik GmbH / Bahntrans in Duisburg ein und war im Bereich Interne Revision tätig. Michael Kopetzki wechselte zu ITT Automotive Europe GmbH in den Bereich Target Costing und war dort zuletzt als Leiter Target Costing Actuation tätig, bevor er zur CSC Ploenzke AG in Wiesbaden wechselte. Dort agierte er als Berater für die Bereiche Logistik und IT für Industrie und Automotive (Business Unit Strategy Consulting Logistics). Zudem war er Mitglied im Automotive Management Council CSC Ploenzke. Zur Zeit ist er als Consultant der Openshop Holding AG, Leistungszentrum Logistics Solutions in Wiesbaden tätig, wo seine Beratungsschwerpunkte in den Bereichen Logistik sowie neue IT für Industrie und Automotive liegen.
@-mail: *m.kopetzki@openshop.com*

Dipl.-Wirtsch.-Math. Jürgen Kraft

Dipl.-Wirtsch.-Math. Jürgen Kraft ist leitender Berater im Bereich Supply Chain Management bei der CSC Ploenzke AG. Nach Abschluss des Studiums war er von 1978 bis 1990 in der Halbleiterfertigung in den verschiedensten Funktionen, zuletzt als Projektleiter für Planungssysteme tätig. Danach war er in leitender Position in verschiedenen Maschinenbau- und Elektronikbetrieben verantwortlich für die EDV-Abteilung und für die Implementierung von ERP-Systemen. 1997 wechselte er zu CSC Ploenzke. Dort war er anfangs am Aufbau des Competence Center BAAN beteiligt, aktuell ist er in der Supply Chain Management Practice in verschiedenen Projekten als Projektleiter tätig.
@-mail: *jkraft@csc.com*

Dr. Matthias Lautenschläger

Dr. Matthias Lautenschläger studierte an der TU Darmstadt Wirtschaftsingenieurwesen. Anschließend promovierte Dr. Lautenschläger 1999 an der Technischen Universität Darmstadt am Lehrstuhl für Fertigungs- und Materialwirtschaft bei Prof. Dr. Stadtler. Im Rahmen seiner universitären Tätigkeit erfolgte eine intensive Beschäftigung mit der Anwendung von Optimierungsverfahren zur mittelfristigen Produktionsplanung. In zahlreichen Industrieprojekten des Lehrstuhls konnte er moderne Verfahren der Produktionsplanung erfolgreich einsetzen. Neben der Entwicklung leistungsfähiger Verfahren zur Optimierung komplexer Supply Chains zählten auch technische Lösungen wie die Zuschnittplanung zu seinen Arbeitsgebieten. Darüber hinausgehende Erfahrungen konnte er beispielsweise bei der Entwicklung einer Planungslösung zur Koordination mehrerer Werke eines Konsumgüterherstellers sammeln. Dr. Lautenschläger ist heute bei der aconis GmbH für den Bereich Optimierung verantwortlich. Neben der Realisierung von individuellen Optimierungslösungen im Supply Chain Management gehört der Einsatz von Standardsoftware wie SAP APO zu seinen Aufgaben.
@-mail: *m.lautenschlaeger@aconis.com*

Dipl.-Wirtsch.-Ing. René Müller

Dipl.-Wirtsch.-Ing. René Müller studiert nach seiner Ausbildung zum Energieelektroniker Wirtschaftsingenieurwesen mit der Vertiefungsausbildung Industrial Engineering and Management. Er ist seit Sommer 2000 Managementberater bei ICGCommerce Europe. Seine Beratungsschwerpunkte liegen in den Bereichen Strategic Sourcing, Supply Chain Management sowie Geschäftsprozess-Reengineering.
@-mail: *rene.mueller@eu.icgcommerce.com*

Dipl.-Kfm. Jens Nettler

Dipl.-Kfm. Jens Nettler schloss 1999 das Studium der Betriebswirtschaftslehre an der Justus-Liebig-Universität in Gießen als Dipl.-Kfm. ab. Seit 1999 ist er für die Ticona GmbH tätig. Bevor er die Funktion der Projektleitung im Gemeinschaftsprojekt e-Procurement (Celanese / Ticona) und die Produktgruppenleitung Dienstleistungen eingenommen hat, war er im Bereich Einkauf Europa beschäftigt.
@-mail: *nettler@ticona.de*

Dr. Victoria Ossadnik

Dr. Victoria Ossadnik, Jahrgang 1968, promovierte in Laserphysik. Seit 1996 war sie in einem mittelständischen High Tech Unternehmen zunächst als Verantwortliche für internationale Unternehmensentwicklung und anschließend im Vorstand Finanzen und Personal tätig. 1999 wechselte sie zur CSC Ploenzke AG als Assistentin des Vorstands. Seit 2001 ist sie im Vorstand der eCHAIN Logistics AG, einem Joint Venture der CSC Ploenzke AG und der DACHSER GmbH Co. & KG.
@-mail: *victoria.ossadnik@echainlogistics.com*

René Petri MBA

René Petri absolvierte ein MBA-Studium im Schwerpunkt Materialwirtschaft. Bevor er 1997 in die hpi GmbH eintrat, arbeitete er als Managementberater für Strategic Sourcing in Japan für die Hoechst Japan Ltd. Bis Ende 2000 war er als Assistent der Geschäftsleitung der hpi GmbH tätig. Im Jahr 2001 übernahm er die Funktion des leitenden Direktors für Business Integration & Development bei der ICGCommerce Europe.
@-mail: *rene.petri@eu.icgcommerce.com*

Betrw. Ulrich Pfendt

Betrw. Ulrich Pfendt, geboren 1952, absolvierte eine Lehre zum Speditionskaufmann. Seit 1986 ist er in der zentralen Logistik bei Continental Teves AG & Co. OHG (vormals ITT Automotive Europe) in Frankfurt/Main als Leiter für den Bereich Distributionslogistik, Zoll / Außenwirtschaft verantwortlich. Dort hat Ulrich Pfendt beispielsweise das automatisierte Frachtensystem, eine Belieferung über Milk Run sowie das optimierte Verpackungsmanagement eingeführt.
@-mail: *ulrich.pfendt@contiteves.com*

Thilo Pfleghar

Thilo Pfleghar hat nach der Lehre zum Industriekaufmann bei der Hoechst AG im Einkauf-Rohstoffe seine Tätigkeit als Einkäufer für nachwachsende Rohstoffe aufgenommen. Seine ersten Supply-Chain Projekte koordinierte er am Standort Gendorf der Hoechst AG, bis er dann 1995 für die Hoechst South Africa Ltd. tätig wurde und dort ein Materialwirtschafts-Projekt durchführte. 1998 begann er seine Tätigkeit im Marketing der hpi GmbH und wechselte innerhalb der hpi und dann der ICGC zu IT und ist dort für den Vertrieb für Datawarehousing und Business Development verantwortlich.
@-mail: *thilo.pfleghar@eu.icgcommerce.com*

Jürgen Pisczor

Jürgen Pisczor war von 1984 bis 1995 in der BASF AG als Projektleiter/-koordinator in der zentralen Logistik tätig. Im Wesentlichen für die Themenbereiche: Unternehmensübergreifendes EDI, Weiterentwicklung der ERP-Prozesse und Aufbau eines logistischen Informationsmanagements. Von 1996 bis 1999 war er zentraler Projektkoordinator für SC-Planungsprojekte der BASF AG. Ab 2000 war Jürgen Pisczor im Supply Chain Enhancement zuständig für die Weiterentwicklung der integrierten SC-Planungsprozesse und Unterstützung/Beratung der Unternehmensbereiche und Business Units im Planungsprozess.
@-mail: *juergen.pisczor@basf-ag.de*

Dipl.-Betrw. Dietmar Roos

Dipl.-Betrw. Dietmar Roos arbeitete nach einer kaufmännischen Ausbildung und einem berufsbegleitenden, betriebswirtschaftlichen Studium an der JWG Universität in Frankfurt zunächst in der Materialwirtschaft der VDO. Er war neben verschiedenen Einkaufsfunktionen maßgeblich beteiligt an der Einführung von SAP R/2 sowie der Neukonzeption des Lagers. Nach seinem Wechsel im Jahr 1989 zur Hoechst AG durchlief er mehre Abteilungen innerhalb der Materialwirtschaft, u. a. hatte er die Verantwortung für den Bereich Dienstleistungen. Im Rahmen der Neuorganisation der Hoechst AG begleitete er in einem globalen Projekt gemeinsam mit McKinsey die Neuordnung der Materialwirtschaft und die Gründung der hpi (Hoechst Procurement International). Innerhalb der hpi leitete Herr Roos die Bereiche Bau- und Dienstleistungen sowie Consulting. Seit 1999 ist Dietmar Roos Leiter des Einkaufs Europa der Ticona GmbH und verantwortlich für den Einkauf aller Roh-, Hilfs- und Betriebsstoffe, technische Güter und Dienstleistungen. Er betreute die Neuorganisation und strategische Neuausrichtung des Einkaufs sowie die Einführung eines e-Procurement System.
@-mail: *roos@ticona.de*

Dipl.-Math.-Oec. Dietmar Saedtler MBA

Dipl.-Math.-Oec. Dietmar Saedtler MBA durchlief nach seinem Studium der Wirtschaftsmathematik an der Universität Augsburg verschiedene Stationen innerhalb des Industriechemikalien- und Pharmabereichs der ehemaligen Hoechst-Gruppe. Unter anderem war er für Global Supply Chain Coordination und für das strategische Controlling Drug Products EMEA bei Hoechst Marion Roussel verantwortlich. Heute ist er bei IBM Global Services für die Geschäftsentwicklung auf den Gebieten Supply Chain Management, e-Procurement und e-Marketplaces zuständig.
@-mail: *dietmar.saedtler@de.ibm.com*

Dipl.-Ing. Ralf Scherer

Dipl.-Ing. Ralf Scherer, Jahrgang 1962, schloss sein Ingenieurstudium Fachrichtung Maschinenbau 1990 erfolgreich ab. Seit 1990 ist Ralf Scherer bei der Continental Teves AG & Co. oHG beschäftigt. Er durchlief im Bereich Informationstechnologie die Stationen CAD/CAM-Systeme und Fertigungssteuerungssysteme. Seit 1999 leitet Ralf Scherer die Informationslogistik / Prozessengineering im Bereich der zentralen Logistik. Im Rahmen dieser Funktion unterstützte Ralf Scherer in den Jahren 2000/2001 als Product Manager die Konzeption der Logistikmodule des von der Continental AG mitgegründeten Internetmarktplatzes SupplyOn.
@-mail: *ralf.scherer@contiteves.com*

Dipl.-Betrw. Stefani Scherer

Dipl.-Betrw. Stefani Scherer schloss ihr Studium der Betriebswirtschaftslehre im Schwerpunkt Controlling 1999 an der FH Wiesbaden ab. Ihre Diplomarbeit befasste sich mit dem Thema „Implementierung eines Managementinformationssystems in einer Unternehmung der Automobilzuliefererindustrie – unter besonderer Berücksichtigung der Balanced Scorecard". Anschließend absolvierte Frau Scherer ein dreimonatiges Praktikum im Controlling der BorgWarner Transmission Systems in Bellwood, USA. Im November 1999 nahm sie ihre Tätigkeit als Assistentin des Abteilungsleiters Logistik der BorgWarner Transmission Systems in Ketsch auf. Seit 2001 ist Frau Scherer Abteilungsleiterin im Bereich Logistik. Ihre Tätigkeit umfasst insbesondere die kontinuierliche Verbesserung der logistischen Kette (SSM) sowie den Aufbau des logistischen Ablaufs bei Produktneueinführungen.
@-mail: *sscherer@ats.bwauto.de*

Dr. Kai-Oliver Schocke

Dr. Kai-Oliver Schocke studierte von 1987 bis 1992 an der TU Darmstadt Wirtschaftsingenieurwesen. Nach dem Studium erfolgte der Einstieg als Betriebsingenieur in einem PLEXIGLAS®-Produktionsbetrieb der Röhm GmbH in Darmstadt. Dort beschäftigte er sich zunächst mit der Layoutplanung. Als Assistent des Produktionsleiters lag der Schwerpunkt seiner Tätigkeiten auf Produktionsplanung und Kostenoptimierung. Nach dem Wechsel in den Bereich Logistik 1997 war Kai-Oliver Schocke als Vertreter des Leiters Logistik für den Bereich Logistik-Controlling zuständig. In das Aufgabengebiet fielen auch verschiedene EDV- und Beratungsprojekte. Er leitete beispielsweise ein Projekt seines Geschäftsbereichs bei der SAP R3-Migration (alle SAP-Module). Seit 2000 ist Kai-Oliver Schocke für das europaweite Marketing sowie die Koordination der Produktions-, Logistik- und Verkaufsaktivitäten von gegossenem PLEXIGLAS® zuständig. Neben der Tätigkeit bei der Röhm GmbH (mittlerweile: Degussa AG, Geschäftsbereich Plexiglas) promovierte Dr. Schocke an der TU Darmstadt am Lehrstuhl für Fertigungs- und Materialwirtschaft, Prof. Stadtler (1999).
@-mail: *kai-oliver_schocke@roehm.com*

Wolfgang Sprunk

Wolfgang Sprunk startete seine beruflichen Laufbahn bei der Deutschen Bank AG und wechselte zur Deutschen Lufthansa in die Frachtabfertigung. 15 Jahre sammelte er Speditionserfahrungen bei der Luftfrachtspedition, Danzas, Air Express International und Transatlas, bevor er sich zur Datenverarbeitung umorientierte. Im Rahmen seiner Tätigkeit als Geschäftsführer der INFORATIO GmbH war er für die Programmbeschreibung der Luftfrachtsoftware LEICO von Siemens, die Einführung von Zollabwicklungsprogrammen (ARES) mit den Bereichen Zollgutgestellung, Zollanmeldung, vorzeitiger Teilnehmereingabe sowie der Automatisierung der Zollabwicklung für FEDEX (automatisierte Teilnehmereingabe, automatisierte Gestellung durch BARCODE lesen und automatisierter Freigabe) zuständig. 1994 wechselte Herr Sprunk zu GSI Generalé Service Informatique, heute DALOG Mehrwertdienste GmbH, wo er als Projektleiter für die Entwicklung des Frachtgutschriftsverfahrens tätig war, bevor er Geschäftsführer der DALOG Mehrwertdienste GmbH wurde.
@-mail: *w.sprunk@dalog.com*

Dipl.-Wirtsch.-Inf. Andreas Steckel

Dipl.-Wirtsch.-Inf. Andreas Steckel, geb. 1969, studierte Informatik und Betriebswirtschaft an der Technischen Universität Ilmenau. Anschließend war er als Supply Chain Planer für die Planung und Steuerung globaler Materialflüsse in einem Unternehmen der Halbleiterindustrie verantwortlich. 1997 wechselte zu CSC PLOENZKE. Er war im Business Solution Center als Lo-

gistikberater mit den Schwerpunkten Prozessoptimierung und ERP-System-Implementierung in den Bereichen Materialwirtschaft, Produktion, Vertrieb und Instandhaltung tätig. Seit 1999 ist er als Managementberater und Projektmanager in der Supply Chain Management Practice für die Themen- und Geschäftsentwicklung in den Bereichen Advanced Planning and Scheduling (APS) und Supply Chain Controlling verantwortlich.
@-mail: *asteckel@csc.com*

Dr. Angela Stieglitz

Dr. Angela Stieglitz studierte Betriebswirtschaftslehre in Mannheim und England. Sie war wissenschaftliche Mitarbeiterin am Lehrstuhl für BWL und Logistik bei Prof. Dr. Ihde. Nach ihrer Promotion an der Universität Mannheim arbeitete sie als Dozentin an der Berufsakademie Mannheim, Logistikberatung für Industrie- und Verkehrsunternehmen im Bereich Logistik. Sie übernahm die Gruppenleitung im Europäischen Institut für Normung. 1998 trat Angela Stieglitz in die BASF AG als Assistentin der Bereichsleitung des Zentralbereichs Logistik und Informatik ein. In dieser Funktion war sie u. a. für mehrere Projekte im Rahmen der Reorganisation des Bereichs verantwortlich. Anschließend koordinierte sie das Projekt zur Einführung eines globalen Supply Chain Planungs- und Informationssystems. Seit 2001 ist Angela Stieglitz im technischen Einkauf verantwortlich für den globalen Beschaffungsverbund.
@-mail: *angela.stieglitz@basf-ag.de*

Dipl.-Wirtsch.-Ing. Volker Stockrahm

Dipl.-Wirtsch.-Ing. Volker Stockrahm studierte von 1988 bis 1995 an der Technischen Universität Darmstadt Wirtschaftsingenieurwesen. Zunächst arbeitete Volker Stockrahm bei der Firma Röhm GmbH in Darmstadt und anschließend als wissenschaftlicher Mitarbeiter an der TU Darmstadt am Lehrstuhl für Fertigungs- und Materialwirtschaft bei Prof. Dr. Stadtler. Seit seinem Studienabschluss war Volker Stockrahm in verschiedenen Projekten zur Entwicklung von individuellen Optimierungslösungen und Implementierung von Advanced Planning Systemen vor allem in der Prozessindustrie involviert. Aufgrund einer intensiven Zusammenarbeit mit SAP konnte er bereits 1998 ausführliche Erfahrungen mit dem Umgang und der Einführung von SAP APO sammeln. 1999 gründete Herr Stockrahm mit weiteren Gesellschaftern die Firma aconis GmbH in Darmstadt. Herr Stockrahm ist heute Geschäftsführer der aconis GmbH und verantwortlich für den Bereich Supply Chain Planning mit SAP APO. Zu seinen Aufgaben gehört die Erstellung von umfassenden Planungskonzepten für Kunden und die Leitung von SAP APO Einführungsprojekten.
@-mail: *v.stockrahm@aconis.com*

Dipl.-Ing. Fabian C. von Saldern

Dipl.-Ing. Fabian C. von Saldern, Jahrgang 1966, studierte Maschinenbau in Braunschweig, Saint Etienne und Lissabon. Nach seiner Tätigkeit als wissenschaftlicher Mitarbeiter am Institut für Werkzeugmaschinen und Fertigungstechnik der TU Braunschweig war er bei der ITT Automotive Europe GmbH, Frankfurt am Main, verantwortlich für die Werksplanung. Seit 1998 ist Fabian von Saldern Projektleiter im Geschäftsfeld Automotive bei der agiPlan F&L GmbH, Mülheim an der Ruhr. Seine Tätigkeitsschwerpunkte liegen in der Beschaffungs- und Produktionslogistik für die Automobil- und Zulieferindustrie.
@-mail: *fas@agiplanfl.de*

Prof. Dr. Hartmut Werner

Prof. Dr. Hartmut Werner, Jahrgang 1963, schloss sein Studium der Wirtschaftswissenschaften an der Justus-Liebig-Universität Gießen 1990 als Dipl.-Kfm. ab. Von 1990-1992 war er Assistent des Direktors Finanzen bei der JVC Deutschland GmbH. Hartmut Werner wechselte 1992 zur Continental Teves AG & Co. oHG. Dort durchlief er die Bereiche Zentralcontrolling, Einkaufscontrolling, F & E-Controlling, Projektcontrolling und Logistikcontrolling in leitenden Funktionen. Seit 1998 lehrt Hartmut Werner an der Fachhochschule Wiesbaden Unternehmungsplanung und Logistikmanagement. Von 1993-1996 führte er eine externe Promotion an der Universität Leipzig zum Thema „Strategisches Forschungs- und Entwicklungscontrolling" am Institut für Produktionswirtschaft und industrielle Informationswirtschaft (Prof. Dr. St. Zelewski) durch. Seit 2001 ist Hartmut Werner Direktor für Supply Chain Management am Institut für strategische Marktanalysen und Systeme an der Fachhochschule Wiesbaden.
@-mail: *h.werner@bwl.fh-wiesbaden.de*

Dipl.-Betrw. Thomas Wildrich

Dipl.-Betrw. Thomas Wildrich, Jahrgang 1963, startete seinen beruflichen Werdegangs bei der Hoechst AG 1984 mit der Ausbildung zum Pharmakanten. Ab 1987 war er in unterschiedlichen Einkaufssachgebieten der zentralen Materialwirtschaft der Hoechst AG tätig. Parallel dazu absolvierte er das berufsintegrierende Studium an der Fachhochschule Mainz II. 1993 schloss er dieses als Dipl.-Betrw. ab. Nach zweijährigem Intermezzo im Rohstoffeinkauf und der Produktionsplanung bei der Hoechst Australia, arbeitete Thomas Wildrich an diversen Einführungsprojekten für SAP R/3 mit. 1997 wurde er Projektleiter für die Einführung eines Data Warehouses für den Bereich der Beschaffung der Hoechst AG, später hpi GmbH. Bevor Thomas Wildrich im Jahre 2001 die europaweite Verantwortung als Director Technical Solutions für ICGCommerce Europe übernahm, war er seit 1998 Leiter der IT bei der hpi GmbH.
@-mail: *thomas.wildrich@eu.icgcommerce.com*

Stichwortverzeichnis

ABAP/4 Quellsystem	317
ABC-Analyse	72
Accenture	237, 292
Advanced Planning and Scheduling (APS)	23, 177, 264, 287
Advanced Shipping Note (ASN)	220
Advanced Planner and Optimizer (APO)	132, 263
Application Service Provider (ASP)	127, 241
Auktion	82, 160, 180, 260, 293
Automatic Data Capture (ADC)	90
Automatic Equipment Identification (AEI)	21
Available-to-Promise (ATP)	18, 152, 178, 283
B2B	156, 219, 236, 249, 292, 329
Balanced Scorecard	225, 286, 326
Benchmark	126, 186
Beschaffungsplattform	153
Beschaffungs-Spin-Off	233
Beschaffungsstrategie	71, 126, 260
BMEcat	257
Books on Demand	16
Branchenstruktur	36
Built to Order	16
Buy-side Catalogue	81
Capable-to-Promise (CTP)	152, 285
Cartridge-Technologie	270
Category Management	61
Change Management	78
C-Material	249
Collaborative Commerce	80
Collaborative Design	150
Collaborative Planning (CLP)	270, 281, 289, 328
Collaborative Planning, Forecasting and Replenishment (CPFR)	150, 324
Continuous Replenishment	60, 166

Contract-Management	234
Coopetition	17, 33
Covisint	142, 186, 328
Cross Docking	25, 61, 201
Customer Relationship Management (CRM)	17, 60, 106
Data Mart	122
Data Warehouse	17, 116, 234
Demand Planning	274
Direktes Material	72, 149, 296
Dun & Bradstreet	125
eCl@ss	121
Economic Value Added (EVA)	223
EDI	60, 219, 288
Efficient Consumer Response (ECR)	60
e-Fulfillment	201
e-Hub	156
Einkaufsportal	238
Electronic Data Interchange (EDI)	24, 61, 91, 296
Elektronische Ausschreibung	82
Elektronischer Marktplatz	19, 73, 142, 239, 289
Engineering	162
Enterprise Relationship Management (ERM)	18
Enterprise Resource Planning (ERP)	22, 108, 119, 164, 239, 252, 297
e-Procurement	244, 248, 292
eRFP-Verfahren	303
Erlösmodell	45
e-Supply Chain	12, 164, 324
Europäische Artikelnummer (EAN)	90
European Network Exchange (ENX)	186
Excess and Obsolete Logistics	22
Exchange	82, 296
Extended Markup Language (XML)	295
Fertigungstiefe	189
First Tier Lieferanten	172, 188
Fourth-Party-Logistics-Provider (4PLs)	24, 66, 200
Frachtbörsen	202
Frachtgutschriftsystem	205
Geschäftsmodell	31, 73
Global Position System (GPS)	21
Gutschriftverfahren	256

Horizontaler Marktplatz	146, 156
Hub & Spoke	122
Hyper Text Markup Language (HTML)	295
Hyper Text Transport Protocol (HTTP)	295
i2	133, 164, 179
Indirektes Material	72, 149, 296
Internet Retailer	12
Internet Transaction Server (ITS)	271
Internetplattform	17
Kanban	194
Katalog	81
Kernkompetenz	33, 188, 234
Komplementoren	43
Konsignationslager	221, 272
Konsortialmarktplatz	146
Kundenzufriedenheit	108
Layer Competition	43, 293
Lieferantenmanagement	75, 126, 257, 294
Lock-on	43
Logistikinfarkt	200
Logistikleitstand	182
Make-to-Order	144
Make-to-Stock	143
Mass Customization	18, 325
m-Commerce	260
Messaging Applications Programming Interface (MAPI)	319
Milk Run	20, 195, 222
MOAI Technologies	303
Monitoring	286
Netsourcing	70
Netsourcing Business Models	73
Networkability	331
New Logistics	57
Nummer der Versandeinheit (NVE)	89
ODETTE	158, 176
OLAP-Analyse	124
Online-Autohändler	152
Open Database Connectivity (ODBC)	311
Operative Beschaffung	76, 116

Order-to-Payment-S	12
Organisation	77
Original Equipment Manufacturer (OEM)	186, 213
Outsourcing	195, 235
Planung	280
Portal	156, 289
Pricing	239
Privater Marktplatz	146, 330
Procurement Performance Tracking (PPT)	126, 234
Procurement Service Provider (PSP)	74, 240
Production Planning and Detailed Scheduling (PP/DS)	264
Projektmanagement	108, 191, 250
Prototypen	267
Provider-Managed Catalogue	81
Prozesskosten	151, 195, 218
Prozessmodell	43
Prozessoptimierung	126
Push-System	143
Radiofrequenztechnik	88
Reengineering	61
Reichweitenanalyse	312
Requisite Technologies	298
Reverse Auktion	82, 293
RFID-Technologie	93
Right-Works	297
Rüstzeiten	265
SAP	132, 179, 262, 308
Sell-Side Catalogue	81
Sendungsverfolgung	203
SIEBEL	111, 135
Strategie	71, 242, 253, 331
Strategische Allianz	16
Strategische Beschaffung	76, 117, 233
Strategy Map	326
Structured Negotiation	83
Supplier Rating	166
Supply Chain Design	215
Supply Network Planning (SNP)	133, 268
SupplyOn	157, 186, 328

TabBrowser	308
Tag	93
Target Costing	217
Teilnehmermodell	43
Telematik	204
Text Based Mapping Tool (TBMT)	124
Time-to-Market	191, 216
Tracking and Tracing	21, 172, 203
Transaktionsmodell	45
Transponder	21, 94
Ubiquitous Computing	326
Unabhängiger Marktplatz	146
Value Added Service	245
Value Proposition	242
Vendor Managed Inventory	165, 289
Vendor Trading Exchange	146
Vertikaler Marktplatz	146, 156
Virtuelle Frachtbörse	19
Virtueller Marktplatz	158, 179, 202
Virtuelles Netzwerk	151
Virtuelles Unternehmen	189
Warengruppen	119
Web-EDI	24, 92, 151, 164, 296
Web-Kanban	165
Wertkette	34
Wettbewerbssituation	32
Wettbewerbsstrategie	32